JN066237

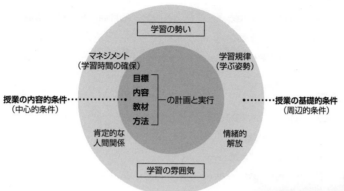

体育科教育学入門 ［三訂版］

Introduction to Pedagogy of Physical Education

岡出美則＋友添秀則＋岩田 靖―――編著
Yoshinori Okade　　*Hidenori Tomozoe*　*Yasushi Iwata*

Process-Product Research Model
Instruction, Management, Motor learning, Cognitive learning
Teaching skill & Teaching strategy
Game performance(on the ball and off the ball)
Learning momentum and Class climate
Management, Instruction, Interaction, Monitoring
Quantitative research and
Qualitative research of P.E. class

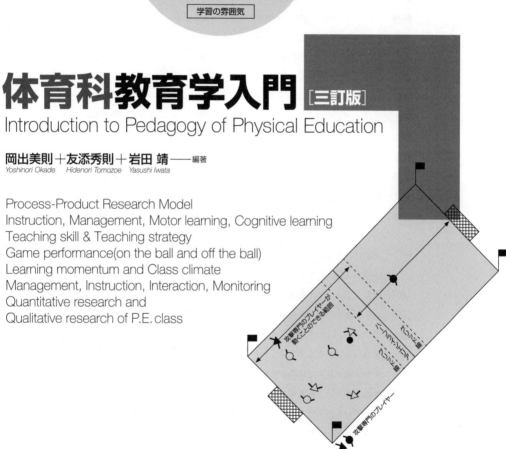

大修館書店

■編著者

岡出　美則　日本体育大学教授 ………………………………… 第Ⅰ部第1章, 第Ⅱ部第4章

友添　秀則　元早稲田大学教授 …………………………………………… 第Ⅰ部第2章

岩田　　靖　信州大学教授 ………………………………………………… 第Ⅱ部第3章

■執筆者

髙橋　健夫　元日本体育大学教授 ………………………………………… 序章

石川　泰成　埼玉大学教授 ………………………………………………… 第Ⅰ部第3章

鈴木　　聡　東京学芸大学教授 …………………………………………… 第Ⅰ部第4章

細越　淳二　国士舘大学教授 ……………………………………………… 第Ⅱ部第1章

大友　　智　立命館大学教授 ……………………………………………… 第Ⅱ部第2章

今関　豊一　東京国際大学教授 …………………………………………… 第Ⅱ部第5章

吉野　　聡　茨城大学教授 ………………………………………………… 第Ⅱ部第6章

深見英一郎　早稲田大学教授 ……………………………………………… 第Ⅱ部第7章①

福ヶ迫善彦　流通経済大学教授 …………………………………………… 第Ⅱ部第7章②

米村　耕平　香川大学准教授 ……………………………………………… 第Ⅱ部第7章③

吉永　武史　早稲田大学准教授 …………………………………………… 第Ⅲ部第1章

近藤　智靖　日本体育大学教授 …………………………………………… 第Ⅲ部第2章

宮尾　夏姫　奈良教育大学准教授 ………………………………………… 第Ⅲ部第3章

大塚　　隆　東海大学教授 ………………………………………………… 第Ⅲ部第4章

針谷美智子　新潟医療福祉大学助教 ……………………………………… 第Ⅲ部第5章

陳　　洋明　国士舘大学講師 ……………………………………………… 第Ⅲ部第6章

浜上　洋平　大阪体育大学准教授 ………………………………………… 第Ⅲ部第7章

須甲　理生　日本女子体育大学准教授 …………………………………… 第Ⅲ部第8章

荻原　朋子　順天堂大学准教授 …………………………………………… 第Ⅲ部第9章

藤田　育郎　信州大学准教授 ……………………………………………… 第Ⅲ章第10章

本多壮太郎　福岡教育大学教授 …………………………………………… 第Ⅲ章第11章

與儀　幸朝　鹿児島県立短期大学教授 …………………………………… 第Ⅲ部第11章

七澤　朱音　千葉大学准教授 ……………………………………………… 第Ⅲ部第12章

高橋　修一　日本女子体育大学教授 ……………………………………… 第Ⅲ部第13章

内田　匡輔　東海大学教授 ………………………………………………… 第Ⅲ部第14章

宮崎　明世　筑波大学准教授 ……………………………………………… 第Ⅲ部第15章

三田部　勇　筑波大学准教授 ……………………………………………… 第Ⅲ部第16章

鬼澤　陽子　群馬大学准教授 ……………………………………………… 第Ⅲ部第17章

(執筆順)

まえがき

　本書の元となった『体育科教育学入門』の発刊は2002年であり，『新版 体育科教育学入門』（2010年発刊）を経て，今回，『体育科教育学入門 三訂版』を上梓することができたことは執筆者一同，望外の喜びです。

　『新版 体育科教育学入門』のまえがきにおいて，編者代表であった故髙橋健夫先生は，同書の特徴を①体育科教育学研究のデータと知見を基盤に編集したこと，並びに②実習中心の体育科教育法の実施に役立たせようとしたことの2点を挙げています。

　本書は，同書の編集方針と内容を引き継ぎながら，この間の時代の流れと研究成果を踏まえつつ，今後，保健体育の教員を目指す人や体育科教育学の研究を志向する人々が手軽に手にすることのできる入門書として目を通していただけることを期待して編集されました。カリキュラム・マネジメント，インクルーシブ教育やオリンピック・パラリンピック教育等が独立した内容として位置づけられたことは，その例です。

　それにしても，なぜ，このような入門書が必要になるのでしょうか。

　日本の授業研究は，世界的にも評価が高く，その存在は多くの国に紹介されています。他方で，2017・18年の学習指導要領の改訂過程では，授業研究が授業改善につながっていないこともあるとの批判が示されました。この指摘は，授業改善につながる授業研究とは何かという問いを改めて投げかけるものであったといえます。

　すべての児童生徒に良質の体育授業を保障していくことは，国際的な要請でもあり，その実現に向けた取り組みは，現在も世界各国において，各々の国の実情を踏まえながら展開されています。また，世界各地にはすぐれた体育の授業を行っている体育教師は数多くいます。しかし，時間割上配当される時間数や施設，児童生徒数等の条件や授業の質確保に向けたモニタリングのシステム等の問題もあり，すぐれた教師の実践やそれを可能にしている知識や技術が多くの人に共有できるようになっていない，あるいは伝承されていないという課題がみられます。このことは，我が国にもみられる現象といえます。

　確かに，すぐれた教師は，実に多様な知識や技術，価値観を長い時間をかけて身に付けていきます。また，その過程では，自らの実践の省察や専門職集団への参加を通して良質の授業を実現するために必要な知識や技術を生み出し，みつけています。しかし，それらがわかりやすく語られることは多くありません。匠の技の伝承にITが活躍する時代となりましたが，体育科教育学は，その謎に迫る知見を蓄積してきました。本書は，それのなかから初心者に理解してほしい基礎的な知識，技術を紹介するものといえます。

もっとも，体育科教育学が明らかにできていない知見もまた，数多存在しています。また，現在，研究者と授業者が互いに協力しながら，良質の体育授業の実現に向けて習得すべき知識や技術を明らかにすることがいっそう求められる時代を迎えています。特に，この10年間に，新しい学習指導要領が告示され，教職課程の再課程認定がなされるとともに，教職大学院も数多く設置されました。保健体育教師の養成や現職教員の研修にも大きな変化がもたらされたといえます。さらには，新型コロナウイルス感染症の感染拡大は，改めて体育の授業のあり方を問い直す契機ともなっています。

　良質の体育授業を持続可能なかたちで，また，その質をより向上させていくためには今，何をすべきかが体育関係者全員に問われています，この問いに答えていくのはもはや，研究者のみではありません。体育の授業に関わる多様な人々の幅広く，恒常的な取り組みや知見の共有化が求められています。

　実際，研究者と授業者は別々に存在するわけではなく，誰もが研究者としての顔と授業者としての顔をあわせてもっています。また，持続可能なシステムの構築には，行政関係者を含めた多様なステークホルダーとの連携も不可欠です。そのためには，研究者と授業者，行政関係者等が体育科教育学の基本的な知見を共有していることがいっそう重要になります。また，それらを踏まえて，新たな課題の解決に向かうことが必要になります。

　私たちは，そのような取り組みに参画する次世代の登場，成長を期待しています。本書がその一翼を担うことができればと考えています。

編者代表　岡出美則

2021年3月

Contents

第I部　体育の基礎理論と教職への道程

第Ⅱ部　授業づくりの基礎知識

第Ⅲ部　授業づくりの実際

序章

体育科教育学で
何を学ぶのか

概要

体育教師になるためには，体育の科学的知識を学び，身に付けることが不可欠である。なかでも体育の授業実践に直結する体育科教育学の知識を学び，それらの知識を実際の実践場面で効果的に発揮できる能力を身に付ける必要がある。ここでは，体育科教育学の学問的性格について解説するとともに，本書全体を通して，どのような知識や実践的能力（コンピテンシー）を身に付けるべきかについて概説する。

1.体育科教育学とはどのような学問か

体育科教育学は，体育授業を中心とする体育実践の改善を目的として行われる研究分野である。高野（1969）は「教科教育学」を「教科に関する教育学」と定義し，「教科という独自な文化構造と機能をはっきりとふまえて，現代的な教育の培地のなかから，一般教育学の問題を帰納すると同時に，一般教育学の理論を教科という独自の文化遺産を媒体として適用してゆくための最善の方法をあきらかにする，教育学の分科である」と述べている。このような関係は，体育科教育学についてもあてはまる。体育科教育学は，体育学（スポーツ科学）と一般教育学（教授学）との関係のなかで成立する1つの独立した専門分科学①である。

（1）体育学及び教育学との関係

体育学との関係についてみると，体育科教育の実践は，スポーツ文化②を内容とし，これを媒介とする教育であることから，スポーツ文化に関わって生産される体育学的知識が体育科教育の重要な素材になる。体育科教育学はそれらの科学的知識を発達段階にある子どもたちの教育内容として取捨選択したり，より適切な教材に加工したりするところに重要な役割をもっている。

しかし，体育科教育学の中心的関心が体育科教育実践の改善に向けられるところから，スポーツや運動の現象理解そのものに関心をもつ体育学の他の分科学とは研究の性格を異にしている。体育科教育学は，現実の子どもとスポーツとの関わりによって「こうあらしめたい」という価値や目標

①専門分科学
専門科学（分野）とは，独自の研究対象をもった科学的知識体系を生産する学問分野を意味するが，研究対象や研究方法の視点からみていくつかの異なる下位領域が設定される。この下位の研究領域を「専門分科学」と呼んでいる。体育学（専門科学）の場合，体育哲学，体育史，体育心理学，体育経営学，運動生理学，バイオメカニクス，体育科教育学等々の多くの専門分科学が成立している。

②スポーツ文化
スポーツは人類の精神的活動の所産として生み出され，歴史的・社会的に継承・発展されてきた文化である。スポーツ文化を支える構成要素としては，「技術・戦術」「トレーニング法」「施設・用具」「ルール・マナー」「組織・制度」「科学・思想」などがある。

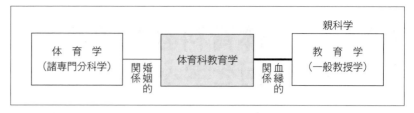

図1　体育学と教育学（教授学）との関係

を設定し，その目標の実現に最も有効な内容や方法を選択したり，さらに
それらの妥当性を実践を通して検証していこうとする。換言すれば，体育
科教育の目標・内容・方法の一貫した原理を探究し，絶えざる授業改善に
役立てようとする研究である。このようなねらいをもって行われる研究は
教育学研究の範疇に属している。くわえて，教育の目指すところは，各科
教育のバラバラの理念や方法によって実現されるものではなく，教育の全
体理念や方法原理との関係を緊密に保つ必要がある。教育学の一般的問題
や研究成果が体育科教育の具体的問題として研究され，体育授業実践にお
ける有効性が検証されなければならない。

　このようにみてくると，教育学は体育科教育学の親科学（mother sci-
ence）の位置を占め，その関係は「血縁的」なものである。それに対し
て体育学との関係は，契約によって結びつく「婚姻的」関係であるといえ
よう。体育科教育学は，他の体育専門分科学以上に，教育学，なかんずく
教授学から多くを学びとることができる（図1）。

（2）体育科教育学の独自性

　体育科教育学は，体育学及び教育学と深く関連するものの，これら2つ
の領域に分散し得ない独自性を備えている。すなわち，体育科教育の実践
は単なる体育学の1つの専門分科学的知識の応用によって実現されるもの

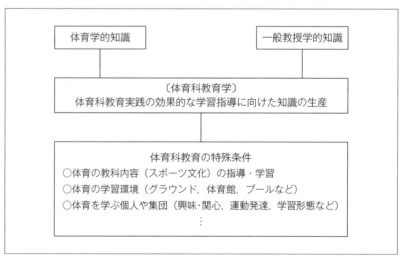

図2　体育科教育学の独自性

ではないし，教育学の一般的な問題や研究成果がそのまま体育科教育の実践にあてはまるものでもない。

　体育の具体的内容(スポーツ文化)，具体的場面(グラウンド，体育館，プールなど)，具体的な個人や集団といった条件のなかで，「授業（単元）計画を立て，実践し，そのなかから一般に妥当するような方法上の原理を究明する研究」が不可欠である。また，体育科教育学は，体育学のさまざまな科学的知識を具体的な人間（子ども）に適用するという点では応用的であるが，むしろこの応用を可能にする条件や限界を明らかにし，体育科教育実践に固有の法則を見出そうとするところにも，他の体育専門分科学とは異なった性格を見出すことができる（図2）。したがって，仮に他の体育専門分科学を「基礎科学」とするなら，体育科教育学は，これらの諸科学の知識を基礎とする「実践科学」ということになる。

2.体育科教育学ではどのような研究が行われるのか

（1）ドイツのスポーツ教育学の広がり

　体育科教育学において行われる研究は，どのような課題の広がりをもっているだろうか。このことを考えるにあたって，ドイツのスポーツ教育学の考え方が参考になる。ちなみに，スポーツ教育学は学校のスポーツ授業（体育授業）の枠にとらわれない点で，体育科教育学との差異が認められるが，そこでも青少年を対象にした学校のスポーツ授業に焦点があり，実体としてはきわめて類似した学問分野である。

　まず，シュミッツ（Schmitz, 1973）のスポーツ教育学の研究領域モデル（図3）をみると，「科学理論と方法学[③]」「人間学的基礎[④]」「体育・スポーツ授業の歴史学」「制度論と組織論」「比較スポーツ教育学[⑤]」といった研究領域を広く位置づけ，それらの中核にスポーツ教授学を配している。そして，スポーツ教授学の下位研究領域に，①カリキュラム理論，②学習の理論，③教授の理論を位置づけている。

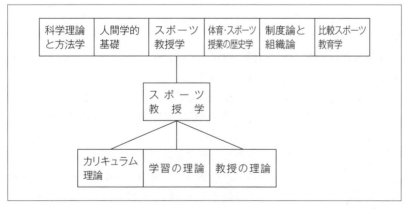

図3　シュミッツ（1973）によるスポーツ教育学の研究領域

③科学理論と方法学
スポーツ教育学の学問的性格や研究課題領域，研究方法論などについて研究する領域。

④人間学的基礎
人間の特殊な身体性やスポーツ文化の価値について人間学的にアプローチし，子どもたちに対するスポーツ教育の根拠やカリキュラムの基礎理論を導き出そうとする研究領域。

⑤比較スポーツ教育学
各国のスポーツ教育の制度やカリキュラム，指導方法について，政治，経済，文化，宗教などの背景のもとに比較分析する研究領域。

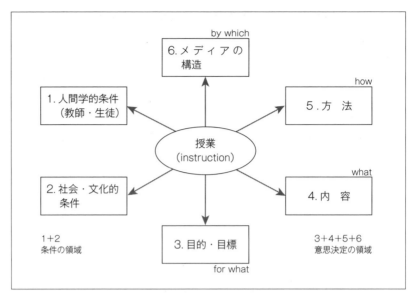

図4　ハーグ（1978）によるスポーツ教育学の内容を導くための概念

　一方，ハーグ（Haag, 1978）は，スポーツ教育学を「スポーツの教授
―学習過程に関する疑問や問題」に応える研究領域としてとらえ，図4に
みるように，①人間学的条件と②社会・文化的条件の研究を「条件の領域」
とし，③目的・目標，④内容，⑤方法，⑥メディアの構造に関する研究を，
スポーツ教育実践に直接関与する「意思決定の領域」として位置づけてい
る。くわえて，これらの研究領域を，教授―学習過程に関わる分析・計画・
実践・評価というプロセスからとらえて，①スポーツの教授―学習過程の
前提条件や必要条件に関する研究，②スポーツの教授―学習過程の計画の
ための研究（目的・目標，内容），③スポーツの教授―学習過程の実践に
関する研究（組織化，方法，メディア）の3つの研究領域にまとめている。

（2）体育科教育学の研究領域

　これらのモデルを参考にしながら，さらに体育科教育学の研究方法の相
違性に着目して分類すると，図5のような研究課題領域を描き出すことが
できる（髙橋，1987）。すなわち，体育科教育学の課題領域は，①体育科
教育の実践そのものを対象として行われる「授業研究（実践的研究）」，②
体育科教育の方法原理（目標―内容―方法）を体系的に明らかにし，授業
理論モデルを開発する「授業づくり研究」，③体育科教育の理論や実践の
ための基礎的知識を提供する「授業の基礎的研究」の3層で構成される。
　第1の「授業研究（実践的研究）」は，実際の授業実践を対象にして，
授業のなかで生じる事実を記述・分析したり，仮説の検証を試みたりする
研究で，つとめて臨床的性格をもつ研究領域である。実践はある特定の理
論モデル（目標・内容・方法論）に基づいて展開されるが，それらの理論
が授業での過程的事実（教師行動・生徒行動）や授業成果の分析を通して
評価され，検証されなければならない。このような研究は，実証的・経験

授　業　研　究 (体育科教育の実践的 研究)	教授—学習過程の実践を対象として，事実を記述・分析したり，仮説の検証を行ったりする研究	・記述・分析的研究 ・プロセス—プロダクト研究[6] ・アクション・リサーチ[7] ・多次元的方法による研究 　　　　・質的研究
	仮説の提示 ⇧　　　　　　仮説の検証 ⇩	
授 業 づ く り 研 究 (体育科教育の実践の ための理論的研究)	教授—学習過程の計画のための研究	・体育科の本質論 ・目的・目標論 ・内容論（教材論） ・カリキュラム論 ・方法論 ・評価論 ・学習環境論
	科学的知見の提示 ⇧　　　　研究課題の提示 ⇩	
授 業 の 基 礎 的 研 究 (体育科教育の基礎や 条件に関する研究)	教授—学習過程の前提条件に関わる基礎的研究	・教師論 ・学習者論（発達論） ・体育科教育史 ・比較体育科教育学 ・体育科教育の政策・制度論 ・体育科教育を対象とする体育の諸科学的研究（体育史，体育心理学……）
	体育科教育学のメタ理論的研究	・体育科教育学の科学理論・方法論

図5　体育科教育学の研究領域の層（髙橋，1987）

科学的に行われる。

　第2の「授業づくり研究（理論モデルを開発する研究）」は，体育科教育の実践に対して方向を与える理論モデルを解釈学的に生み出そうとする。そこでは，社会的課題，子どもの発達的課題，教育的課題，教育学的知識，体育科教育の基礎的知識，さらに体育実践で得られた経験や知識を総合・統合して理論化が図られる。

　第3の「授業の基礎的研究」は，体育科教育の理論モデルを生み出すための基礎的知識を提供しようとする研究である。体育科教育を対象とする研究は，従来，体育諸専門科学分野で分散して研究されてきたが，体育科教育学ではこれらの研究を組織的に位置づけていこうとする。

　このように，3つの領域は相互の関係を保ちながら1つの体系をなし，全体として体育科教育学を構成する。

3.体育科教育学で何を学ぶのか

　以下の各章で学ぶことは，主として体育科教育の授業づくり研究や授業研究を通して明らかにされてきた知識であるが，それらの学習に先立って，「体育授業の構造」や，効果的な体育授業を実現するための「教師の役割」について概括的に理解しておく必要がある。

[6]**プロセス—プロダクト研究**
授業研究の1つの方法で，教授—学習過程での教師行動や学習行動（プロセス）を組織的観察法によって記述し，学習成果（プロダクト）との関係を分析しようとする。この研究に関連して，プランニングプロセス—プロダクト研究も提唱されている。

[7]**アクション・リサーチ**
授業実践者のほかに，授業観察者，授業を受ける子どもたちが参加して授業計画を立案・実践し，共同して授業を振り返り，反省することによって授業改善を図っていく研究手法。これに関連して，近年では「反省的授業」という用語が多用されている。

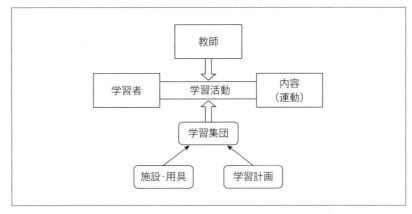

図6　体育授業の構造モデル（宇土，2000）

（1）体育授業の構造と教師の役割

　よい体育授業を実現するためには，まず体育授業がどのような条件によって成り立っているのか，熟知する必要がある。図6は，宇土（2000）による体育授業の構造モデルである。これらの条件以外にも体育授業を方向づけている制度的条件（たとえば学習指導要領）や環境的条件（地域社会の風土や住民の要求）が存在するが，この図では，特に学習者の学習活動を中心に据えて条件が設定されている。特に，①学習者，②運動教材（内容），③教師は，学習活動を生み出す3大条件であり，これらを取り囲んで，付加的な条件（④運動施設・用具，⑤学習集団，⑥学習計画）が位置づいている。児童生徒が意欲的に学習し，大きな学習成果を生み出すには，体育教師はそれぞれの条件の特性や機能について，またそれらの望ましいあり方や関係のさせ方について理解する必要がある。

　他方，体育授業は通常1つの単元として構成されるが，時系列でみた場合には，①単元として体育授業を設計する段階，②授業を実践する段階，③授業成果に基づき単元計画や授業実践を評価し反省する段階に区分することができる。

（2）授業設計の段階

　教師は，授業設計者（instructional designer）の役割をもち，すぐれた設計を行うための専門的知識と能力を身に付ける必要がある[8]。

　第1に，社会的課題や児童生徒のニーズに対応して，小・中・高校段階のカリキュラムが設計できなければならない。それは，どのような体育観に立つかによって，大いに異なった設計がなされるため，確かなフィロソフィーをもつ必要がある。我が国においては，各学校段階の体育カリキュラムは文部科学省が告示する学習指導要領によって大枠規定されているが，地域社会や学校の実態に応じて，また児童生徒の要求に応じて，学校が独自に編成できる余地は小さくない。また，これらのカリキュラム編成と関連して，どのような授業システム（共通授業，選択授業，教科選択授業）

⑧授業設計に関わる教師のおもな活動内容
1. 各学年の年間計画：活動の場の調整，他教科の授業時間との調整
2. 単元計画：単元目標，学習内容，単元教材・単位教材の選定，学習過程・学習形態，支援装置（教具）の準備，学習資料，評価の方法
3. 授業計画：単元計画の具体化，学習の進展に照らした学習内容や適用教材の修正，形成的評価に基づく指導方略の修正

を採用するのかを決定する必要がある。これらの意思決定は，多くの場合，教師集団の討議と合意によって行われるのが一般であるが，個々の教師はその意思決定に貢献できる設計能力をもっていなければならない。

第2に，単元計画を作成する能力が必要になる。単元計画では，その単元（通常は運動種目）にふさわしい学習目標や学習内容を設定したり，それらを実現するための教材（ゲーム教材，練習教材，知識教材）を選択したり，時には新しい教材を開発する必要がある。また，そこで適用する基本的な学習指導法（学習過程，学習形態，指導方略）をあらかじめ決定しておかなければならない。くわえて，授業で活用する学習カードや資料も作成しておかなければならない。教師は，これらの設計に必要な基礎知識を身に付けているとともに，特殊な環境や対象に応じて有効な単元計画を作成できる能力を備えていなければならない。

第3に，1時間の授業計画が作成できなければならない。1時間の授業計画は，大部分単元計画に包摂されるものであるが，各時間の指導計画（学習計画）としていっそう具体的に検討する必要がある。ここでは，児童生徒の学習目標の実現に向けた学習の進み方に対応して（形成的評価），学習内容や教材に修正をくわえたり，個々の学習者の要求に応じた学習指導が計画されなければならない。

（3）授業実践の段階

教師は，実に多様な要因が作用する授業実践のなかで，効果的に指導技能[9]（teaching skill）を発揮しなければならない。そのためには，授業実践に関わった知識を形式的に理解しているだけでは不十分であり，それらの知識を実践に活かせる実践力を身に付ける必要がある。すぐれたバスケットボールのプレイヤーになるためには，バスケットボールに関する知識を学習するだけでは不十分で，その知識をゲーム場面で発揮できる技能や戦術能を身に付けていなければならない。そのような能力を身に付けるためには，実践的なトレーニングが不可欠である。そのことは体育の授業についても同様であり，授業の知識を授業実践の場で発揮する「実習（インターンシップ）」が重要な意義をもつ。

（4）授業評価の段階

体育科教育が専門職として確立するためには，国民に対するアカウンタビリティ（説明責任）が問われる。国民が体育科教育に期待していることがら，あるいは体育科教育がねらいとしたことがらが，実践を通してどれほど実現されたのか，納得のいく説明ができなければならない。ある教育学者は，「これまでの教育は，やりっ放し，言いっぱなしの教育であった。もし教育が企業であったなら倒産の繰り返しであったに違いない」と指摘したが，このような問題は，体育科教育も同様であったといわざるを得ない。

[9]指導技能
授業場面で教師が目標の効果的な実現に向けて，マネジメントや学習指導に関わって適用する合理的な指導技術を発揮する能力を意味している。指導技術には，マネジメント技術，人間関係技術，相互作用技術，説明の技術，発問―応答の技術，モニタリング（巡視）技術，学習規律を保つ技術などがある。

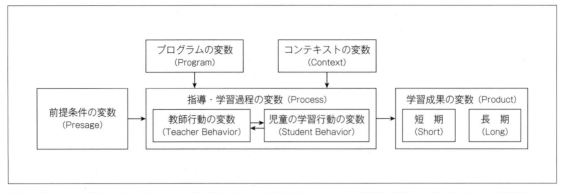

図7　ピエロン（Piéron）とチェファーズ（Cheffers）によるアセスメントモデル（Piéron & Cheffers, 1988）

　　体育科教育がアカウンタビリティに十分応えていくためには，適用された理論モデル（目標・内容・方法）を実践的成果に照らして厳しくアセスメントする必要があり，アセスメントの結果から，その理論モデルの有効性を評価してモデルに修正をくわえたり，授業における指導行動を評価して教師自らの指導技術を反省する必要がある（図7）。このような研究的・反省的実践を推し進めていくための前提として，教師は授業研究の方法論に精通していなければならない。

〈髙橋健夫〉

〈引用・参考文献〉
Haag. H. (1978) The Content of Sport as a Theoretical Field of Sport Science. Haag ed., Sport Pedagogy. University Press. pp.66-67.
Schmitz. J. N. (1973) Fachdidaktik und Curriculumtheorie in der Sportwissenshft.　Sportwissenschaft. Vol.3 No.3 SS.251-276.
髙橋健夫（1987）体育科教育学の構造. 成田・前田編　体育科教育学. ミネルヴァ書房. p.30.
髙橋健夫編著（2003）体育授業を観察評価する. 明和出版.
高野千石（1969）教科教育学の構造と視点. 教育9月号.
Piéron, M. and Cheffers, J. (1988) Research in Sport Pedagogy Empirical Analytical Perspective, Karl Hofman.
宇土正彦ほか編（2000）新訂体育科教育法講義. 大修館書店. p.13.

　＊本章は，『新版 体育科教育学入門』（2010年刊）のIntroductionを本書の表記にあわせるために一部修正をくわえ，掲載したものである。

第I部

【第I部のねらい】
体育という教科は，どのように位置づけられ，何を目指すのだろうか。まず，体育を支える基礎理論をみていこう。また，教職を目指すうえで，体育教師を取り巻く制度や，学生時代や教職に就いてから，どのような学びが求められるのかを確認してほしい。

体育の基礎理論と
教職への道程

第1章

体育のカリキュラム

概要

教育課程内での体育の位置づけと実際に展開されている姿は必ずしも一致しない。そのため，体育のカリキュラムは，適切な評価法の開発を通し，このずれの解消に向け常に修正され続けることになる。本章では，教育課程内での体育の位置づけ並びにその実際の間に派生するずれと修正の過程を書かれたカリキュラム，実施されたカリキュラム並びに達成されたカリキュラムという3つの概念を用いて紹介していく。

1.多様なカリキュラム概念

　カリキュラムは「教育課程表などとして書かれた計画文書からそれを実施している授業全体の過程，その結果としてのテストの成績や通知表の中身に現れる子どもの姿など」（日本カリキュラム学会，2019, p.4）を指す。そのためカリキュラムには計画レベル，実施レベル，結果レベルの3つのレベルが存在する。それらは，書かれたカリキュラム，実施されたカリキュラム並びに達成されたカリキュラムといわれる。

　カリキュラムは，教師と学習者の間で特に学習者の資質・能力の育成の手段として機能している。そのため，必ず指導内容を備えている。そのような性格を備えるカリキュラムを構成する要素には①教える内容，②組織原理（教育内容の組織の仕方としての教科等），③履修原理（年数や必修，選択等），④教材（教育内容を教える際の材料），⑤授業日時数（年間授業日時数，単位時間等），⑥指導形態（一斉指導，個別指導等），⑦指導方法（指導技術，評価等），⑧潜在的カリキュラムがある（日本カリキュラム学会，2019, pp.4-5）。また，カリキュラムが健全に機能するには，潜在的なカリキュラムを克服するかたちで潜在的カリキュラムと顕在的カリキュラムを関連づけなければならない（日本カリキュラム学会，2019, p.9）。

　これに対し学校で編成する教育計画としての教育課程（日本カリキュラム学会，2019, p.3）を編成する際には，上記諸要素のどこまでをどのように示すのかが課題となる。日本の場合，学習指導要領が教育課程作成時の中心的な基準として機能している。そのため，教育課程行政と各学校で編成・実施するカリキュラムに関しては，①教育課程基準の範囲と程度，②学習指導要領の基準性，③学習指導要領の構成，④教科等の構成と相互

関連，⑤履修システム，⑥授業時数の設定と方法並びに⑦普及と検証・評価の検討が必要になる（日本カリキュラム学会，2019，pp.215-222）。

2.学習指導要領にみる教科としての体育の位置づけ ——書かれたカリキュラム

　日本の場合，教育基本法や学校教育法施行規則等を踏まえ，教育課程として配当できる時間数や児童生徒の発達の段階，さらには教師の条件等を加味して教科が設定され，その目標や内容，実施条件が学習指導要領等で示されている。体育は，そこで教科としての地位を保全されている。

　教科のカリキュラムを検討する際には，発達の段階を踏まえ，学校でこそ指導すべきであり，かつ教科で指導可能な指導内容の提示が求められる。ここでは，専門科学の知見がそのまま教科の指導内容とされるわけではなく，学習者の発達の段階を踏まえそれらが取捨選択，加工されることになる。しかし，その設定過程は一方向的ではない。学習者の論理による指導内容の組み替えがなされるという意味では指導内容は，カリキュラム評価を通して双方向的に設定されていくことになる。同時に，それらを踏まえて指導内容の範囲（スコープ）やその系統（シークエンス）が明示されることになる。体育の学習指導要領でいえば，球技や体つくり運動といった運動領域がスコープに該当する。また，資質・能力の3つの柱[1]に対応した①知識及び技能，②思考力，判断力，表現力等，③学びに向かう力，人間性等という3つの指導内容もまた，スコープといえる。

　2017・18年改訂の学習指導要領では体育の指導内容の系統化を図るに際して，小学校から高校卒業までの12年間が①各種の運動の基礎を培う時期，②多くの領域の学習を経験する時期，③卒業後も運動やスポーツに多様な形で関わることができるようにする時期が想定され，発達の段階を踏まえ，学校種の接続を重視し，系統性を踏まえた指導内容の系統化が試みられている（文部科学省，2017，p.10）。中学校3年生以降に選択制[2]が導入されていることや体育理論の時間数規定[3]が示されていることも，各学校が教育課程を編成する際の基準として機能することになる。

　なお，授業で期待する成果を資質・能力で記したとしても，記された資質・能力は何をどのように学習することにより獲得可能なのかという疑問が消えるわけではない。この疑問を解消していくには，指導内容としての知識や技術とそれを学習するための教材の区別が必要になる。たとえば，年間指導計画ではバスケットボールやサッカーといった素材がそのまま記されることが多い。しかし，それらは，あくまで指導内容の学習を可能にする素材に過ぎない。授業では，指導内容の学習を可能にする，適切な教材が提供される必要がある。そのため，小学校のボール運動でいえば，それらの指導内容を学習可能にする発達の段階を踏まえたゲームの修正が求められている。また，指導内容を意図的，計画的に指導し，期待する成果を保障するために単元計画や年間指導計画が必要になる。

①資質・能力の3つの柱
新しい教育課程に共通する重要な骨組みとして機能するものとされ，①生きて働く「知識・技能」の習得，②未知の状況にも対応できる「思考力・判断力・表現力等」の育成，並びに③学びを人生や社会に生かそうとする「学びに向かう力・人間性等」の涵養で構成される。

②選択制
中学校3年生以降の領域の選択に際しては，学校や地域の実態及び生徒の特性を考慮することや安全を確保したうえで，生徒が自由に選択して履修できるようにする配慮が求められている。

③体育理論の時間数規定
学習指導要領では，中学校では年間3単位時間以上，高等学校では年間6単位時間以上の配当が求められている。

なお，学習の対象となる知識や技術は，運動学習に関してのみ存在するわけではない。思考力，判断力，表現力や学びに向かう力，人間性に関しても直接の学習の対象となる知識や技術が存在すると考えるべきであろう。社会的スキルはその例である。

3.実施されたカリキュラム

　学習指導要領のような教育課程基準が設定され，年間指導計画等が作成されても，実際にその通りにカリキュラムが展開されている保障はない。たとえば，第1回世界体育サミットでは大部分の発展途上国では，政策上，その位置づけが不適切あるいは，不備であるケースが，60％近くに及んでいることが報告されている（ICSSPE，2001，p.18）。同時にこのような状況が生み出される背景に，施設条件や人材と同時に体育の授業の価値に対する低い評価が存在することが指摘されている（ICSSPE，2001，p.20）。

4.達成されたカリキュラム

　我が国では，学習指導要領は，指導の面から全国的な教育水準の維持向上を保障するものとされる。これに対して学習評価は，結果の面から教育水準の維持向上を保障する機能を有するものとされる（中央教育審議会，2010）。そのため，教育課程の実施状況については学習指導要領実施状況調査が行われている（日本カリキュラム学会，2019，p.222）。
　たとえば国立教育政策研究所（2015）が実施した学習指導要領実施状況調査では，体育において初めて技能も含め，各指導内容に対応した学習の習得状況が調査された（国立教育政策研究所，2015）。その結果を踏まえ，今次の学習指導要領（文部科学省，2017）の改善が図られた。

5.スタンダードに基づくカリキュラムの開発手法

　このような書かれたカリキュラム，実施されたカリキュラム並びに達成されたカリキュラムの間に派生するずれは，否定されるべき状態ではない。むしろ，より効果的なカリキュラム開発の契機と捉えるべきである。
　スタンダードは社会的に共通理解されている目標・評価基準であり，日本では学習指導要領が国家が定めたスタンダードとして存在している（日本カリキュラム学会，2019，pp.103-104）。また，アメリカでは生徒が何ができ，何を知る必要があるのかを記した州や国家が示すスタンダードを参考に，学校がカリキュラムを作成している。
　このような手続きを経て作成されカリキュラムはスタンダードに基づく

カリキュラム[4](standards-based curriculum）と呼ばれる（Lund et al., 2015, p.409）。さらにスタンダードに基づくカリキュラムと類似した概念に，成果に基づくカリキュラム（outcome-based curriculum）がある。そこでいわれる成果は，授業を受けた結果，生徒が身に付ける知識や技能を指す（Tannehill, 2015, p.414）。そのため，この成果に基づくカリキュラムは，コンピテンシー・ベースのカリキュラムともいわれる。また，このスタンダードに基づくカリキュラムは，エビデンスを踏まえて常にその成果の検証と改善を求められることになる（SHAPE, 2014, p.89）。

これらの概念と対比的に用いられるのが，内容ベースのカリキュラムである。体育でいえば，さまざまな身体活動やスポーツ種目を示すカリキュラムである。2017年に告示された我が国の学習指導要領は，内容ベースからコンピテンシー・ベースへのカリキュラム改革[5]と特徴づけられている（石井，2015, p.i）。

一般にスタンダードは，学校で教えるべき知識・技術を記した内容スタンダード，内容に含まれる知識・技術を学年段階ごとに示すベンチマーク，各ベンチマークに関する習熟レベルを示すパフォーマンス・スタンダードへと具体化される（石井，2015, pp.62-63）。内容のスタンダードは我が国の学習指導要領に記されている指導内容の記述が，ベンチマークは学習指導要領解説に記されている例示項目が該当する。パフォーマンス・スタンダードは，おおむね満足できる状態を示す，指導内容の記述が該当する。

なお，このスタンダードに基づくカリキュラムは，バックワードデザイン（逆向き設計）を用いて開発されている。バックワードデザインは，最終目標からスタートし，その目標達成に向けて必要なカリキュラムを評価

④スタンダードに基づくカリキュラム
地域，州あるいは国の示すスタンダードを踏まえて作成されるカリキュラム。スタンダードを満たすために生徒が示すべき知識や技能並びに活動を示すもの（Lund and Tannehill, 2015, p.7）。

⑤コンピテンシー・ベースへのカリキュラム改革
2017年に告示された学習指導要領は，子どもが将来身に付けるべき資質・能力を育成することを明示している。また，指導と評価の一体化がより明確に求められるなど，授業を通して習得が期待される成果を資質・能力として記している点で，コンピテンシー・ベースのカリキュラムといえる。

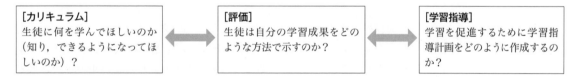

[カリキュラム]
生徒に何を学んでほしいのか（知り，できるようになってほしいのか）？

[評価]
生徒は自分の学習成果をどのような方法で示すのか？

[学習指導]
学習を促進するために学習指導計画をどのように作成するのか？

[学習者の要求，欲求並びに性格]
生徒にとって最も意味があり，価値があるものは，何か？
[地域社会が大切にしている価値観や信念]
地域社会の特徴や大切にしている信念
[時　間]
体育授業を行うために使える時間はどの程度か？　生徒が成果を収めるためには，どの程度の時間が必要か？
[オプションスケジュール]
生徒が何らかの価値のあることを成し遂げるためにはいくつのスケジュールが許されるのか？
[スコープとシークエンス]
スタンダードは，いつ，どこで強調されるのか。異なるプログラム内では異なるスタンダードはどのような形式で強調されうるのか？　また，体育に関連した学習終了までに異なるスタンダードで示された内容すべてをどのような方法で習得可能にするのか？
[テクノロジー]
テクノロジーは，身体活動のパターンや体育のプログラムにどのようにして影響を与えるのか？
[教育的風土や政治的風土]
体育の授業中に説明責任をどのようにして醸成するのか？

図1　カリキュラムと学習指導の一貫性を確保するための手続き（Lund et al., 2015, p.58）

法とともに意図的に作成するデザインを指す（Lund et al., 2015, p.403）（図1）。

6. カリキュラム評価の手法

　スタンダードに基づくカリキュラムでは，指導した内容に対応した適切な評価の実施が求められる。そのため，アメリカのナショナルスタンダード初版（NASPE, 1995）では，多様な評価法が組み込まれ，真正の評価，代替的な評価，アセスメントという概念が示された。

　真正の評価（authentic assessment）は，現実の生活に近い状況のなかで生徒のパフォーマンスを評価することを指す。この真正の評価は，評価結果を生徒の学習改善に向けて活用するという，学習のための評価（assessment for learning）という概念とも結びついている（Tannehill et al., 2015, p.210）。

　多様な真正の評価法の開発は，体育教師の不満を解消することにも貢献した。かつて体育の授業では，体力テストや技能テスト等，信頼性，妥当性を備えた多様なテストが開発され，それが活用されていた。しかし，それらは実際には使いにくいものであった。さらに，それらを用いて測定された結果が，授業で学習した内容や成果を反映していないという不満がみられた（NASPE, 1995, p.106）。代替的な評価（alternative assessment）は，このような状況改善に向け開発されていくことになる。それらは，①教師が測定したい行動を直接検討する課題を設定する，②実際に生み出されたパフォーマンスとその質に焦点化している，③規準準拠型の得点システムを用いる，④より高度なレベルの学習成果を評価する，⑤評価法の開発並びに最終的な成果物に対する責任感の開発に生徒が参加する，⑥評価基準設定の権限が徐々に生徒に与えられることに特徴が認められている（NASPE, 1995, p.107）。ここでいわれるより高度なレベルの学習成果とは，たとえば，「自分自身の認知過程や人間一般の認知過程に関する知識」（石井，2015，p.111）を指すメタ認知的知識等が想定されている。

　スタンダードに基づくカリキュラム開発が進められる過程では，学習の結果の評価から形成的評価や学習者による自己評価を重視する，学習改善のための評価への移行が求められた。また，指導と評価の結びつきを強調するだけではなく，学習活動に評価を埋め込んでいこうとする新しい評価パラダイムが生み出されるようになっていく。その結果，1990年代には教育評価を意味する言葉としてエヴァリュエーションに代わり，アセスメントが使われるようになっていく。さらに，標準化テスト批判は，伝統的な評価法を問い直す論議へと発展し，知識，技能を活用する力などの高次の学力評価を志向する新しい評価が生み出されていくことになる。現実世界で直面するような真正の文脈を設定し，知識・技能の総合的な活用を要求する課題であるパフォーマンス課題や，課題に対するパフォーマンスの熟達レベルを質的に評価する指標であるルーブリック[6]等が開発されてい

⑥ルーブリック
採点指針とも呼ばれる。習得が期待される内容とその達成度があわせて示されることになる。最低2つ以上のレベルで達成度を示す評価並びに学習指導のためのツール（SHAPE, 2014, p.117）。

くことになる。それらは，各学校で実践されているカリキュラムの豊かさを可視化し，その価値を広く保護者や市民に認識可能なものにしていくことになる（石井，2015，pp.65-66）。

7. スタンダードに基づくカリキュラムが抱える問題とカリキュラムの社会的構成

　このようなスタンダードに基づくカリキュラム開発は，教育に対する社会的ニーズの変化に対応した資質・能力の育成を目的に，指導と評価の一体化を図ることで，目標に対応した学習成果の保証を意図し，その成果を多くの人が共有することを可能にする。

　しかし，このように特徴づけられるスタンダードに基づくカリキュラム開発により，体育のカリキュラムが抱えていた課題が即座に解消したわけではない。たとえば，アメリカでは47の州でナショナルスタンダードが取り入れられているとはいえ，スタンダードの評価を求めている州は，11にとどまっているという。そのため，スタンダードで示された目標は現実的な目標であるのか，あるいは達成可能であるのかという疑問が示されている（Hastie, 2017, pp.3-4）。

　また，期待されている成果がどの程度保証されているのかに関する研究成果は，アメリカでは乏しい。実際，学術論文を対象にアメリカのナショナルスタンダードの成果の検証を試みたHastie（2017）は，学術論文を手がかりに検討した範囲内では，ナショナルスタンダードの達成率は，運動習慣に関しては25％以下，技能や知識においても50％以下の達成率に終わっていると指摘している。しかし，現時点では，この達成率を評価する，信頼できる基準が示されているわけではない。

　このようなナショナルスタンダードの成果に関するエビデンスの乏しさの一因は，評価法の信頼性，妥当性の弱さに求めることもできる。実際，技能の発達や戦術的気づきに関する真正の評価に関する研究は，極めて限られている（Hastie, 2017, p.5）。PE・Metrics（NASPE, 2010, 2011）は，生徒がスタンダードで求められている成果を獲得しているかどうかを評価する，信頼性，妥当性を備えた評価法を意図して開発されていった。しかし，そのPE・Metricsにしても，技能を発揮する文脈から切り離された状態で技能を評価するという状況を生み出す危険をはらんでいる。その結果，ゲームやスポーツのパフォーマンス以上にゲームやスポーツの技術が重視されるという状況が生み出される危険を備えている（Hastie, 2017, p.6）。同様の状況は，認知的，社会的，情意的な学習成果の評価に関しても派生している。

　実際，アメリカではナショナルスタンダードやそのベンチマークの達成状況を測定するための全国レベルでテストされた評価法やルーブリックが存在していないこと，それがスタンダードに基づく体育に欠落している問題点だと認識されていた。PE・Metricsはその問題解消に向けて開発され

ることになる（NASPE, 2010, p.3）。しかし，PE・Metricsの開発過程では，技能以外の目標であるスタンダードについては真正の評価を開発できないことが確認されていく。たとえば，クラス内で生徒が協同する能力を信頼性，妥当性を満たしたかたちで決定することができないといった問題に直面することになる。そのため，作成委員会は，これらの項目については二択式，あるいは多肢選択方式の筆記テストに代えることを決定していく（NASPE, 2010, pp.5-6）。しかしこれらは，パフォーマンス評価ではなく，あくまで生徒の身に付けている知識やその理解度を評価する手法といえる。その意味では，認知領域の評価を行っているのであり，社会的領域や情意的領域の評価を行っているわけではなかった。しかし，PE・Metrics3版では，2014年に改定されたナショナルスタンダード並びにすべての学年別に期待される学習成果一覧（Grade-Level Outcomes）を踏まえた評価例並びに評価の手続きが提供されることになる（SHAPE, 2019）。同時に，ビデオ分析による信頼性確保のような手続きを求めた，研究ベースの評価法に対して3版は，教師が使いやすい評価例を提示するようになっている。しかし，生徒は自分自身や他人に対する責任感をもつことや尊敬の念を示すことを勝手にできるようになるわけではない。そのため3版では，授業計画にそれらの評価を組み入れる必要性が指摘されている。さらに，それらを評価する最適の方法として教師の観察が挙げられるとともに，期待する成果を授業中に継続的に観察評価していくことが提案されている（SHAPE, 2019, p.93）。このような提案は，我が国でいえば，評価計画の設定により，形成的に学習成果を評価していく手続きにもみられる。

8. 体育のカリキュラムの変容を促すシステムと教科としての地位保全に向けた取り組み

　体育という教科の地位が危機的状況に陥っているとの認識[7]は，1990年代末には国際的に共有され，その状況克服に向けた国際的な取り組みが積極的に展開されていくようになる。その際，危機感をあおり自身の存在を正当化していく論理構成と自分の長所を明示することで存在感を際立たせる論理構成が想定できる。オーストラリアでは，後者による保健体育のカリキュラム開発が進められたという（Macdonald et al., 2018, p.202）。ユネスコが提案した良質の体育（Quality Physical Education）の定義もまた，同じ文脈に置かれる。そこでは，良質の体育が，運動学習，認知，情意並びに社会という複数の学習成果をバランスよく育成するものとされている（UNESCO, 2015, p.9）。

　このユネスコの提案は，カリキュラム内での教科の地位保全に向けた，国際的な同意を得ていく提案といえる。しかし，このような定義の提案には，それが達成可能であるというエビデンスやそれを達成可能にする条件整備が必要になる。そのためDesigned to Move（ICSSPE et al., 2012,

[7] 体育の教科としての地位の低下に対する国際的な危機感が共有されたのは，1999年にベルリンで開催された第1回世界体育サミットであった。そこでは，世界各国に対して送付された調査票の結果を踏まえ，法的な規定と実態の間に乖離現象がみられることや時間数が削減されていることが報告された。また，良質の体育実現に向けベルリンアジェンダが採択された。

p.11）は，スポーツ，身体活動並びに体育を通して習得が期待できる資源（capital）を知的資源（教育成果，脳の機能，集中力等），財政的資源（収入，職業上の成功，職業能力，医療費削減等），身体的資源（運動技能，体力，メタボリックシンドロームの予防等），社会的資源（社会的規範，人的ネットワーク，社会的インクルージョンや受容等），個人的資源（非認知的スキル，スポーツマンシップ，誠実さや責任感，情熱等），情緒的資源（満足度や自尊感情等）に整理して示している。また，これらの資源獲得に向け，①子どもにとって肯定的な環境を早期から生み出すことと，②子どもの生活に身体活動を組み込んでいくことを求めている。学校教育カリキュラムに体育を組み込み，その実施を促すことは，これらの要請に対する政府レベルでの対応事項として示されている（ICSSPE et al., 2012b, pp.30-31）。

　ユネスコ（UNESCO, 2015, p.23）は，さらに良質の体育の保障に向け①教師教育プログラムの開発と提供，②施設，用具並びに資源，③柔軟なカリキュラム，④コミュニティとの連携並びに⑤モニタリングと質の確保という観点を提示している。期待されていた成果が得られていないという評価が示された場合，これらの観点から原因を検討し，期待された成果の達成に向けたカリキュラムの改善が期待されている。それは学習指導要領レベルのみの話ではなく，学校を基盤としたカリキュラム開発においても求められよう。

〈岡出美則〉

〈引用・参考文献〉
中央教育審議会（2010）「児童生徒の学習評価の在り方について（報告）」
　　http://www.mext.go.jp/b_menu/shingi/chukyo/chukyo3/004/gaiyou/1292163.htm（2019年11月25日参照）.
Hastie, P. (2017) Revisiting the National Physical Education Content Standards: What Do We Really Know About Our Achievement of the Physical Educated/Literate person?. Journal of Teaching in Phsyical Education. 36: 3-19.
ICSSPE Proceedings World Summit on Physical Education. Karl Hofmann, 15-37.
石井英真（2015）増補版 現代アメリカにおける学力形成論の展開—スタンダードに基づくカリキュラムの設計．東信堂．
国立教育政策研究所（2015）平成25年度学習指導要領実施状況調査　教科等分析と改善点（小学校体育（運動領域）). http://www.nier.go.jp/kaihatsu/shido_h24/01h24_25/11h25bunseki_undou.pdf（2019年12月22日参照）.
Lund, J., and Tannehill, D. (2015) Standards-Based Physical Eduaction Curriculum Development. Jones & Bartlett Learning.
Macdonald, D., Enright, E. and MacCuaig, L. (2018) Re-visioning Australian curriculum for health and physical education. In: Lawson, H. A. (ed.) Redesigning Physical Education. Routledge. pp.196-209.
文部科学省（2017）小学校学習指導要領（平成29年告示）解説体育編. https://www.mext.go.jp/component/a_menu/education/micro_detail/__icsFiles/afieldfile/2019/03/18/1387017_010.pdf（2019年12月23日参照）.
NASPE (1995) Moving Into the Future National Physical Education Stan-

dards: A Guide to Content and Assessment. WCB/McGraw-Hill: Boston.

NASPE (2010) PE・Metrics Assessing National Standards 1-6 in Elementary School. NASPE.

NASPE (2011) PE・Metrics Assessing National Standards 1-6 in Secondary School. NASPE.

日本カリキュラム学会（2019）現代カリキュラム研究の動向と展望. 教育出版.

SHAPE (2014) National Standards and Grade-Level Outcomes for K-12 Physical Education. Human Kinetics.

SHAPE (2019) PE・Metrics 3rd ed. Human Kinetics.

Tannehill, D., van den Mars, H., and MacPhail, A. (2015) Building Effective Physical Education Program. Jones & Bartlett Learning.

UNESCO (2015) Quality Physical Education (QPE): guidelines for policy makers. (https://unesdoc.unesco.org/ark:/48223/pf0000231101) (2019年11月24日参照).

第2章

体育の目標と内容

概要

教師は何のために体育①を教えるのだろうか，また，学習者は体育で何を学ぶ必要があるのだろうか。このような問いに答えようとするのが，体育の目標と内容に関わる考察である。一般に，体育の目標は教科の内容を決める際の基準となるものであるが，時には内容が目標を規定することもある。このように，体育の目標と内容は相互に影響し合う関係にある。

本章では最初に，体育の目標がどう設定されるのかを概説する。次に，学習指導要領における体育の目標の変遷について述べ，最後に，先進諸国の動向を交えつつ，目標との関連から体育の内容領域について述べる。

1.体育目標の設定構造

　教育は，一定の教育目標②に向かって行われる計画的・意図的営みである。国語や算数などの各教科では，教育の一般目標の達成に向けて教科固有の目標が設定され，その目標を達成するために教育内容が策定され，授業が行われる。つまり，一連の授業過程は，時々の社会的要請や子どもの発達課題に基づく教育学的要請，あるいは教科の基盤となる個別専門科学の成果やその教科の独自性などによって設定された一定の目標を目指して，一定の教育内容を媒介に成立することになる。それゆえ，教科の目標③は，教科内容の選択と配列の基準となるし，また設定された目標の実現に向けての教育方法を規定するようにもなる。さらに，教育内容がどのくらい学習者に学力として定着したのかを評価することも必要である。したがって，具体的な教育実践を構想しようとするとき，目標─内容─方法─評価の関連性と一貫性はきわめて重要であり，この関連性や一貫性が授業構成の論理に求められるのである。

　目標が内容や方法を規定する関係は，体育においても同様である。体育の目標は，体育という教科で教えるべき教科内容の選択の基準となり，学習指導法を規定するようになる。さらに，単元の目標や1授業時間の目標も，体育の目標から導かれる。ゆえに，体育の目標は，体育という教科の性格を表し，その存在意義を端的に示すだけではなく，実際の授業に際し

①体育
ここでは，小・中・高校における教科体育を指して用いる。厳密には小学校の体育科，中学校の保健体育科の体育分野，高等学校の保健体育科の体育科目を対象にしている。

②教育目標
教育における目標には，学校教育目標や教科目標，単元目標や授業目標，学習指導目標等のように，さまざまなレベルでの目標がある。これを目標の階層性という。ここでは，教科目標を中心に述べる。

③目標と目的
「目標」に類似した用語に「目的」があるが，目的は目標よりもより広い意味内容をもつ。英語表記では「目的」はaim，目標にはgoal，objectiveがあてられる。もっとも広い概念での「教育目的」はaim，「学校教育目標」などの学校などが目指す場合はgoal，教科や単元，授業で目指す場合のものはobjectiveである。

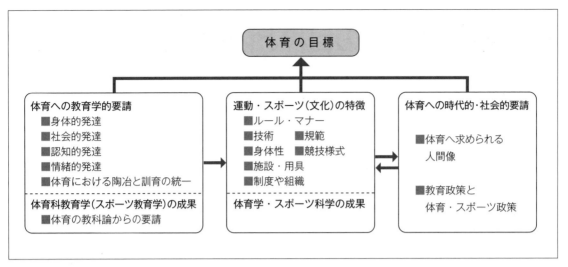

図1　体育の目標設定構造

④目標の３つの枠組み
ここでは戦後の要領の体育目標の分析視点として，３つの枠組みを設定したが，1958年要領を「技能重視の目標」の枠組みからとらえる立場もある。しかし，1958年の要領に示された系統主義に立った技能重視の体育は，要領が施行される頃には，技能の基盤となる体力重視の色彩を強めたので，ここでは「体力づくりを重視した目標」に含めた。
なお，要領は基本的に小学校から先行して施行されるので，改訂の基本的方向は小学校要領に特徴的に示される。

⑤経験主義教育
子どもの生活経験を重視する立場で，戦後の我が国の教育に大きな影響を与えた。
特に戦後，デューイによって提唱された「経験の，経験による，経験のための教育」という考え方は，子どもの生活のなかでの運動経験を重視するという新体育の基盤となった。

て必要とされる学習指導目標（instructional objective）の根幹に位置づくものであるといってもよい。

それでは，体育の存在根拠を表すともいえる体育の目標はいかにして設定され，決定されるのであろうか。体育の目標が設定される構造を図1に示した。体育の目標は，体育科への教育学的要請，体育科が対象とする運動やスポーツの特質，運動学習を主とする学習方法の独自性，そしてその時々の社会的要求によって決定されることが理解できる。

2.学習指導要領における目標の変遷

我が国における体育の目標は，体育の学習指導要領（以下，要領）に大きく規定されてきた。そのため，最初に体育の要領に表された目標の変遷をみておきたい。いうまでもなく，要領に示された体育目標も，前述した目標の設定構造から導かれてきたものである。

周知のように，戦後の要領は，1947年の学校体育指導要綱（以下，「要綱」）を皮切りに，2018年の高等学校の要領まで，およそ10年に一度の頻度で改訂されてきている。要領に示された目標は，時代的な特徴によって大別すれば，①新体育の目標，②体力づくりを重視した目標，③楽しさを重視した目標の３つの枠組み④でとらえることができる。次に，主として小学校要領に示された目標の変遷過程を中心に，３つの時代的枠組みに沿って体育目標を概観することにしてみよう（図2）。

（1）新体育の目標（1947年要綱，1949，1953年要領）

戦後の体育は戦前の軍国主義的な体育の払拭が大きな課題となった。具体的にはアメリカ体育の中心的思潮であった経験主義教育⑤を基盤とした

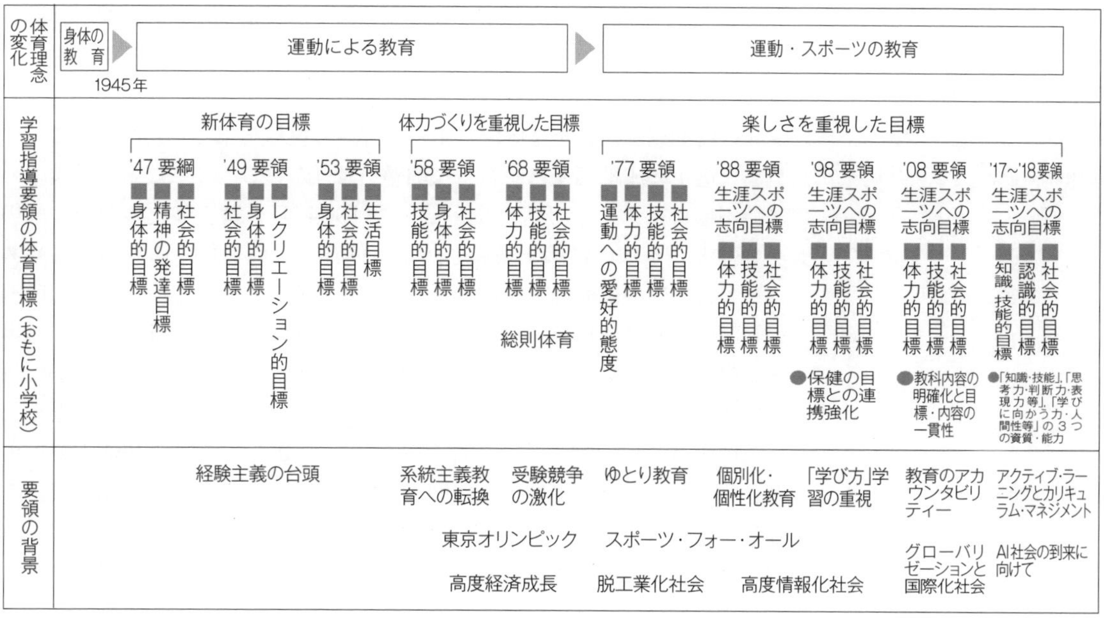

図2　学習指導要領の体育目標の変遷

「新体育」の全面的導入から始まった。1947年要綱はこの新体育を具現化したもので，体育は民主的人間形成という教育の一般目標を達成する教科であると規定された。このような戦前から戦後の体育の変化は，戦前の「身体の教育（education of physical）」から「運動による教育（education through physical activities）」への体育概念の転換ととらえることができる。

　体育概念の転換は，教材を「体操」から「スポーツ」へ，学習方法を「一斉指導」から学習者中心の「問題解決学習」へと変え，体育の役割を身体の発達だけではなく，人間の多面的な発達に貢献する教育の方法領域として位置づけるようになった。ここから，多くの目標と多くのプログラムを提供しようとする体育が始まった。

　この時期の要綱・要領は，教育の一般目標である民主的人間形成を可能にするために，体育でも民主的な生活態度を育成する社会性の発達目標（社会的目標）が中心を占めた。また，アメリカの経験主義教育の影響から，子どもの日常の運動生活と体育との関連を強調し，レクリエーションを日常生活に取り入れることを目指す生活目標も重視された。他方，生活体育とも呼ばれたこの時期の体育では，健全な身体的発達を目指す身体的目標は，戦前の反省から消極的に受け止められがちであった。

（2）体力づくりを重視した目標（1958，1968年要領）

　先の時期の生活中心の経験主義教育のもとでは，基礎学力の低下が問題とされるようになった。ここから，科学の体系を重視する系統主義教育[6]への転換が行われたが，体育では，1958年要領で教科の系統を運動技術

⑥系統主義教育
一般に，科学や技術等の人類の文化遺産を基礎として教科内容を設定し，それらの知識や技術を子どもに系統的に習得させようとする教育を指す。体育では，教科の系統を運動技術ととらえ運動技能の習得を重視する系統主義体育論の考え方が生まれた。

ととらえ，基礎的運動能力や運動技能の向上を目指す技能的目標が強調されるようになった。そして，先の時期の主要目標であった「生活目標」は身体的目標や社会的目標に吸収され姿を消した。

先の時期以降，日本は国際スポーツ界への復帰を果たしたが，そこでの日本人選手の成績不振は，新たな問題を投げかけるようになる。競技での成績不振は，きたる東京オリンピック（1964年）の選手強化体制づくりの必要性という国民世論を喚起し，学校体育における基礎体力の育成やスポーツの基礎技術の向上をいっそう要請するようになった。一方，この時期の飛躍的な経済成長は，日本人の生活様式を大きく変え，健康に対する脅威を生じさせるようになった。この時期に顕著になる受験競争の激化も，生活環境の悪化とともに，青少年の体力問題への関心を高めることになった。

このような体力づくりへの社会的な要請を受けながら，1958年要領の基礎的運動能力は基礎体力と理解され，68年要領では総則[7]の第三で，学校教育活動全体を通じて体力の向上を図ることが謳われる。と同時に「体力づくり」を目指す体力的目標は身体的目標を吸収し，技能的目標，社会的目標に先立って重点目標として強調された。

⑦総則と体育
1968年要領の総則で体育という教科の枠を超えて体力の向上の必要性が謳われて以降，全国の学校では，始業前や放課後あるいは授業の合間に「業前体育」「業後体育」「業間体育」を設定して，子どもの体力の向上に努めた。これらは「総則体育」と呼ばれたが，子どもの主体性や自主性が無視されて訓練的な性格を帯びる実践もみられるようになった。なお，要領の総則で，学校教育活動全体を通して体力の向上や体育・健康の指導を行うとする記述は，現行の要領（2017～18年）まで，一貫して引き継がれている。

(3)楽しさを重視した目標（1977，1988，1998，2008，2017～18年要領）

1970年代以降始まった工業化社会から脱工業化社会への転換は，人々の生活を大きく変えると同時に，スポーツが社会や文化の重要な一領域として認知される契機を生み出した。具体的には，ヨーロッパを中心に始まった「スポーツ・フォー・オール（sports for all）」運動は，スポーツや運動を健康のためだけではなく，生涯の楽しみとして享受すべきとする生涯スポーツの理念に結実していった。

このようなスポーツや運動への人々の需要の変化は，運動を手段として用いる「運動による教育」から運動やスポーツそれ自体の価値を承認する「運動・スポーツの教育（education in movement: education in sport）」への体育概念の転換をもたらし，この転換は日本の要領にも大きく反映されていった。

1977年要領は，技能的目標，体力的目標，社会的目標を従来同様に重視しながらも，運動への愛好的態度の育成を重点目標に位置づけた。この傾向は，1988年，1998年，2008年，2017～18年要領にも踏襲されるが，1988年要領からは技能的目標，体力的目標，社会的目標は，生涯スポーツの能力と態度を育成するという上位目標を実現するための具体的目標としての位置づけが鮮明になっていく。また1998年要領では，生涯スポーツにつながる能力の育成という上位目標をより具体化するために，「運動の学び方」が重視されるとともに，「心と体を一体としてとらえる」ことが上位目標に挙げられた。

2008年要領では，1998年要領と同様に，「心と体の一体化」と生涯スポーツに向けての能力育成の重視に変わりはないが，技能的目標，体力的目標，社会的目標をより確実に達成するために，技能（体力を含む），態度（規

範的態度及び愛好的態度），思考・判断（中学校及び高校は「知識，思考・判断」）の教科内容が具体的に記述され，目標と内容との一貫性がいっそう明瞭になった。

2017 〜 18要領（小学校・中学校・高校）では，2008年要領と同様に，生涯スポーツを実現するための能力育成の重視に大きな違いはないが，目標の記載方法が大きく変わった。教科目標はこれまで一括して記載されてきたが，2017 〜 18要領ではこれまでの包括的な目標の記載にくわえて，さらにそれを3つの階層に分け，①運動の多様性や体力の必要性を理解し，技能を身に付けることを目指す知識・技能の目標（知識・技能の目標），②豊かなスポーツライフを実践するための課題解決に必要な思考・判断及びその過程での考えを他者に伝える表現等の認識的目標（思考力・判断力・表現力等の目標），③公正，協力，責任，参画，共生，健康・安全などの態度に関する社会的目標（学びに向かう力・人間性等の目標）で構成，記載された。これまでの体力的目標は知識・技術の目標に吸収されたが，これら3つの目標の具体的な記載は，これまで以上に評価との一貫性が重視されたためでもある。

3.先進諸国における体育の目標

ここまでみてきた要領の目標は，近年では，生涯スポーツを志向した上位目標のもとに，技能的目標，体力的（身体的）目標，社会的目標が位置づくというものであった。

我が国同様，先進諸国の体育でも，従来から体育の目標に関する研究が行われ，いくつかの提案がなされてきた。アンダーウッド（Underwood,

表1　ナショナル・スタンダードに示された体育の到達目標

年	1995年版 (physically educated person)	2004年版 (physical educated person)	2014年版 (physically literate individuals)
到達目標	1．多くの運動形態で有能さを示すともに，少数の運動形態では熟練している。 2．運動技能を学習し，上達させるために運動の概念や原理を応用する。 3．積極的に身体活動を営むライフスタイルを示す。 4．健康を増進させる身体活動のレベルを達成，維持する。 5．身体活動を行う場面で責任ある個人的行動や社会的行動を示す。 6．身体活動を行う場面で，人々の間には違いがあることを理解し，それを尊重する。 7．身体活動が楽しさ，挑戦，自己表現や社会的相互作用を営む機会を提供することを理解する。	1．さまざまな身体活動を行うために必要となる運動技能や運動パターンをうまく行うことができる。 2．学習や身体活動に応用する運動の概念，原理，戦略や戦術を理解していることを示す。 3．定期的に身体活動に参加する。 4．健康を増進させる身体活動のレベルを維持，達成する。 5．身体活動を行う場面で，自分自身や他者を尊重する責任ある個人的行動や社会的行動を示す。 6．健康，楽しさ，挑戦，自己表現並びに／あるいは社会的相互作用を営むことに対する身体活動がもつ価値を尊重する。	1．運動技能と運動パターンをうまく行うことができる。 2．運動やパフォーマンスに関連した概念，原理，戦略や戦術に関する知識を応用する。 3．健康を増進させる身体活動や体力のレベルを達成，維持する知識と技能を身に付けている。 4．自分自身や他者を尊重する責任ある個人としての行動や社会的行動を示す。 5．健康，楽しさ，挑戦，自己表現並びに／あるいは社会的相互作用を営むことに対する身体活動がもつ価値を認識している。

1983）は，体育教師を対象に調査を行い，体育の目標が技能の獲得，レジャーの教育，健康とフィットネス（体力づくり），社会化，楽しさの追求の主要な5つに集約できることを明らかにしている。ウィルグース（Willgoose, 1984）も，体育の主要な目標として体力，技能，社会性，認識（知性や知識）を挙げる。

1995年にアメリカで出版された体育のナショナル・スタンダード[⑧]（表1）は，教科目標を「身体的に教育された人（physically educated person）」という概念で集約し，この教科目標を達成するために7つの到達目標（内容基準）を挙げている。また2004年に出版された改訂版では，1995年版の6番目に記載された人間の多様性に関わる目標は削除され，主として5番目の社会的目標に吸収されるようになるが，体育の目標に関する大きな変更はない。

2014年版は，体育の教科目標を「身体的リテラシー（physical literacy）」という概念で集約し，この教科目標を達成するために，5つの到達目標を示すようになった。SHAPE（The Society of Health and Physical Educators）は，身体的リテラシーを，調和のとれた人間の健全な発達に有益な環境で，さまざまな身体活動において，適応力と自信をもって運動ができる能力のことであると規定している。ナショナル・スタンダードに示された体育の到達目標は，時代とともに精選・集約されてきたが，運動技能，知識・理解，身体的発達，社会性，価値や情意に関するものがおもな目標となっている。

他方，2015年にニュージーランド（以下，NZ）の教育省から出された学校カリキュラムにおける保健体育の教科目標では，表2に示す4つが挙げられている。これらの目標は1999年に出されて以降，大きな変化はなく今日まで継続されているものである。

表2のNZの体育における4つの達成目標のうち，4番目のものはおもに体育と保健の相互に関わるものであるが，身体的発達，運動技能の習熟と並んで，他者との人間関係能力の向上や発達は体育の主要な目標として位置づけられていることが理解できる。

⑧ナショナル・スタンダード
教育荒廃と全米的な学力低下を受けてアメリカでは，1980年代初頭から教育改革が行われた。1994年，当時のクリントン大統領下で，学力向上政策の一環として，各教科で全米共通の教育内容の基準がつくられた。これがナショナル・スタンダードであるが，日本の要領と異なり，法的拘束力はもたない。

表2　ニュージーランドの学校カリキュラムに示された保健体育の教科目標

○**個人の健康と身体の発達**
個人の健康と身体の発達を維持したり高めたりするために必要とされる知識，理解，スキル，態度を発達させる。

○**運動の概念と運動技能**
運動技能を習熟させたり，運動に関する知識と理解を獲得したり，身体活動に対する肯定的な態度を発達させる。

○**他者との関係**
他者との相互作用や人間関係を強化し円滑に保つための理解やスキル，態度を発達させる。

○**健全なコミュニティと環境**
責任のある重要な行動をとることで，健全なコミュニティと環境を創造することに貢献する。

(Ministry of Education, 2015, p.22)

さて，ここまで述べてきた体育の先進諸国の教科目標や我が国の要領に示された体育目標を要約すると，体育の目標は，概ね次のようにいうことができよう。つまり，体育の目標は，①運動技能の獲得に関わる技能的な目標，②運動技術の構造や原理，知識の理解，また運動やスポーツの社会的意義やその重要性の理解といった認識に関わる目標，③体力づくりや身体形成を中心とした身体に関わる目標，④人間関係能力の育成や学習者の社会化，態度形成に関わる社会的な目標，さらに，⑤運動やスポーツの学習を通して獲得される楽しさや快の獲得が目指される情意的目標である。前述したように，目標そのものは階層性をもつので，たとえば，運動やスポーツへの嗜好性を高める愛好的態度の形成を社会的目標から独立させて愛好的目標としたり，社会的相互作用や人間関係能力の育成を重視して人間関係目標を設定したりすることは可能であるが，大別すればここで述べたものを体育の主要な目標と考えてさしつかえないと思われる。

4.体育の目標と内容領域

周知のように，ブルーム⑨（Bloom）らは教育目標の分類論（taxonomy of educational objectives）で，教育目標の領域性や領域ごとの階層性の存在を明らかにした（ブルームほか，1973）。具体的には，教育活動を通して目指される教育目標の全体が，認知的領域（cognitive domain），情意的領域（affective domain），精神運動的領域（psychomotor domain）の3つの領域に大別され，領域ごとに，最終の上位目標を達成する過程で下位の目標の系列があることを明らかにした。他方，ブルームらは教育目標の分類カテゴリーを明確化することによって，授業で実現するための学力構造，換言すれば，教育内容の構造を明らかにすることになった。このような教育目標の分類論や教育内容の構造化の知見は体育にも反映されるようになる。

カーク（Kirk, 1993）は，先行研究を検討したうえで，体育の教科内容領域として，精神運動的領域（psychomotor domain），情意的領域（affective domain），認知的領域（cognitive domain）の3つにくわえて，社会的課題や問題を扱う社会領域（social domain）を挙げる。同様にクルム（Crum, 1992）も，図3に示すように，体育の教科内容領域として，「運動技術（technomotor）」「社会的行動学習（sociomotor）」「認識的・反省的学習（cognitive-reflective）」「情意学習（affective）」の4つの内容領域を提示した。このクルムによる4領域の提示の基底には，実際の運動場面で発生する諸問題を解決するために必要な能力を保障すべきという考えがある（岡出，1993, p.145）。同様に，髙橋もクルムに先立って，中学生対象の学習者による授業評価の実践的研究を通して，体育の教科内容として「情意（affective）領域」「運動技能（psychomotor）領域」「認識（cognitive）領域」「社会的行動（socio-behavioral）領域」があることを明らかにした（髙橋，1989, pp.11-14）。

⑨ブルーム（Bloom, B. S., 1913-99）
アメリカの教育心理学者で，シカゴ大学で教鞭をとりながら多くの研究成果を挙げた。また，日本の教育学者にも大きな影響を与えた。おもな専門領域は教育評価論や測定論であるが，授業評価法の診断的評価，形成的評価，総括的評価の手法を提案したことでも有名である。

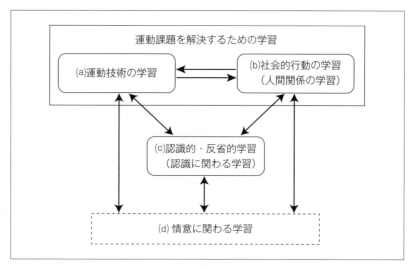

図3　クルムによる体育の教科内容領域の構造（Crum, 1992, p.14参照）

　ところで，先にみたナショナル・スタンダードの到達目標（表1）は同時に，体育という教科の内容基準でもある。そして，これらの目標は，技能，認識，身体，社会，情意の5つにまとめることができるが，別言すれば，これらは体育のナショナル・スタンダードが示すアメリカの体育の内容領域の基準でもある。同様にNZの4つの達成目標（表2）のうち，体育に関わる3つの目標も，身体，技能，社会に関わる目標であり，それらはNZの体育の教科内容の領域を確定する基準となるものである。

　我が国の要領が示すように，身体や身体形成（フィットネスや体力づくり）に関わる目標は，技能のカテゴリーに含めて考えることが妥当であり，したがって，体育の内容領域の基準として技能，認識，社会，情意の各領域を考えることができる。というのも，目標が階層性をもつことや身体形成そのものが具体的な授業のなかで技能の学習に随伴してなされるからである。

　さて，ここでみたように，体育の目標と内容基準は密接に関係しており，目標が設定されることにより教科内容が確定されたり，あるいは逆に，教科内容に即して目標や目標の階層性が明確にされ，具体的な体育カリキュラムが編成されていく。目標と内容の一貫性が明確であればこそ，体育で教えるべき教科内容の構造が鮮明になるし，同時に，体育で保障すべき体育的学力の定着がいっそう図られるようになる。

　最後に，体育の教科内容である「技術学習」「認識学習」「社会学習」「情意学習」のそれぞれの領域について述べる[10]。

（1）技術学習に関する領域

　運動やスポーツの個人的運動技術や集団的な運動技術（戦術，戦略を含む）に関わる内容領域である。また，運動の技能習熟に必要な認識的学習に関わる領域も含まれる。具体的には，生涯にわたって運動やスポーツに

[10]領域のカテゴライズ
ここでは「社会学習」と「情意学習」とを分けたが，両者を分けない立場もある。また，目標自体が階層性をもつので，内容そのものが関連したり，重複するなど，各内容領域が必ずしも明瞭にカテゴライズされるとは限らない。
たとえば，ここでは運動技能の認識的学習を「技能学習に関する領域」にカテゴライズしたが，「認識学習に関する領域」に含める考え方もある。

親しむために必要とされる運動やスポーツの技能の上達・習熟・獲得に必要な内容で構成される。また，技能習熟に随伴して必要となる，一般的運動能力や技能関連体力，健康関連体力[11]に関連した内容も含まれる。

（2）認識学習に関する領域

体育の科学的知識に対応する領域である。第一に，運動学的知識やバイオメカニカルな知識の運動学習に関連したものから構成される。具体的には，スポーツの戦術やルールに関する知識，体力科学やトレーニング論に関する知識が挙げられる。第二に，運動やスポーツに関わる科学的知識や概念学習が対象とする知識が挙げられる。具体的には，運動やスポーツの自然科学的・社会科学的研究成果や体育の理論学習で扱われる知識等から構成される。

知識にくわえて，運動やスポーツの学習や上達過程に必要とされる思考，判断，分析，総合，評価等も含まれる。

（3）社会学習に関する領域

運動やスポーツの規範的・価値的内容や態度形成に関わる内容領域である。具体的には，運動学習で必要とされるフェアプレイの精神，マナー，エチケットといった社会的規範や社会的スキル，人間関係スキル等の社会的行動様式に関するものである。また，スポーツ集団の組織運営能力や共同学習の仕方なども含まれる。

（4）情意学習に関する領域

運動やスポーツに対する興味，関心，意欲，肯定的な価値観などの運動やスポーツへの嗜好性や愛好性の育成に関する領域である。この領域は，社会学習に関する領域と重なる部分も多い。くわえて，他の3つの内容領域が成功裏に学習されて，情意目標が達成されるとする立場もある。この内容領域には，体育学習を肯定的で温かい雰囲気に保つための社会的相互作用スキルや運動学習へのモチベーションを強化するさまざまな儀式や方法が考えられる。

5.国際化時代の体育──目標と内容の観点から

1990年代初頭以降本格化した学校体育改革の世界的な潮流は，各国の体育カリキュラムに修正を迫り，学校体育そのものを大きく変えることになった。特に，目標論や内容論のレベルでいえば，各国とも体育のアカウンタビリティ（社会的責任）に応えていくために，体育目標の具体化や内容領域の明確化を行い，あわせて評価の方法をよりいっそう精緻にして

⑪技能関連体力と健康関連体力
体力には，競技での記録の向上やパフォーマンスを上げるために必要となる体力と怪我や障害を起こすことなく健康的に日常生活を送るために必要な体力とがある。前者を技能関連体力，あるいは運動関連体力といい，後者を健康関連体力という。

いった。

　近年では，間近に迫ったAI社会の到来とともに，社会構造や産業構造の変化の激しい現代にあって，先進諸国では「何ができるようになるのか」という観点で，学習者に育成すべき資質・能力が考えられ，それに応じて教育目標や教育内容が策定されるようになってきた。この傾向は，我が国の学習指導要領に大きく反映され，体育でも運動の知識や技能の習得，思考力・判断力・表現力等の育成，学びに向かう力・人間性等の涵養の3つの柱によって，教科の目標や内容が整理されるようになった。

　現行の我が国の小・中学校の要領（2017年告示）及び高校の要領（2018年告示）に示された体育は，上述の3つの柱によって，目標と内容の一貫性，内容の系統性や評価がこれまで以上に明瞭かつ明確になった。教科目標の記述は詳細になり，教科目標から実現可能な学年目標におろされ，内容は，発達段階に応じていっそう系統的につくられている。

　日本の体育の学習指導要領も，ここでみた先進諸国の体育の目標及び内容と同じ方向性をもつものであり，さまざまな側面でグローバリゼーションが進展する今，体育も決してその例外ではないし，体育もグローバルな視点から検討する時代を迎えている。

〈友添秀則〉

〈引用・参考文献〉
B. S. ブルームほか：梶田叡一ほか訳（1973）教育評価ハンドブック．第一法規．
Crum, B. (1992) Critical-Constructive Movement Socialization Concept: Its Rational and Its Practical Consequences, International Journal of Physical Education, 29(1): 9-17.
梶田叡一（2002）教育評価〔第2版補訂版〕．有斐閣．
Kirk, D. (1993) Curriculum work in physical education: Beyond the objectives approach? Jounal of Teaching in Physical Education, 12(3): 244-265.
Ministry of Education (2015) New Zealand Curriculum for English-medium teaching and learning in years 1-13. PO Box 1666, Wellington 6140, New Zealand.
NASPE (1995) Moving into the Future National Physical Education Standards: A Guide to Content and Asseement. WCB/McGraw-Hill.
NASPE (2004) Moving into the Future National Standard for Physical Education. 2nd ed. McGraw Hill.
SHAPE (2014) National Standards and Grade-Level Outcomes for K-12 Physical Education. Human Kinetics.
日本カリキュラム学会編（2001）現代カリキュラム事典．ぎょうせい．
岡出美則（1993）21世紀の体育・スポーツを考える．体育科教育41（14）：142-147.
岡出美則（2008）世界における体育の変化：その現実．現代スポーツ評論18：32-44.
髙橋健夫（1989）新しい体育の授業研究．大修館書店．
友添秀則ほか編（2009）いま学校体育を考える．創文企画．
友添秀則（2009）体育の人間形成論．大修館書店．
Willgoose, C. E. (1984) The curriculum in physical education. Prentice-Hall, Inc.
Underwood, G. (1983) The Physical education curriculum in the secondary school: Planning and implementation. Falmer Press.

第3章 体育教師を取り巻く制度

概要

第1節では，教職への道程として，体育教師を目指す学生が入学後，どのような授業を受け何を学修①するのか，A大学教育学部のカリキュラムを例に，おもに専門科目の学修について解説する。第2節では，体育科教育を取り巻く制度的条件として，教育に関する法律，規則，学習指導要領等について概説し，体育科教育との関係にも触れる。

1. 教職への道程

(1) これからの時代に求められる教員の資質能力とは

2006年7月の中央教育審議会②答申では，教員に求められる資質能力を①いつの時代にも求められる資質能力，②今後，特に求められる資質能力，③得意分野をもつ個性豊かな教員，と整理し，さらにすぐれた教師の条件として以下の3点を示している。

○教職に対する強い情熱
・教師の仕事に対する使命感や誇り，子どもに対する愛情や責任感など
○教育の専門家としての確かな力量
・子ども理解力，児童・生徒指導力，集団指導の力，学級づくりの力，学習指導・授業づくりの力，教材解釈の力など
○総合的な人間力
・豊かな人間性や社会性，常識と教養，礼儀作法をはじめ対人関係能力，コミュニケーション能力などの人格的資質，教職員全体と同僚として協力していくこと

「今後の教員養成・免許制度の在り方について（答申）」（平成18年7月11日　中央教育審議会）

他方，我が国の社会は，いわゆる「知識基盤社会」の到来やグローバル化，情報化，少子高齢化等を背景に，社会全体が大きく変化し，そのスピードもこれまでになく速くなっている。こうした社会の変化やそこから派生する新たな教育課題に対応する力もこれからの教員に求められている。

2015年12月の中央教育審議会答申「これからの学校教育を担う教員の資質能力の向上について」においては，教員として不易とされてきた資質

①**学修**
予測困難な時代にあって，学生が生涯学び続け，主体的に考える力の修得が重視されている。そのため，学生による事前の準備，授業の受講，事後の展開といった取り組みのなかで，主体的に問題を発見し解を見出していく能動的な学修（アクティブ・ラーニング）への転換が求められている。（「新たな未来を築くための大学教育の質的転換に向けて～生涯学び続け，主体的に考える力を育成する大学へ～（答申）」（平成24年8月28日　中央教育審議会））

②**中央教育審議会**
文部科学大臣の諮問に応じて教育の振興及び生涯学習の推進を中核とした豊かな人間性を備えた創造的な人材の育成に関する重要事項等を調査審議するため，文部科学省に設置されるもの。一般的に文部科学大臣に「答申」として意見をまとめ提出する。

能力にくわえて，自律的に学ぶ姿勢をもち，時代の変化や自らのキャリアステージに応じて求められる資質能力を生涯にわたって高めていくことのできる力，アクティブ・ラーニングの視点からの授業改善などの新たな課題に対応できる力，チーム学校の考えのもと，組織的・協働的に諸課題の解決に取り組む力，を強調している。そして，教員の養成段階を「教員となる際に必要な最低限の基礎的・基盤的な学修」を行う段階と位置づけ，変化の激しい社会に生きる教師像として「学び続ける教師」の基礎力を身に付けることを求めている。

こうした，教員として不易とされるものや，新たな諸課題への対応に求められる資質能力について十分理解を深め，学修への構えや方向性を確かにしておくことが大切である。

（2）卒業までの見通しをもった大学，学部での学修を

ここからは，A大学教育学部学校教員養成課程の小学校コースのカリキュラム（2019年4月入学生用，表1）を例に，4年間の学修と授業への臨み方について解説してみたい。

❶卒業要件や履修規則等の熟知を

各大学や学部で定められた履修要件等を熟知することが大切である。卒業に必要な単位数や，教育実習を履修するための規定等が定められているかなどについて，「履修の手引き」等を活用した十分な理解とともに，所定の手続きを確実に進めたい。各自の学びのみちすじを組み立てながら4年間のカリキュラムの全体像を把握しておくことが重要である。

❷外国語や基盤科目の学修の重要性

専門分野に関する知識だけではなく，他の分野との関連性や社会を広く見渡すことのできる視野を育むためにも，幅広い教養や柔軟な応用力，語学力などを身に付けておくことは大変重要である。こうした学修で身に付

表1　A大学教育学部　小学校コースの履修規則

		必　修	選　択
外国語科目		8	
基盤科目		6	4
専門科目	教職専門科目	45	
	教職実践演習	2	
	初等教科専門科目	10	
	専修専門科目	12	2
	教職キャリア科目		6
	選択科目		24
	介護体験	1	
	卒業研究	4	
合計（卒業要件）		124	

けた知識や技能はゆくゆく教員採用試験等に対応する力の一部にもなるはずである。

(3) 専門科目の学修と系統性

❶4年間の学びのみちすじ

　表2は，表1で示した専門科目の具体的な授業科目と4年間の系統性を表にしたものである。教職を目指す学生として，学修や研究に取り組む科目の大まかな分類と進行がつかめるだろう。こうした，4年間のカリキュラムの概要を把握しつつ，それぞれの科目間の関係を整理しておくことが大切である。

　たとえば，「応用実習Ⅰ（教育実習）」を体験する3年次までに，教職概説や教育学，各教科指導法等の授業科目が多く配置されていることがわかる。教育実習では，実際の学校現場において，生の児童生徒を相手に授業や教育活動に直接携わることとなる。当然，各科目等の相応の理論や方法等を身に付けておくことが求められるのである。4年次後期で履修する教職実践演習は，それまでに培ってきた自分の教員としての資質能力を分析あるいは統合して確認し，不足部分を自覚して深めるための科目として配置されている。教員となる際に必要な最低限の基礎的・基盤的な学修を行う機会であり，学校現場やその他の教職に関わる体験と大学での学修を往還させる科目として設定されている。実際の学校現場に対応しうる，一定程度の力を備えて教壇に立ちたい。

❷授業を行う側に立つための学修へ

　教職専門科目，初等教科専門科目では初等体育科指導法や初等体育科概説の授業科目が開設される。授業を受けてきた立場から体育の授業を行う立場に立つための，専門的な知識や技術を学ぶ授業が展開される。学習指

表2　教職専門科目，教職実践演習，初等科専門科目等の年次ごとの配置

1年次	2年次	3年次	4年次
教職入門Ⅰ	教職入門Ⅱ		
教育学概説A・B	教育方法・過程論		
特別活動論	道徳教育論		
教育心理学概説	生徒・進路指導論		
	教育相談		
総合的な学習指導法		特別支援教育基礎論	
	初等科指導法		
	基礎実習	応用実習Ⅰ（主免許状）	応用実習Ⅱ
			教職実践演習
初等教科専門科目			
教職キャリア科目　選択科目			
	介護体験実地	演習	卒業研究

③学習指導要領
全国のどの地域で教育を受けても，一定の水準の教育を受けられるようにするため，文部科学省では，学校教育法等に基づき，各学校で教育課程（カリキュラム）を編成する際の基準を定めている。これを「学習指導要領」という。「学習指導要領」では，小学校，中学校，高等学校等ごとに，それぞれの教科等の目標や大まかな教育内容を定めている。

導要領③の目標や内容の理解にはじまり，指導計画の作成，教材・教具づくり，教師行動，学習評価や授業分析の方法等，体育の授業づくりの基盤を確立するための学修である。その授業形態は講義形式の授業の他，学習指導案の作成や模擬授業の実施等の多彩な形式となる。実技の能力が高ければ，よい授業が展開できるとは必ずしも限らないため，授業者として必要な専門的な知識や技術を確実に習得する必要がある。

❸専修専門科目の学修

表3は，表1に示した専修専門科目（体育・保健体育に関する専門的事項に関する科目）である。質の高い教員の条件の1つとして，教科指導の基盤となる専門的な知識や技能を確実に身に付けていることが挙げられる。体育の授業を行う側に立つことの意識を忘れずに，専門的な知識や技術を身に付ける必要がある。

体育実技で実技能力を身に付けておくことは重要である。学習指導要領及びその解説では，授業で取り扱う運動種目や技等が示されている（表4）。できれば，児童生徒の前で示範できる程度の技能を身に付けておきたい。くわえて，運動やスポーツの特性や成り立ち，技術の構造や戦術，ルールやマナー，段階的な練習方法，さらには安全に実施するための配慮，運動が苦手，意欲的でない子への対応の仕方等についてもあわせて習得することが大切である。こうした内容は実技での学修とともに，他の科目の学修と一体的に学びとっていくことが大切である。体育学の研究領域には，体育哲学，体育史，体育心理学等の専門分科学が成立している。こうした学術的な研究成果の蓄積や，更新されていく新たな知見等についての学修，研究にも意欲的に取り組みたい。児童生徒に運動やスポーツの楽しさや価値等を確実に提供できる授業力を，体験しながら知的に学ぶ取り組みが大切なのである。

表3 専修専門科目（体育・保健体育に関する専門的事項に関する科目）

体育実技
「体育原理，体育心理学，体育経営管理学，体育社会学，体育史」・運動学（運動方法学を含む）
生理学（運動生理学を含む）
衛生学・公衆衛生学
学校保健（小児保健，精神保健，学校安全及び救急処置を含む）

表4 中学校 第1学年及び第2学年 体育分野の領域及び領域の内容

A 体つくり運動	B 器械運動	C 陸上競技	D 水泳	E 球技	F 武道	G ダンス	H 体育理論
ア 体ほぐしの運動	ア マット運動	ア 短距離走・リレー，長距離走又はハードル走	ア クロール	ア ゴール型	ア 柔道	ア 創作ダンス	(1)運動やスポーツの多様性
	イ 鉄棒運動		イ 平泳ぎ	イ ネット型	イ 剣道	イ フォークダンス	(2)運動やスポーツの意義や効果と学び方や安全な行い方
イ 体の動きを高める運動	ウ 平均台運動	イ 走り幅跳び又は走り高跳び	ウ 背泳ぎ	ウ ベースボール型	ウ 相撲	ウ 現代的なリズムのダンス	
	エ 跳び箱運動		エ バタフライ				

（4）教育実習での学修

　大学での学修やさまざまな体験等を総動員して，児童生徒に実際に授業を実施する場面となる。それは，4年間の教員養成課程における学びの中核に位置づけられるといえよう。実習の毎日は，授業を受ける立場のそれまでとは違った見方・考え方が形成されてくることだろう。これまでの授業を受ける側であった立場と，行う側の立場の2つの立場が統合されていくなかで，学校とは，教師とは，授業とは何なのか，ということに対する見方・考え方の広さや深さが増していくはずである。教育実習での学びを，子どもとの関わりと教師との関わりという2つの関わりから検討してみよう。

　まず，大学の授業では体験できない子どもたちから学ぶ，という意識を大切にしたい。たとえば教師行動に対する児童生徒の反応を敏感に受け止め，即座にフィードバックしたり，授業改善に生かしたりすることができるようになることが大切である。

　次に，教育実習は教師という専門的な職業集団へ参画することになる。たとえば，授業の計画立案・実践・振り返りという一連の過程において実習校の指導教員等とさまざまな関わりをもつ時間となる。実践者がもつ豊富な経験や知識に謙虚に学びたい。実際に教職に就いた後も，他の教員と協働する力は教職生活を続けていく限り大変重要なものとなる。

　教育実習をイベントや思い出づくりとして終えるのではなく，実習以前の準備学修や実習後の補完学修とを関連させ，教員としての指導力向上に結びつけたい。教育実習と大学での学修が連続し往還していくことが大切なのである。

（5）教職実践演習

　教職実践演習は，授業科目等で身に付けた資質能力が，教員として必要な資質能力として統合され形成されたかについて，最終的に確認する科目である。4年間を通して「学びの軌跡の集大成」として位置づけられている。まずは，大学での科目の履修や，教育実習等の体験を振り返り，将来教員になるうえで自己にとって何が課題であるのか具体化することが大切である。本科目の授業設計にあたっては，教員として求められる以下の4つの事項が示されているわけだが，学生の振り返りの視点としても活用できるものであろう。

```
・使命感や責任感，教育的愛情等に関する事項
・社会性や対人関係能力に関する事項
・幼児児童生徒理解や学級経営等に関する事項
・教科・保育内容等の指導力に関する事項
```

　そして，不足していると感じる知識や技能等を補完し，間もなく始まる教職生活を，より円滑にスタートできるよう課題の解決に取り組むことが

大切である。授業では，理論と実践の有機的な統合が図られるよう，ロールプレイングやグループ討論，実技指導の他，実務実習や事例研究，現地調査，模擬授業等の多彩な活動に取り組むこととなろう。

また，各校種においては，それぞれ特有の教育課題等も存在する。たとえば，発達の段階等に応じた児童生徒理解の重点や手法，教科等の指導においても，校種が上がるにしたがい，より専門的になる内容の理解とともに，それに対応した指導力の獲得が求められる。赴任する校種に応じた，より実践的な知識や技能の補完に取り組むことが求められる。

2.体育科教育を取り巻く制度的条件

教育制度とは，教育目的を実現するために公認された諸制度をいう。それらは，法律，規則，要領などとして規定されており，具体的には，日本国憲法，教育基本法，学校教育法・学校教育法施行規則，学習指導要領・学習指導要領解説，教育職員免許法，教育公務員特例法などが関係している。以下，これら関連法規の目的や特徴を取り上げ，体育科教育との関連について概説する。

（1）教育課程に関連する法令

我が国の学校教育制度は，日本国憲法の精神にのっとり，学校教育の目的や目標及び教育課程について，種々の法令で定められている。法令とは，一般に国会が制定する法律と行政機関が制定する命令をあわせたものをいう。以下に，学校の教育課程に関連するおもな法令について確認する。

❶日本国憲法

日本国憲法は，我が国の最高法規としての性格を有しており，教育についても基本となる法律である。第23条には「学問の自由」，第26条には「教育を受ける権利」と「教育を受けさせる義務」さらに，教育の機会均等や義務教育の無償が規定されている。

❷教育基本法

教育基本法は，日本国憲法の精神にのっとり，我が国の教育の基本を確立し，その振興を図るために1947年に制定された教育に関する最も重要な法律である。教育基本法においては，教育の目的（第1条）及び目標（第2条）とともに，義務教育の目的（第5条第2項）や学校教育の基本的役割（第6条第2項）が定められている。各学校が教育課程を編成するうえでも，こうした条文を確実に押さえておく必要がある。

❸学校教育法

学校教育法は学校教育制度の基本を定めている法律である。学校教育法

では，教育基本法の規定等を踏まえ，義務教育の目標（第21条）や小学校の目的（第29条）及び目標（第30条）等が定められている。10項からなる義務教育の目標のなかには，体育・保健体育に関連する事項として「(8) 健康，安全で幸福な生活のために必要な習慣を養うとともに，運動を通じて体力を養い，心身の調和的発達を図ること」とある。小学校の目的（第29条）は「心身の発達に応じて，義務教育として行われる普通教育のうち基礎的なものを施すこと」とされ，中学校（第45条），高等学校（第50条）にも同様の規定がある。また，学校教育法第30条第2項において，「生涯にわたり学習する基盤が培われるよう，基礎的な知識及び技能を習得させるとともに，これらを活用して課題を解決するために必要な思考力，判断力，表現力その他の能力をはぐくみ，主体的に学習に取り組む態度を養うことに，特に意を用いなければならない」と定められ，いわゆる学力の3要素が規定されている。2018年の改正において，教育の情報化等に対応し，教育課程の一部において「デジタル教科書④」を使用することができるよう所要の措置が講じられている。

❹学校教育法施行規則

学校教育法の規定に基づいて，学校教育法施行規則では，教育課程編成の基本的な要素である各教科等の種類や授業時数等について規定している。2015年には，小，中学校等の「道徳」を「特別の教科である道徳」に，2017年には，小学校において中学年に「外国語活動」，高学年に「外国語科」の導入に向け改正が進められた。また，2019年には，中学校，高等学校等において，校長の監督を受け，部活動の技術指導や大会への引率等を行うことを職務とする「部活動指導員⑤」が新たに規定された。

ア　教育課程の編成

学校で編成する教育課程とは，学校教育の目的や目標を達成するために，教育の内容を児童生徒の心身の発達に応じ，授業時数との関連において総合的に組織した学校の教育計画のことである。小学校の教育課程は，「国語，社会，算数，理科，生活，音楽，図画工作，家庭，体育及び外国語の各教科，特別の教科である道徳，外国語活動，総合的な学習の時間並びに特別活動によって編成する」と規定している（同規則第50条）。中学校は第72条に，高等学校は第83条に同様の規定がある。

イ　授業時数

学校教育は所定の期間と時間内において行われなければならない。学習指導要領に示された内容をどのように組み合わせて効果的に配当するかは，教育課程編成上の重要な要件となる。各教科等の授業時数⑥については，学校教育法施行規則に標準授業時数として定められている。体育科，保健体育科においても，表5，6の標準授業時数を踏まえて，指導計画を作成しなければならない。

❺学習指導要領及び学習指導要領解説

学校教育法第33条及び学校教育法施行規則第52条の規定により，文部

④デジタル教科書
2017年改訂の学習指導要領で示された「主体的・対話的で深い学び」の視点からの授業改善や，特別な配慮を必要とする児童生徒等の学習上の困難低減のために制度化された。これまでの紙の教科書を主たる教材として使用しながら，必要に応じて学習者用デジタル教科書を併用することができることとなった。

⑤部活動指導員
実技指導の他，安全・障害予防に関する知識・技能の指導，学校外での活動（大会・練習試合等）の引率，用具・施設の点検・管理，部活動の管理運営（会計管理等），保護者等への連絡，年間・月間指導計画の作成，生徒指導に係る対応，事故が発生した場合の現場対応を職務とする。学校設置者は，身分，任用，職務，災害補償，服務等に関する事項等必要な事項を定めた部活動指導員に関する規則等を策定する。

⑥標準授業時数
2017年の改訂において，小学校及び中学校の体育科，保健体育科の標準授業数に増減はなかった。

表5　学校教育法施行規則　第52条関係　別表第1

学年	各教科										特別の教科である道徳	外国語活動	総合的な学習の時間	特別活動	総授業時数
	国語	社会	算数	理科	生活	音楽	図画工作	家庭	体育	外国語					
1年	306		136		102	68	68		102		34			34	850
2年	315		175		105	70	70		105		35			35	910
3年	245	70	175	90		60	60		105		35	35	70	35	980
4年	245	90	175	105		60	60		105		35	35	70	35	1015
5年	175	100	175	105		50	50	60	90	70	35		70	35	1015
6年	175	105	175	105		50	50	55	90	70	35		70	35	1015

表6　学校教育法施行規則　第73条関係　別表第2

学年	各教科									特別の教科である道徳	総合的な学習の時間	特別活動	総授業時数
	国語	社会	数学	理科	音楽	美術	保健体育	技術家庭	外国語				
1年	140	105	140	105	45	45	105	70	140	35	50	35	1015
2年	140	105	105	140	35	35	105	70	140	35	70	35	1015
3年	105	140	140	140	35	35	105	35	140	35	70	35	1015

科学大臣が各校種の学習指導要領を告示という形式で定めている。学校教育法施行規則第52条で「小学校の教育課程については，この節に定めるものの他，教育課程の基準として文部科学大臣が別に公示する小学校学習指導要領によるものとする」と定められた。中学校，高等学校にも同様の規定がある。学習指導要領は，学校教育について一定の水準を確保するために法令に基づいて国が定めた教育課程の基準であるので，各学校の教育課程の編成及び実施にあたっては，これにしたがわなければならないものである。各学校では，この学習指導要領や年間の標準授業時数等を踏まえ，地域や学校の実態に応じて教育課程を編成することとなる。

　学習指導要領解説は文部科学省により作成されたものであり，大綱的な基準である学習指導要領の記述の，意味や解釈などの詳細について説明したものである。

　2017年に小学校と中学校，2018年に高等学校の学習指導要領が，中央教育審議会の答申を踏まえ，以下の基本方針に基づき改訂が行われた。

> ・子供たちが未来社会を切り拓くための資質・能力を一層確実に育成することを目指す。その際，子供たちに求められる資質・能力とは何かを社会と共有し，連携する「社会に開かれた教育課程」を重視すること。
> ・知識及び技能の習得と思考力，判断力，表現力等の育成のバランスを重視（中略）した上で，知識の理解の質を更に高め，確かな学力を育成すること。
> ・道徳教育の充実や体験活動の重視，体育・健康に関する指導の充実により，豊かな心や健やかな体を育成すること。

体育科・保健体育科においても，以下の方針によって改訂が行われた。

- 運動領域においては，生涯にわたって豊かなスポーツライフを実現する資質・能力を育成することができるよう，「知識及び技能」，「思考力，判断力，表現力等」，「学びに向かう力，人間性等」の育成を重視し，目標及び内容の構造の見直しを図ること。
- 「カリキュラム・マネジメント」の実現及び「主体的・対話的で深い学び」の実現に向けた授業改善を推進する観点から，内容の系統性を踏まえた指導内容の一層の充実を図るとともに，保健分野との一層の関連を図った指導の充実を図ること。
- 運動やスポーツとの多様な関わり方を重視する観点から，運動やスポーツの多様な楽しみ方を共有することができるよう指導内容の充実を図ること。その際，共生の視点を重視して改善を図ること。
- 生涯にわたって豊かなスポーツライフを実現する基礎を培うことを重視し，資質・能力の三つの柱ごとの指導内容の一層の明確化を図ること。

（体育科・保健体育科の改訂の要点，一部）

また，学習指導要領総則（第1の2の（3））では，「健やかな体」として，以下のように示されている。

（3）学校における体育・健康に関する指導を，児童の発達の段階を考慮して，学校の教育活動全体を通じて適切に行うことにより，健康で安全な生活と豊かなスポーツライフの実現を目指した教育の充実に努めること。特に，学校における食育の推進並びに体力の向上に関する指導，安全に関する指導及び心身の健康の保持増進に関する指導については，体育科，家庭科及び特別活動の時間はもとより，各教科，道徳科，外国語活動及び総合的な学習の時間などにおいてもそれぞれの特質に応じて適切に行うよう努めること。また，それらの指導を通して，家庭や地域社会との連携を図りながら，日常生活において適切な体育・健康に関する活動の実践を促し，生涯を通じて健康・安全で活力ある生活を送るための基礎が培われるよう配慮すること。

（学校における体育・健康に関する指導〈小学校学習指導要領第1章総則第1の2の（3））〉

（3）教師教育に関する法令

教員としての資質能力の向上を図るため，教員の養成や研修等についても法令で定められている。教育基本法においては，教員の養成と研修の充実等を図ることが定められ（第9条第2項），さらに次の2つの法律に規定がある。

❶教育職員免許法

この法律は教育職員の資質の保持と向上を図るため，教育職員の免許に関する基準を定めたものである。免許（第3条）では「教育職員は，この法律により授与する各相当の免許状を有する者でなければならない」と規定されている。つまり，体育授業を行うには，小学校では小学校教諭の普通免許状[7]，中学校では中学校教諭の普通免許状（保健体育），高校では

⑦普通免許状
教員免許状には普通免許状，特別免許状，臨時免許状がある。さらに，普通免許状には大学院修士課程修了を基礎資格とする専修免許状，大学卒業を基礎資格とする一種免許状，短期大学卒業を基礎資格とする二種免許状の3段階がある。

表7 教員免許状に求められる単位数（一種免許状の場合）

小学校教諭 中学校教諭 高等学校教諭	教科及び教職に関する科目	59

高校教諭の普通免許状（保健体育）が必要となる。

　2017年，教員養成のカリキュラムがこれまで以上に機動的かつ弾力的に，新たな教育課題に対応できるよう「教科に関する科目」と「教職に関する科目」等に分かれている科目区分を，教科の専門的内容と指導法を一体的に学ぶことを可能とする「教科及び教職に関する科目」に大括り化される等の改正が行われた（表7）。教員免許状は，認定を受けた大学で開講される「教科及び教職に関する科目」の単位を修得した者に当該都道府県の教育委員会が授与することになっている。

❷教育公務員特例法

　教育公務員特例法は「教員を通じて国民全体に奉仕する教育公務員の職務とその責任の特殊性」を考慮して，教員の「任免，給与，分限，懲戒，服務及び研修等」について定めている。2016年の改正により，公立の小中学校等の校長及び教員の任命権者に校長及び教員としての資質の向上に関する指標等や，それらを踏まえた教員研修計画策定の義務づけが規定された。さらに，十年経験者研修を見直し，中堅教諭等資質向上研修を創設するなど，教員の資質向上にかかる新たな体制の構築が図られている。これは，教員免許更新制[8]の意義や位置づけを踏まえつつ，学校内でミドルリーダーとなるべき人材育成を図る研修に転換し，任命権者が定める年数に達した後に受講できるよう実施時期を弾力化できるよう改正されたものである。

(4)スポーツ基本計画

　法令以外でも，国としてスポーツの振興や子どもの体力向上等に関する施策が示されている。文部科学省では，スポーツ基本法[9]（2011年制定）の規定に基づき，2017年3月，「第2期スポーツ基本計画」を策定している。「スポーツ基本計画」は，スポーツ基本法の規定に基づき，スポーツに関する施策の総合的かつ計画的な推進を図るための指針である。第2期計画は，2017年度から2021年度までの5年計画となる。スポーツ政策の基本方針として，(1)スポーツで「人生」が変わる！，(2)スポーツで「社会」を変える！，(3)スポーツで「世界」とつながる！，(4)スポーツで「未来」を創る！を掲げ，「スポーツ参画人口」の拡大と，「一億総スポーツ社会」の実現を目指している。体育科教育との関連としては，特に，(1)において「学校体育をはじめ子供のスポーツ機会の充実による運動習慣の確保と体力の向上」が挙げられる。ここでは，スポーツをする時間をもちたいと思う中学生の増加（58.7%→80%へ），スポーツが嫌い・やや嫌いである中学生

[8]教員免許更新制
2007年の教員免許法改正によって，2009年4月から教員免許更新制が導入された。2009年4月1日以降に授与される教員免許状に10年間の有効期限を付し，その満了前2年間で30時間以上の免許状更新講習を受講・修了することが義務づけられた。

[9]スポーツ基本法（2011年法律第78号）
スポーツ基本法は，2011年，スポーツ振興法（1961年法律第141号）を改正し，スポーツに関し，基本理念を定め，並びに国及び地方公共団体の責務並びにスポーツ団体の努力等を明らかにするとともに，スポーツに関する施策の基本となる事項を定めたもの。

の半減（16.4％→8％へ），子どもの体力を昭和60（1985）年頃の水準に，のように数値目標が示されるなどしている。

〈石川泰成〉

〈引用・参考文献〉
学校教育法．2017年5月31日法律第41号．
学校教育法施行規則．2019年3月31日文部科学省令第20号．
教育基本法．2006年12月22日法律第120号．
文部科学省（2018）小学校学習指導要領（平成29年告示）．東洋館出版社．
文部科学省（2018）中学校学習指導要領（平成29年告示）．東山書房．
文部科学省（2018）小学校学習指導要領（平成29年告示）解説総則編．東洋館出版社．
文部科学省（2018）小学校学習指導要領（平成29年告示）解説体育編．東洋館出版社．
文部科学省（2018）中学校学習指導要領（平成29年告示）解説総則編．東山書房．
文部科学省（2018）中学校学習指導要領（平成29年告示）解説保健体育編．東山書房．
髙橋健夫ほか編著（2010）新版 体育科教育学入門．大修館書店．

体育教師としての成長と教師教育

概要

現在,「学び続ける教師像」が叫ばれている。教師①が成長し「専門性」を身に付けていくときに,どのような段階を踏み,何ができるようになるのか。必要とされる資質・能力とは何か,その獲得はいかにして実現するのか。児童生徒とともに豊かな体育の授業をつくっていくことができる教師になるために求められる知識や能力,成長過程や段階について述べていく。

①教師
学校の「先生」を指す言葉として,「教師」と「教員」があるが,久冨(1994)は,「教師」という語が教育する者としての働きの面に着目しているのに対して,「教員」という語は,社会的・制度的存在としての面に注目していると述べている。本章では,教師としての成長を,資質・能力といった視点から論じていくため,「教師」と表記している。

②キャリアステージ
ここでいうキャリアとは,職業上の経験を意味する。櫻井ほか(2019)は,キャリアステージを「職責,経験及び適性に応じた成長段階」としている。

1.体育教師に求められる資質・能力

(1)学び続ける教師像

体育教師には,どのような資質・能力が求められるであろうか。教師に対する社会的なニーズは,普遍的な内容もあれば,時代とともに変わるものもある。2015年に出された中央教育審議会答申「これからの学校教育を担う教員の資質能力の向上について」(中央教育審議会,2015)によると,いつの時代であっても不易の資質能力として「使命感や責任感」「教育的愛情」「教科や教職に関する専門的知識」「実践的指導力」「総合的人間力」「コミュニケーション能力」等が挙げられている。そこでは,教師は児童生徒に深い愛情を注ぎながら強い使命感,責任感をもちながら授業実践にあたることが重要であること,体育の指導内容を教授するだけでなく,児童生徒理解を基盤として学びを構築し,人を育てていくためには,教師自身が対人関係力や豊かな人間性を資質・能力として身に付けていることが必要であること,そして,改めて教師が高度専門職業人として認識されるために,「学び続ける教師像の確立」が重要になることが強調されている。

教師は,自律的に学ぶ姿勢をもって時代の変化や自らのキャリアステージ②に応じて,生涯にわたり資質・能力を高めていくことが必要とされる。常に探究心をもち,情報を適切に収集選択して活用する能力を身に付け,得た知識を適切に結びつけたり構造化したりする力を伸ばしていくことが,現代の教師に特に求められる資質・能力といえよう。

体育という教科やスポーツの世界で考えた場合,たとえば古くは「運動

中に水を飲むとばてる」という考え方が存在し，現在では考えられない状況が当たり前だった時代があった。自身が受けてきた過去の経験を正しいと思い込み，児童生徒の前に立って指導をしていては，成功裡な学びの構築は実現しない。科学的な根拠や最新の情報やエビデンスに耳を傾け，学び続ける姿が教師には求められる。

これからは正解のない時代になるといわれる。教師には，変化の激しい社会を生き抜いていける力を児童生徒に育成していくことがますます求められる。常に知識や情報を更新し，それらを活用しながら課題を解決し，納得解や最適解[3]を主体的にみつけていける資質・能力を児童生徒に育成するためには，まずは教員自身がそうした存在であるべきだといえる。

③納得解，最適解
正解や絶対解に対する概念であり，現状から考えて納得したり最適だと考える解。

(2) 体育教師に求められる知識

体育教師に求められる資質・能力のなかで，授業実践をしていくうえで身に付けるべき知識とは何か。体育の授業をしていくにあたって，教師がその種目を行うことができれば，それですぐに授業をすることが可能になるわけではない。逆にいえば，教師がその種目を行うことができなければ，授業はできないともいえない。

体育教師が授業を行うためには，その種目や技などの構造を理解し，行うための方法を知っていることは確かに重要である。くわえて，実際に授業をするために身に付けておくべき知識がある。

この点に関して，たとえば吉崎（1988）は，Schulmanがこれまでの研究成果を踏まえて，教師の知識カテゴリーを7つにまとめていることを報告している。Schulmanは，教師の知識を，①内容についての知識，②一般的な教授方法についての知識，③カリキュラムについての知識，④内容と教授方法についての知識，⑤学習者と学習者特性についての知識，⑥教育的文脈についての知識，⑦教育的目標・価値とそれらの哲学的・歴史的根拠についての知識，の7つのカテゴリーにまとめた。なかでも，④内容と教授方法についての知識 (pedagogical content knowledge: PCK) は，特に強調されている。

これに対し，コクランほか (Cochran et al., 1993, pp.266-267) は，学習者の実態にあわせて指導内容や指導方法を適用できる知識 (pedagogical content knowing: PCKg) を提唱した（図1）。「授業の手続きに関する知識」は，協同学習モデルや戦術学習モデルなどの学習指導モデル[4]やモニタリングやマネジメント，発問，相互作用などの指導技術[5]に関する知識を指す。「指導内容に関する知識」は，指導内容に関する科学的知見と同時に，その学習に際して学習者が直面する典型的な失敗や誤解，その改善策に関する知識を指す。「学習者に関する知識」は，発達の段階からみた学習者の特性などに関する知識を指す。「学習環境に関する知識」は，天候，社会，政治，文化等，授業が実施される環境などに関する知識を指す。PCKgは，これら4つの知識が統合され，理解されていることを指しており，「授業の手続きに関する知識」と「指導内容に関する知識」が，「学

④学習指導モデル
くわしくは，第Ⅱ部第4章を参照のこと。

⑤指導技術
くわしくは，第Ⅱ部第7章の各節を参照のこと。

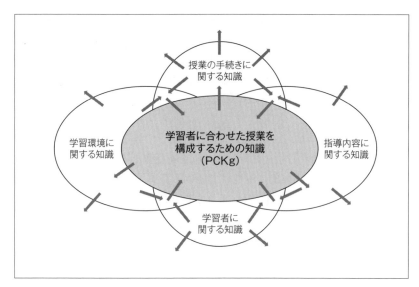

図1　教師の身に付けている知識（Cochran et al., 1993, p.268）

習者に関する知識」と「学習環境に関する知識」と関連づけられて習得されていくべきであることを強調している。この点においては，先述のSchulmanのPCKの提案以上に，知識が構成されていく過程的性格を強調するものであり，図1は，双方向的な矢印を示すことで各知識が広がりながら互いに関わり合って発達していることを示している。Schulmanが個々の知識を示したのに対し，コクランらは特定の文脈内で互いの知識を交錯させながら発達させていく必要性を指摘した点に大きな違いがあるといえる。

(3)体育の授業づくりに関する知識と能力

　教師は授業設計者として専門的知識及び能力を身に付ける必要がある。高橋（2010, pp.6-8）は，体育の授業をつくる際には「授業設計」「授業実施」「授業評価」の3段階があるとし，教師はそれぞれの段階において必要な専門的知識や能力を身に付けていくことが求められるとしている。ここでは，この高橋の指摘を参考に，各段階で必要な教師の知識・能力について述べていく。

❶授業設計の段階で必要な知識・能力

　まずは，カリキュラムを設計するための知識・能力が必要である。教師は他者が作成したカリキュラムのユーザーではなく，自身の勤務する学校種，地域の実態，児童生徒の実態等を鑑みてカリキュラムを作成するカリキュラムメーカーである。そのためには，社会的課題も加味し，体育観や授業観に依拠しながら独自の体育カリキュラムを作成できる力量が求められる。特に，現在は地域の人材活用や学校行事との関連，他教科との連携等を加味しながら「カリキュラム・マネジメント⑥」をしていくことが求

⑥**カリキュラム・マネジメント**
各学校において教育目標を実現・達成するために，教育課程を計画的かつ組織的に編成・実施・評価し，教育の質を向上するためのものである。くわしくは，第Ⅲ部第1章を参照のこと。

められている。学習指導要領を基盤としながら，教師集団が主体的に検討し，それぞれが意思決定に関わる能力をもっていることが大事である。

次に，それぞれの領域ごとの単元計画を立案する能力が必要である。指導内容，教材の特性，児童生徒が主体的に学べるための学習資料や教具の整備も考えながら設計する力が求められる。そして，どのような過程で単元を展開していくのかを決定する，学習過程に関する知識ももっていなければならない。

そして，1単位時間の授業を計画する能力が必要である。1単位時間の授業をどのように構成するか，ねらいを何にするのかという綿密な計画が求められる。構成についていえば，たとえば導入，展開，まとめと大きく区切った場合，それぞれの時間で何をするのか，どのような発問をして児童生徒に何を考えさせるのか，教材は何を提供するのか，そして，児童生徒がどのように運動する姿を描くのか。対象学級全体だけでなく，個々の児童生徒の要求や願いに応じられるような指導計画が作成できる能力が大事である。

❷授業実施の段階で必要な知識・能力

体育の授業は，多様な要因が作用する。そのためには，マネジメント，インストラクション，モニタリング，相互作用等に関わる指導技術を十分に発揮せねばならない。このような知識をまずはしっかりと理解したうえで，授業に臨むことが大事である。

しかし，その知識をもっていれば充実した授業実践ができるかといえばそうではない。児童生徒の実態に応じ，臨機応変な発問や声かけ，言葉かけなどのフィードバックができるようになったり，授業中の様子から計画を修正したりしていく能力は，実践を重ねることで身に付いていく。もちろん，自身の実践を児童生徒の姿から真摯に振り返る姿勢があってこそ，それらは身に付いていくものである。

❸授業評価の段階で必要な知識・能力

目標と評価の一体化というのは，児童生徒に対する評価に限ったことではないだろう。授業を計画し，実施したら，その成果をしっかりと評価し，次に生かしていく作業が必要である。授業を「やりっぱなし」にしないためにも必要である。自身の授業を自己評価していく日々の姿勢も大事であるが，教師の世界には「授業研究」という機会がある。公開を前提にして，他者に自身の授業を参観してもらい，検討会によってさまざまな意見をもらい，修正点を見出したりネクストプランを立てたりしながら授業改善に努めていくことが大事である。

この授業評価をしていく作業にも，学び続ける教師の姿が現れているといえる。

(4) 反省的実践家としての教師

　現在教師は，専門職であると認識されている。専門職の像として，「技術的熟達者」と「反省的実践家」の2つのモデルがある（佐藤，1996）。「反省的実践家[⑦]」とは，1983年にドナルド・ショーンが新しい専門家のあり方として提唱した考え方であり，以降，教師教育や授業研究においても援用され，教職に対するパラダイムを転換する推進力となった。

　以前は，確実性を保障する科学的技術及び原理を提供する基礎科学と応用科学の確立が専門性の基礎だとされて，「技術的熟達者」が専門家の姿だとされてきた。教師のように複雑な文脈で複合的な問題を扱い，不確実性が支配する職域は，専門職には成り得ないと考えられていた。しかし，そもそも不確実性が支配する対象をどのように省察し，行動するかが問われる「反省的実践家」の姿は教師の仕事そのものである。教職はその文脈において専門職だといえ，以降教師は専門職であるという考え方が一般的になった。

　教師の成長とは，技術的に熟達していくと同時に，反省的実践家へと成長していくことが求められている。

(5) 教師の信念

　体育教師の生命線は，授業づくりである。教師が成長していく際には，指導技術を獲得していくことになる。つまり，「授業をする力」を身に付けていくことが求められる。この力のとらえ方はさまざまな視点がある。ここで重要な点は，「授業をする力」そのものが，社会的に生み出され続けていることである。そのため，教師は，自分の求めている授業の姿やそれを支えている自分の価値観そのものを批判的に自覚していくことが必要になる。

　実際，教師は，自分の受けてきた授業，見てきた授業，あるいは地域の人々の価値観の影響を受けながら，実に多様な授業に対する価値観を身に付けている。たとえば，吉崎は，授業についての信念（価値観）について，「具体的には，授業観，指導観，教材観，子ども観といったものである。つまり，教師が授業に関してもっている『ねがい』である」（吉崎，1997，p.39）と述べている。また，英語圏で価値志向（value orientation）を提案したEnnis（1999, 2003）は，体育の授業をめぐる価値観を①科学志向，②自己実現，③エコロジカルな統合，④学習過程，⑤社会的再生産という5つに分類するとともに，教師がこれらを複数併存させていることを指摘した。これらの価値は，指導案の内容や実際の授業の進め方にも影響を与えることになる。

　また，授業づくりは，唯一無二の絶対が存在したり，一般化されたりするものではない。当然，授業をつくるうえでの原理原則は存在するが，それを駆使すれば成功裡な授業がすぐにできるというわけにはいかない。まずは児童生徒の実態が基盤となる。そして，その授業や単元でどのような

⑦反省的実践家
ドナルド・ショーンは，「科学的技術の合理的適用」を原理としてきたそれまでの専門家のあり方を「技術的熟達者」と呼び，対して現代の専門家は，「活動過程における省察」を原理とする「反省的実践」において専門性を発揮しているととらえた。「反省的実践家」としての教師の特徴は，授業や活動過程における省察を通して多様な意見を共有しながら合意の形成がなされるとされている。

学びをさせたいのか，そのために指導内容は何にするのか，指導内容を獲得するためにどのような教材を選ぶのか，そしてどのような方法で行わせるのか等を明確にしていかなければならない。これらは，教師の信念[8]によって方向づけられ構成されていくのである。体育教師の信念と経験の相互影響関係を明らかにした朝倉（2016）は，大学での長期研修などにおける「理論的知識に触れる経験」などによって教師は信念の問い直しと信念体系全体の変容が促されていくと述べている。教師の信念は，職歴を重ね，教師としての経験を重ねることで変容したり確かなものになっていったりするものだといえる。

2.体育教師の成長モデル

　教師は，どのような過程を経て成長していくのだろうか。Dodds（1994, pp.155-156）は，Berlinerの5段階モデルの紹介をしている。教師の成長の過程をBerlinerは，①初心者（大学生並びに初任（1年目）の教師），②進歩した初心者（2-3年目の教師），③一定の基準を満たした教師（3-4年目の教師），④熟練した教師（5-6年目の教師），⑤専門家教師（少数のみが到達），という5つの段階にしている。

　これに対して体育では，Graham, G.（2016）が次の3段階モデルを紹介している。

(1)入門期：大学生並びに初任（1年目）の教師を指す。多様な年齢の学習者が理解できる話し方や年齢に適した指導内容，学習に要する時間，問題の解決方法等を理解する時期を指す。

(2)強化の段階：学習者の実態にあわせて指導するための知識が発達する段階であり，スキャニング[9]をすばやく実施，分析することができるようになる時期を指す。また，指導や省察の経験により指導内容をよりよく理解できるようになる。その結果，授業で成功したという気持ちをより頻繁にもてるようになる。

(3)習得の段階：多くの指導技術を使いこなし，教師，児童生徒双方が満足できる，効果的な授業ができる段階を指す。それを可能にするのは，経験とよりよい授業を求めての不断の努力である。授業の上手な教師は，好奇心が強く，自分自身の教授行為を分析，省察する能力を備えている。

　これらは，いずれも専門職の成長には，一定の節目があること，また，各々の段階で意図的，継続的な学習が必要になることを示している。

⑧教師の信念
授業を通して児童生徒に「何をどのように学ばせるのか」「何を身に付けさせたいのか」という思いや願いを含む概念。

⑨スキャニング
モニタリングの技術の1つ。視線を一方向に動かし，全体を見渡すこと指す。

3.「授業研究」を通して成長する教師

（1）体育教師は体育の授業研究に何を求めているか

　体育教師としての成長のなかで，実践的力量[10]を身に付けていくための機会となるのが授業研究である。我が国の授業研究は，教師文化のなかで継承され，教師の実践的力量形成に貢献してきた。特に小学校における体育科授業研究は大変盛んであり，長い歴史と蓄積がある。近年では，授業研究はOJT（On the job training）[11]の一環として各学校において日常的に行われている例も少なくない。木原（2004）は，授業研究の1つである「学校研究」を取り上げ，「教師が教職の本質を再認識できるといった普遍的価値を内包する」ものとして価値づけている。「学び続ける教師像」が提唱されるなかで，授業研究は大きな機能を有しているといえる。では，その内実はどのようなもので，教師は「体育科授業研究」に何を求めながら成長していくのであろうか。

　鈴木（2010）は，体育科を中心に研究する小学校教師に対して調査を実施し，「体育科授業研究に求める機能」について検討した。その結果，研究仲間や同僚とともに研究を進めていくことを求める「同僚性・関わり」，熟達者や外部講師から授業の評価を得る「指導者からの評価」，いかにしてできるようにさせるかを求める「指導技術向上」，体育科は何のためにあるのか，何を教えるべきかを問う「教科内容追究」，そして，自分自身の成長のために授業研究に参加するという「自己改革」の5つの機能を有していることを示唆した。

　また，教師の職歴（初任期：1年目〜4年目，中堅期：5年目から14年目，ベテラン期：15年以上）を視点として意識の軽重を分析したところ，初任期の教師は「指導技術向上」を重視していた。「指導者からの評価」は，初任期・中堅期の教師が重視し，「教科内容追究」は，中堅期，ベテラン期の教師が重視していた。そして，「自己改革」は，ベテラン期の教師が重視していた。「同僚性・関わり」は，職歴による差はみられず，どの職歴の教師も重視していた。

　「指導技術追究」と「指導者からの評価」は，体育の授業を行ううえで「いかに教えるのか」という方法論を求めるものだといえる。一方で，「教科内容追究」や「自己改革」は，体育は「なぜ教えるのか，何を教えるのか」を問う内容論や目標論を追究するものだといえる。職歴による傾向から，若い教師は方法論を求め，成長とともに内容論，目的論を追究するようになるという成長過程が見て取れる。

　このように考えると，教師の成長過程は，「技術的熟達者」から「反省的実践家」へのシフトチェンジととらえることもできるだろう。このように，教師同士の「同僚性・関わり」を基盤とする体育科授業研究を通して，求める内容が変容していくという視点からも教師は成長する存在であるととらえることができる。

⑩実践的力量
一般的に実践的力量とは，教師が身に付けるべきとされる授業実施及び指導に必要とされる専門的な指導力を指す。教育に関する専門的知識・技能・姿勢や，児童生徒の発達への理解，それに応じた授業計画を立案・実施できる資質・能力のことだといえる。

⑪OJT(On the job training)
新人教員が職場において上司や先輩などから実際の職務を通じてトレーニングや教育を受けることを指す。

（2）変容の動機

　教師が授業研究に求める内容が成長とともに変容していくとすると，それを可能にする要因は何であろうか。教師が研究に対する視点を変換していくきっかけの多くは，授業研究会で出会う他の教師からの影響が大きい。授業研究会ではさまざまな教師と出会う。意見交換や議論等の相互交渉を通して教師は刺激を受け，授業観が揺さぶられ今までもっていた視点が変化していくのである。

　たとえば，どのように指導したらいいか，跳び箱をどのように跳ばせられるようになるかを追究していた若い教師が，授業研究会で「子どもが跳び箱を学ぶ意味は何であろうか」ということを議論している場に立ち会わせ，今まで考えたことがなかった視点を得られ，次第に授業研究に求める意味が変化していくことが考えられる。また，教師のライフステージのなかで，勤務校において学校全体をリードする役職や立場になったり，若い教師の育成という意味が付加されたりしていくことも要因の1つとしてとらえられるだろう。

4.教師の同僚性

　教師が専門職として職務を遂行するうえで「同僚性」を構築していくことは重要である。同じ学校で務める教師同士が協力し合って教育活動を進めることは，児童生徒の成長のためには欠かせないことである。同僚性を高めるということは，同じ職場の教師同士が仲よくなったり，親和的な雰囲気を高めていったりすることのみを意味するものではない。ともに教育活動をしていく教師同士が，教育観や授業観，児童生徒観等を出し合い，時にはぶつけ合い，深く議論し，建設的に批判し合いながら専門職として相互に啓発し合っていく姿が，「同僚性」である。

　近年では，学校を取り巻くさまざまな課題等に対応できる教師の力量が求められている。「チーム学校⑫」の考え方のもと，地域の人材や外部資源の活用，保護者の協力等を視野に入れた教育活動をしていくことが必要とされる。多様な専門性をもつ人材と効果的に連携・分担し，組織的に諸課題に対応しながら学校運営に生かしていくことになる。組織的・協働的に学校づくりに参画するチームの一員として教師が力量を発揮し合うことは，現代的な「同僚性」のあり方だといえよう。

　同僚性を高めるためには，校内研修，校外研修だけでなく，自主的に教師としての学びを重ねていくことも求められる。たとえば，日本にはたくさんの民間教育研究団体や研究会，研究サークルが存在しており，そのようなコミュニティに身を置いて学んでいく教師もいる。

　一方で，教師は多忙で緊張の続く生活を送り，孤独感と無力感に苛まれる現実もあるだろう。佐藤（1996, p.145）は，教師が希求しているものを「精神的報酬」だとするLortieの指摘を紹介している。教職生活を色褪

⑫チーム学校
チーム学校とは，2015（平成27）年に出された中央教育審議会答申「チームとしての在り方としての今後の改善方策について」に示された，新しい時代に求められる学校像のことである。学校が単独ではなく，地域と連携し協働して教育活動を行っていくという考え方であり，学校のマネジメントを強化し，組織として教育に取り組む体制をつくり上げることが目指されている。

せたものにしている職場の構造的な問題が存在するとすれば，それは解決が必要である。以前は，先輩の教師から若い教師にさまざまなことが伝えられ，若い教師は先輩の姿をまねながら少しずつ力をつけていくことが可能であった。しかし，最近の学校は職歴層に幅があることや，若手教員の大量採用時代を迎えていることから，同僚性を基盤とした教師集団づくりが難しくなっている現実もある。

　教師集団における専門家としての共同体の維持と個人における職業アイデンティティの形成は，職業人としての自己形成，同僚関係や先輩後輩関係の形成によってなされている。教師が成長していく際には「教師」としてだけでなく，「人」としての関わり合いがコミットされて，お互いが実践力をつけていくことが大事である。そのうえでも同僚性の構築は大事な視点だといえる。

〈鈴木 聡〉

〈引用・参考文献〉
朝倉雅史（2016）体育教師の学びと成長．学文社，p.308.
中央教育審議会（2015）これからの学校教育を担う教員の資質能力の向上について〜学び合い，高め合う教員育成コミュニティの構築に向けて〜（答申）（中教審第184号）．
https://www.mext.go.jp/b_menu/shingi/chukyo/chukyo0/toushin/1365665.htm（2021年2月25日参照）.
Cochran, K. F., DeRuiter, J. A. and King, R. A. (1993) Pedagogical Content Knowing: An Integrative Model for Teacher Preparation. Journal of Teacher Education, 44(4): 263-272.
Dodds, P. (1994) Cognitive and behavioral components of expertise in teaching in physical education. Quest, 46(2): 153-163.
Donald A. Schön.；佐藤学・秋田喜代美訳（2001）「技術的合理性」から「行為の中の省察」へ―専門家の知恵―．ゆみる出版．
Ennis, C. (1999) A Theoretical Framework: The Central Piece of a Research Plan. Journal of Teaching in Phyical Education, 18: 129-140.
Ennis, C. (2003) Using curriculum to enhance student Learning. In: Silverman, S. J. and Ennis, C. D. (Eds.) Student Learning in Physical Education. Human Kinetics: Champaign. 2nd ed. pp.109-127.
Graham, G. (2016) Teaching Children Physical Education. 4th ed. Human Kinetics: Champaign. pp.241-244.
長谷川悦示（2010）教師力を高める体育授業の省察．髙橋健夫・岡出美則・友添秀則・岩田靖編著，新版 体育科教育学入門．大修館書店，pp.257-262.
久冨善之（1994）第1章 教師と教師文化―教育社会学の立場から―．稲垣忠彦・久冨善之編著，日本の教師文化．東京大学出版会，p.3.
稲垣忠彦・佐藤学（1996）授業研究入門．岩波書店．
稲垣忠彦・久冨善之（1994）日本の教師文化．東京大学出版会，p.3.
糸岡夕里（2010）体育授業で求められる教師の能力．髙橋健夫・岡出美則・友添秀則・岩田靖編著，新版 体育科教育学入門．大修館書店，pp.251-256.
木原俊之（2004）授業研究と教師の成長．日本文教出版，pp.6-17.
中井隆司（2010）体育教師としての成長と教師教育．髙橋健夫・岡出美則・友添秀則・岩田靖編著，新版 体育科教育学入門．大修館書店，pp.244-250.
佐藤学（1996）教育方法学．岩波書店．

櫻井直輝・阿内春生・佐久間邦友（2019）教員育成指標にみるキャリアステージ区分の態様に関する研究．国立教育政策研究所紀要第148集：76.

鈴木聡（2010）小学校教師の成長における体育科授業研究の機能に関する研究．体育科教育学研究26（2）：1-16.

髙橋健夫（2010）体育科教育学の性格と領域．新版 体育科教育学入門．大修館書店，pp.1-8.

吉崎静夫（1988）授業研究と教師教育（1）―教師の知識研究を媒介として―．教育方法学研究13：11-17.

吉崎静夫（1997）11章 一人立ちへの道筋．浅田匡・生田孝至・藤岡完治編著．成長する教師．金子書房，pp.162-173.

第 **II** 部

【第Ⅱ部のねらい】
よい体育授業とはどのような授業だろうか。これまでの研究成果を基に，よい授業に求められる基礎を学ぼう。そして，よい授業を構想しながら，体育授業づくりに必要な学習者，教材，学習指導の仕方や評価論，指導技術など，それぞれの学びを深めてみよう。

授業づくりの基礎知識

第1章　よい体育授業の条件

概要

本章では，まず「よい体育授業」の定義を確認する。次に学習者が高く評価する「よい体育授業」の構造と，それを実現させるための要点について解説する。「よい体育授業」は，どの授業でも求められる「授業の基礎的条件」と毎時間の授業に向けて周到に用意する必要がある「授業の内容的条件」の二重構造でとらえられることを理解したい。くわえて，良質な体育授業が肯定的な仲間づくりに貢献するなど，幅広い波及効果をもつことについても説明する。

1.よい体育授業とは

「よい体育授業」とは，どのような授業をいうのだろうか。

これまでいくつかの体育の考え方のもとで，また多くの研究者や実践者がそれぞれの立場や視点から，このことについて主張を展開してきた。たとえば，第Ⅰ部第2章で示された「運動による教育」や「運動の教育」など[1]，体育理念によっても目指す授業像が異なることが予想される。

しかし，授業が意図的・目的的な教育活動であることを踏まえれば，「よい体育授業」とは，さまざまな考え方や立場に左右されることなく，子どもの実態に照らして適切に設定された「目標が達成され，十分に成果が上がっている授業」だということができる。では具体的に，学習者にとって意味ある体育授業とは，どのような構造でとらえられるのだろうか。またそのような授業を実現するための条件とは何かについて考えてみたい。

2.よい体育授業の構造

高橋（1992，2010）は，体育授業場面における教師の指導行動や学習者行動をいくつかの視点（カテゴリー）から観察分析するとともに，その授業を受けた学習者による授業評価[2]を照らし合わせることから，学習者が高く評価するよい体育授業の条件[3]を構造的に描き出した。それによると，学習者が評価する体育授業に共通してみられる特徴は，図1にあるように，「授業の基礎的条件」と「授業の内容的条件」からなる二重の同心

①運動による教育や運動の教育などの体育理念
第Ⅰ部第2章参照のこと。

②学習者による授業評価
第Ⅱ部第6章参照のこと。

③高橋による「よい体育授業の条件」
これまで多くの研究者や実践者が，自身の経験や思想的背景などをもって「よい体育授業」について語ってきたが，高橋は，実際の授業場面における教師や学習者の行動的事実を観察記録し，それと子どもによる授業評価を照らし合わせることから，客観的な分析によって「よい体育授業の条件」を導いた。

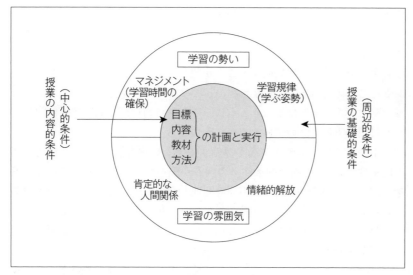

図1　よい体育授業を成立させる条件（高橋，2010，pp.48-53）

円で示すことができる。これは授業の「周辺的条件」と「中心的条件」と言い換えることも可能である。

　「授業の基礎的条件（周辺的条件）」には，「マネジメント（学習時間の確保）」「学習規律（学ぶ姿勢）」によって生み出される〈学習の勢い〉と，「肯定的な人間関係」「情緒的解放」によって保障される〈学習の雰囲気〉が位置づけられる[④]。適切な授業マネジメントによって学習時間が潤沢に確保され，そのなかで学ぶ姿勢や約束事が確立されることは，学習者が目標達成に向けて取り組む時間の確保につながる。このことが学習者の学習従事量や学習密度を高め，学習の勢いを生み出す土台をつくる。また体育授業は仲間と共同的に活動することが多いため，学習者同士の肯定的な人間関係，活動のなかで自分の気持ち（情緒）を表現できる仲間同士の関係性があることは，その学びの質をより良質なものにする。

　広い空間で行われる体育授業では，これらの要素が他教科以上に大きな影響力をもつことは間違いない。このような意味から，「よい体育授業」を支えるベースとして，〈学習の勢い〉と〈学習の雰囲気〉の保障が重要になる。

　またこの授業の基礎的条件（周辺的条件）は，それぞれの授業の目標や内容，方法やその形式にとらわれることなく，すべての授業に求められる条件だといえる。これは体育以外の教科にもあてはまる。この条件を担保することは，「よい○○科の授業」を実現する際に欠かせない共通の視点であるといえよう。

　「授業の内容的条件」は，この基礎的条件が整ったうえに成り立つ。授業は，その学習で習得を目指す目標・内容と学習者の学習状況を照らし合わせながら展開されるので，一度として同じ様相を示すことがない一回性の教育的営みである。そのため教師は，単元の計画及び前の時間までの学習を受けて，本時ではどのような目標・内容を立てればよいのか，その目

④〈学習の勢い〉と〈学習の雰囲気〉の影響力
子どもの形成的授業評価に対する「学習の勢い」と「学習の雰囲気」の規定力はとても強い。重回帰分析を施した結果（高橋，2003），子どもの評価は授業過程の学習者行動から約80％は推定できるということが確かめられている。

標・内容に応じてどのような教材を適用すればよいのか，授業場面ではどのように説明や演示，発問を行い，個々の学習者にどのような言葉かけをすればよいのか，グルーピングはどのようにするのが適切なのか，学びのみちすじをどのように構成することが望ましいのかといった授業のイメージとそこでの指導方略⑤を考えることになる。よい体育授業では，この指導方略の適否が重要になるとともに，これらは特に，知識や技能に関わる陶冶目標の実現に深い関係をもつことになる。

以上のように，学習者が高く評価する「よい体育授業」は，「授業の基礎的条件」「授業の内容的条件」の両方が整ったところで実現される。当然ながら，この2つの条件は相互に関連し合うものである。どちらかが整えられていても，もう一方が整っていなければ，学習者にとって真に意味ある学びを提供することはできない。授業者には，これらの点を念頭に置いて授業を計画し，実践することが求められる。

では次に，これら2つの条件について，それぞれ確認していくことにする。

3. よい体育授業の基礎的条件

（1）学習の勢い

❶学習従事時間の確保（マネジメント）

高橋（2003）は，これまでの授業研究を通して，学習者が高く評価する体育授業では，一貫して学習従事時間が十分に確保されていることを確かめている。そのような授業では，体育の授業場面⑥で次のような現象がみられるという。

①学習場面に多くの時間が配当されている。とくに運動学習場面に配当される時間量が潤沢である。
②逆にマネジメント場面（移動，待機，用具の準備・後片付けなど）やインストラクション場面（教師による説明・演示・指示）に費やされる時間量や頻度が少ない。
③運動学習場面での学習従事量が高い。
④学習場面でのオフタスク（off task）行動（課題から離れた行動）が少ない。
⑤成功裡な学習（ALT-PE）⑦頻度が多く，「大きな困難や失敗」の割合が少ない。

（高橋，2003，pp.1-6）

体育授業は運動学習が中心となるため，それに充てる時間が潤沢に確保されることが基本となる。勢いのある授業を生み出すうえでは「構造化されたマネジメント⑧」のもとで，学習者が運動課題の達成に向けて取り組む時間量を十分に保障することや，準備や片付けなど，運動学習の成果に直接，関係しない時間を省き，効率のよい授業展開を実現させることが求

---

⑤指導方略
Teaching Strategy。授業で適用する指導スタイルを効果的に機能させるために，目標・教師のスキル・学習者の特性・学習内容・学習情況といった細かな項目を単位として指導の見通しを検討しようとする考え方のこと。詳しくは第Ⅱ部第4章参照のこと。

⑥体育の授業場面
体育授業におけるおもな授業場面は，①インストラクション場面（教師の指導場面，説明や演示），②マネジメント場面（移動，待機，準備・後片付け），③運動学習場面，④認知的学習場面の4つに大別できる。（高橋，2010）

⑦ALT-PE
Academic Learning Time in Physical Education の略で，体育授業中の学習者の成功裡な学習従事時間量を示す。これまでの研究結果から，ALTの値は1時間のうちの約30％程度で，主運動のALTは10％を下回ることが確認されている。（中村ほか，2015，pp.544-547）

⑧構造化されたマネジメント
学習の流れを学習者と共有し，そのための準備も周到に行ったうえで明確な説明や指示のもとに実施される授業では，よどみなく活動が展開され，子どもたちは意味ある学習活動を展開していく。このように周到な準備と円滑な展開によって進められる授業マネジメントのことを「構造化されたマネジメント」という。逆に，教師の準備が不足していたり，説明・指示も的確ではなく，場当たり的な指導行動によって効果的な学びが保障されていなかったりするマネジメントのことを「構造化されていないマネジメント」という。くわしくは第Ⅱ部第7章第2節参照のこと。

められる。そこでは課題から外れるオフタスク行動をとる学習者の割合を減少させ，運動及び認知的活動なども含めた学習への積極的な従事や，成功裡な学習を促進させることが可能になる。

❷学習規律（学ぶ姿勢）の確立

よい体育授業では，学習者が主体的に学習活動を展開していく姿がよくみられる。そこでは，マネジメントに関わる約束事が教師と学習者の間で共有されていて，教師の指示や説明，相互作用が少なく，学習者は能動的・共同的に学習活動を展開することができている。一方，学習の勢いが感じられない授業では，教師が行動の仕方について丁寧過ぎるほど説明したり，その都度，学習者の活動を止めて指示したりする姿が見受けられる。なぜこのような違いが生まれるのだろうか。

前者は，先に示した「構造化されたマネジメント」によって実現されているといえる。教師がその授業の流れや約束事などを学習のはじめにしっかりと説明し，学習者と共通理解している授業では，その後の学習で学習者が授業の流れについて戸惑う場面が少ない。後者では，場当たり的な指示による「構造化されていないマネジメント」が行われるため，学習の流れを生み出すことが難しくなるため，学習成果を得ることもできなくなり，学習者もそのような授業は評価しなくなる。

ここで確認したいことは，学習者が身に付けるべき学び方については，学期のはじめや単元のはじめに確実に伝達・共有し，授業中もそれを励行することである[9]。

(2)学習の雰囲気

❶肯定的な人間関係

学習者が評価するよい体育授業では，学習者同士の協力的・肯定的な人間関係（学習者同士の助言，励まし，補助，共同的作業など）が頻繁にみられる。そのような関係の児童生徒は，たとえば，鉄棒運動の場面でお互いに口伴奏で動きのリズムをつくったり互いに補助をし合ったりする姿，球技のゲーム場面ではメンバー同士でファイトコールをしたり（円陣を組んだり）声をかけあってプレイしたりする姿，そして課題達成やゲームに勝利した場面ではともに喜ぶ姿などとして現れてくる。

肯定的な人間関係は日常の学校生活でつくられるものであるけれども，仲間と関わりながら活動する場面の多い体育授業では，意図的に学習者が関わり，集団的達成をすることで，互いの関係をより肯定的にしていく契機を積極的につくることができる。より肯定的な人間関係の構築を促進できる体育授業は，教室や学校生活の人間関係の向上に波及効果をもつと同時に，その肯定的な人間関係が，さらに良質な体育授業へと相互に結びついていくことが期待される。

[9]**約束事の共有**
体育授業の約束事については，単元や学期，年度のはじめにクラスでしっかりと共有されることが重要だが，近年では，学年や学校全体で統一し，どのクラスであっても同じ行動様式で良質な体育授業をつくろうとする学校も増えている。

❷情緒的解放

　また，自分たちの活動に対して笑いや歓声，喜びの表現といった「情緒的解放」の行動をみせることができる学習集団の存在も，よい体育授業には欠かせない。自分のなかで感じていることや運動することで湧き出てくる感情を，適切に表出・表現することと，そうすることのできる雰囲気のよい集団があることは，彼らの成長にとっても非常に重要である。

　課題を達成して「やった！」と気持ちを表したり，仲間とゲームに勝ったときに「ナイス！」といいながらハイタッチして喜びを共有したりする学習集団の姿は，間違いなく学習者が認めるよい体育授業の姿の１コマだといえる。

　ではこれらの〈学習の雰囲気〉は，どのようにすれば導くことができるのだろうか。単に活動を提供すれば学びの雰囲気が醸成されるわけではない。そこには教材や教具の適切さ，内容と子どもの実態に適した指導スタイルの選択，教師の指導行動，学習者と学習課題のマッチングの問題といったさまざまな要素が関連している。授業に関わる要素がどのような雰囲気を導くかについては，授業分析を通して，より精緻に確かめていく必要がある。

4.よい体育授業の内容的条件

（1）学習目標の明確化

　よい体育授業を実現させるためには，その授業で何を目指すのか，そのためには何を学ぶことが必要なのか，つまり学習の目標と内容を明らかにする必要がある。授業の進め方は，教師が中心になって展開される場面もあれば，学習者が主体的に取り組む時間もあるだろう。しかしどのような授業の展開であっても，「児童生徒一人ひとりが自分の学習の目標（めあて）を明確に意識できているか」が最も重要になる。教師が中心となる授業の場合は，「教師が示す課題に取り組めばそれでよい」という流れになることは避けなくてはならないし，学習者主体で進める学習の場合は，各自がどのようなめあてをもつかが学びの量と質を決めることになるので，個々の学習目標を明確にもたせることが非常に大切になる。

　授業者は，計画段階で，その時間の学習者が目指すべき方向性を検討・準備する。学習者の実態に適した課題を設定したり，学習カードを用意したりするといったことが，子どもの学びをつくるうえでとても重要になる。2017年改訂の学習指導要領では「主体的・対話的で深い学び」が授業改善の視点として挙げられているが，それらの学びを引き出すためには，やはり学習目標とそこでの学びのみちすじをどのように見通して，学習者に伝えていくのかが不可欠だといえる。

（2）教材・教具の工夫

　体育授業では，どのような活動を通して学習を進めるのかがとても重要になる。他教科のように教科書に示されている教材をもって学習を展開するという場面ばかりではないので，授業者が，いかに学習者の実態に見合った活動を提供できるかが授業の成否を大きく左右する。

　教材については，個人的な運動であれば，学習者がその領域や単元の学習を行う素地をつくる基礎的な運動感覚を養うための教材（支える学習のための教材），その単元の基本的な動きを習得するための教材（基本学習のための教材），発展的な課題に取り組むための教材（発展学習のための教材）といった，学習の見通しのなかに位置づくいくつかの活動を保障することが必要になる。その際，多くの動きの定着を目指す必要があることから，それぞれの動きについてスモールステップを設定して，「動きは同じだけれども場や条件を高めて動きの質を向上させる」ような用意も重要になる。集団で行う球技などでは，そのゲームに参加し楽しむために求められる基礎的な技能を簡単なゲーム形式で身に付ける「ドリルゲーム」や，基礎的なチーム戦術などを理解し身に付けるための「タスクゲーム」，その単元で中心となる「メインゲーム」など，階層性・系統性のある教材を用意して，すべての子どもがその学習に意欲的に参加できるよう配慮することが必須となる。

　また前述の通り，よい体育授業では勢いのある学びが展開されるが，そのためには学習課題の習得を助ける効果的な教具の活用も大きな意味をもつ。子どもたちは，目指すものと達成の基準が見える化されていて明確であればあるほど，意識的・意欲的に学習を進めることが可能になるからである。

　具体例には，ハードル走では，振り上げ脚と抜き脚の高さを意識するためにハードル上に目印の紙を貼ったりすることがあるし，球技では学習者の実態に見合うボールを選択したり，課題達成を効果的に導くためのラケットの用意やネットの高さ，ゴールの大きさを調整したりすることなどが考えられる。目標地点にラインを引いて学習課題を「見える化」したり，習得を目指す動きに含まれるリズムを太鼓で意識させる動きの「聞こえる化」をしたりする工夫も効果的な教具の工夫の一例である。

　このように，よい体育授業では，学習者の学習と意図的な成果を導く指導装置[10]が明確に用意されているといえる。

（3）多様な学習方法のスタイル

　体育授業では，どれくらいの学習指導の方法が用いられているのだろうか。教師の指導スタイルという点から単元の流れを考えると，おそらく単元のはじめは，教師が前面に立って基礎的基本的な事項を指導する場面が多いのではないだろうか。一方，学びの流れができてくると，子どもの主体性を生かして，徐々に学習者中心の展開へと移行する場合が多いのでは

⑩指導装置

Instructional Device。教具は授業で使用するモノという意味を超えて，積極的に学習を支援する装置であるとする考え方が国際的に定着している。くわしくは第Ⅱ部第3章参照のこと。

ないだろうか。また1単位時間の流れを考えても，授業開始直後から体育係などの生徒が中心となって準備運動を進め，その後，教師から課題の説明や確認があり，次いで生徒たちがそれぞれの課題に取り組み，途中で特徴的な生徒の動きから，そのポイントやこつをクラス全体で確認した後，再度，各自の課題に取り組み，最後は教師が授業のまとめをするなど，授業の過程では，複数の学習方法がとられていることがわかる。

Mosston & Ashworth（1994）は，「唯一最高の指導スタイルは存在しない」とする立ち位置に立って，授業中の意思決定の主体が誰かという視点から「学習指導スタイルの連続体モデル」を提唱し，体育授業のスタイルを11に区分して示した。またGraham（2001）は，学習指導ストラテジーの視点から6つの学習指導アプローチを提唱している。実際の授業では，授業の目標と学習者の実態を照らし合わせながら，これらの指導スタイルやアプローチを適用する授業力が求められる。学習者の意味ある学びを導く授業を組み立てる力も，よい体育授業に求められる教師の実践的力量の1つである。

(4)明確な教師の指導性

授業中，教師はどのように学習者に働きかければよいのだろうか。一連の学習の基盤となる動きを身に付けさせるために教師が直接，指示・説明をする「直接的指導（direct teaching）」や，発問を通して学習者の考えを引き出したり，学習者同士が関わりながら学習を展開する際に，適宜，個々の学習者やグループのところへ足を運んでアドバイスしたり，学習者同士で主体的に学習できるような学習環境の整備（豊かな教材・教具，学習資料，学習カードの用意など）をしたりする「間接的指導（indirect teaching）」など，教師はさまざまな働きかけを行っている。

直接的な指導で短時間でより確かな動きの習得を目指す場合であっても，ある程度の意思決定を学習者に任せて学習を展開する場合であっても，学習の見通しのなかで，教師がどのような（直接的・間接的な）指導性を見通し，発揮しているかが大切になる。だからこそ，よい体育授業では，学習者が大きな迷いを感じることなく（場当たり的な学びの様相ではなく），目標が明確で円滑な学習を積み重ねていくことが可能になるのである。

また高橋（2000）は，これまでの体育授業研究の成果を踏まえて，授業中の教師行動（4大教師行動）[11]の特徴を以下のようにまとめている。

> 【効果的な教師行動の特徴】
> ①教師自身によって示されるマネジメント行動が少ない。
> ②説明，演示，指示といった直接的指導に配当される時間量が少ない。
> ③相互作用につながる積極的な観察行動がみられる。
> ④発問―応答，フィードバック（賞賛，助言），励まし，補助などの相互作用が多い。
> ⑤個々の子どもの運動学習に対するフィードバックが多い。

[11]4大教師行動
「4大教師行動」とは，①インストラクション（直接的指導：説明，指示，演示など），②マネジメント（管理的行動），③モニタリング（観察行動），④相互作用（賞賛，助言，叱責などのフィードバックと励まし）のことをいう（高橋，2010）。

【教師の相互作用の質的特徴】

①説明場面での教師の言葉が鮮明で意味深く，子どもたちが傾聴する。

②子どもたちの学習行動に対する観察が鋭く，まとめの場面での評価の言葉が素晴らしい。

③肯定的・矯正的フィードバックに関わって有効な指導言葉（伝達性，双方向性，共感性，適切性，適切な課題の提供）が適用されている。

④教材解釈が深く，とくに運動技術や戦術の要点を明確に理解している。

⑤技術的課題に対して，発問（答えが明確な分析的発問）を投げかけ，子どもたちに思考させ，解答させるようなテクニックを用いている（誘導発見的指導）。

⑥言語にくわえた非言語的行動がやさしく暖かい（肯定的ヒドゥンメッセージ）。

⑦能力の低い子どもへの関わりや指導が多く，有能感を持たせる努力を払っている。

(高橋，2010，pp.48-53)

　実際の授業場面では，クラスやグループ，学習者の実態と課題との関係性を照らし合わせながら，より良質な指導を実現していくことが求められる。

5.さまざまに語られる「よい体育授業」の姿

　ここまでは，学習者が高く評価するよい体育授業に求められる条件について説明してきた。ではよい体育授業については，それ以外にどのような主張があったのだろうか。

　たとえば，名実践家として知られる高田典衛[12]は，自身の豊富な授業実践を振り返り，そこにみられた「子どもが喜ぶ体育授業」を実現させるためのポイントを「高田4原則」として以下のように示した。

> 1. 精一杯運動させてくれた授業
> 2. ワザや力を伸ばしてくれた授業
> 3. 友人と仲よくさせてくれた授業
> 4. 何かを新しく発見させてくれた授業

　高田は，児童生徒の目線からみたとき，彼らが求めるものとして，精一杯運動することができたかどうか，技能の獲得や動きの高まりが感じられたかどうか，仲間と仲よく協力的に活動することができたかどうか，そして新たな知的発見を導いてくれたかどうかがその視点になることを自身の授業実践を通して整理した。このように高田は，「学習者の目線からみたときのよい体育授業」の姿を追究したことがわかる。

　学習指導要領では，児童生徒に身に付けさせる資質・能力を「知識及び技能」「思考力，判断力，表現力等」「学びに向かう力，人間性等」の3つの柱に整理して示している。毎時間の授業では，これらを授業の目標とし

⑫高田典衛

高田は，自身の豊富な授業実践を振り返ることから，「その授業がよい授業かどうかは，生徒が決めることだ，というのが私の授業観なのである」「つまり生徒がそれを学ぶことを楽しいとしたかどうかで決める，ということなのである」（高田，1977）として，生徒が喜ぶ授業の実現を目指して授業実践を続けた名実践家である。

て設定することになるため，この３つ内容を豊かに習得できるよい体育授業の姿を描いていくことが大切になる。

6.よい体育授業の波及効果

　よい体育授業の成果は，体育の授業内にとどまるものではない。体育授業の成果には，さまざまな波及効果がある。たとえば，運動と「仲間づくり」の波及効果である。個々の動きを高める際，傍で仲間がアドバイスをしてくれたり励ましてくれたりする環境で課題達成できたとき，達成した学習者だけでなく，周りにいた仲間も自分のことのように喜ぶ姿を目にすることがある。また仲間がいなければ達成できない教材（リレーや球技，長なわなど）に協力的に取り組み，集団的達成の大きな喜びをわかち合うといった場面を目にすることもある。

　いずれの場合でも，学習者は学習目標達成に向けて「関わりながら，わかる・できる」ために取り組みを行い，その結果を仲間とともにわかち合っている姿，集団の凝集性を高めていく姿を確認することができる。

　心と体をフルに用いて学習が展開される体育授業では，このような学習者同士の関わりを意図的に仕組むことが可能であり，その波及効果はクラスや学校全体にまで及ぶこともある。細越・松井（2009）は，仲間づくりを大切にした体育授業を展開することで，子どもの学級集団に対する意識を肯定的に変容させるということを確かめている。まさに「体育授業を通した仲間づくり・学級づくり」である。運動のもつ力を，より良質な授業実践を通して子どもたちに伝えていくことが常に求められる。

〈細越淳二〉

〈引用・参考文献〉
Graham, G., Hale, S. & Parker, M. (2001) Children Moving: A reflective approach to teaching physical education. McGraw-Hill.
細越淳二・松井直樹（2009）体育授業と学級経営の関係についてのアクション・リサーチの試み―M学級の１学期の取り組みから―．体育授業研究12：45-55.
Mosston, M. & Ashworth, S. (1994) Teaching Physical Education, Merrill.
中村敏雄・高橋健夫・寒川恒夫・友添秀則編集主幹（2015）21世紀スポーツ大事典．大修館書店，pp.539-544，544-547.
高田典衛（1977）体育授業の方法．杏林書院，pp.4-7.
高橋健夫（1992）体育授業研究の方法に関する論議．スポーツ教育学研究 特別号：19-31.
高橋健夫（2000）子どもが評価する体育授業過程の特徴：授業過程の学習行動及び指導行動と子どもによる授業評価との関係を中心にして．体育学研究45：147-162.
高橋健夫（2003）体育授業を観察評価する．明和出版，pp.1-6.
高橋健夫（2010）よい体育授業の条件．高橋健夫・岡出美則・友添秀則・岩田靖編著，新版 体育科教育学入門．大修館書店，pp.48-53.

第2章　体育の学習者論

概要

体育学習の主体は子どもである。授業づくりにおいては，子どもの体力・運動能力，運動技能，心理，運動に対する価値観等について，理解しておくことは欠かせない。また，それらを踏まえて，子どもの学習意欲を高める指導，体力・運動能力及び運動技能を高める指導が求められる。本章では，そのような点に焦点をあてる。

1.学習の主体者としての子ども

（1）一般的な体の発育

　図1は，アメリカの医学者スキャモンによる人間の発育の様相を示している（三木，2002）。この図は，「スキャモンの発育曲線」といわれるものであり，20歳時の各臓器の重量を100％とし，出生時から20歳までの間に，各臓器の重量がどのように変化するか，を示している。

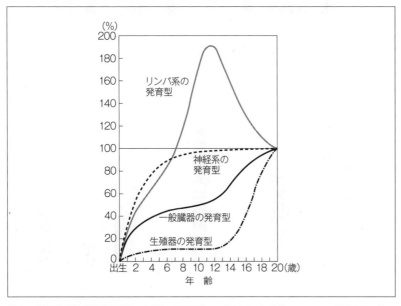

図1　年齢と臓器重量の変化（三木（2002, p.33）によるScammon（1930）を一部修正して引用）

この図から，人間の体の各器官は，年齢に比例して発育するのではなく，発達の様相は各器官によって異なることがわかる。脳，脊髄等の神経系の器官は，出生後から10歳くらいまでの間に大きく発育する。人間の頭部には，神経系に関与する大脳，小脳等があるが，幼児の体に対する頭部の割合をみると，成人のそれと比べて高い。このことからも，幼少期に神経系の器官が発育することがわかる。リンパ系の器官は，10歳くらいに成人の2倍にまで発育し，この頃は免疫力が高くなる。呼吸器，消化器，筋，骨格，血液量，身長，体重等の一般臓器は，出生直後及び14歳くらいの思春期に大きく発育する。また，睾丸，卵巣等の生殖器は，14歳くらいの思春期から大きく発育する。

（2）子どもの体力・運動能力

図2は，我が国における小学校5年生及び中学校2年生男女の5段階で評価される体力の段階別評価の上位2段階（A段階及びB段階）の児童生徒の比率の過去5年間の変化を示している。上位2段階の児童生徒の比率

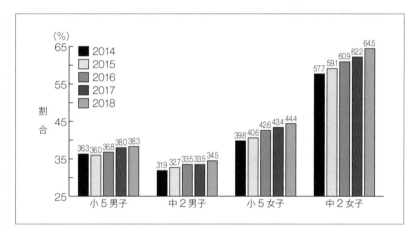

図2　新体力テストの総合評価におけるA及びB段階が占める割合*

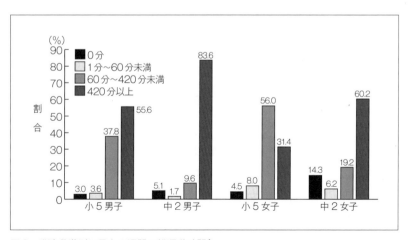

図3　発達段階別に見た1週間の総運動時間*

は，学年，性別にかかわらず漸増している。しかし，児童生徒の体力に関してはここからは確認できない，次のような問題がみられる。

　図3は，我が国における小学校5年生及び中学校2年生男女の1週間における総運動時間（2014〜2018年度の平均値）を示している。男子は中学校に入ると1週間に420分以上の運動をする生徒が80％を超えるが，0分の運動時間の生徒は微増である。女子は，中学校に入ると1週間に420分以上の運動をする生徒は60％を超えるが，0分の生徒は10％を超える。これらのことから，中学校の生徒には，運動をまったく行わない者と運動を行う者の二極化がみられる。

　1964年度以降に実施された体力・運動能力調査によると，児童生徒の体力は，1985（昭和60）年頃が最も高い水準を示していた。そのため，現在のスポーツ基本計画では，1985年頃の体力水準まで引き上げることを目指している。1985年度と現在の新体力テスト項目のうち，小学生に関して比較可能な4項目をみると，反復横跳びは男女とも1985年度の水準に到達したが，握力，50m走及びボール投げは男女とも1985年度の水準に到達していない。中学生に関して比較可能な4項目（握力，持久走，50m走及びボール投げ）をみると，男女とも1985年度の水準に到達していない。

　また，日本学術会議健康・生活科学委員会健康・スポーツ科学分科会（2017）は，「…子どもの体力・運動能力低下の要因は，これまでの日本学術会議からの提言などでかねてより指摘されている『身体活動量・運動量の減少』に加え，『基本的な動きの未習得』を挙げることができる」と述べている。これは，身体活動量等の減少にくわえて，子どもの運動にぎこちない動きがみられることを示唆している。

（3）子どもの運動やスポーツへの意欲

　図4は，我が国における小学校5年生及び中学校2年生男女を対象として，「運動やスポーツの好き・嫌い」について調査した結果を示している。性

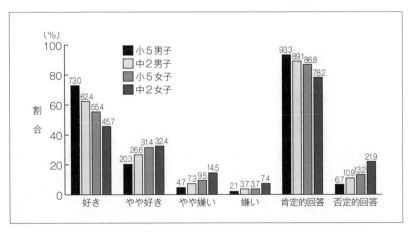

図4　運動やスポーツの好き・嫌い*

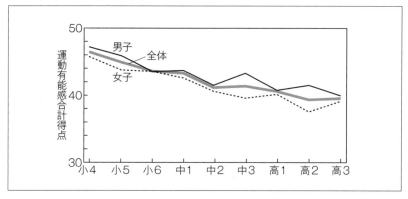

図5　運動有能感合計の加齢に伴う変化（岡澤・辻，1998）

別にみると，年齢に関係なく，男子は女子よりも運動やスポーツを肯定的にとらえていることがわかる。年齢別にみると，性に関係なく，年齢が高くなると運動やスポーツを肯定的にとらえる割合は低くなることがわかる。以上を踏まえると，子どもは，運動やスポーツを肯定的にとらえているが，その傾向は男子が女子より高く，年齢が高くなるにしたがって否定的にとらえる傾向がある。

　図5は，発達段階別にみた子どもの運動に対する自信（運動有能感）を示している（岡澤・辻，1998）。運動に対する自信は，年齢が高くなるにしたがって低くなり，どの年齢においても男子よりも女子がほぼ低い。運動に対する自信は，運動ができる自信（身体的有能さの認知），運動はやればできる自信（統制感）及び他者から受け入れられている自信（受容感）から構成されているが，どの因子も年齢が高くなるにしたがって低くなっている。

　以上から，子どもは年齢が高くなるにしたがって運動やスポーツに対して否定的かつ自信がなくなり，女子は男子よりも運動やスポーツに対して否定的，かつ，運動への自信が低い。

（4）子どもの運動に対する価値観

　図6は，我が国における小学校5年生及び中学校2年生男女を対象として，運動に対する価値観（「あなたにとって運動やスポーツは大切なものですか」）について調査した結果を示している（2015〜2018年度の平均値）。ここから，運動の価値について，学年が進むにしたがって低くとらえており，女子は男子よりも低くとらえている。

　ここまで子どもの体力・運動能力，運動に対する意欲，運動に対する価値観を概観してきた。これらから，体力・運動能力は若干回復傾向にあること，中学校に入ると運動を行う子どもと運動を行わない子どもに二極化する傾向があること，そして，運動やスポーツに対する意欲及び運動に対する価値観は，年齢が進むにしたがって低くなり，かつ，女子は男子より

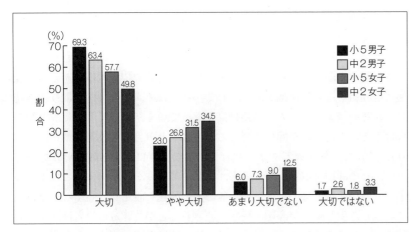

図6 「あなたにとって運動（体を動かす遊びを含む）やスポーツは大切なものですか」
に対する回答*

も低いことがわかる。

2.子どもの学習意欲の育成

　子どもの運動やスポーツに対する意欲を，どのように育成すればよいの
であろうか。以下では，運動やスポーツに対する意欲を高める指導につい
て取り上げる。

（1）フローモデルの活用

　図7は，チクセントミハイによる楽しさの流れのモデルを示している（岡
澤・髙橋，2010）。このモデルは，課題に取り組むときに，人間に生じる
多様な感情（退屈，楽しい，心配等）について，技能水準（技能レベル）

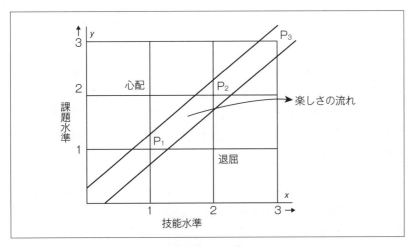

図7　楽しさの流れのモデル（岡澤・髙橋，2010）

と課題水準（課題の難度）の2軸から，説明しようとしている。

　人間は，自分の技能の水準が高くて，取り組む課題が簡単で課題水準が低い場合には退屈と感じ，自分の技能の水準が低くて，取り組む課題が難しく課題水準が高い場合には心配と感じる。自分の技能水準に適合した課題に取り組む場合には楽しいと感じる。そのため，その課題に取り組み続ける。その結果，その人の技能は高くなっていくが，同じ課題に取り組み続けると，その課題を簡単に感じるようになり（自分の技能水準が高くなり），やがて退屈を感じるようになる。そのときに，少し難しい課題を提示し，その課題に取り組ませると，再び，楽しさを感じ出す。このように，子どもの技能水準に応じて適切な難しさの課題を設定し，高くなった技能に適合した少し難しい課題を提示し続けることができる指導者は，子どもに常に楽しさを感じさせながら，子どもの技能を高くすることができる。

(2)「運動に意欲的でない児童への配慮の例」の活用

　小学校学習指導要領解説体育編（文部科学省，2017）には，各学年（低・中・高）・各運動領域ごとに，「運動に意欲的でない児童への配慮の例」が示されている。たとえば，第3学年及び第4学年の「E　ゲーム」には，以下のような記載がある。

・ボールが固くて恐怖心を抱いたり，小さくて操作しにくかったりするために，ゲームに意欲的に取り組めない児童には，柔らかいボールを用意したり，大きなボールやゆっくりとした速さになる軽めのボールを用意したりするなどの配慮をする。

・学習の仕方が分からないために，ゲームに意欲的に取り組めない児童には，学習への取組の手順を掲示物で確認できるようにするなどの配慮をする。

・新しく提示した動きが分からないために，ゲームや練習に意欲的に取り組めない児童には，よい動きの友達やチームを観察したり，掲示物などの具体物を用いて説明したりするなどの配慮をする。

　これらの記載には，これまでの体育の授業研究で明らかにされてきた研究成果が取り入れられている。

　これら以外に，運動有能感を高める観点からの手立てを取り入れることができる。たとえば，身体的有能さの認知を高めるために，課題ができた状況を録画し，できたことをその子どもに理解させる，統制感を高めるために，課題ができた理由をその子どもの努力の結果であることを確認する，受容感を高めるために，子どもや先生から応援されていることを伝える，等が考えられる。

　以上のように，フローモデル，「運動に意欲的でない児童への配慮の例」，あるいは，運動有能感を高める手立て等を活用することによって，子どもの学習意欲を高めることができる。

3.子どもの体力・運動能力及び運動技能の育成

　子どもの体力・運動能力や運動技能の育成は，どうすればよいのであろうか。以下では，体力・運動能力や運動技能を高める指導について取り上げる。

(1)子どもの体力・運動能力の発達の活用

　図8は，運動能力や体力はいつ頃発達するのかを示している（宮下，1984）。先に示したスキャモンの発育曲線と重ねてみると，なぜその時期に，運動能力や体力が高まるのかがわかる。

　それぞれの運動能力や体力に関して，年間発達量の大きい時期は，動作の習得は10歳くらいまで，ねばり強さは小学校高学年から中学校に入るくらい，力強さは中学校3年生くらいから高校生くらいの時期である。このように，子どもには，発育に応じて，動作の習得，ねばり強さ，力強さを獲得する適切な時期があることがわかる。それぞれの運動能力や体力は，それらの獲得が容易な時期に対応させて指導し，獲得させることが必要である。具体的には，10歳くらいまでの動作の習得が適切である時期には，多種類の多様な運動を子どもに行わせる，小学校高学年から中学校に入るくらいのねばり強さの獲得が適切である時期には，持久的な運動に徐々に取り組ませる，中学校3年生くらいから高校生くらいの力強さの習得が適切である時期には，スピードとパワーを求める運動に徐々に取り組ませることが大切である[1]。これらの適切な時期に反して，運動能力や体力を高めようとすると，容易にそれらの獲得ができず，運動に対する意欲が低下する。たとえば，小学校低学年の児童に，持久的な運動をさせることは適

[1]大澤（2015）によれば，運動能力や体力の至適時期は，もう少し早くなることが示唆されている。

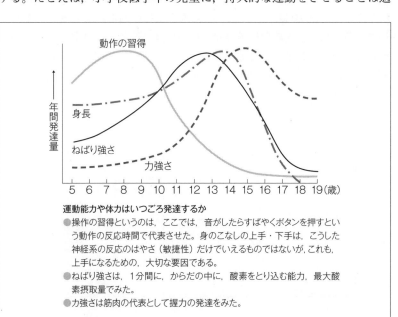

図8　運動能力や体力はいつ頃発達するか（宮下，1984，p.6）

切ではない，ということである。持久走は子どもに人気の低い種目であるが，このような種目に対しても，運動生理学の知見を応用した指導を行うことにより，子どもの運動への意欲は高まる（森村・田中，2010；築田ほか，2016）。また，近年，基本的な動きの未習得や動きのぎこちなさの解決に向けて，動作コオーディネーションの考え方を取り入れることの重要性も示唆されている（マイネル，1981；綿引，1990；上田ほか，2019）。

(2) 子どもの運動技能の向上に向けた指導

図9は，練習量と運動パフォーマンスに関する一般的な練習曲線を示している（竹村，1983）。このような曲線はS字型曲線といわれ，以下のように説明されている。

「①練習初期の技能の進歩が小さく，②練習の反復によって次第に進歩率が大きくなり，③やがて一定の動作ができあがってくるために進歩が停滞する，④そしてほとんど進歩がみられないプラトー状態になる，⑤プラトーを克服すると再び進歩がみられより高次の技能が習得される，⑥プラトーに続く再上昇が何回か繰り返されているうちに技能の低下や悪化があらわれスランプになる，⑦スランプを脱してもとの技能状態に戻り，やがて生理的限界に達する」(p.145)。

この点から考えると，新しい運動の初期の指導は，進歩が小さいことを踏まえて，運動の課題を細分化すること，難しい課題を設定しないことが必要であり，停滞しているときには，異なる課題に取り組ませること，人間の運動には取り組む時期によって進歩の速さが異なることを説明する等の対応が必要であろう。

また，一般的な技能習熟は，S字型曲線で示されるが，技能習熟は個人差も大きい。図10は，パフォーマンスの獲得は個人差が大きいことを示している。なお，Aの型は神経系，Cの型は一般的，Dの型は筋力系の運動の習熟に対応しているともいわれている。これらの個人差，取り組む運動による進歩の速さの相違等を指導者が理解しておくことは必要であろう。

運動技能の習熟に関して，三木（1996）は，金子のいう技能習得の過

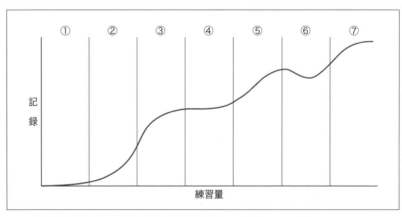

図9　技能学習における一般的な練習曲線（竹村，1983，p.145）

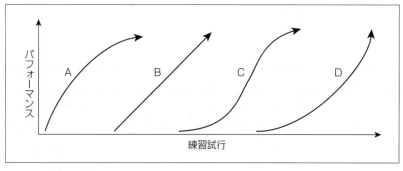

図10　学習曲線（松田，1983，p.199）

程を学習者の主体からとらえた〈わかるような気がする段階〉〈できるような気がする段階〉〈できる段階〉の説明を踏まえ，前の二者の段階の重要性を指摘している。〈わかるような気がする段階〉では，「…子どもが知りたがっていることは，…運動ができるようになる具体的な身体の動かし方，…〈こつ〉としての情報」であり，〈できるような気がする段階〉では，「これから行おうと思っている運動を…どの部分をどんな順序で，どこに，いつ力を入れて行うのかを，実際にやっているような感じで思い浮かべ」ることができる，そのような指導のあり方が重要であることを示唆している。

（3）「運動が苦手な児童への配慮の例」の活用

　小学校学習指導要領解説体育編（文部科学省，2017）には，各学年（低・中・高）・各運動領域ごとに，「運動が苦手な児童への配慮の例」が示されている。たとえば，第5学年及び第6学年の「C 陸上運動」の「イ ハードル走」には，以下のような記載がみられる。
- ・走り越える時に体のバランスを取ることが苦手な児童には，1歩ハードル走や短いインターバルでの3歩ハードル走で，体を大きく素早く動かしながら走り越える場を設定するなどの配慮をする。
- ・一定の歩数でハードルを走り越えることが苦手な児童には，3歩または5歩で走り越えることができるインターバルを選んでいるかを仲間と確かめたり，インターバル走のリズムを意識できるレーン（レーン上に輪を置く等）を設けたりするなどの配慮をする。

　これらの記載にも，これまでの体育の授業研究で明らかにされてきた研究成果が取り入れられている。

　以上のように，運動能力や体力の向上は，それらの獲得が容易な時期に対応させた指導，運動技能習熟の曲線や個人差による差異を理解した指導，こつや身体の動かし方に注目した指導，「運動が苦手な児童への配慮の例」を活用した指導等を行うことによって，子どもの体力・運動能力，また，運動技能を高めることができる。

　以上，本章では，学習の主体としての子どもについて概観し，子どもの

学習意欲，並びに子どもの体力・運動能力及び運動技能の育成をどのように図るのかを述べてきた。これらにくわえて，体育・保健体育の学力がどの程度獲得されたかに関する調査結果（国立教育政策研究所，2018），体力の向上に関する目標値の設定，戦術学習モデル，協同学習モデル，仲間学習モデル，チャレンジ運動モデル，TPSR（ヘリソン）モデル[2]，スポーツ教育モデル等の学習指導モデル[3]等を踏まえ，主体的・対話的で深い学びの推進によって，子どもが体育の内容を深く学ぶことを保証する体育授業を実現していくことが求められる。　　　　　　　　　　　〈大友　智〉

＊ 子どもの近年の体力・運動能力の状況に関する図2，3，4，6に関しては，2008年（2011年を除く）以降の全国体力・運動能力，運動習慣等調査結果（スポーツ庁）を参照し，作図した。

②TPSRモデル
teaching personal and social responsibilityの略。くわしくは，第Ⅱ部第4章（85頁）を参照のこと。

③学習指導モデル
くわしくは，第Ⅱ部第4章を参照のこと。

〈引用・参考文献〉
加賀秀夫（1981）運動学習のプロセス．著者代表・松田岩男，運動心理学入門（8版）．pp.86-93.
国立教育政策研究所（2018）学習指導要領実施状況調査．https://www.nier.go.jp/kaihatsu/cs_chosa.html（2019年10月23日参照）.
クルト・マイネル：金子明友訳（1981）マイネル・スポーツ運動学．大修館書店.
松田岩男（1983）保健体育指導選書 体育心理学．大修館書店.
三木ひろみ（2002）学習主体について知る．高橋健夫・岡出美則・友添秀則・岩田靖編著，体育科教育学入門．大修館書店，pp.30-38.
三木四郎（1996）運動学習に取り組む意欲を考える．吉田茂・三木四郎編著，教師のための運動学．大修館書店，pp.40-47.
宮下充正（1984）体育とはなにか．大修館書店，p.6.
文部科学省（2017）小学校学習指導要領（平成29年告示）解説体育編．http://www.mext.go.jp/component/a_menu/education/micro_detail/__icsFiles/afieldfile/2019/03/18/1387017_010.pdf（2019年10月22日参照）.
森村和浩・田中宏暁（2010）持久力を向上させる"にこにこペース"の生理学．体育科教育58（13）：14-17.
日本学術会議健康・生活科学委員会健康・スポーツ科学分科会（2017）提言「子どもの動きの健全な育成を目指して：基本的動作が危ない」．平成29年（2017年）7月11日．http://www.scj.go.jp/ja/info/kohyo/pdf/kohyo-23-t245-1.pdf（2019年10月22日参照）.
岡澤祥訓・辻朋枝（1998）運動有能感の発達傾向に関して．体育科教育46（9）：54-56.
岡澤祥訓・髙橋健夫（2010）体育と学習者．髙橋健夫・岡出美則・友添秀則・岩田靖編著，新版 体育科教育学入門．大修館書店，pp.24-29.
大澤清二（2015）最適な体力トレーニングの開始年齢：文部科学省新体力テストデータの解析から．発育発達研究69：25-35.
竹村昭（1983）スポーツと練習．近藤英男・竹村昭・高橋健夫・金芳保之・坂上勝美，改訂 スポーツ新論．タイムス，pp.144-149.
築田尚晃・大友智・宮尾夏姫・吉井健人・深田直宏（2016）思考力の獲得を中核に据えた体育授業プログラムの開発とその実践―児童は，持久走の魅力を獲得できるのか―．体育科教育64（1）：26-30.
上田憲嗣・安部孝文・梅垣明美・深田直宏・吉井健人・宮尾夏姫・大友智（2019）児童期における動作コーディネーションと体力の関係．トレーニング科学31（1）：45-52.
綿引勝美（1990）コオーディネーションのトレーニング：東ドイツスポーツの強さの秘密．新体育社.

第**3**章　体育の学習内容と教材・教具論

概要

体育の授業は通常，特定の運動領域における素材（運動種目や技群）を基にした単元として組織され，展開される。そこでは教師が目指す単元目標が設定されるが，その目標が達成されるためには，適切な「学習内容」が習得されなければならない。さらに，その学習内容の習得に向けて，学習者の豊かな学習活動を促進する「教材・教具」が準備される必要がある。

本章では体育の授業づくりにおける教師の中心的な仕事になる学習内容の分析や抽出，また教材・教具の構成・開発の際に求められる基本的な視点や条件について解説する。

1.学習内容,及び教材・教具とは何か

　授業の成果は，意味ある豊かな学習課題への子どもたちの積極的で能動的な取り組みによって生み出される。そのための最も重要なポイントになるのが，教師による「教材・教具」づくりである。「よい授業は，教材・教具づくりから」といっても過言ではない。またこの教材・教具づくりの前提には，子どもたちが学ぶ運動の本質的な面白さ[①]を味わい，その課題性を解決していくための「学習内容」の分析・抽出が欠かせない。

　ここではまず，「学習内容」及び「教材・教具」とは何かについて，次に掲げる【事例①】から掘り下げてみたい。

【事例①】小学校4年生の「ゴール型ゲーム」の授業づくり

　さて，子どもたちにどのようなゲームに取り組ませたらよいのか……。A先生はこの授業づくりに向けて次のような考えをもっている。

・既存のゴール型の種目では子どもたちにとって難しすぎるから，易しくなるように修正する必要がある。

・ここではシュートタイプのゲームを考え，ゴール型の本質的な面白さが浮き立つように，チームのみんなでシュートチャンスをつくったり選んだりする学習，またそれに結びついた空間に関わる攻防の学習ができるとよい。そして，そのことをめぐってチームのメンバー同士の積極的な関わり合いを期待したい。

①運動の本質的な面白さ
これは「運動の特性」と言い換えることもできる。人間は自ら運動に課題性を与えて，その達成を楽しんだり，競争したりする。その「課題性」の違いが「運動の特性」を生み出すといえる。この課題性とは運動の「構造」を意味し，そこから生まれる楽しさは運動の「機能」と考えることができる。この意味で，運動の「構造的特性」と「機能的特性」の双方を表裏一体のものとして理解することが大切であろう。

・そのために，ゲーム状況の判断を易しくし，子どもたちに達成可能で，
能力段階に適したボール操作やボールを持たないときの動きの設定が大
切になる。

・プレイのなかの役割に能動的に参加したり，その機会をできる限り保障
したりするために，ゲームの人数を工夫することが重要になる。

そこでたとえば，ハンドボールを基にした次のようなゲーム形式（「V
字ゴール・ハンドボール[2]」）を構想したとしよう。

・ゲームはハーフコートのグリッド方式で攻守を区分して学習する。

・シュートチャンスの創出や選択に結びつくゲーム状況の「判断」を誇張
するためにV字型のゴールとシュートエリアを設定する。

・V字型のゴールの両サイドからのシュートとともに，ゴール前中央も有
効に利用させるために，ゴール背後にバックボードを設置して，正面か
らバックボードをねらったシュート形式をくわえて挿入する。

・ボールを持たないときの動きの学習を大切にし，パスのみでボールを移
動させ，ドリブルは禁止する。

・攻守の場面を攻撃優位にするために，キーパーを除いたフィールド・プ
レイヤーが3対2となる条件にする。

さて，このようなゲームをつくり出す過程は，授業づくりに向けての教
師の願いやねらいに基づく「意図的な教育的働きかけの構造[3]」を前提に
しているといえる。そこではおよそ，次のような教育学的要素が含まれて
いると考えることができる。

素　　材…	ゲームづくりの基になった「ハンドボール」
学習内容…	ゲームのなかで学ばせたい「判断」や「ボール操作の技能」「ボールを持たないときの動き」
教　　材…	子どもが取り組む修正されたゲーム「V字ゴール・ハンドボール」
教　　具…	シュートチャンスの判断を誇張する「V字ゴール」及び「バックボード」

ここでは上記のように，《素材―学習内容―教材―教具》を識別するこ
とができる。歴史的・社会的に創出され，継承されてきた既存のスポーツ
種目や技（子どもの運動遊びも含む）は，ここでは教材を構成していく際
の原型としての「素材」として位置づけられる。また，教師が子どもに習
得させたい具体的な中身が学習内容である。

> 「学習内容」とは，体育授業の教授＝学習過程において，教師が子ども（学
> 習者）に学習されることを期待して用意した教育的に価値のある文化的内容
> である。

この際，教育課程（カリキュラム）のレベルでは，広い意味で「文化と
してのスポーツ」及び「スポーツに関する科学」が教科内容に位置づくが，
ここでは「学習内容」を，ある素材（複数の場合もありうる）を基に学習

②V字ゴール・ハンドボール
このゲームについては，文献
欄の岩田（2012，pp.127-
140）に具体的な実践事例
が示されているので参照され
たい。

③意図的な教育的働きかけの
構造
これは子どもに「何を，どの
ように教えるのか（学ばせる
のか）」についての教師の教
育的な思考のプロセスを土台
にしていることを意味してい
る。

のまとまりとして構成される「単元」の展開のなかで選択される「スポーツに関する認識的内容，技術的内容，社会的行動の内容，さらにはこれらの学習の方法」（岩田，1995）が含まれるものとしてとらえておくことにする。なお，スポーツの認識的，技術的内容に関連して，「動きの感覚的内容」をも学習内容として積極的に位置づけていく必要があろう。

　このような「学習内容」の視点を2017年改訂の学習指導要領及びその解説における「指導内容」に対応させて考えれば，主要には教科固有の「知識及び技能」における学習内容の抽出・分析が求められるといってよいであろう。さらには，「思考力，判断力，表現力等④」に関わって「学び方（学習の方法を意味する知識や技能）」が学習内容として検討される必要があろうが，これについては今後の体育科教育学の大きな検討課題として投げ出しておきたい。

　これに対して「教材」を，「学習内容」に対応する以下のような概念としてとらえるのである。

> 「教材」とは，学習内容を習得するための手段であり，その学習内容の習得をめぐる教授＝学習活動の直接的な対象になるものである。

　従来，体育授業にもち込まれるスポーツ種目や運動の技を教材として認識してきた長い歴史があった。バレーボールや走り幅跳び，前方倒立回転などといったレベルにおいてであり，現在でもその傾向は完全には払拭されていない。国語や音楽などの教科において，その学習対象となる文学や音楽作品が1つのまとまりや輪郭を有していることから，即時的に教材と呼ばれるのとほぼ同様に，体育におけるスポーツ種目などもそのように理解されてきた経緯がある。

　それに対して上記の教材概念は，授業における教師の教育行為の「目的意識性」，つまり，先に述べた「意図的な教育的働きかけの構造」において理解するところに積極的な意義が存在している。なぜなら，このような働きかけの構造を識別することによって，抽出すべき学習内容を明瞭に意識化することができ，さらにその習得を媒介する教材の有効性を確認しつつ，またその限界や短所を分析・考察することができるようになるからである（岩田，2011，2017）。

　したがって，素材としてのスポーツ種目や技を，教え学ばれるべき学習内容を見通しながら，学習者が取り組み，チャレンジしていく直接的な課題に再構成（加工・修正）していくプロセスが，教師の専門性が発揮される仕事としての「教材づくり」なのである。それはしばしば，「教材構成」あるいは「教材開発」などといった用語で説明されることもある。

　さらに，「教具」は次のような意味をもつものとして解釈される。

> 「教具」は，学習内容の習得を媒介する教材の有効性を高めるための手段として用いられる物体化された構成要素である。

　教具は，授業に挿入される「物体化された構成要素」，つまり「モノ」ではあるが，運動学習に必要な用具や器具といった平板な意味を超えて，

④思考力，判断力，表現力等
「思考力，判断力，表現力等」というのは，学習指導要領上は「指導内容」としてとらえられているが，教育学的（教授学的）に考えると，これらは「学習内容」とはいえないであろう。なぜなら，「思考力，判断力，表現力」というのは「能力」なのであって，これらは教育の「目標」には位置づくが，直接的に教えることができるもの（伝達可能なもの）ではないからである。「知識及び技能」(正確には「知識・技術」)の習得のプロセス，あるいは適用のプロセスを通して育てられるべき能力（目標）であるといってよい。当然ながら，指導内容のもう一つの柱である「学びに向かう力，人間性等」も同様な観点からその位置づけを考えることができよう。

意図的な運動課題の状況や条件を創出する「指導装置（instructional device）」（Siedentop, 1983）として理解されるべきである。

2.学習内容の抽出と教材づくりの基本的視点

　次の【事例②】を引き合いに出しながら，学習内容の抽出の問題，及び教材づくりの基本的視点について考えてみたい。

　中学校1年生を担当しているB先生は，ハードル走の授業づくりについて以下のように考えている。

【事例②】中学校1年生の「ハードル走」の授業づくり

　ハードル走は疾走状態を一部変形したリズム走であるといってよい。そして，ハードリングという変形を疾走とスムーズに結びつけるところに運動の課題性があるといってよいだろう。特に，苦手な子どもたちの様子からすれば，ハードリングの着地を走に転換する「着地を起点にしたリズム⑤」を「学習内容」の中核として取り組ませるのが大切になるであろう。

　ただし，子どもたちをどのようにハードル走に出会わせ，チャレンジさせていけばよいか，ということについて工夫していく必要がありそうだ。そこで，クラスの全体的な目標として次のような課題を子どもたちに共通に投げかけた。

　「自己の50m短距離走のタイムに，同じ距離のハードル走のタイムを近づけていこう！」

　そして，チームを構成し，個々のメンバーの短距離走とハードル走のタイム差を得点化することによって，その得点のチーム合計点を競い合うかたちで学習を進めていきたいと思うのだけれど，どうだろうか？
（※もちろん，個々の子どもの走力にあわせたインターバルの選択ができることが前提である）

　またさらにB先生は，中核的な「学習内容」として抽出した「着地を起点にしたリズム」を習得していくための練習課題として，以下の3つを挿入した。

①「リカバリー・ラン」…走路に跳び箱運動で使用する踏み切り板とその前方にフラフープを2つ縦につなげて置く。スピードをつけた助走から踏み切り板を蹴り，フラフープを越えて自分の短距離走時のストライドよりも広く跳び，走運動にリカバリーするために着地からすぐさま走り出すことを課題とする。着地でつぶれずに力強いキックになるようにすることがポイントになる。

②「1歩ハードル」…着地後の第1歩がすぐさま次のハードルへの踏み切りになる条件のハードル走練習。着地足でつぶれたり，ブレーキがかかると次の1歩が大きく踏み出せずに，連続的にハードルを越えていくことができなくなるため，着地足のキックを強調し，「着地を起点にしたリズム」（1・ジャンプ〜1・ジャンプ〜，のリズム）を生み出すことが

⑤**着地を起点にしたリズム**
「着地を起点にしたリズム」を大切な学習内容として抽出する発想を基にした授業実践については岩田（2012, pp.81-90）の「疾走の変形としてのハードル走」を併読してほしい。

ポイントになる。

③「ホワイト・ライン」…ハードルの各コースの中央に白い直線のラインを引き，ハードリングやインターバルの走りが乱れないように，「まっすぐ走る」目安にする。まっすぐ走ることへの意識は，安定した着地，キックになる着地を引き出すことに結びつく。

（1）学習内容の抽出

　ここではとりわけ，単元のなかでの運動技能学習の際に，動きを形成したり，高めたりする練習における学習内容としての運動の技術や感覚を抽出していく場合に重要になる視点を例示してみよう。学習内容の抽出は，《習得の対象となる運動の本質的な課題性の解釈》と《子どものつまずきやすいポイントの理解》の双方から接近する必要がある。多くの場合，この両者が表裏一体となっているといってもよい。このことを前提に，以下のような学習内容の新たなとらえ直しへの探究を深めることが大切になる。

　そのような探究への道筋として，【①見逃されてきた技術的ポイントを掘り起こしてみること】を取り上げることができる。その一例が，このハードル走におけるB先生の思考にみられる。

　ハードル走の指導では，一般的に，遠くからの踏み切り（角度の小さい踏み切り），リード脚のまっすぐな振り上げ，着地後の第1歩の大きな踏み出しなどの技能的ポイントが指摘されてきた。これらは大切な観点であるが，ハードル走に要求される運動課題性，特に，水平スピードの維持に関わる「走と跳の運動組み合わせ⑥」にこれまでほとんど語られてこなかった学習内容の探究の視点が存在している。

　たとえば，着地で「つぶれてしまう（着地足がブレーキになってしまう）」「ふらついてしまう」などの子どもたちの現象は，この組み合わせの難しさを物語っている。つまり，「跳と走」の運動組み合わせとは，「フラット走時のストライドより広い跳躍運動を走運動にリカバリーすること」なのである。くわえて，ハードル走は「疾走の変形を含んだリズム走」であり，「跳と走」の運動組み合わせとは，跳躍運動を走運動にリカバリーするなかで，「着地を起点としたリズム」を生み出すこととして解釈できる。

　このような新たな視点から，既に提示されてきた運動技術ポイントがより本質的な学習内容との関係から組み替えられる必要があるのである。たとえばこの事例では，着地後の第1歩を大きく踏み出すことは，まさに着地と走とのスムーズな組み合わせによる「着地を起点としたリズム」をベースにしなければ実現し得ないという学習内容間の関係についての解釈を深めることになる。さらにこのことは，単元展開のなかでの学習内容の順次性の問題が重要になることを示唆している。

　さらに学習内容の抽出の際には，以下の視点も参考になろう。

【②一般に語られてきた技術の構造を問い直してみること】

　…たとえば，投動作の「腕の鞭動作」と「手首の鞭動作」を同期させる運動の構造を見直してみること（弓を引くように肘からテイクバックし，

⑥運動組み合わせ
「運動組み合わせ」とは，2つあるいはそれ以上の異なる運動を結びつけてまとまりを生み出すことを意味している。一般にはスポーツ運動学において問題対象にされる術語である。

⑦弓引き反転鞭動作
「弓引き反転鞭動作」の考え方については，この表現そのものは用いていないものの，同様な事柄を説明しているものとして岩田（2016, pp. 234-241）の「『スナップの力感』を視点とした投運動の教材づくり」を参照されたい。

⑧インパクトの力感・振り抜き感覚
これらについては岩田（2016, pp.252-265）の「バッティング動作の発生を促す教材づくり」を参照されたい。

手首をクローズさせて緊張を解き，腕の振りとともに手首を反転させてスナップを利かせる力動性の習得の重要さ……この動きを「弓引き反転鞭動作⑦」と名づけておこう）

【③外部観察から選び取られた技能のポイントから，動作における内部感覚的な学習内容に転換してみること】

…たとえば，ベースボール型でのバッティング動作を習得していく場合に，ボールにバットを当てる際の「インパクトの力感⑧」や「バットヘッド（作用点）の振り抜き感覚」に着眼していくこと。

多くの運動は既にスポーツ科学的な見地から多様に研究されてはいるものの，学習者，特に子どもや初心者にとっての難しさや，運動の苦手な子どもが運動を獲得していく過程に寄り添った，より本質的な事象が意外と見落とされている場合が少なくないのである。このことに関連して，これまで生み出されてきたすぐれた教材に共通しているのは，「運動がうまくできない子どもから学ぶ」という視点がきわめて大切にされてきたことである。運動学習における「子どものつまずき」を直視することが，実は本質的な運動技術の問い直しや再考を促すことになるのであり，このような作業を通した「学習内容」の新たな分析や抽出に授業づくりに関する実践的な研究の核心の1つが存在しているといえる。

（2）教材づくりの基本的視点

教師の仕事としての教材づくりの基本的視点を問うことは，つくり出される教材の本質的条件，つまり「よい教材とは何か」を考えることである。

【事例②】では，ハードル走という既存の運動種目を2つの側面からその課題性，あるいは競争の仕方を改変（再構成）しているといえる。1つは，もともとハードルを越えながら一定の距離をいかに速く走り抜けられるかという競争形態を，同じ距離の短距離走（フラット走）とハードル走の「タイム差」を課題の対象にする形式に変更していること，もう1つは，ハードル走そのものは個人で完結する運動ではあるが，短距離走とのタイム差をチームで問題にすることによって，「個人的運動の集団化⑨」を図っていることである。このような運動の課題性や競争の形式の修正には，当然ながら前述した授業づくりにおける教師の「目的意識性」が背景に存在しているといってよい。つまり，授業に向けての教師の「願い」がこのような「素材の改変（教材づくり）」を導いているのである。

⑨個人的運動の集団化
陸上運動（競技）では，個人で完結する運動をチームで競争するといった形式がとられるが，たとえば器械運動のマット運動のような場合には，「ペアマット」や「集団マット」といった教材化の方法によって，運動課題そのものを集団化していく方策もある。

ここでB先生の提案の意図を想像すれば，おそらく次のようなことがらが取り上げうるであろう。競技文化としてのハードル走をそのままの形式で授業にもち込めば，およそ子どもたちのパフォーマンスは，現時点での個々の子どもの走・跳の能力に依存する傾向が強い。実際にはおよそ走力の高い子どもは，相対的にハードル走の記録もよい。したがって，ハードル走のタイムのみを問題にしたとすれば，ハードリングやインターバルの走りの良し悪しが埋没してしまい，「着地を起点としたリズム」に学習を方向づけていくことが困難になる。「タイム差」を問題とする課題設定は，

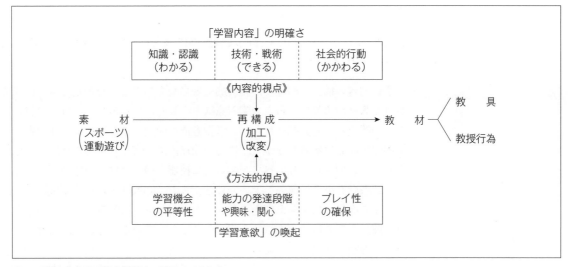

図1　教材づくりの基本的視点（岩田，1994）

その「学習内容」をクローズアップしていくための方策であるといってよい。また，個人的な運動の集団化を指向するのは，技能の認知を媒介としたチームでの子ども同士のコミュニケーションを高め，関わり合いを深めていくための設定である。総じて，子どもたちの「わかる」「できる」「関わる」ことを密接に結びつけていく授業づくりが目指されていると考えられる。これらは素材を改変していく際の「学習内容への取り組みを焦点化させ，クローズアップする視点」としてとらえることができる。

　さらに，この競技文化にすべての子どもたちが始めから興味・関心をもち，学習意欲を膨らませているわけではないこと[10]に配慮していく必要があろう。ハードル走のタイムの絶対値のみを問題にしていけば，その授業は個々の子どもたちの走力の序列化を再現するだけに終わる可能性も高い。「タイム差」に視点をあてる方策は，「子どもたちの学習意欲を喚起していく視点」としても解釈できる。

　このように「教材づくり」を意味する素材の再構成は，教師の意図的な働きかけの構造のなかで，学習内容の習得を促す手段的・媒介的性格をその前提として担っていること，また子どもが取り組む直接の対象であることから，教材づくりの基本的視点（よい教材の条件）として以下のことがらが掲げられるであろう（図1）。

❶その教材が習得されるべき学習内容を典型的に含みもっていること

　教材には，学習者に習得させたい認識的，技術的，そして社会的行動の学習内容が明確に盛り込まれている必要がある。したがって，学習者が非常に熱中し，楽しく取り組むといった理由から教材づくりを行ったとしても，意味ある内容が豊かに学習される見込みがないとしたら，それは教材としての前提を満たしていない。【事例①・②】に示した教師の願いやねらいに現れているように，教材づくりの際には，何を教え学ばせるのかについての思考が必要不可欠である。これは教材づくりにおける「内容的視

[10]学習意欲を高めていくためには，クラスにおける子どもたちの個人差・能力差に着目していくことがぜひとも必要である。特に，苦手な子どもが学習対象となる運動に積極的に参加できる仕組みを考えることは教材づくりの大きな課題になる。

点」である。

❷その教材が学習者の主体的な諸条件に適合しており，学習意欲を喚起することができること

　学習内容の抽出が明確で，論理的に妥当なものであったとしても，構成された教材が実際に学習者の学習意欲を喚起しないものであれば，教材としての機能が十分発揮されない。学習意欲を喚起するためには，(a)学習者の興味・関心に配慮しながら，能力の発達段階に応じた適切な課題が提示されるべきであり，(b)すべての学習者に技能習得における達成やゲームでの学習機会を平等に保障していくこと，また，(c)取り組む対象が挑戦的で，プレイの面白さに満ちた課題であることなどが求められる。これらの条件は，運動学習の指導の方法論と密接に結びついていることから，教材づくりの「方法的視点」といえる。

　既存のすぐれた教材，またその構成の過程について，これら双方の視点から学んでいくことが重要であろう（岩田，2012）。

3.単元教材と下位教材群の創出——階層的な教材づくり

　つくられる教材には1単元全体を通して，あるいはその多くの部分において提示されるものもあれば，その単元のなかで部分的に用いられるもの，個々の認識的・技能的内容に対応した下位レベルの教材もある。一般教授学の知見を援用すれば，その相対的な位置づけの違いに応じて，前者のような大きな教材を「単元教材」，後者のような下位レベルの教材を「下位教材[11]」（あるいは「単位教材」）と呼ぶことができる。必ずすべての単元において必要不可欠というわけではないが，単元教材と下位教材（群）からなる「階層的な教材づくり」（図2）は単元の構成や展開において重要な視点となる。

　先に掲げた【事例②】で考えると，単元全体にわたって，「同じ距離の短距離走とハードル走のタイム差を得点化し，チーム全体で競い合う」という学習の取り組みの対象は「単元教材」といえる。それは個々の学習者の現時点での能力（この場合は走力）を前提に目標設定ができ，意欲的で積極的なチャレンジを促すとともに，技術的な課題性をクローズアップしていく方策であった。これに対し，「着地を起点にしたリズム」という技能的な学習内容に対応して工夫され，単元に導入された「リカバリー・ラン」「1歩ハードル」「ホワイト・ライン」といった練習課題は「下位教材（群）」として把握できるものである。

　さらに他の運動領域の例も取り上げておこう。

　器械運動や水泳（特に泳ぎの習得過程）では，これまでやったことのない動きを発生・形成していく感覚運動系の学習が問題となる。ここでは，達成目標となる技や動きに類似した運動課題（アナロゴン）が下位教材として予備的に提示されるべきである。課題のスモールステップ化[12]は，学

⑪下位教材
特に，技能的な学習内容に対応した下位教材というのは，特定の技能を習得させていくために，子どもたちが直接取り組む練習形式（運動課題）として理解してよい。

⑫スモールステップ化
易しいものから難しいものへと段階的な運動課題を提示していくこと。

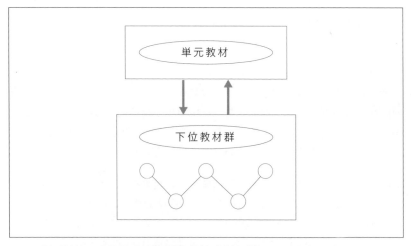

図2 単元教材と下位教材群の階層的な教材づくり（岩田, 2008）

習者の漸次的な動機づけにも貢献する。段階化された下位教材群が，たとえばマット運動における「集団リズムマット」（シンクロマット）や「ペアマット」，あるいは個人での「技の連続づくり」といった単元教材のなかで有効に活用されることが大切になるであろう。

　ボール運動（球技）では，単元を通して取り組む「メインゲーム」が単元教材づくりの対象として位置づくであろう。ボール操作が難しく，ゲーム状況において求められる判断が複雑であれば，学習者はその本質的な面白さを味わえない。そこでは，学習者の体格や能力に適したコートや用具を工夫しながら，求められる運動技能を緩和していく視点とともに，中心的な戦術的課題をクローズアップしていくゲーム修正^⑬が必要になる。このメインゲームのパフォーマンスを高めていくために用いられる練習教材として「ドリルゲーム」（ボール操作に関わった技能の習得を促す）や，「タスクゲーム」（ゲームのなかで要求される判断に基づいた技能や行動を易しく学習する）などは下位教材として理解してよい（岩田, 2016）。

　2017年改訂の学習指導要領のもとで，「主体的・対話的で深い学び」を導く授業が求められるようになっている。子どもたちが能動的・積極的に学習活動に参加し，学びの意味や価値を感じ取れるようになるためには，授業づくりの前提として，子どもたちが「解決したい」「達成したい」と思える魅力的な「単元教材」を創出していくことが何よりも重要になるであろう。また，運動学習の過程で問題になる知識や技能をできる限りすべての子どもに保障しうる「下位教材（群）」の工夫がよりいっそう探究されなければならないであろう。おそらくそのような準備が欠落した授業は，多くの子どもたち，とりわけ運動の苦手な子どもたちに落胆とあきらめだけを経験させるものになりかねない。体育の授業が「できない自分を再確認させられるだけ」になり，「体育嫌い，運動嫌い」を増幅してしまうことになってしまう。さらに，強調されている「思考力，判断力，表現力等」の伸長も，学習目標・内容の明確な授業における，適切に焦点づけられた学習活動を導きうる教材の提供によってこそ期待できるものであろう。

⑬**ゲーム修正**
ボール運動（球技）は，特定のゲーム状況において何をどのようにするのかを「判断」しながら，「技能」を発揮していくという課題が要求されるところに特質がある。したがって，ゲーム修正の視点はおよそゲームに求められる「判断」の緩和，及び「技能」の緩和の2つにあるととらえても間違いないであろう。

4. 教材の機能を高める「教具づくり」

　教材づくりに付随して，技能の獲得をよりいっそう高めたり，課題を学習者にわかりやすく提示したりする教具づくりが求められる。それは，合理的な運動学習（認識学習を含む）を生み出す補助的・物的な場や課題の条件設定に関わっている。教具は教材の次のような機能の有効性を高めるための手段として利用されるといってよいであろう。

> ①運動の習得を容易にする（課題の困難度を緩和する）。
> ②運動の課題性を意識させ，方向づける（運動の目標や目安を明確にする）。
> ③運動に制限をくわえる（空間・方向・位置などを条件づける）。
> ④運動のできばえにフィードバックを与える（結果の判断を与える）。
> ⑤運動の原理や概念を直感的・視覚的に提示する（知的理解を促し，イメージを与える）。
> ⑥運動課題に対する心理的不安を取り除き，安全性を確保する。
> ⑦運動の学習機会を増大させ，効率を高める。

　運動学習は，活動の場の状況や条件に大いに影響を受ける。意図的に運動を方向づけたり，制限したりすることによって学習を焦点化させていくことは教師にとっての重要な思考対象である。なお，この教具づくりは，その物的な意味において「場づくり」という用語で示される場合もある。

　たとえば，先の【事例②】のハードル走における下位教材のうち，「リカバリー・ラン」の踏み切り板やフラフープは，疾走時のストライドよりも幅広い跳躍と，次の走への運動組み合わせを条件づける教具であるといってよい。また，「ホワイト・ライン」は，リード足の振り上げや着地を意識し，まっすぐ走る目安を提供すると同時に，その課題のできばえにフィードバック情報を与えるものになる。

　また，マット運動の接転系あるいはほん転系の技の習得の過程で落差や斜面を利用した物的な条件を生み出していくことは，動きの感覚をつかませていくために課題の難度を緩和していく大切な工夫になる。そこでは，心理的な不安を取り除き，安全性を確保していくことも教具の重要な視点となる。

　ボール運動などでも，期待されるゲーム様相を誘い出すボールやゴールの工夫はきわめて重要である。そこではボール操作に関わった運動技能の観点ばかりではなく，特定の戦術的行動の学習[14]をクローズアップすることを意図した用具の積極的改変や選択が今日的な教具づくりの着眼点になるであろう（岩田，2003）。【事例①】に掲げた「V字型のゴール」は同様な発想によるものである。

〈岩田　靖〉

⑭**戦術的行動の学習**
ここでは，ゲーム中の判断（意思決定）を意図的に誘い出したり，方向づけたりすることを促進させる教具のあり方を指している。

〈引用・参考文献〉
岩田靖（1994）教材づくりの意義と方法．高橋健夫編,体育の授業を創る．大修館書店,

　　pp.26-34.

岩田靖（1995）学習内容（教科内容）. 阪田尚彦・高橋健夫・細江文利編, 学校体育
　　授業事典. 大修館書店, pp.14-15.

岩田靖（2003）体育になぜ教具は不可欠か. 体育科教育51（10）：10-13.

岩田靖（2008）子どもの積極的参加と学習成果を促す教材づくり. 体育科教育56（5）：
　　50-53.

岩田靖（2011）教材論. 日本体育科教育学会編, 体育科教育学の現在. 創文企画,
　　pp.107-121.

岩田靖（2012）体育の教材を創る. 大修館書店, pp.38-43.

岩田靖（2016）ボール運動の教材を創る. 大修館書店, pp.22-34, 73-81.

岩田靖（2017）体育科教育における教材論. 明和出版, pp.23-51, 115-148.

Siedentop, D. (1983) Developing Teaching Skills in Physical Education. May-
　　field Publishing Company, pp.172-173.

体育の学習指導論

概要

授業は，教師の連続的な意思決定を踏まえて展開されることになる。学習指導論は，この教師の効果的な意思決定を支える理論である。また，学習指導モデルは，生徒の実態や学習環境等を踏まえ，この一連の手続きをパッケージ化して示すものであり，目的に対応した授業の計画づくりの参考となる。他方で，学習指導モデルを使いこなせるようになるには，時間や周囲の支援が重要になる。

①中央教育審議会
中央省庁等改革の一環として，従来の中央教育審議会を母体としつつ，生涯学習審議会，理科教育及び産業教育審議会，教育課程審議会，教育職員養成審議会，大学審議会，保健体育審議会の機能を整理・統合して，2001年1月6日付で文部科学省に設置された。教育制度分科会，生涯学習分科会，初等中等教育分科会並びに大学分科会が設置されている。主たる所掌事務は以下の3つとされる。①文部科学大臣の諮問に応じて教育の振興及び生涯学習の推進を中核とした豊かな人間性を備えた創造的な人材の育成に関する重要事項を調査審議し，文部科学大臣に意見を述べること，②文部科学大臣の諮問に応じて生涯学習に係る機会の整備に関する重要事項を調査審議し，文部科学大臣又は関係行政機関の長に意見を述べること，③法令の規定に基づき審議会の権限に属させられた事項を処理すること。https://www.mext.go.jp/b_menu/shingi/chukyo/chukyo0/gaiyou/010201.htm より。（2021年1月3日参照）

1.学習指導要領の改訂過程で示された授業研究への批判

我が国では，学習指導要領において体育の授業の指導内容やその実施時の配慮事項が示されている。この学習指導要領は，およそ10年に一度改訂されてきた。また，改訂に際しては，学習指導要領に基づき実施されている授業に対する評価がくわえられる。国立教育政策研究所による学習指導要領実施状況調査は，その例である。また，2017年告示の学習指導要領でいえば，2014年の文部科学大臣の諮問を受けた改訂の方針が，2016年に中央教育審議会①答申として示された。

その中央教育審議会答申は，教員が互いの授業を検討し合いながら学び合い，改善していく授業研究が国際的に高い評価を受けていることやそれが日本の学校教育の質を支える貴重な財産であると評価している。他方で，それが指導法を一定の型にはめ込み，授業改善につながっていない側面があること，そのため，生徒の学びの過程の質の改善（主体的・対話的で深い学びの実現）に向けて学習の内容と方法双方を見直す必要があることを指摘した（中央教育審議会，2016，pp.48-52）。

その後，2017年告示の学習指導要領において知識・技能，思考力・判断力・表現力等，学びに向かう力・人間性等の育成を目指す資質・能力の3つの柱に沿って指導内容が示されるとともに（文部科学省，2017，p.7），これら3つの資質・能力を確実に身に付けるために，その関係性を重視した学習過程を工夫する必要性が指摘されている（文部科学省，2017，p.7）。

これらの指摘は，指導内容の習得を保証する適切な学習指導の必要性を改めて強調するものである。同時に，3つの資質・能力を関連づけ，その確実な習得を保証する学習過程を計画，実施するために必要かつ適切な手

続きの検討を授業者に求めることになる。

　なお，資質・能力の3つの柱に対応する指導内容は，それぞれ「知識及び技能」「思考力，判断力，表現力等」「学びに向かう力，人間性等[2]」（文部科学省，2017，pp.11-12）と表記された。これらは，英語圏でいわれる学習領域としては知識や思考力，判断力，表現力等に関わる認知領域（cognitive domain），技能に関わる運動領域（psychomotor domain），学びに向かう力，人間性等といった態度や社会的な行動に関わる情意領域（affective domain）（Metzler, 2017, p.5）に対応している[3]。

2.意思決定の連続体としての授業

　これまで，体育の学習指導論において特定の学習指導論の優位性を主張する，二者択一的な論議が数多くみられた。また，それは今でも消えているわけではない。

　たとえば，かつて生徒の主体性を育むことを意図して「めあて学習」が提案された。それは，今もっている力でできるめあてと工夫して挑戦するめあての設定を児童生徒に求めていた。また，その設定に際しては児童生徒の心理的な充足度が重視された。その点において，めあて学習は児童生徒の自主性を重視した学習指導論であったといえる。しかし，このめあて学習に対しては，技術的な課題や練習の選択基準等，児童生徒の適切なめあて設定に関して必要な原理が示されないことやめあての修正に対する授業中の教師の指導性の発揮を抑制することが求められる等の問題点が指摘されていた（岡出，1994）。それは，結果的に多様化する学習課題に教師が対応できなくなることや安全面への不安，さらには技能や思考力に関して期待する成果が得られないことへの疑問の表明でもあった。

　しかし，こうした二者択一的な論議は生産的ではない。体育の授業は複数の場面で構成されているのであり，1単位時間内でも指導内容に対応して生徒主導の場面と教師主導の場面が併存する。そこでは，誰が何をどのように決定するのかが重要になる。

　図1は，小学校5年生の跳び箱運動の授業にみられた，時間経過に伴う課題への非従事者の比率の推移を示している。この授業は，めあて学習に基づいて展開され，前半は児童が各自，自分ができる技に取り組み，後半は新しい技に挑戦することになっていた。その結果，授業の前半終了間際と後半開始直後に，非従事者が一気に増加した。問題は，非従事者が誰であったのか，であろう。前半の非従事者は技能の比較的高い児童であり，後半のそれは技能の比較的低い児童であった。つまり，技能の比較的高い児童は，次のめあてに取り組みたくてもそれが許されない状況にあり，技能の比較的低い児童は新たに取り組むめあてがみつけられないという状況に陥っていたといえる。この現象は，次の課題への移行の権限を教師が握っていたことや課題の選択肢が技レベルであったことに起因している。

　このような現象を回避するには，授業の目標を踏まえて設定される各場

[2] 「学びに向かう力，人間性等」は，「目標において全体としてまとめて示し，内容のまとまりごとに指導内容を示さないことを基本としている。しかし，体育分野においては，豊かなスポーツライフを実現することを重視し，従前より『態度』を内容として示していることから，内容のまとまりごとに『学びに向かう力，人間性等』に対応した指導内容を示すこととした」（文部科学省，2017，pp.13-14）と記されている。この結果，体育は資質・能力の3つの柱に即した指導内容がすべて記された唯一の教科となっている。

[3] ブルームのタクソノミーでは，学習領域が運動，認識，情意の3つに分けられる。メッツラーの学習指導モデルは，それにしたがっている。しかし，ユネスコの良質の体育の定義において，習得が期待される技能が運動技能（psychomotor skills），知的理解（cognitive understanding），社会的技能並びに情意的技能（social and emotional skills）と表記されている（UNESCO, 2015, p.8）ように，愛好的態度や自尊感情，動機に関わる情意的学習領域と人間関係や社会的規範等に関わる社会的学習領域を区別する提案もみられる。

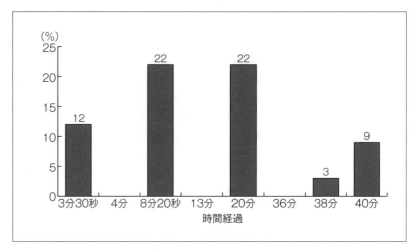

図1　小学校5年生の跳び箱の授業（5/7時間）にみられた非従事者の比率

面の意図を確認するとともに，目標達成に向けて個々の場面を効果的に関連づける適切な手続きの適用が必要になる。実際，主体的な学習を促すには生徒の主体的な行動を促すことと管理的な対応の双方が必要になる（Haerens et al., 2018）。この授業でいえば，技能上位者に新たな課題への取り組みを認めることや後半に移行する時間を早める等の手続きが必要であったといえよう。

　すなわち，期待する学習成果を得るためには授業で実施すべき一定の手続きが存在するということであり，さらには，その手続きを適用していくための意思決定が必要になる。現在，このような手続きは，指導方略④（teaching strategy）と呼ばれ，①マネジメント方略（Managerial strategy)と②学習指導方略(Instructional strategy)に区別されている（表1）。

　①マネジメント方略は，授業の約束事や用具の準備等を効果的に進めるための方略である。それは，予測で問題の発生を予防するために授業前に設定する予防的方略，授業中に派生した問題に対処する過程で設定されていく双方向的な方略並びにグループの人数や能力差等，グループの構成に関わるグルーピングに関わる方略の3つに区別されている。②学習指導方略には生徒の関心を引いたり，情報の伝え方に関する課題の提示方法，多

④指導方略（teaching strategy）

短期的な学習成果の習得に向けて，事前に検討される手続きを指す。それは，生徒のグルーピング，学習課題の組織化，生徒の関心を集め，維持すること，安全確保，情報提供，学習評価等に対応して設定されることになる（Metzler, 2017, p.13）。

表1　体育の授業を進めるために必要な指導方略と知識（Metzler, 2017, p.78）

マネジメント	1. 予防的 2. 双方向的 3. グルーピング	モデルベースの学習指導を展開するために必要な知識領域	1. 学習の文脈 2. 学習者 3. 学習理論 4. 発達の適時性 5. 学習の領域と目標 6. 体育の内容 7. 評価 8. 社会的／情緒的雰囲気 9. 平等性 10. 体育のカリキュラムモデル
学習指導	1. 課題の提示 2. 課題の構造 3. 課題への従事 4. 学習活動 5. 課題の進度 6. 安全確保 7. 総括		

様な難度の課題設定や活動の配列等に関わる課題の構造，目標や生徒のレディネス等を踏まえた課題への従事のさせ方，目標に応じた活動の選択方法に関わる学習活動，課題の達成度や時間を踏まえた課題の進度，最大限の安全確保並びに授業を総括する方略が区別されている。

これらの方略の提案は，授業開始前に教師が多様な意思決定を下していることや効果的な意思決定を支える具体的な方略が数多く存在していることを示している。それは，同時に学習指導に関わる二者択一的な論議が，確かな学習成果を保障する授業という意味での効果的な授業の実現にとっては生産的ではないことを示している。

しかし，多様な方略を実際に使いこなすことは容易ではない。そのため，これらの方略を体系化して提示することが重要になる。この授業場面の意図に対応した適切な意思決定の必要性を明確に指摘し，それを体系化して示したのは，モストン（Mosston）であった（岡出，1994）。彼はそれを指導スタイル[5]と表現した。その後，メッツラー(Metzler)により学習指導モデル(Metzler, 2017)という考え方[6]が提案された。また，現在では，それらを踏まえ，モデルに基づく実践(models-based practice: MBP）が提案されている（Casey and MacPhail, 2018）。

このような提案の前提には，「万能のモデルはない」（Metzler, 2017, p.171）という認識がある。学習指導論は，学習者が授業の目標に対応してより豊かな学習成果を得ることができるように，授業の計画やその実行に関する適切な意思決定を可能にする理論的根拠を提供することになる。

3. モデルに基づく学習指導論

学習指導モデルは，多くの教員が授業をする際にモデルとして参考にできるものである。そのため学習指導モデルは，表2に示す多様な情報を含み込んだ，広範で一貫性のある計画を指す（Metzler, 2017, pp.23-24）。

表2の「基礎」は，個々の学習指導モデルを機能させる理論的根拠を指す。これに対し「教授行為並びに学習の特徴」は，個々の学習指導モデルの適用に際して教師に求められる教授行為やそれを適用した際に期待される特徴的な生徒の学習行動を示している。さらに，「モデル実施に際して

⑤指導スタイル(teaching style)
授業の方法論をめぐる哲学的論議を回避し，方法論が個人的なものではないことを指摘するために作成されたモストンの造語である。モストンは，授業における意思決定の多様なパターンを複数のスタイルに分類するとともに，個々のスタイルを関連づける枠組みを連続体と呼んだ。個々のスタイルは，特定の内容を教えることに効果的なスタイル群と未知の内容の発見に効果的なスタイル群に大別されている。また，個々のスタイルには優劣関係はなく，各々が独自の目標達成に向けた効果という観点から同等に位置づけられている。モストンがこのような個々のスタイルの等価性を指摘したのは，1986年であった（岡出，1994）。

⑥Metzler (2017) は，モデルベースの学習指導論として，①直接指導（direct instruction），②個別化指導（personalized system for instruction），③協同学習（cooperative learning），④スポーツ教育（sport education），⑤仲間学習（peer teaching），⑥発問指導（inquiry teaching），⑦戦術学習（tactical games）並びに⑧個人的，社会的責任指導（teaching personal and social responsibility）を挙げている。

表2 学習指導モデルを記述するための枠組み（Metzler, 2017, p.23）

基　礎	教授行為並びに学習の特徴	モデル実施に際して求められる事項並びに修正	適用するモデルの決定
・理論と採択基準 ・教授行為と学習に関する仮説 ・テーマ ・学習領域の優先性並びに学習領域間の相互作用 ・求められる生徒の発達段階 ・妥当性の論拠	・コントロール ・包摂性 ・学習課題 ・学習従事のパターン ・教師と生徒が担う役割と責任 ・学習指導過程の妥当性の検証方法 ・学習成果の評価	・教師の専門的知識 ・重要な教授技能 ・必要な文脈 ・文脈の修正	・直接指導 ・個別化指導 ・協同学習 ・スポーツ教育 ・仲間学習 ・発問指導 ・戦術学習 ・個人的，社会的責任指導

求められる事項並びに修正」は，学習指導モデルの実施に際して教師が身に付けるべき知識や教授技能や文脈，さらには生徒の実態や授業の環境条件等の修正方法を示している。

　このような学習指導モデルが提案された背景には，スポーツ種目を中核に据えた学習指導（activity-based instruction）に対する疑問がみられた。たとえば，学年が異なろうともバレーボールを指導する際には同じ指導内容の配列，練習方法が適用されるような授業がみられる。それは，学年や生徒の違いに関係なく，バレーボールを教えるには最善の方法は1つしかないという前提に立つ学習指導論に基づく授業である。これに対しモデルベースの学習指導（model-based instruction）では，スポーツ種目は授業の方法を決定する際の1つの要因でしかないという立場がとられる。そのため，モデルに基づく学習指導を進める際には，次の要因が検討されることになる。

---

1. 意図されている学習成果
2. 学習を進める学習環境や条件
3. 生徒の発達の段階並びにレディネス
4. 学習に対する生徒の好み
5. 優先的に成果を保障されやすい学習領域
6. 課題構造と組織のパターン
7. 学習課題の順序
8. 学習成果の評価
9. 実際に実施された学習指導に対する評価

(Metzler, 2017, p.11)

　教師は，授業実施前に，指導内容に即してこれらすべての要因に検討をくわえることになる。そのうえで，適用する学習指導モデルを選択することになる。たとえば，同じくサッカーを指導する際にも技能を高めたい場合と戦術理解を求める場合には，選択する学習指導モデルが異なることになる。また，学習指導モデルを踏まえることで教師は，より生徒の実態に応じた学習指導案の検討や実施が可能になるとともに，生徒と教師が授業で期待されている行動や役割，下すべき判断，担うべき責任を互いに明確に理解できるようになるという（Metzler, 2017, p.12）。

　このような学習指導モデルに基づく授業を効果的に実施するための教授技能として①計画づくり，②時間とクラスの管理，③課題提示と課題の構造，④コミュニケーション，⑤学習指導に関する情報提供，⑥発問の活用，⑦授業の総括が挙げられている（Metzler, 2017, pp.103-129）。

　これらの指摘は，一方では授業の目的や生徒の実態を，授業の目標達成に向けて適切な学習指導モデルを踏まえた計画作成が重要になることや教授方略を踏まえた教授技能の発揮が必要になることを示している。

　以下ではこの点を，協同学習を手がかりに確認したい。

4.協同学習モデル

協同学習[7]は，我が国でいえば「学びに向かう力，人間性等」といった社会，情意領域[8]の指導内容の学習指導に有効な学習指導モデルである。その特徴は，表3の通りである。

通常，授業で設定される課題は，個人やグループ間の利害が相反する競争的な課題，互いがWin-Winの関係に置かれる協同的な課題並びに互いが無関係に置かれる個人的な課題に区別される。協同学習モデルでは，生徒が相互依存的な関係を営めるように，協同的な課題が設定されるとともに，その達成に向けて個人が担うべき責任が設定されることになる。チームとしての成果が結果的に得られればいいわけではなく，その達成に向けて個々人が担うべき課題が互いに共有され，その達成が個人レベルで求められることになる。そのため，課題達成に向けて，生徒がグループ内で肯定的な相互作用を営む場面や学習成果の改善に向けたグループ内での省察の場面，さらにはそこで適切な社会的スキルを学習する機会が設定されることになる。

また，協同学習モデルでは，生徒が相互互恵的な関係を育むための課題構造が重要になる。しかし，生徒が互恵的な関係を育むために取り組む協同的な課題は多様である。表4は，協同的な課題の多様性を示している。くわえて，生徒が肯定的な相互作用を営むためには，学習の対象となる社会的スキルを具体的に設定することが必要になる。表5は，そのような社会的スキルの例を示している。したがって，授業の計画に際しては，これ

表3　協同学習の主たる特徴（Goodyear, 2017, p.84）

・肯定的な相互依存関係を営んでいる	・適切な社会的スキルを学習する
・個々人が担う責任を設定する	・教師はファシリテーターをつとめる
・肯定的な相互作用を営んでいる	・異質集団を構成する
・改善に向けたグループでの省察がなされる	・協同学習を促す課題構造が設定されている

表4　協同学習で適用される課題構造（Metzler, 2011, pp.245-247）

名　称	定　義
チーム課題達成法	全チームに同じ学習課題とその達成に必要な資源が提供される。チーム内のメンバーの個人得点が総計され，チームのレベルは，1回目から2回目にかけてのチーム得点の伸びで判定される。
チームゲームトーナメント	複数のトライアルで得られたチーム内の得点を，その順位に応じて他チームと比較し，得点化してチームのもち点として，チーム間で競う。
チーム支援法	個人的に取り組む課題を設定し，その成果を一定の基準で評価し，得点化する。個人の得点の総点をチームの得点とする。
ジグソー	チームあるいは個人に達成すべき課題を割り振り，その専門家になることを要求する。そのうえで，専門家として友達に教えることを求める。評価は，獲得した内容の教え方を量的，質的に検討して行う。
グループ調査法	チームで課題を割り振り，その課題に関してグループとして取り組み，収集した情報をメディアを活用して他のチームに伝える。評価は，あらかじめ設定してある得点表にしたがってなされる。

[7]**協同学習**
協調学習はcollaborative learningの訳語であり，複数の人が関わり合って学ぶ基本的な形態を指す。これに対し協同学習はcooperative learningの訳語であり，関わり合いや分業などの特定の学び方に結びつけられている。（国立教育政策研究所，2016, p.181）また，協同学習では学習者がともに作業できるような構造が意図的に設定されている。しかし，グループワークにはそれが欠けている（Kagan and Kagan, 2017, p.51）。

[8]たとえば，社会情意学習（Social and Emotional Learning: SEL）論は，個人的なスキル，社会的なスキル，核になる意思決定に関する生徒の学習について検討する枠組みを提供してくれている。個人的スキルは自己意識（self-awareness：たとえば，自分自身の感情を意識する）と自己管理（self-management：たとえば，自分の感情について），社会的スキルは社会的意識（social awareness：たとえば，視点を取り入れることや共感）と関係づくりのスキル（relationship skills：たとえば，コミュニケーションや協同），そして責任ある意思決定は個人的な行動と社会的な相互作用に関する生産的で丁寧な選択を指す（Wright and Irwin, 2018, p.251）。

表5 協同学習で指導される社会的スキルの例 (Kagan and Kagen, 2017, p.5.9)

・積極的に傾聴する	・同意を得ること	・他人の視点を取り入れる
・他人を認める	・協同	・尊敬
・援助を求める	・他人を励ます	・責任
・人のアイデアを活用する	・支援する	・共有
・配慮する	・リーダーシップの技能	
・争いを解消するスキル	・忍耐力	

らの社会的スキルの習得を促す，効果的な学習指導方略の検討が必要になる。

5.主体性のコントロールに関する手続き

　授業を進めるに際しては，誰が何をどのように決定する権限をもつのかを事前に決めることが必要になる。二者択一的な学習指導論は，この決定の対象と内容の多様性に対する配慮が欠けている理論であったといえる。

　たとえば，生徒の主体性を高めていくためには，生徒の主体的な決定を促すことが必要になる。しかし，決定の対象は，内容の選択から課題の進歩に至るまで多様に存在する。また，その決定方法は，教師のみが決定する，生徒のみで決定する，あるいは教師と生徒が双方向的な論議を通して決定するといった選択肢が考えられる（表6）。

　授業に臨むに際しては，教師は事前にこの点に関する意思決定をしておくことが必要になる。誰が何をどのような方法で決定するのかは，授業の目標やそれに対応して適用する学習指導モデルやそれを適用する場面に応じて異なることになる。

表6 学習指導モデルで示されている主体性のコントロールの対象と方法
(Metzler, 2017, p.33)

		教　師	双方向的	生　徒
内容の選択	単元の指導内容は誰が決定するのか			
マネジメントコントロール	クラスのマネジメントに主たる責任を負うのは誰か			
課題提示	課題に関する情報を生徒はどのようにして受け取るのか			
課題従事のパターン	(空間，集団，構造を含め) 生徒の学習従事のパターンをどのようにして決めるのか			
学習指導に関わる相互作用	学習課題に取り組んでいる際のコミュニケーションを誰が主導するのか			
ペース	練習の開始と中止を決めるのは誰か			
課題の進歩	学習課題の変更を決めるのは誰か			

6.学習集団の組織化

　学習者を一定数の集団に組織することは，体育の授業ではよくみられる。かつてみられたグループの編成方法の典型例が，図2～5である。

　図2は一斉指導を，図3は生徒が一人ひとり自己の課題達成に向け取り組む個別化指導を，図4は指導の効率化を意図して生徒を班に分ける班別学習を，図5はグループ内の生徒間の関わりを前提としたグループ学習を示している。教師と個人，あるいはグループとの関係は，矢印が双方向か一方向かで示されている。

　図3の個別化指導では，教師は生徒の課題を把握し，その課題達成に向け指導するために生徒との双方向的な情報交流を求められることになる。それは，図5のグループ学習においても同様である。グループの課題達成に向けては，グループで検討されている課題やその達成方法を教師は確認すべきであり，そのためには双方向的な情報交換が求められることになる。これに対して図4の班別学習は，教師からの一方的な情報提供となっている。また，図5のみがグループ内での双方向的な関係が想定されている。しかし，このような双方向的な関係はどのようにすれば生まれるのであろうか。それは，グループを設定しただけで自動的に生み出されるわけではない。実際，授業で生徒相互の教え合いを求めた結果，生徒間の関係が気まずくなることもあれば良好になることも起こり得る。両者を分けるのは，そこでとられた教授方略の適否である。この点を，学習指導モデルの1つである仲間学習（peer teaching）を例に考えたい。

　仲間学習は，教師の設定した内容と方法に基づき，生徒が教え役（チュー

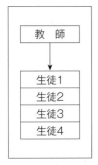

図2　一斉指導

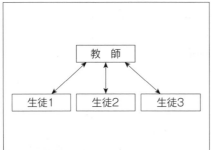

図3　個別化指導

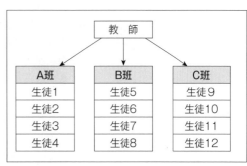

図4　班別学習

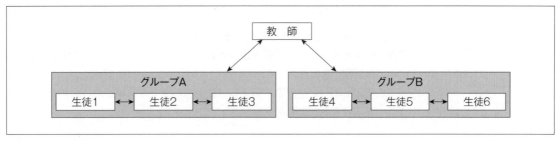

図5　グループ学習

ター）と教えられ役（学習者）を交代しながら互いに教え合う点に特徴がある。そのため，生徒は互いに教え合うことに責任を負うことになる。この点で，仲間学習と協同学習モデルは区別されることになる（Metzler, 2017, p.298）。また，技能の比較的高い生徒が技能の比較的低い生徒に教えるという学習指導とも異なる。生徒が教え役と教えられ役の双方を経験するとともに，その2つの役割を効果的に学習できるようにすることが意図されている。また，その適用は，教え役が観察可能な簡単な動きや概念に限定されている。競争的なゲームでは教え役と教えられ役が互いに相互作用を営むことが難しいためである（Metzler, 2017, p.312）。

　この仲間学習では，教え役（チューター）にとっての最優先領域は認識領域であり，第二次領域が情意/社会学習領域，第三次領域が運動学習領域になる。これに対し教えられ役にとっての最優先領域は運動学習領域であり，第二次領域が認識学習領域，第三次領域が情意的/社会的学習になる（Metzler, 2017, p.305）。

　このモデルは，生徒が授業中に教師から受けるフィードバックの少なさを補うとともに技術的な課題やその解決方法に関する生徒の理解度を高めることに効果的であり，ひいては技能を向上させていく可能性を秘めている（Metzler, 2017, pp.298-301）。しかし，生徒が互いに教え合えるようになるために，チューターをトレーニングすることが必要になる。そのためには，教師は事前に次の手続きについて検討することになる。

---

1. 学習目標の明確化
2. チューターに対する期待（何をすべきか，すべきではないのか）
3. 課題の提示と理解度チェック
4. 課題の構造と理解度チェック
5. 学習者にエラーを伝える方法
6. ほめ言葉の適切な伝え方
7. 安全な練習の仕方
8. 課題達成度の評価法
9. 教師への質問のタイミング

(Metzler, 2017, p.300)

　また，仲間学習を展開していく際，教師と生徒は表7のように各々が役割を分担し，責任を担い合うことになる。

　さらに，教師は，チューター役が有効に機能するために次の手順をとることになる。まず，最初のチューター役に対しては，次の3点を踏まえて対応することになる。

---

1. 取り組むべき技能や課題のモデルを示す。
2. そのモデルには，学習者に伝えられるべきパフォーマンスに関する重要な情報が含まれている。
3. チューターが学習者に伝えるべき学習指導上の情報とその伝え方を理解していることを確認する。

(Metzler, 2017, p.310)

表7　仲間学習で求められる教師と生徒の役割と責任（Metzler, 2017, p.311）

手続きあるいは責任	仲間学習での個人の担う責任
授業開始	教師が授業を開始する
授業に必要な用具の準備	授業に必要な用具は教師が準備する
用具の配布と片付け	活動に必要な用具は各パートナーグループが受け取り，終了時に返却する
役割確認（必要であれば）	教師が役割を確認する
課題提示	教師は，チューターに対して各運動技能，あるいは概念を書いて示す。チューターは，教えられ役に対して示された運動技能，あるいは概念を書いて示す
課題構造	教師は，チューターに対して課題構造を説明する。チューターは，説明された課題構造を教えられ役に説明する
学習指導に関わる相互作用	Aパス：教師は，チューターと相互作用を営む際に発問を用いる Bパス：チューターは，教えられ役に技術的課題に関する情報，指導，フィードバック並びに励ましを提供する
評　　価	教師は，課題の評価方法を決定する。チューターは（たとえば，チェックリストを使って）教えられ役を評価する
学習過程のモニタリング	教師は，新しい課題に移る時期を決定する

　次に，2人目のチューターに対しては，彼らがすでに課題やパフォーマンスに関する重要な情報を1人目のチューターから教えられているため，次のようなオプションが採用可能になるという。

> 1. 生徒が役割を交代する前に，教えられ役に伝えるべきパフォーマンスに関する情報を思い起こさせる。
> 2. 教師自身が手短に課題を提示し，理解度をチェックする。
> 3. 新しくチューターをつとめる生徒に何を教えてもらったのかを確認する。また，彼らが教えるべきパフォーマンスに関する重要な情報を発言させる。

（Metzler, 2017, p.310）

　さらに，チューターが有効に機能するために，観察用のチェックリストを作成することも有益であると指摘されている。それは，特に，生徒の年齢が低い場合に有益であるという（Metzler, 2017, pp.310）。
　また，仲間学習モデルを用いる際には，教師は，チューター役が仲間学習を展開するために必要な次の能力や技能を備えているかどうかを確認すべきであるという。

> 1. 課題に関する情報を理解し，練習を観察できる知的能力。
> 2. 教師の役割を引き受ける責任感。
> 3. 正確なフィードバックや技術的課題に関する情報を提供するコミュニケーション技能。
> 4. 学習者の利益を考えて行動できる成熟度。

（Metzler, 2017, pp.314-315）

　また，教えられ役にも，称賛と批判（パフォーマンスに関する否定的な

表8　学年段階を踏まえた仲間学習の用い方（Metzler, 2017, p.318）

学　年	仲間学習の選択可能性	可能な適用方法
就学前	×	
幼稚園から小学校2年生	×	
小学校3-5年生	○	1. 一度に全員に課題を提示し，チューターがそれを行う必要性をなくす 2. チューターには一度に1つの要素だけ観察させる。チューターの観察技能が向上すると観察させる要素を足していく
中等学校／中学校	○	1. チューターが確認すべき重要な要素の数を限定する（3，あるいは4以上にしない） 2. 何を観察すべきかをチューターが思い起こせる簡単なチェックリストを用いる 3. 好ましく，デリケートなコミュニケーションができるように生徒をトレーニングする
高　校	○	何の修正をくわえずに，仲間学習モデルをそのまま実施できる
大学生	○	何の修正をくわえずに，仲間学習モデルをそのまま実施できる

フィードバック）の双方を喜んで受け入れる能力があることが求められるという（Metzler, 2017, pp.314-315）。逆に，これらが欠落していると，このモデルは機能しないことになる。そのため，学年段階を踏まえた仲間学習の用い方が表8のように示されている。

　もっとも，これらの条件を満たしていても予想できる仲間学習のトラブルがある。生徒間で生み出されている社会的／情緒的雰囲気である。教師は，当然ながら，この雰囲気をより快適なものにしていこうとする。具体的には，次のような手続きがあるという。

1. チューターは，学習者の能力や欲求に敏感になる。特に，学習者が困難を抱えていたり，必要な情報が肯定的なものではない場合。
2. 教えられ役は，チューターも失敗を犯すことがあることや教師と同じレベルではないことを意識する。
3. 教えられ役は，チューターの発する否定的なフィードバックは個人に向けられたものではないことを意識する。
4. 教師は，クラスと定期的に論議し，好ましいチューターと教えられ役の役割行動を強化し，このモデルで求められている責任を思い起こさせる。

(Metzler, 2017, p.315)

　なお，図2〜5のいずれにおいてもグループ間に双方向的な関係はみられない。しかし，グループ間に双方向的な関係を生み出せないわけではない。たとえば，球技において1つのチームを2つに分け，互いの練習パートナーにするきょうだいチーム形式である。この2チームが互恵的関係に置かれるためには，試合では，2つのチームの結果をそのきょうだいチー

ムの結果とし，互いが競争的関係に置かれることを避けることも必要になる。また，きょうだいチームのゲームの様子を観察する際に，観察者をきょうだいチーム間で固定し，授業の最後の振り返りの際に互いの観察結果を肯定的に紹介させ合わせることやその際に互いに肯定的な表現を求めることもまた，情意的な技能や社会的な技能の学習の機会としては重要である。

　このような機会を設定することで，生徒は必ず仲間から肯定的な言葉を受けることが可能になる。また，自分自身を肯定的に振り返ることが可能になる。このような手続きを組み込むことで，話し合いがより効果的に機能するようになっていく。そのため教師は，この話し合いの場面で用いられている言葉を確認し，好ましい表現を全体に紹介することを通して，生徒の社会的スキルを向上させていくことも可能である。

　なお，このような関係を生徒間に生み出していくためには，異質集団[9]を構成し，そのグループを一定期間，固定しておくことが必要になる。これもまた，意図的な学習を展開するための1つの教授方略といえる。

7.学習指導モデルに基づく授業改善に向けて

　このような一連の手続きは，複雑である。実際，複数のモデルを組み合わせて使用することは難しく，経験ある教師であっても初任の教師が行うようなミスを犯すことも多いという。そのため，専門職集団の支援が必要になることも指摘されている。さらに，今日では個々のモデルを適用した授業のみではなく，複数のモデルを組み合わせた授業も報告されている。しかし，モデルに基づく実践では単一のモデルのみでは実際の授業に対応できない反面，複数のモデルの適用は教師にとっても，生徒にとっても容易ではないことも指摘されている（Casey and MacPhail, 2018, p.308）。また，学習指導モデルに基づく学習指導研究では，モデルが忠実に実行された際には期待する成果が得られることが報告される一方で，モデルの適用度や実行の度合いは，現職教育や管理職の支援の影響を受けていることが示唆されている（Stylianou et al., 2016, pp.344-346）。

　これらの指摘は，学習指導モデルが期待する成果を生み出す授業の計画づくりを支援する可能性を示唆していると同時に，実際にそれを使えるようになるには，授業で達成したい成果とその実現に必要な手続きの一貫性を意識した計画づくりとのその実行に努める教師個人の努力や同僚や管理職の支援，環境が重要になることを示している。

　同僚との日常的な授業改善に向けた取り組みのなかでは，生徒中心の意味が問い直されていくことになる。生徒中心とは，生徒が自身の学習に責任をもって取り組めるように支援することであり，そのためには長期的な見通しや実に細やかな配慮や教授技能が求められる。学習指導論は，これらの習得にも貢献するといえる。

〈岡出美則〉

⑨**異質集団**
異なる属性を備えた構成員で構成される集団。技能レベルの違いが属性の違いを判断する基準として用いられることが多い。しかし，技能のみではなく，性や障がい，民族，認識能力や非認知能力等，複数の基準も想定できる。

〈引用・参考文献〉

Casey, A. and MacPhail, A. (2018) Adopting a models-based approach to teaching in physical education. Physical education and sport pedagogy 23(3): 294-310.

中央教育審議会（2016）幼稚園，小学校，中学校，高等学校及び特別支援学校の学習指導要領等の改善及び必要な方策等について（答申）．http://www.mext.go.jp/b_menu/shingi/chukyo/chukyo0/toushin/1380731.htm(2020年12月27日参照)．

Goodyear, V. A. (2017) Sustained Professional Development on Cooperative Learning: Impact on Six Teacher's Practices and Student's Learning. Reseach Quarterly fo Exercise and Sport 88(1): 83-94.

Haerens, L., Vansteenkisteb, M., De Meester, A., Delrueb, J., Tallira, I., Vande Broekc, G., Gorisd , W. and Aelterman, N. (2018) Different combinations of perceived autonomy support and control: identifying the most optimal motivating style.Physical Education and Sport Pedagogy 23(1): 16-36.

Kagan, S. and Kagan, M. (2017) Kagan Cooperative Learning. Kagan Publishing. (2009, 2015)

国立教育政策研究所（2016）国研ライブラリー　資質・能力［理論編］．東洋館出版社.

Metzler, M. W. (2017) Instructional Models for Physical Education. 3rd ed. Routledge.

文部省（1996）小学校体育　指導資料—新しい学力観に立つ体育科の授業の工夫—．初版第2刷．東洋館出版社，p.103.

文部科学省（2017）中学校学習指導要領（平成29年告示）解説保健体育編．https://www.mext.go.jp/component/a_menu/education/micro_detail/__icsFiles/afieldfile/2019/03/18/1387018_008.pdf（2020年12月27日参照）．

岡出美則（1994）モストンの教授スタイル論の検討—教授スタイル論から教授ストラテジー論への転換を求めて—．愛知教育大学体育教室研究紀要19：1-23.

岡出美則（2019）体育科評価論—学びに向かう力や人間性の評価に焦点を当てて—．日本体育大学大学院教育学研究科紀要2（2）：265-275.

Stylianou, M., Kloeppel, T., Kulinna, P. and van der Mars, H. (2016) Teacher Fidelity of Physical Education Curricular Model and Physical Activity Outcomes. Journal of Teaching in Physical Education 35: 337-348.

UNESCO (2015) Quality Physical Education Guidelines for Policy-Makers. https://en.unesco.org/inclusivepolicylab/sites/default/files/learning/document/2017/1/231101E.pdf（2020年12月28日参照）

Wright, P. M. and Irwin, C. (2018) Using systematic observation to assess teacher effectiveness promoting personally and socially responsible behavior in physical education. Measurement in Physical Education and Exercise Science 22(3): 250-262.

第5章 体育の学習評価

概要

体育の新しい学習評価は，「知識・技能」「思考・判断・表現」「主体的に学習に取り組む態度」の観点で評価する。特に，「主体的に学習に取り組む態度」で，学習の調整にかかる指導と評価ができる授業づくりとその展開が体育の学習評価を左右する。運動が上手であること，一生懸命に取り組んだことをもって評価するのではなく，資質・能力の育成を目指した学習過程のある授業展開（指導）と観点別の評価規準の実現状況を判断する具体的な姿で評価する。

1.体育の学習評価における課題

(1)これまでの体育の学習評価

　ここでの学習評価は，教育課程に位置づけられた体育科・保健体育科の主として実技を中心とするものについて取り上げる。

　学習評価は，学習指導要領体育科の教科目標や評価のあり方の推移とともに変化してきている。目標は，小学校を例に特徴的なものを挙げると，「強健な身体を育成（1968）」「運動の経験（1968，1977，1989，1998，2008）」がある。「運動の経験」は資質・能力の育成を目指した2017年改訂の学習指導要領で示されなくなった。「運動に親しむ」は1958年から2017年の改訂まで一貫して示されている。2017年版では「運動に親しむ」が態度に関する目標に整理され，「適切な運動の経験」が表記されなくなった。このことは，評価においても大きな意味をもつ。

　近年の評価のあり方の変更で大きなものは，2001年に，それまでの集団に準拠した評価から目標に準拠した評価への転換がなされたことである。集団に準拠した評価は，学習集団を「もの差し」として集団のなかの位置関係で評価する。たとえば，技能で実技テストを行い測定結果の数値が集団を基準としてどの位置にあるのかで評価が行われる。一方，目標に準拠した評価は，目標に準拠した評価規準で評価が行われる。評価規準は，学習の実現状況を質的に記述し設定する。目標に準拠して設定した観点別の評価規準を「もの差し」とし，観点ごとに評価するものである。学習評価では，この他に児童生徒ごとのよさや可能性，進歩の状況を子ども一人ひ

とりに準拠してとらえる個人内評価も行われる。

（2）これまでの体育の学習評価の課題

　学習評価の全体的な課題として，学校や教師の状況によっては，事後の評価に終始すること，評価結果が学習改善につながっていないこと，特に，態度の観点について挙手の回数や毎時間ノートをとっているかなど，性格や行動面の傾向が一時的に表出された場面をとらえる評価であるような誤解が払拭しきれていないこと（文部科学省，2019）が挙げられている。

　目標に準拠した評価を評価規準で指導と評価を行う際の課題として，体育では次のことを挙げることができよう。

- ・教師の主観に陥りがちである。特に態度。
- ・身体能力が高いこと，その運動が上手であることをもって評価が高くなる。
- ・身体活動や経験することに一生懸命に取り組んだことをもって評価が高くなる。

　これらは，指導と評価の一体化，観点別の指導と評価という意味で問題が生じる。

　指導と評価の一体化の問題は，本時に設定した目標と評価規準が実際の授業展開とあわないことが考えられる。指導したことを評価するものであっても，指導自体が本時の目標に迫るものではないことや，評価規準が評価の観点とあわなかったり，設定した質的な評価規準を回数などの数値で評価情報を取ったりすることから生じる。評価の観点別の指導と評価の問題は，評価規準の設定が観点別の目標の実現状況をとらえるものとして適切に設定されていないことが考えられる。子どもの姿のとらえが不十分であることから生じる。また，観点の実現状況にあわないものであったり，他の観点が混在してしまったりしていることによる。

　たとえば，観点別評価の「知識」の獲得や「思考・判断」については，技能ができることをもって実現している，身に付いたと評価することが起こりうる。このような，みなし評価となってしまうかどうかは，評価情報を収集する方法が教師の観察なのか学習カード等の振り返りの記述によるのかにもよるであろう。また，「思考・判断」したことを「表現」していることを発言回数や語数をもって評価してしまうことや，発表の上手さや学習カード等のまとめがきれいにできていることをもって評価することなどにより「思考・判断したこと」が抜け落ちてしまう場合もある。

　子どもの学びを促したり，指導と評価に生かしたりするための方法の1つとして，学習カード（ワークシート）が用いられる。学習カードの構成が，身体活動や経験を記録するもので，「できた」「できなかった」を符号で記入するものであったり，できたことの回数を記録するものであったりすると問題が生じることがある。たとえば，「ゲームで考えた」という項目に「○」をつけたことをもって「思考・判断」したと評価してしまう場合である。これでは，子どもが「何を思考・判断したか」，「思考・判断し

た対象は何か」が明らかにはならない。このことは、教師の指導に対して子どもが思考・判断したことをつかめないまま、もしくはつかんだとしても教師の主観に陥りがちに指導と評価が進むことになる。また、自由記述欄に「感想」「反省」といった見出しを用いると、「何を」「どのように」学んだのかについて書き出されることは期待しづらい。そうではなく、学習カードは、子どもが予想したり、確かめたりして思考・判断したことが記録に残るような構成にすることである。たとえば、「運動の技能」では、動きができた（身に付けた）ときに自分の身体はどのように動いたのか、ゲームのときは味方がどこにいてどのように動いたのかといった技能を裏づける証拠が書き出され、記録されるような項目の設定が求められよう。教師にとって学習カードは、思考・判断したことを、その過程を記録し振り返るものとすることで評価情報を入手できるのである。

　この他に学習評価の課題としては、評価と評定の混同を挙げることができる。「評定」とは、評価を定めることであり指導要録①に記載する手続きである。「評価」とは、授業に関連して、場面や数時間の内容のまとまり、単元のまとめなどにおいて、授業者が把握したすべての評価情報と、それに基づく判断ととらえることができよう。学習活動や学習カード等の記述、教師からの「声かけ」や「励まし」などのフィードバックは評価情報の宝庫である。

2.新しい学習評価の考え方

（1）評価の観点及びその趣旨の変更

【従　　前】	【2017年版】
(1) 関心・意欲・態度	(1) 知識・技能
(2) 思考・判断	(2) 思考・判断・表現
(3) 運動の技能	(3) 主体的に学習に取り組む態度
(4) 知識・理解	

　評価の観点及びその趣旨は、従前、「関心・意欲・態度」「思考・判断」「運動の技能」「知識・理解」の4観点であったものが、「知識・技能」「思考・判断・表現」「主体的に学習に取り組む態度」の3観点となった。

　このような変更は、学力規定（学校教育法第30条第2項）や21世紀型能力②をはじめとした資質・能力の育成が目指されたことによる。資質・能力の育成を目指した学習指導要領において、各教科は、その教科における固有性は何なのかが評価において問われることになる。

（2）「知識・技能」

　従前の「理解」は「知識」に含めて整理されている。「技能」は「運動の技能」である。「知識」は、「運動の行い方」を理解することとしており、

①指導要録
学校教育法施行規則第28条に、学校において備えておかなければならない表簿の1つと定められている。在学する児童生徒の学習の記録として各学校で作成される。「学籍に関する記録」と「指導に関する記録」からなる。行動の記録、教科・科目の学習の記録、総合所見及び指導上参考となる諸事項などを記載する。指導要録の保存年限は、指導に関する事項は5年、学籍に関する事項は20年とされている（文部科学省,2017, https://www.mext.go.jp/b_menu/shingi/chukyo/chukyo0/gijiroku/__icsFiles/afieldfile/2017/12/25/1399722_14_1.pdfより（2021年1月29日参照））。

②21世紀型能力
「21世紀型能力」は、教育改革の世界的潮流として、人間の全体的な能力をコンピテンシーとして定義し、目標を設定し政策をデザインする動きとして広がった（国立教育政策研究所, 2013）。「①思考力を中核とし、それを支える②基礎力と、使い方を方向づける③実践力の三層構造」で整理されている（中央教育審議会教育課程企画特別部会, 2015, https://www.mext.go.jp/b_menu/shingi/chukyo/chukyo3/053/siryo/__icsFiles/afieldfile/2015/08/04/1360597_2_1.pdfより（2021年1月29日参照））。

表1　ゴール型学習内容試案（今関，2019）

学　年	第1学年	第2学年	第3学年	第4学年
単元名	ゲットボール	たいせんゲットボール	ワンバウンドセストボール	セストボール
基本ルール	・ボールに手を当てて，はじいてコート内で捕ったら得点。 ・バドミントンコートを横に使う。 ・コート半面で両サイドに外野1人，内野2人。	・ボールに手を当てて，はじいてコート内で捕ったら得点。味方同士でタテパスが通ったら得点。 ・バドミントンコートを縦に使う。外野はエンドラインから2mの範囲。 ・コート両面で外野2人，内野2人。	・床スタンドのゴール。 ・投げて捕る運動をワンバウンドキャッチで行う。 ・バレーボールコートを縦に使う。 ・コート一方向で2対1，2対2。 ・守備はボールに1人つく，パスカット禁止。	・床スタンドのゴール。 ・バレーボールコートを縦に使う。 ・コート一往復で2対2。 ・攻撃権5回。 ・守備のパスカットは手に当ててその場に落とす。攻撃権5回までもあり。
ボール操作 （学習内容A1）	【投捕】 ・握る：「指を開いて」「ムギュっとつかむ」 ・投げる：「頭の上から」「ビュン！」 ・捕る：「手のひら向けて」「当てて」「落として捕る」	【投捕】 ・投げる距離を伸ばす。 ・勢いをつけて投げる。 ・相手が捕れなくて味方が捕れるところに投げる。	【シュート】 ・「オニギリ」「チョウチョ（手首そろえて外に返す）」「腕ピン」 ・前方にボールを投げてワンバウンドキャッチしたところからシュート。 ・ボールを捕ったときにシュートできる場所に投げる。	【シュート】 ・ボールの回転をみる。 ・ボールにバックスピンがかかる放ち方。 ・続けて3回入る場所を探す。 ・届かないときは膝を使う。
ボールを持たないときの動き （学習内容A2）	【攻防】 ・コート上の立ち位置。 ・味方との並び方。	【攻防】 ・捕りやすいところへのはじき方。 ・味方との位置関係。	【攻防】 ・投げられたボールのバウンドにあわせて走って行く。 ・前方にあるボールに飛びついてキャッチ。	【攻防】 ・バックコートからゴールの方向に走ってパスをもらう。 ・遠くから近づく。横に動く。来なかったらやり直す。
発　問	【攻防】 Q1：てんすうをとるためには，どこに立つと よいでしょう？ Q2：なかの2人が てんすうをとるためには，どうするとよいでしょう？	【攻防】 Q1：あいての がいやがな げたボールを はじくとき じぶんの てのかたちやむきは どのようにすると よいでしょう。 Q2：(1)なかまが ◎のところにいるとき じぶんはどこにいますか。○でかく。 (2)そのとき あいてのがいやが なげたボールをはじくとき ボールをどこにむけて はじくと よいでしょう。(ずに やじるしと せんでかく)	【発問】 Q1：じぶんで投げてとる ワンバウンド キャッチ・シュートは，ボールを①どこに投げてバウンドさせると ②どこでキャッチできて シュートが打てるでしょう。 Q2：あなたは(A)にいます。ゴールにむかってせめるとき，ボールをどこに◎バウンドさせると みかた（○）がキャッチできてシュートできるでしょう。 (説明：(A)はバックコートの中央付近)	【発問】 Q1：(自分がボールを「とる」「とらない」を決めてから)まもりから こうげきに かわって みかたのボールになるとき，自分はどこにいて，どんなことを考えて何をするかな？ Q2：攻めていく前側のコートの ゴールに近づいてからの攻めは，どんな場所にいくと すぐにパスがもらえて シュートできるかな？

「運動の特性や成り立ち」「技術（技）の名称や行い方」「その運動に関連して高まる体力」「伝統的な考え方」「表現の仕方」などが挙げられる。また知識は，言葉や文章など明確な形で表出することが可能な形式知だけでなく，勘や直感，経験に基づく知恵などの暗黙知を含むものとされている。体育の指導と評価では，知識として「動き」を記述しておくことが不可欠である。子どもが学習可能な「動き」の記述は，学習対象としての学習内容が明確になる。体の動かし方や用具の操作方法などの知識の理解を促進したり，「技能」としてできるようになったことを「動き」の知識としてみつけ，表現することでさらに深い理解につながったりすることができるようになる。

知識・技能の観点別評価を行うにあたり，参考例として「表1　ゴール型学習内容試案」の例を挙げる。これは，小学校第1学年「E　ゲーム」から第4学年「E　ボール運動」までの「ボール操作（学習内容A1）」と「ボールを持たないときの動き（学習内容A2）」を授業づくりに必要な「基本ルール」と「発問」を含めて整理したものである。授業で取り上げる知識としての「動き」を例の記述を基に具体化していく。

(3)「思考・判断・表現」

　この観点は，「思考・判断したこと」「を」「表現する」ものとして設定されたことに注意する。評価は，熱心さや文字のきれいさよりも，表現されたものが「思考・判断したこと」かどうかを評価する。

　思考・判断・表現の評価を行うにあたり，参考例として「図1　観点別動詞の整理試案」の例を挙げる。これは，観点別の実現状況（能力）を行為動詞で整理したものである。授業で取り上げる「思考・判断」は，表の「思考・判断・表現」に示している。評価の観点としての「知識・技能」を「（知識）理解」としたのは，「知識」には能力が含まれないことによる。「知識」は，他の観点名で用いられている「能力（理解，技能，思考・判断，表現，態度）との組み合わせで発揮される。このことから，「知る」に代えて「言う」「書き出す」という行為動詞をあてている。

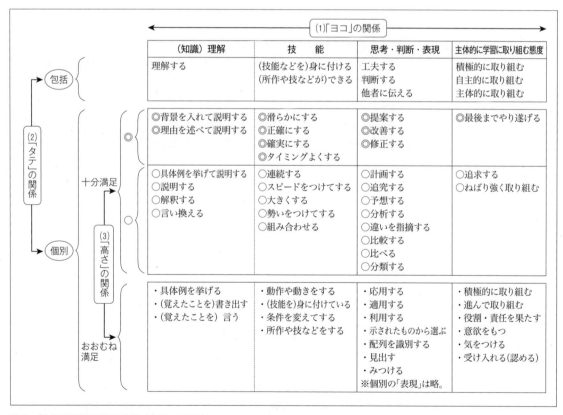

図1　観点別動詞の整理試案（今関，2021）

行為動詞は，学習指導要領及び解説も参考に，各観点の「できばえ」をとらえるものとして配列している。図1は，(1)「ヨコ」の関係として観点ごとに，(2)「タテ」の関係として内容のまとまり（単元等）で用いる「包括」と各時間等で用いる「個別」ごとに，(3)「高さ」の関係として実現状況ごとに，それぞれの動詞が混在しないように選択・配列している。注意点は，並べている動詞の縦の順は能力や学習の順ではないこと，ここに挙げた動詞は学習内容（知識）との組み合わせで用いることである。たとえば，学習内容が具体的な名詞で「比べる」のと，主部・述部で記述された抽象的な概念で「比べる」のとでは同じ実現状況（能力）の評価とすることはできない。本図は，目標設定と評価規準設定，学習過程の構成等をする際に参考とされたい。

(4)「主体的に学習に取り組む態度」

「主体的に学習に取り組む態度」は，従前からは大きく変更された。「伸び率」などの個人内評価や，「感性や思いやり」などの人間性，いわゆる「情意（感情や意志）」に関わるものは，観点別学習状況の評価になじまないものとされたことによる。これらは，指導要録の「総合所見及び指導上参考となる諸事項」に文章記述することになった。

態度の評価は，「図2　主体的に学習に取り組む態度の評価イメージ」でとらえる。たとえば，図の【α】は，横軸の「①粘り強い取組を行おうとする側面」が限りなく100％に近づいても「おおむね満足できる状況（B）」にはならず，「努力を要する状況（C）」となる場合があることを示している。また【β】は縦軸の「②自らの学習を調整しようとする側面」が高まれば「①粘り強い取組を行おうとする側面」が限りなくゼロに近づいても「おおむね満足できる状況（B）」になり得ることを示している。

「学習を調整する」ことは，いわゆるメタ認知にかかるものであり，「主体的に学習に取り組む態度」の評価では重要な側面となる。メタ認知は，

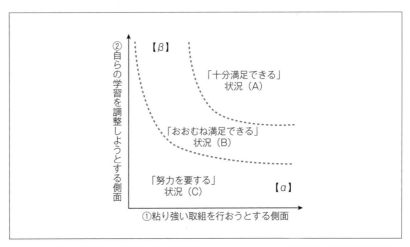

図2　主体的に学習に取り組む態度の評価イメージ（中央教育審議会教育課程部会，2019：国立教育政策研究所，2019，2020）

監視する，別の角度からみる・観察する，手順を飛ばす・戻るなどでとらえることができよう。学習を調整する力とは，たとえば目標に基づいて学習活動を実行し，学習の改善に向かって自らの学習を把握し，修正したり，立場を明確にして対話したりすることができることである。このことから，「主体的に学習に取り組む態度」には，「思考・判断・表現」を含め評価することになる。

　なお，「伸び率」などの個人内評価は，児童生徒が学習したことの意義や価値を実感できるよう，日々の教育活動等のなかで児童生徒に伝えることや，「感性や思いやり」など児童生徒一人ひとりのよい点や可能性，進歩の状況などを積極的に評価し児童生徒に伝えることが求められている。評価では，教師の声かけやフィードバックの形成的評価が重要になる。

3.体育の学習評価の実際

(1)どの場面で,どういった学習評価をするか

　学習評価は，単元や授業の実施前後に行う診断的評価[③]・総括的評価[④]，実施中に行う形成的評価[⑤]がある。注意しなければならないのは，どの評価もそれぞれの目標と観点別評価を踏まえること，指導と評価の一体化を図ることである。

　評価場面と方法は，授業づくりで設定していく。指導と評価の計画を立てるにあたっては，おおよそ，次のことを踏まえる。①資質・能力の育成を目指す体育の授業イメージを目標・内容を踏まえてとらえる。②発達段階に適合した運動を選択し，「動き」として学習内容を記述する。③学習過程を構築し，評価規準を設定する。④指導と評価の計画を検討し修正していく。

　留意事項は，次のものを挙げることができる。①評価の観点及びその趣旨で示す実現状況（できばえ）を評価対象とする。②評価規準は「学習内容＋能力の行為動詞」の構文を用いて設定する。

　以下では，小学校4年生「セストボール」（全6時間）を例に，思考・判断・表現の学習評価の実際を考えていきたい（今関，2019）。

❶単元の評価規準の設定

> ・（セストボールで）パスをもらうことについて，課題をみつけ，その解決のための活動を工夫しているとともに，考えたことを他者に伝えている。
> 　（思考・判断・表現）

　ここで「（セストボールで）パスをもらうことについて」は，「自己の運動の課題」を「パスをもらうこと」に具体化したものである。「○○について」の「○○」は，学習対象としての学習内容である。本単元で取り上げる学習内容は，別途，次のように明確化しておく。

[③]診断的評価
学習指導前に，児童生徒を受け入れたり把握したりすることや，学習指導の参考とするために，能力や特性，既習の学習内容の定着状況などを明らかにするために実施する評価のこと。これを基に指導計画の立案や指導の展開を行う。

[④]総括的評価
単元終了時，学期末，学年末等に児童生徒がどの程度の学習の成果を上げたかを把握し判断するために実施する。これを基に，実現状況を総括的に評価し評定とする。

[⑤]形成的評価
学習指導の過程で児童生徒の学習内容の習得状況等を明らかにするために実施する。これを基に次の指導の改善を行い，再度評価することにつなげる。「実施―改善―評価―次の実施」というサイクルは，1単位時間から数単位時間の範囲の過程，単元を単位とした範囲の過程，学期・学年を単位とした範囲の過程を区別しておくことが求められよう。

> ・パスをもらうときは，遠くから近づく，横に動く，来なかったらやり直す
> こと。

　この記述は，技能の「具体的な姿の例」になる。

❷学習カードの利用——評価方法の具体例として

　「図3　セストボール（第5時）」の学習カードを例に「評価方法」を説明する。この学習カードは，①子どもが学習したことを自覚しやすいこと，②自分の思考過程を可視化しやすいこと，③子ども同士，子どもと教師交互の情報共有がしやすいことを意図している。また，教師は学習過程の情報収集と学習評価に利用できる。

　学習カードは，個人のものとチームのものとがある。図3は個人の例である。子どもが記録したり，イメージを書き出したりして，それを基に振り返り（内省）を促すのに用いる。学習カードを作成するうえでの留意点は，①質問項目・記入事項が本時の目標とあっていること，②一回の記入時間が数分で終わること，③簡単な作図と理由の説明になっていることが挙げられる。

　また，学習カードは，授業づくりの際に記入する場面を設定しておく。記入時間は学習カードの準備・片付けを含めて3分程度とする。その時間で記入できる問い，欄の広さとする。授業時間中に「予想する」「確かめる」

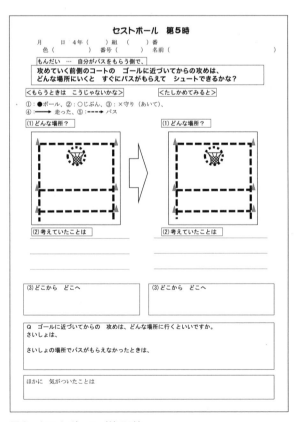

図3　セストボール（第5時）

「修正する」などの記入ができる学習過程をつくる。

❸どういった評価をするか

　授業（指導）が観点別評価の思考・判断・表現の働くものであることが条件の１つとなる。例示した学習カード（図3）は「修正する」ことを学習過程に組み込んだ授業で用いるものである。評価は、〈もらうときは こうじゃないかな〉（予想する）が〈たしかめてみると〉の場面で、どのような修正となっているかを事実経過でみることができる。また、図が同じ場合でも理由が変わったかどうかをみることができる。目標に設定した学習内容と思考・判断の過程が表現されて書き出されるように、学習過程と記入時間の設定や学習カードの構成をする。

　学習カードは、形成的評価を基本とする。書き出されたことに対しては、正解・不正解はないこと、人権上・安全上の問題でない限り認めることを基本とする。本時で行った活動について、本時目標と先に示した図1の観点別動詞に照らして、子どもが本時に学習したことは「何か」を読み取る。学習カードには、ひと言のコメントを入れる。さらに思考が深まるように、失った自信を取り戻せるように、次につながるように。記入済みの学習カードは、評価情報として回収し、毎時または数回まとめて学習評価と教師自身の授業改善に向けた処理をする。

〈今関豊一〉

〈引用・参考文献〉
中央教育審議会教育課程部会(2019)児童生徒の学習評価の在り方について(報告). p.12.
中央教育審議会教育課程企画特別部会（2015）教育目標・内容と学習・指導方法、学習評価の在り方に関する補足資料ver.6, p.22.
今関豊一研究代表、ボール運動・ゴール型、保健領域・運動と健康における縦断的・追跡的研究成果報告書. 基盤研究（C）（一般）、2017～2019.
今関豊一（2019）第5章　教科・領域別解説（中学校）保健体育科の学習評価を踏まえた授業づくりに向けて―新指導要録と「資質・能力」を育む評価. ぎょうせい、pp.116-117.
今関豊一編著（2009）体育科・保健体育科の指導と評価. ぎょうせい.
梶田叡一（2015）教育評価〔第2版補訂2版〕. 有斐閣双書、pp.22-23, p.94.
国立教育政策研究所（2020）「指導と評価の一体化」のための学習評価に関する参考資料. https://www.nier.go.jp/kaihatsu/shidousiryou.html(2020年3月26日参照).
国立教育政策研究所（2019）学習評価の在り方ハンドブック　小・中学校編、高等学校編. http://www.nier.go.jp/kaihatsu/shidousiryou.html（2019年8月27日参照）.
国立教育政策研究所（2015）資質・能力を育成する教育課程の在り方に関する研究報告書1～使って育てて21世紀を生き抜くための資質・能力～, pp.93-94.
国立教育政策研究所（2013）社会の変化に対応する資質や能力を育成する教育課知恵の基本原理. 教育課程の編成に関する基礎的研究報告書5, p.26.
文部科学省（2019）小学校、中学校、高等学校及び特別支援学校等における児童生徒の学習評価及び指導要録の改善等について（通知）.
高田彬成（2020）新しい学習評価の手順. 体育科教育68（7）：17.
田中耕治（2012）教育評価. 岩波書店、pp.121-130.

第6章 体育の授業評価

概要

授業評価とは，授業の良し悪しを判定する営みのことを指すが，授業改善に授業評価は欠かすことができない。授業評価の方法を知り，活用することができれば自己の指導力の向上に結びつく。本章では，授業を評価する観点及びその枠組みについて解説するとともに，具体的な授業評価の方法やさまざまな授業評価法を適用した研修の進め方について紹介する。

1.体育の授業評価とは

体育の授業力を高めたいと思うならば，まずは体育授業を行うことである。また，授業を行えばすぐに気付くのは，授業前に適用する教材を調べたり，指導計画を考えたり，あるいは必要な準備物を用意しておかなければならないことである。授業実践あるいは授業準備の経験を積み重ねれば，一定の授業力は向上するかもしれない。しかしなお教師に求められる質の高い指導力を有するためには授業改善に不可欠な営みが必要となる。授業評価[①]である。授業評価とは授業の良し悪しを把握する試みであるが，以下その具体的な考え方や構成要素（枠組み）をくわしくみていくことにしよう。

(1)授業評価の考え方

評価とは一般に「善悪，美醜，優劣などの価値を判じ定めること」（広辞苑）とある。文字通り授業を評価する授業評価とは，授業の良し悪しについて価値判断する営みととらえることができる。具体的には，授業で生み出された成果を振り返り，その原因となった学習あるいは指導過程の要因などの是非について評価することを指す。たとえば「今日の授業はどの子も何らかの技能を習得しており素晴らしかった」（授業成果）とか「誰もが集中して学習に取り組んでいてすごい」（授業過程）などはどちらも授業の評価を行っていることになる。

類似した言葉に授業分析[②]や授業研究[③]といった用語があるが，3つの用語はどれも授業改善をねらいとした営みという点では共通している。しかしながら，授業評価が授業の良し悪しについて価値判断する営みであるの

①授業評価
授業の良し悪しについての価値判断を行う営みを指し，授業成果やその原因を生み出した授業過程の要因などについて評価する。

②授業分析
授業を構成している要因間の事実関係や一般的な原則などの知見を生み出そうとする営み。

③授業研究
授業評価や授業分析を通して授業改善に向けた知見を生み出そうとする営みの総称。

に対し，授業分析は授業を構成している諸要因間あるいは事実間の関係を検討し，法則的な知見を生み出すことを直接の目的としており，授業評価と目的が異なっている。また，授業研究は授業分析や授業評価を通して授業改善に向けた知見を生み出そうとする行為の総称といえるので，授業評価や授業分析は授業研究の部分的な営みの1つととらえることができる。

因みに前章の第5章でみた学習評価は，学習者の学習状況を把握することがおもな目的であるから，授業評価の中核的な評価要素となる場合もある。しかしながら授業評価は教師の指導状況を評価したり，授業を取り巻く環境などをも評価の対象としたりするので，学習者の学習状況のみを対象とする学習評価は授業評価の枠組みのなかの一部として位置づけられる。

(2)授業評価の枠組み

授業評価は具体的にどのような観点（要因）から評価されるのであろうか。また，誰が何を評価するのであろうか。ここでは授業の構成要素並びに評価者と評価内容の対応からみた授業評価の枠組みについて述べたい。

図1はピエロンとチェファーズ（Piéron & Cheffers, 1988）が提案した体育授業の分析モデルを示している。このモデルは授業分析に対する研究の枠組みを示したものであるが，諸要因を授業の良し悪しで評価すれば授業評価の観点として適用することができる。彼らは大きく5つの変数（要因）から構成される枠組みを提示したが，それらは授業成果，授業過程（指導・学習過程），プログラム，教師の前提的条件，学習環境の条件の5つである。これらを授業評価の観点から解釈すると次のようになる。

授業成果④は知識・技能の改善（多くの子どもたちが開脚跳びのコツがわかりできるようになっていたなど）などがこの要因に相当する。また授業成果は1つ1つの授業内で生み出されるような短期の学習成果もあれば，1単元や1学期，あるいは1年などの長期の学習成果（1年で大きく体力が向上したなど）として授業の良し悪しを評価することができる。授業過程⑤とは図1に示すように教師行動や生徒行動の諸要因によって構成される。たとえば「先生の助言が具体的でとてもよかった」とか「上手な子が

④授業成果
授業によって生み出された結果のことを指す。学習成果と同義に使用されることも多い。

⑤授業過程
授業が進行していく道筋のことで，授業中教師や学習者が行う指導行為や学習者行為などを指す。

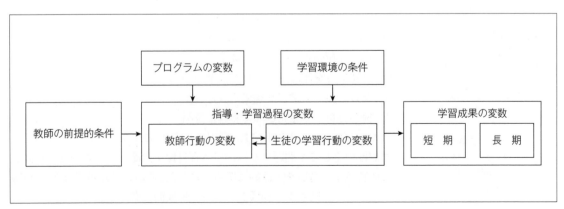

図1　授業分析モデル（ピエロン&チェファーズ，1988）

一生懸命他の児童に技術指導していた」などの評価はこの要因に相当する。プログラムとは授業中に適用される教材や授業計画の要因で「今日のゲーム教材は子どもが楽しくプレイできる教材だった」とか「楽しみながら自然に投げる動きが身に付く教材だった」という評価はこの要因に相当する。この他「逆上がりができない子どもへの教授方略的な知識に欠けていた」（教師の前提的条件）や「子どもの人間関係があまりよくない」「子どもたちが十分動くための用具が足りなかった」（学習環境の条件）が授業の前提的条件として位置づけられている。

　ピエロンとチェファーズが示した授業分析モデルを頭に描いていれば，体育授業を総合的な観点から評価することができる。体育の授業評価を行う際にこれら5つの構成要素を頭に描いておくことが重要であろう。

2.授業評価の具体的な方法

　授業評価と一口にいっても，それは誰が授業を評価するのか，あるいはどの時期に評価するのかによってさまざまな評価の方法がある。たとえば同じ授業でも子どもが評価する視点と同僚の教員が評価する視点は異なることが予想されるし，また，単元や学期を通して評価する場合と単元のなかなどの1つの授業を評価する場合では，自ずと評価する具体的な内容も異なってくると予想される。ここではこれまでに開発されてきた授業評価法のうち，とりわけ授業改善に有益な評価法のうちから代表的な2つ（子どもからみた授業評価，教員からみた授業評価）を紹介したい。

（1）子どもからみた授業評価

　まずは自分たちが受けてきた体育授業で「よかった！」と思える授業を思い浮かべてみよう。どんな授業がよかったといえるかを。「楽しかった授業」あるいは「うまくしてくれた授業」などが思い起こされることであろう。

　高田（1972, pp.126-131）は「よい体育授業の条件」を次の4つと主張した[6]。今から50年ほど前のことであるが，この考え方は今なお多くの教師に支持されている。

1. 精一杯運動させてくれた授業
2. ワザや力を伸ばしてくれた授業
3. 友人と仲よく学習させてくれた授業
4. 何かを新しく発見させてくれた授業

　また，高橋ほか（1994）は，高田（1972）の主張を受け入れつつ，その客観性の乏しさを問題にし，かつ体育目標を考慮しながら子どもが評価する体育授業の構造を実証的に明らかにした。くわえて長谷川ほか（1995）とともにその診断基準を作成している（形成的授業評価法[7]）。

　高橋ほか（1994）及び長谷川ほか（1995）の研究によれば，子どもた

⑥高田4原則
高田による「よい体育授業の条件」を中村（1981）が命名した言葉。その後に出版された著書で高田4原則という言葉が使用されている。

⑦形成的授業評価法
おもに単元のなかの授業を評価する方法。高橋ほか（1994）が作成した方法は，4次元9項目の調査票を授業終了後に学習者へ配布し，「はい（3点）」「どちらでもない（2点）」「いいえ（1点）」で回答させ，調査票回収後クラス平均を算出し，あらかじめ明らかにされている診断基準によって，授業の良し悪しを評価できる仕組みになっている。

表1　形成的授業評価の調査票（髙橋ほか，1994）

> 　下の質問について，あてはまるものに○をつけてください。
>
> 　　　　　　　　　　　（　　）年（　　）組（　　）番　男・女　名前（　　　　　　　）
>
> 1. 深く心に残ることや感動することがありましたか。　　　　　は　い　どちらでもない　いいえ
> 2. 今までできなかったこと（運動や作戦）ができるようになりましたか。　は　い　どちらでもない　いいえ
> 3. 「あっわかった！」とあ「あっそうか！」と思ったことがありましたか。　は　い　どちらでもない　いいえ
> 4. せいいっぱい全力をつくして運動できましたか。　　　　　は　い　どちらでもない　いいえ
> 5. 楽しかったですか。　　　　　　　　　　　　　　　　　は　い　どちらでもない　いいえ
> 6. 自分から進んで学習できましたか。　　　　　　　　　　は　い　どちらでもない　いいえ
> 7. 自分のめあてに向かって何回も練習できましたか。　　　は　い　どちらでもない　いいえ
> 8. 友達と協力して仲よく学習できましたか。　　　　　　　は　い　どちらでもない　いいえ
> 9. 友達とお互いに教えたり助けたりしましたか。　　　　　は　い　どちらでもない　いいえ

ちがとらえる体育授業の良し悪しは「意欲・関心（精一杯の運動，楽しさ）」「成果（わざや力の伸び，新しい発見，感動体験）」「学び方（自主的学習，自発的学習）」「協力（仲よく学習，教え合い・学び合い学習）」の4次元（9項目）を問うことで，その授業の水準がより鮮明にとらえられることを示している。

　評価手順は簡便で，表1に示す授業評価の調査票を子どもたちに配布し，それぞれの項目に対し該当すると子どもが思う回答選択肢に○をつけさせる。子どもたちが記入した後に回答用紙を回収し，「はい」を3点，「どちらでもない」を2点，「いいえ」を1点として，観点別のクラス平均，9項目すべて（総合評価）のクラス平均を算出すればよい。長谷川ほか（1995）によって示されている診断基準に算出されたクラス平均を照合すれば，調査した授業がどれぐらいのレベルに評価されたのかがすぐに理解できるであろう。

（2）教員からみた授業評価

　それでは教員，つまり指導する側からみたよい体育授業とはどのような授業であろうか。このような疑問に答えるために髙橋ほか（1996）は教員からみた体育授業の観察者チェックリストを作成し，また日野ほか（1996）はその有効性を確かめている。表2は作成されたチェックリストの15項目を示しているが，これらは大きく5つの次元で構成されるという。5つの次元とは「意欲的学習」「教師の相互作用」「授業の勢い」「学習環境」「効果的学習」である。

　それぞれの次元の具体的な内容は表2に示す通りであり，示された15項目がいかに保障されていたかは教師の総合的な授業の良し悪しの判断根拠となると指摘されている。この観察者チェックリストは5件法で作成されているが，実際には調査項目の内容的な視点から議論を深めることが大

表2　体育授業観察者チェックリスト（高橋ほか，1996）

〈意欲的学習〉
1. 子どもの笑顔や拍手，歓声などがみられた。
2. 子どもが，意欲的に学習に取り組んでいた
3. 子どもが，自ら進んで学習していた。
〈教師の相互作用〉
4. 先生は，ほめたり励ましたりする活動を積極的に行っていた。
5. 先生は，心を込めて児童に関わっていた。
6. 先生は，適切な助言を積極的に与えていた。
〈授業の勢い〉
7. 授業の約束事が守られていた。
8. 移動や待機の場面が少なかった。
9. 授業の場面展開がスムーズに行われていた。
〈学習環境〉
10. 学習資料（学習ノート，カード）が有効に活用されていた。
11. 学習成果を生み出すような運動（教材，場づくり，学習課題）が用意されていた。
12. 楽しく学習できるような運動（教材，場づくり，学習課題）が用意されていた。
〈効果的学習〉
13. 子ども同士が，積極的に教え合っていた。
14. 子どもの上達していく姿が見られた。
15. 子どもが何を学習し，何を身につけようとしているのかが，よくわかる授業であった。

切である。他方で留意しておくべきことは，高橋ほか（1996）や日野ほか（1996）が指摘した力量のある教師ほどこれらの項目内容をよくみとっていて，子どもによる授業評価との関係も強かったということである。つまり，この観察者チェックリストに示されている15項目を，観察者としても授業者としてもよく見取る力量を身に付ける必要がある。

　子どもからみた授業評価や教員からみた授業評価を適用すれば，授業のやりっ放しではみえなかった授業の良し悪しも，より明確にみえてくるようになる。しかし，両者は一般的な授業の良し悪しを評価するねらいをもって作成されているため，各々の授業における具体的な指導目標の実現度あるいは具体的な学習内容の習得状況等が評価できるわけではない。このような問題を解決するためには，ゲーム分析や技の達成状況などの分析を行う必要がある。

　くわえて，これらの授業評価はデータを簡便に収集できあらかじめ立てた仮説の量的な分析が可能になるが，指導した教師の教授知識や子ども個々の内面的な学習状況の変化などの質的な分析は難しい。これらの問題を解決するためには，学習指導案，学習カード，子どもへのインタビューや授業観察ノートなどの質的データをくわえた評価をし，授業の具体的・文脈的な状況を評価する授業評価を行うことも大切なことである。

3.授業評価法を活用した研修の進め方

　すでに述べてきたように，授業評価は指導者の授業改善に向けたフィードバック情報を指導者自身に提供する機能を有している。したがって，授

業評価は指導力の改善に大きな影響力をもっている。ここでは，すでに紹介した授業評価法を活用した有効な研修の進め方について述べる。

　第1に有効な研修は，自分自身で自分の授業を評価することである。自分自身の授業改善に有効となる評価法は，子どもによる授業評価法を適用し自分の行った授業に対する学習者の授業への評価データを収集・分析することである。高橋ほか（1994）による形成的授業評価法を適用すれば，子どもたちの学習意欲をまったく喚起できていないとか，技能改善など学習成果を上げることができていないなど大切な授業改善情報を簡単に得られる。自分自身の気付きもたくさんあるだろう。

　第2に有効な研修は，他の教員に自分の授業をみてもらい授業改善に向けた意見交換をすることである。特に，校内外の研修を充実させ教材づくりや授業中の教師行動のあり方を複数の教員で議論することである。高橋ほか（1996）による教員による授業評価法を適用すれば，子どもの学習成果を上げるうえで有益で生産的な授業づくりや授業過程の情報を共有することができるであろう。

〈吉野　聡〉

〈引用・参考文献〉
青木真（1993）授業評価．松田岩男・宇土正彦編著，学校体育用語辞典．大修館書店，pp.152-153.

長谷川悦示・高橋健夫・浦井孝夫・松本富子（1995）小学校体育授業の形成的授業評価票及び診断基準作成の試み．スポーツ教育学研究14（2）：91-101.

日野克博・高橋健夫・伊與田賢・長谷川悦示・深見英一郎（1996）体育授業観察者チェックリストの有効性に関する検討：特に子どもの形成的授業評価との相関分析を通して．スポーツ教育学研究16（2）：113-124.

岩田靖（1998）教授技能のアセスメント．シーデントップ，D．高橋健夫ほか訳，体育の教授技術．大修館書店，pp.23-29.

Piéron, M. & Cheffers, J. (1988) Concepts and Generalities. Pieron, M. & Cheffers, J. ed., Sport Science Studies Vol.2, Research in Sport Pedagogy: Empirical Analytical Perspective. Hofmann. pp.1-7.

新村出編（2008）広辞苑．岩波書店．

高田典衛（1972）授業としての体育．明治図書．

高橋健夫編著（2003）体育授業を観察評価する．明和出版．

高橋健夫・長谷川悦示・刈谷三郎（1994）体育授業の「形成的評価法」作成の試み．体育学研究39（1）：29-37.

高橋健夫・長谷川悦示・日野克博・浦井孝夫（1996）体育授業観察チェックリスト作成の試み：観察者の評価観点の構造を手がかりに．体育学研究41（3）：181-191.

第**7**章 〈体育の指導技術〉 ①モニタリングと相互作用技術

概要
子どもにとって魅力的で挑戦的な学習内容（運動課題）を設定し，十分な運動学習時間を確保すれば自ずと子どもの学習が展開されるというわけではない。学習内容が子どもたちに鮮明に意識され合理的に習得されるためには，教師の「教授行為」が重要である（岩田，1994）。教授行為とは，教材の本質的な面白さを子どもたちに効果的に味わわせる教師の働きかけを意味する。本節では，さまざまな教授行為のなかでも授業の成果と肯定的な雰囲気づくりに重要な役割を果たすモニタリングと相互作用技術について述べる。

1.モニタリングとは

　体育授業のなかで，子どもの活動を見守る教授技術をモニタリングと呼ぶ。モニタリングとは，「授業のなかで教師が提示した課題を，子どもたちが指導に従って適切に取り組んでいるかを確認するために学習活動を観察すること」（Siedentop and Tunnehill, 2000, p.50）とされており，4大教師行動[①]のなかで教師はモニタリングに最も多くの時間を費やしている（シーデントップ，1988, p.75）。モニタリングには2つの機能がある。1つは，クラス全体の子どもの学習活動を見守り，安全で効果的な学習環

①4大教師行動
詳細は，第Ⅱ部第1章58頁の側註⑪を参照のこと。

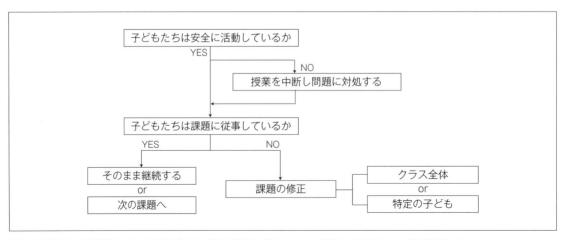

図1　授業中に教師が設定すべき観察視点とその手続き（Graham, 2001の図をもとに筆者が作成）

境を維持する機能である。もう1つは，運動の苦手な子どもやもう少しでできそうな子どもをスクリーニングして，必要に応じてフィードバックや励ましを与えるなど個別に対応する機能である。これらはいずれも，子どもたちを成功裡に運動学習に取り組ませるためには欠かせない機能である。通常，体育授業は広い空間において活発な身体活動を伴って行われることから，教室で行われる他教科の授業以上にモニタリングが重要とされ（シーデントップ，1988，p.76)，すぐれた体育教師は子ども一人ひとりの学習活動を注意深く観察している。図1は，実際の授業場面において教師が設定すべき観察視点とその手続きを図示したものである。この中で特に注目すべき点は，最初に「学習環境の安全面」をチェックしている点である。よく「スポーツにケガはつきもの」といわれるが，本来楽しいはずの体育でケガをして，痛い思いをした子どもは「体育なんか，やらなきゃよかった」と否定的に受けとめるだろう。なかには仕方のない偶発的なケガもあるが，教師が注意することで未然に防ぐことも可能である。教師はこのような視点で授業経過を観察・評価し，授業が安全かつ効果的に展開していくように，適宜修正をくわえながら授業を運営しなければならない。以下，教師のモニタリングの種類と特徴について解説する。

（1）積極的モニタリングと消極的モニタリング

　モニタリングには2つの種類がある。1つは，子どもの学習活動を熱心に巡回し，必要なときに即座に相互作用を営む積極的モニタリングである。これは，多くの子どもから「先生はやる気がみなぎっている」「熱心で面倒見のよい先生だ」と肯定的に受けとめられ，「先生，（私の運動を）みて！」「いっぱいほめて」という子どもの積極的な学習行動を生み出す。積極的モニタリングは「洞察」という言葉でも表現できる。子どものわずかな変化も見逃すまいと，一人ひとりの学習活動をじっくりと観察して相互作用につなげる教師の積極的な観察行動は，まさに「洞察」といえるだろう。

　もう1つは，学習活動を遠目にただ漫然と眺めたり，椅子をもち出して日陰に座ったりして，即座に相互作用を営むことができない消極的モニタリングである。これは，多くの子どもから「先生はやる気がない」「できなくて困っているのに，先生は助けてくれない」と否定的に受けとめられ，「まじめにやるのがアホらしい」「もうやめた！」という子どもの消極的な学習行動につながる。消極的モニタリングは「傍観」という言葉でも表現できる。子どもが運動を成功しようとしまいと自分には関係ないという立場で，ただ漫然と眺めている教師の消極的な観察行動は，まさに「傍観」といえるだろう。

　このように教師のモニタリングは，よくも悪くも子どもたちの学習行動に重要な影響を及ぼすと考えられる。以前，ある眼鏡店のCMのキャッチコピーにあったように，まさしく「あなた（教師）の観る姿は（子どもたちから）観られている」のである。

(2)モニタリングに欠かせない教師の見抜き

　教師のモニタリングに関わって，有名な俳句を引用して授業のなかに潜む真実を見出す行為の難しさを表した例がみられる（小林，1995）。「よくみればなずな花咲く垣根かな　芭蕉」（毎日見慣れた垣根だけれど，気付かなかったなぁ。よくみればなずなが咲いているよ）。つまり，日常の授業でも「みれどもみえず」で，真実（本質的なこと）は案外みえていないことが多い。授業者本人は「うまくいった」と満足している授業でも，実は子どもたちにきわめて不評であったとか，ゲームのなかで疎外されている子どもがいるのに，授業者はまったくそのことに気付いていなかったということは，日常しばしば見聞きすることである。このように一回性，一過性の現象である運動を観察し，種々の感覚印象のなかから特徴的なもの，本質的なものを分析して即座に運動の特徴を把握し問題点を見抜かなければならない指導者の運動観察は，医者の診察行為に匹敵するほど難しいといわれている（吉田，1996）。

　クラスの学習集団のなかから，問題を抱えた子どもをみつけ出し，つまずきの原因を分析して技能改善につなげるうえで，教師は運動指導に関する専門的知識・技能を習得したり，さらには子どもの目線に立った教材解釈力などを意図的にトレーニングしたりすることによってモニタリングのスキルを磨く必要がある。

2.相互作用技術とは

　運動が得意な子どもであれば放っておいても自ら課題に取り組んでくれるかもしれないが，運動が苦手な子どもは決して自ら課題に取り組もうとはしない。なぜなら，うまくなったときの喜びやできたときの達成感などを今まで味わったことがないために，どんな運動に対しても魅力を感じないし「やってみたい」「できるようになりたい」という願望が生まれてこないからである。そのため，運動が苦手な子どもには，たとえ失敗しても「ドンマイ！」と温かく励ましてくれるようなクラスの肯定的な雰囲気が必要になる。このような授業の雰囲気は，子どもたちの肯定的な人間関係と，子どもに対する教師の積極的な働きかけ（＝相互作用技術）によってつくり出される。

　教師の相互作用技術には，発問，フィードバック，励ましなどがあり，これまでの研究から一貫して，それらが子どもの学習行動や学習成果に対して肯定的な影響を及ぼすことが明らかにされている。以下，授業中，教師はどのように相互作用技術を用いればよいかについて，事前の準備段階と実際の授業場面に分けて解説する。

（1）事前の準備段階における相互作用技術

❶子どもの運動学習に教師が関わるための条件を設定する

　筆者の大学では，教育実習を控えた学生に対して体育の模擬授業に取り組ませている。事前に教室で講義を行い，「十分な運動学習時間を確保する」「一人ひとりの子どもの運動学習に関わって賞賛やアドバイスを与える」などといった，よい体育授業の基礎的条件[②]について，すぐれた体育授業のVTRを視聴しながら解説している。しかし，実際に模擬授業に取り組ませると，教師役の学生は生徒一人ひとりの学習活動にほとんど関われず，賞賛やアドバイスを与えることができない。授業後に話を聞くと，「授業を計画通りに進めることで頭がいっぱいで，そんな余裕はなかった」との回答が返ってくる。多くの場合，教師役の学生はマネジメント能力が低く，授業展開に予想以上の手間と時間がかかり，肝心な運動学習時間はきわめて少なくなる。

　つまり，教師が個々の子どもの運動学習に関われる条件が整い心の余裕が生まれなければ，子どもに対して賞賛やアドバイスを与えることができないのである。その条件とは，すべての子どもが授業内容や学習の進め方，さらには自身が取り組む課題についてある程度理解できており，教師から逐一指示を受けなくても自主的に学習に取り組める状態，すなわち学習規律が確立した状態である。これにより，教師は授業のマネジメントに関する指示や指導から解放され，子どもの学習活動をじっくりと観察することができるようになる。

　ここでいう，学習規律は教師の厳格な指示と命令により子どもたちをしたがわせることではない。そうした過度に緊張を強いるような雰囲気では，子どもたちは決して運動やスポーツを楽しめないし，自発的に授業に参加しようとは思わないだろう。ある程度，自分たちで創意工夫できる自立的で自由な雰囲気のなかでこそ，子どもたちは自らの課題を鮮明に認識することができるし，記録に挑戦したり仲間と競争したりしたいと思えるのである。

❷子どもへの関わり方に対して明確なビジョンをもつ

　それでは，十分な運動学習時間が確保され，教師に子どもの運動学習に関われるだけの心の余裕が生まれれば，教師の賞賛やアドバイスは自然に増加するのだろうか。実際にはそう単純な話ではない。というのも，教師側に「何を習得させたいか」「どんな姿（学習の様態，技術・戦術的成果）が表れることを期待しているか」という具体的なビジョンがなければ，どのように関わればよいかがわからないからである。

　通常，教師が授業計画を立てる際，「こんなふうに学習に取り組ませたい」とか「○○の技術を習得させたい」などといった明確な目標を設定するはずである。そうした明確な目標があって初めて何をどのように指導するのかという指導の手立てが具体的になり，子どもの学習成果も表れやすくな

②よい体育授業の基礎的条件
第Ⅱ部第1章を参照のこと。

る。子どもへの関わり方についても同様で，教師自身に子どもの学習過程や技術習得の具体的なイメージがなければ，たとえ相互作用の重要性がわかっていたとしても子どもの学習活動に関わることはできないのである。また，意味もなくただやみくもに賞賛やアドバイスを与えたとしても，決して子どもの心には響かず印象にも残らないであろう。子どもへの関わり方についても，事前の周到な計画と準備が必要なのである。そのため，授業中に出現しそうな子どもの反応やつまずきなどを思いつくだけ想定しておき，「このケースではこんなアドバイスをしよう」「この技ができなかったら別の課題を用意しておこう」などと事前に複数の言葉かけ（課題）を用意しておく必要がある。

　とはいえ，対象となる子どもは一人ひとり異なる心と体をもった生身の人間であり，授業と同様，計画通りに学習を進められるとは限らない。どれだけ周到に準備したとしても，授業では予期せぬ事態や突発的な問題が生じる場合がある。そのような非常事態に，臨機応変に対応し的確な意思決定ができるかどうか，教師の手腕が試されよう。すぐれた教師は間違いなく，そうした数々の困難に直面しそれらを乗り越えてきたからこそ圧倒的な存在感をみせているのである。

（2）実際の授業場面における相互作用技術

❶子どもにとって役に立つ言葉かけとは

　教師のフィードバックとは，「子どもの注意を特定の意図した学習成果（ILOs）に向けるための重要な情報」（Susan and Margaret, 2010, p.69）であり，また「教師の賞賛，修正，さらには正解の承認など子どもの学習行動に対する教師のさまざまな反応」（Rink, 2006, p.58）と定義されている。教師の誤った情報提供は，子どもの学習の促進にはつながらず，後退させる可能性がある（Susan and Margaret, 2010, p.69）。しかしこれまで適切なフィードバックとは具体的にどのようなものかという点については，十分に検討されてこなかった。なぜなら，教師のフィードバックの有効性を検討しようとすれば，当然子どもの具体的な学習行動と教師のフィードバックの言語内容との対応関係を観察・分析する必要があり，そこでは観察者の専門的知識と解釈が求められるからである。

　実際に，筆者は小学校体育授業を対象に教師の相互作用の有効性を事例的に検討している（深見・髙橋, 2003）。その結果，教師が適切な矯正的フィードバックを与えた事例でも，半数近くの子どもには技能成果がみられなかったが（図2），彼らの8割以上はそれを「役に立った」と評価していた（図3）。また，明らかに技能成果につながらない不適切なフィードバックを受けとった事例では当然子どもに技能成果はみられなかったが，彼らの7割がそれを「役に立った」と評価していたのである（図4）。

　さらに，筆者は授業中子どもが教師に対してどのような言葉かけを望んでいるかを，直接子どもに問いかけた。小学校中学年以上の42の体育授

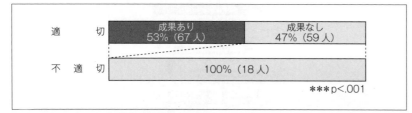

図2　言語内容の適切さと技能成果との関係

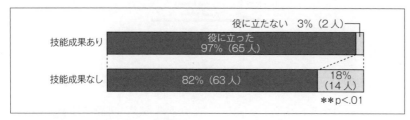

図3　技能成果と受け止め方との関係

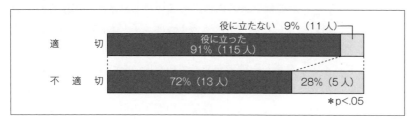

図4　言語内容の適切さと受け止め方との関係

表1　子どもが有益に受け止めた教師の助言（子どもの記述内容）

記述内容	フィードバック				励まし	発　問	その他	合　計
	技能的		学び方	協力的学習				
	肯定的	矯正的						
割　合（人数）	20.1%（121人）	55.7%（336人）	5.0%（30人）	3.2%（19人）	7.5%（45人）	2.2%（13人）	6.5%（39人）	100%（603人）
	75.8%（457人）							

（注）分類可能な内容に限定した。また，曖昧な記述内容（40）については除外した。

業（教師42名）を受けた1372名の小学生を対象に，授業のなかで子ども
が「役に立った」と受けとめた全643個の教師の言葉かけについて，その
具体的内容を分析した（深見ほか，1997）。その結果，表1に示したように，
子どもにとって役に立つ言葉かけとは，技能に関する「矯正的フィードバッ
ク（助言・課題提示）55.7％」「肯定的フィードバック（賞賛・承認）
20.1％」，さらには「励まし7.5％」などであった。つまり，運動ができ
なかったりやり方がわからなかったりしたときの助言や課題提示が子ども
から最も役に立つ言葉かけとして受けとめられたが，運動がうまくなった
りできたりしたときの賞賛や励ましも，その次に役に立ったと受けとめら
れていたのである。

図5　バットやラケットで「打つ技術」のキュー

❷子どものパフォーマンス直前に，意識すべきキューを与える

　教師が適切なアドバイスを与えたにもかかわらず，実際には子どもの技能成果につながらない事例も確認された。それには2つの原因が考えられる。1つは，子どもが理解できる内容，形式でアドバイスが提供されておらず子どもに伝わっていないこと，もう1つは，子どもがアドバイスを受けとって理解できたとしても，パフォーマンスする直前に忘れてしまい，教師のアドバイスを意識した練習ができていないことである。前者については，アドバイスを提供する教師側の問題と，それを受信する子ども側の情報処理能力の問題が考えられる。教師側の問題の解決には，一度にたくさんの情報を与えすぎないようにすること，さらには子どもに運動のイメージをつかませる指導言葉「動感言語[3]」（金子，2005）を意図的に用いることなどが重要である。また，子ども側の問題の解決には，子どもから好意的に受けとめられ正しく理解されるような，子どもの発達段階や技能の習熟度に応じたアドバイスを行うことが重要である。後者の問題解決については，子どもがパフォーマンスする直前のタイミングで意識すべき重要な技術ポイントを簡潔にアドバイスする方法がある。これは，「インストラクショナル・キュー」（Darst et al., 2014），あるいは「ラーニング・キュー」（Rink, 2006, p.103）と呼ばれ，すぐれた教師は子どものパフォーマンス直前に技術習得につながる効果的なキューを提供している（Graham, 2001）といわれている。効果的なキューには，(a)正確である，(b)習得すべき課題に必要な情報である，(c)簡潔である，(d)子どもの発達／学習段階に適合しているという4つの特徴がある（Rink, 2006, p.103）。また，効果的なキューを与えることで子どもの運動技術に関する理解が促進され，技能成果につながりやすくなることから，実際の体育授業において課題習得のステップごとにキューを示したポスター事例（図5）が紹介されている（TES Education Resources Limited）。

❸すべての子どもに対して公平に関わること

　教師がクラスの子どもたちとより効果的かつ肯定的に関わるうえで，相互作用の一貫性が重要である（シーデントップ，1988, pp.151-152）。たとえば，同じことをしても子どもによって態度を変える教師に対して，

③動感言語
背泳ぎにおいて腰が折れてしまう初心者に対する指導に関して，2つの動感言語の例を紹介する。1つ目は，直接的に「腰を伸ばしなさい」と助言しても，水中で背面姿勢のまま腰を伸ばすのは容易なことではないが，「へそを高く上げなさい」と"へそ"という具体的でしかも小さな視点に意識を集中させることで動作がイメージでき腰が伸びるようになるという（小林，1975）。2つ目は，特に「キック」に意識を向けると顎が引き気味になり顔が立ち，それと連動して腰が落ちてしまうため，学習者の意識を「腕のストローク」に転換させ，手のひらを頭の延長線上に「遠くに，遠くに」入水するようにイメージすることによって，自然と背が伸び，腰の沈み込みを防ぐことにつながるという（岩田・牧田，2018）。これらはいずれも学習者にとって「意識しやすく，コントロールしやすい」動作を方向づける方法として理解できる。

不当に扱われた子どもは「なぜ自分だけが……」と憤慨するだろう。また，授業中，上手な子どもばかりをほめて，そうでない子どもはまったく相手にしない教師の不公平な態度に対して，子どもたちは「先生はうまい子だけをえこひいきする」と感じ，その教師の人間性を疑うだろう。もちろん，特別に指導上の配慮が必要な子どもの場合は別である。しかし，この場合もクラスの子どもたちに事情を説明して，彼らの了解を得ておく必要がある。このように，子どもたちは首尾一貫しない教師の言動や不公平な態度に対して，きわめて敏感に反応するのである。当然，教師とクラスの子どもたち，さらには子ども同士の信頼関係は崩れ，授業が成立しなくなるだろう。教師がクラスの子どもたちと健全かつ円滑に相互作用を営むうえで，一貫性と公平性は大変重要な視点である。

❹子どもに対して笑顔で関わること

　授業とは，教師と子ども，さらに子ども同士の情報伝達の営みであるが，その根底にあるのは人と人との心のふれあいである。人と人とが情報伝達する際，言葉がその手段として用いられるのが一般的であるが，実は言葉以外の要素「ノンバーバル・コミュニケーション」の方がより多くの情報を伝達しているという（御手洗，2000）。また，人同士の会話において，言葉により情報伝達されるメッセージの割合は10％程度で，残りの90％以上は「言葉以外のメッセージ（声の調子38％，表情55％）」によるものであった（Mehrabian, 1981）との報告もみられる。

　体育授業中，教師が笑顔でいる時間の割合が増えると子どもは教師をより熱意があると評価したという（シーデントップ，1988，p.158）。この結果は，普段の体育授業において，いかに教師が子どもたちに笑顔で対応できていないかを教えてくれている。今日，学校の教師は多忙をきわめ，体育教師もその例外ではない。教材研究や授業はもちろん，クラス担任や生活指導，さらには部活動指導など数えればきりがない。毎日が忙し過ぎて，自分のことだけで精一杯で周りがみえなくなり，一人ひとりの子どもに笑顔で対応する余裕すらなくなってしまっているのではないだろうか。

3.おわりに

　時々，体育授業が苦手な教師から「子どもにどのような声かけをしたらいいかわからない」といった声が聞かれる。先述した内容を踏まえれば，（わからないときは）無理して気の利いたアドバイスをしようなどと考えなくてもよい。まずは，温かいまなざしで子どもの運動学習をじっくりとみてあげて，子どもがつまずいているときには励まし，わずかでもうまくなった姿が確認できれば，即座にほめてあげることが重要である。教師からたくさんほめられたり励まされたりした授業を，子どもは「よい体育授業だった」と高く評価するのである。それは，教師の深い愛情が込められた言葉かけが，子どもに対して確実に伝わり，役に立ったと受けとめられるから

である。また，そのことが直接学習成果につながるとは限らないが，少なくとも体育嫌いや運動嫌いを生み出さず，子どもは楽しみながら何度も取り組んでいるうちに，今までできなかった運動ができるようになる可能性も出てくるのである。

〈深見英一郎〉

〈引用・参考文献〉
Darst, P., Robert, P., Timothy, B., Erwin, H. (2014) Dynamic Physical Education for Secondary School Students (8th Edition), Pearson, pp.132-134.
深見英一郎・髙橋健夫・日野克博・吉野聡（1997）体育授業における有効なフィードバック行動に関する検討：特に子どもの受けとめかたや授業評価との関係を中心に. 体育学研究42（3）：167-179.
深見英一郎・髙橋健夫（2003）器械運動における有効な教師のフィードバックの検討—学習行動に応じたフィードバックと子どもの受けとめかたとの関係を通して—. スポーツ教育学研究23（2）：95-112.
Graham, G. (2001) Teaching Children Physical Education, Becoming a Master Teacher, 2nd edition, Human Kinetics, p.117; pp.124-127.
岩田靖（1994）教材づくりの意義と方法. 髙橋健夫編, 体育の授業を創る. 大修館書店, pp.25-34.
岩田靖・牧田有沙（2018）体育授業における「指導言語」研究に関する系譜と展望. 長野体育学研究24：1-14.
金子明友（2005）身体知の形成（下）運動分析論講義・方法編. 明和出版, pp.193-196.
小林篤（1975）合則的な指導の言葉. 体育の授業. 一茎書房, pp.159-168.
小林篤（1995）授業研究の意義. 宇土正彦監修, 阪田尚彦・髙橋健夫・細江文利編, 学校体育授業事典. 大修館書店, pp.713-715.
Mehrabian, A. (1981). Silent messages: Implicit communication or emotions and attitudes. (2nd ed.). Wadsworth Pub Co.
御手洗昭治（2000）異文化にみる非言語コミュニケーション—Vサインは屈辱のサイン?—. ゆまに書房, p.6.
Rink, J. (2006) Teaching physical education for learning. 5th Edition. Mc-Graw-Hill Co.
シーデントップ, D.：髙橋健夫ほか訳（1988）体育の教授技術. 大修館書店.〈Siedentop, D. (1983) Developing teaching skills in physical education, 2nd Edition. Mayfield Pub. Co〉
Siedentop, D. and Tunnehill, D. (2000) Developing teaching skills in physical education, 4th Edition., Mayfield Pub. Co, p.23; pp.267-271; p.335.
Susan, C. and Margaret, W. (2010) Learning to teach physical education in the secondary school, 3rd Edition, Routledge.
TES Education Resources Limited "PE Poster: Striking Cues" https://www.tes.com/teaching-resource/pe-poster-striking-cues-11490125 （2023年4月1日参照）
吉田茂（1996）運動を見る眼，感じるこころ. 金子明友監修, 吉田茂・三木四郎編, 教師のための運動学. 大修館書店, pp.20-23.

〈体育の指導技術〉
②マネジメント方略

概要

限られた授業時間で学習成果を高めるためには，用具の準備や出席の確認などのマネジメントの時間よりも，運動学習に多くの時間を配当する必要がある。約束事が取り決められ，学習規律が確立したりしている授業では，無駄な時間が少なく，運動学習の時間が潤沢に確保されている。そのような授業では教師のマネジメント行動がほとんど表面に表れない。これを「構造化されたマネジメント」と呼ぶ。本節では「構造化されたマネジメント」を確立するための指導方略と指導技術について解説する。

1.学習の勢いとマネジメント

　すぐれた体育授業は間違いなく「学習の勢い」がある（髙橋, 2000；福ヶ迫ほか，2003）。学習の勢いとは，学習の流れによどみがなく，成果の獲得に向かってテンポよく授業が進行している様子を指し，次のような学習活動の特徴が明らかにされてきた。

○教師の学習者全体に対するインストラクション場面（学習指導の場面）やマネジメント場面の時間が短い。また，認知的学習場面や運動学習場面[1]に多くの時間が配当され，とりわけ運動学習場面の時間量が多い。

○運動学習場面における学習従事の割合が高い。この場面の学習従事には直接運動学習に従事する活動の他に，審判，補助，助言，役割行動も含まれる。

○運動学習で大きな困難や失敗を経験している学習者が少ない。

○すべての学習者が学習に集中していて，課題から離れた行動（オフタスク[2]）をとる者がきわめて少ない。

○学習規律が確立していて一定の学び方の手順にしたがって学習している。

　つまり，すぐれた体育授業では，マネジメントにかける時間が最小限で，運動学習に従事している時間が最大限に確保されていると同時に，質の高い運動学習が保障されている。どれだけよい教材をつくったとしても，どれほど高邁な目標を掲げたとしても，実際の授業過程で子どもが生き生きと活発に学習しなければ学習成果を高めることはできないということであ

①運動学習場面

体育授業は4つの場面に分けることができる。そのなかでも技能の獲得の中心になるのが運動学習場面である。準備運動，予備的運動，タスクゲームなどがそれに含まれる。一方で，思考を問う授業で学習カードに記入したり，考えたりする場面は，認知的学習場面という。

②オフタスク

友達とふざける，さぼる，砂いじりをするなど，学習から逸脱した行動や学習活動の破壊的行動。学習外従事。

る。子どもが学習から逸脱してしまい，教師の場当たり的な対応で授業が途切れがちな授業は，決してよい体育授業とはいえない。

　このことから，学習場面の時間量を確保し，学習従事の密度[3]を高めることは体育授業の重要な戦略的課題になる。この課題に応えるには，運動学習場面と相反する関係にあるマネジメント場面の時間量を減少させる指導方略や指導技術を適用する必要がある。この体育授業のマネジメント場面とはどのような活動実態を示すものなのかを確認しておくことにしたい。

2.授業で問題になるマネジメント場面

　体育授業は，教室の授業と違って机や椅子が存在しないし，グラウンドや体育館など広い空間で活動が展開されるので，さまざまなマネジメント場面が出現する（Luke, 1989）。

（1）学習環境の整備に費やす活動

　体育授業の多くは用具を必要とする。練習の場づくりも行わなければならない。用具の準備や後片付け，場づくりといった学習環境の整備を教師が1人で担えば時間がかかりすぎてしまう。そこで決まりごととして子どもたちに取り組ませ，できるだけ場づくりの場所を固定することによって，必要以上に時間を費やすことがなくなり，学習時間の無駄がなくなる。

（2）移動や待機など

　ボールゲームの授業では，コートチェンジやゲームの交代に伴う移動で時間を消費してしまう。マットや跳び箱運動の授業では，マットや跳び箱の数が少なすぎると，順番待ち（待機）で多くの時間を費やしてしまう。

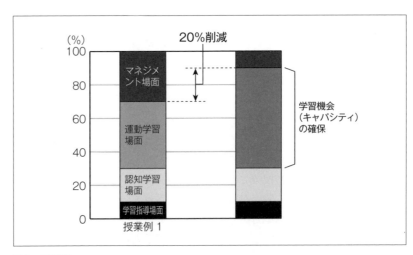

図1　授業例

③学習従事の密度
学習従事の密度を「学習密度」という。学習密度とは，運動学習場面の一端を切り取ったとき，どのくらいの子どもが学習に従事しているかを意味する。たとえば，11人対11人でサッカーをする場合，ゲームの攻防に直接従事しているのは4〜5人で，その他の人は間接的に従事していることになる。そのような従事の仕方は，ゲームに参加していても学習課題に直接従事していないため，技能の向上につながらない。

また，教師が集合をかけたとき，子どもたちに対して学習課題を提示するときなどにも移動や待機場面が出現する。その他にも，出席の確認や学習カードを配布する時間も必要になる。

これらを積算していくと1授業時間の多くがマネジメント場面に費やされていることになる。図1の授業例1は，マネジメント場面に授業時間の30％を費やしている。もし授業を改善して20％削減できたなら，その分学習場面の時間量が確保されることになる。なかでも運動学習場面の時間量は，学習従事や成功裡な学習[4]を生み出すキャパシティになることから，マネジメント場面の時間量を減少させることには大きな意義がある。マネジメント場面は20％以下に，学習場面は60％以上確保したい。

3.子どものマネジメント行動

教師が効率よく授業を展開して多くの学習場面を確保したとしても，すべての子どもが学習課題に従事しているとは限らない。

走り幅跳びの授業を例に考えてみると，砂場が小さく，同時に2人しか跳躍できなければ，単位時間（ex.10秒間）に跳躍に挑戦できるのは2人か4人程度であり，残りは順番待ちか，移動か，砂場の整備をするかである。砂場が小さければ，代替する場を確保する，走り幅跳びの技術的課題に関わった課題（下位教材）を準備する，砂場の整地の役割をあらかじめ決定しておき励行させる，といった工夫が必要になる。

同様にバレーボールの授業でも，コート1面で6対6のゲーム（12人がゲームに参加）が行われているとして，残りの学習者に課題が与えられていなければ，彼らは待機の状態となってしまう。しかも，ゲーム中にボールが飛び出したり，ゲームとゲームの合間が頻繁に生じたりして，実際に運動課題に取り組む時間はきわめて少なくなることが予想される。コートを小さくして数を増やし，ゲームに参加する人数を少なくする（ミニ化），運動に参加しない者に審判やスコアラー，観察記録の役割を与えて認知的学習や支援的活動に従事させるなどの工夫が必要になる。

このような学習効率の問題は，体育に特有の課題である。算数や国語の授業でクラスの半数が学習に取り組み，半数が待機するという状況は減多に生じることはない。体育の授業では，できるだけ多くの子どもたちを同時に学習に参加させ，学習密度を高めることに大きな関心が向けられるべきである。

4.マネジメント方略とは

教師は，授業や単元開始に先立ってあらかじめ多くのことを計画する。そこにはマネジメントについての計画も含まれる。これを「マネジメント方略」という。このマネジメント方略にのっとり，実際の授業でマネジメ

[4]成功裡な学習
成功裡な学習とは，シーデントップによって定義され，髙橋（1989）によって有効性が紹介されたALT-PE（Academic Learning Time in Physical Education）のことである。
「生徒が体育的内容に有効かつ成功裡に従事する時間の割合」と定義されている。

ント時間の削減に取り組む教師の指導技術を「マネジメント技術」と呼ぶ。

　広い場や空間で学習活動が展開される体育授業では，教師がマネジメントに強い指導性を発揮することは，決して学習成果にマイナスの影響を及ぼさない。それどころか，マネジメントの行動目標を提示することは，授業成果にプラスの影響をもたらすことが明らかにされている。学習成果を十分に高めた教師たちの授業を分析したところ，単元に先立って次のようなマネジメント方略が適用されていた（福ヶ迫ほか，2005）。

（1）授業開始に関するマネジメント方略

　授業が始まったとき，子どもたちはどこへ集合するとよいだろうか。コートや運動の場によって異なるが，効率的に集まりやすい場所を選択するとよい。サッカーの授業でコートが2つあったとすると，コートとコートの中間を集合場所にすると子どもたちが集合しやすい。そこを授業開始の場に定めることで，子どもたちは授業が始まると教師の合図や指示なしに集合できる。また，体育館に来れば，ただちにどのような運動を行うべきかを決め，用紙や黒板に表示しておくのも，授業の開始時に学習の勢いを生み出すためのマネジメント方略である。

（2）移動・集合に関するマネジメント方略

　体育授業では移動や集合に授業時間を費やすことが多いので，あらかじめ子どもたちと約束事を取り交わしておくとよい。きれいに整列する場合，急いで教師がみえる位置に集合する場合など，教師が何を伝えたいのかによって使い分けられるように約束事を計画する。また，目標時間を設定すると子どもたちの移動や集合への意識が高まり，約束事の励行を促すことにつながるだろう。

（3）用具に関するマネジメント方略

　体育の授業でも学習カードを用いることが多い。しかし，カードの管理を子どもたち一人ひとりに任せると，紛失したり必要なときに忘れたりすることがある。そこで，学習カードやその他の用具を1つの箱に入れて，班長や用具係などが管理する方法を選択するとよい。また，マット運動などで用具の準備・片付けを行う場合，器具庫から安全に順序よく出し入れできるように約束事を決めなければならない。

（4）授業の進め方に関するマネジメント方略

　授業の進め方を教師が逐一説明していると時間がいくらあっても足りないので，これを解決するマネジメント方略が必要になる。たとえば，マネージャーの役割を設けて授業の進め方を把握させる。ボールゲームの授業で

いえばマネージャーには，対戦相手のチームや練習時間などを把握し，チームメイトを次の学習へ導く役割を与える。あるいは，授業の流れを教師がホワイトボード（黒板など）に掲示するなどの方略がある。

(5) 学習環境に関するマネジメント方略

学習の場が毎授業時間で異なると子どもたちが混乱してしまい，場づくりで多くの授業時間を費やしてしまう。計画段階で施設の状況や用具の数などによって学習の場を決め，あまり変更しないほうがよい。また，授業を安全に行うために，危険な場所がないか，壊れた用具がないかなどを確認する約束を決めることも必要になる。

(6) 教師の相互作用に関するマネジメント方略

マネジメント場面の時間量を削減するために，いくつかの約束事を取り決め，単元の進行とともに常軌的活動⑤をルーティーン化する。また，目標時間を設定し，そこに向けて子どもたちが取り組めるようにしたい。そのためには，明確な指導と肯定的なフィードバックが必要である。たとえば，目標時間内に集合できない子どもを叱責するのではなく，集合できた子どもをしっかりとほめ，何がよかったのかを伝えるようにする。

これらのマネジメント方略は1つの事例であるので，実際の子どもたちに対応した方略を教師自らが作成する必要がある。また，マネジメント方略は，学年はじめや単元はじめに計画し，実行するとよい。

学年はじめの方略とは，すべての体育授業に共通する活動（集合，移動，用具の準備，役割行動，準備運動）について，学年はじめに約束事やルールとして確実に指導する計画のことである。

また，教師が年間を通じた約束事を決めたとしても，ボールゲームでのコートのつくり方や器械運動での用具の出し方など，各運動領域に特有の常軌的活動が存在する。

教師が子どもたちとマネジメントのルールや約束事を取り決め，徹底的にこれを遵守するように指示することが，授業をスムーズに展開する有効な方法である。学年や単元のはじめに徹底して指導することで，学年や単元の中盤や終盤にかけて，子どもたちが学習課題に没頭しやすい状況を生む。

その結果，マネジメントのシステムが構築されて学習時間が確保され，ひいては学習の密度も高まる。これは学習成果を獲得させる授業に必ず必要である。このようなマネジメントのシステム化を「構造化されたマネジメント」と呼ぶ。

他方で，教師が計画段階でマネジメントに関する方略を策定していなければ，授業における教師のマネジメント行動は，その場その場の構造化されていないマネジメント⑥で展開されることになる。場当たり的な対応に陥ってしまうと，子どもたちは教師の言動に振り回され，学習課題に没頭

⑤**常軌的活動**
常軌的活動とは，どの授業でも決まって生じる行動のことである。授業ルーティーンともいわれるが，この活動は体育授業を成立させるうえで必要なことである一方，形式化することによって必要以上の教師の介入を要しない。集合，移動，用具の準備，役割行動，準備運動，練習の順番，ゲームの進め方・行い方などがある。

⑥**構造化されていないマネジメント**
教師が授業計画やマネジメント方略をもたずに授業を行った場合，場当たり的な対応をしなければならない。学習は時間とともに流れるが，教師の指導も子どもの行動にあわせるように，無計画に実施される。そのような授業では，子どもが戸惑いを覚え，活発な学習は展開されない。

5.効果的なマネジメント技術

　教師には，学習時間を確保するためにマネジメント方略を採用するばか
りでなく，実際の指導場面で効果的なマネジメント技術を発揮することが
求められる。

（1）目標時間のカウントダウン

　体育授業の場面転換に生じる移動や用具の準備・後片付けには，多くの
時間が費やされがちである。マネジメント方略で示したように，教師は移
動や準備の目標時間を設定するとよい。それも，子どもたちが頑張って急
いだときに達成できるくらいの時間に設定すべきである。あるいは単元は
じめの段階では目標時間をクリアできない状態であっても，教師は目標時
間をカウントダウンしながら，時間内に子どもたちが間に合うよう指示を
出す。そして，目標時間に間に合わなかった場合は改善策を提供する。

（2）随伴法の適用

　随伴的マネジメント（随伴法）は，外発的動機づけとして用いられる手
法である。マネジメントの課題は，時に子どもを動機づけない。準備や移
動が早くなったからといって，運動課題ができたときのように「できた」「わ
かった」という感動が得られないからである。そこで教師からマネジメン
ト課題に対する報酬を用意すると，子どもたちは外発的に動機づけられて
行動する。たとえば，シール，バッジ，チーム名の進化（おたまじゃくし
チームからドルフィンチームへ），報酬活動（子どもが一番やりたがって
いる運動遊びを行わせる）である。

（3）肯定的なフィードバック

　教師の期待に即したマネジメント行動に対して積極的に肯定的なフィー
ドバックを与えることは子どもたちを動機づける要因になる。「みんなの
動きをみているとすごく期待できる。待つときは静かに待てるといいよね。
こういうことを大切にしましょう」や「こっちのコートが時間通りに終わっ
たのはオレンジチームの審判がうまかったのと，みんながテキパキ動いた
からだよ」など，具体的で肯定的なフィードバックを与えるとよい。

⑦予防的マネジメント方略
　すぐれた教師は，何よりもす
ぐれたマネージャーである。
また，すぐれた教師は，権威
でマネジメントの課題を成し
遂げるのではなく，温かい雰
囲気のなかで遂行する。よっ
て，罰などを与えるといった
治療的マネジメント技術に頼
らないように，子どもの逸脱
した行動を未然に防ぐ予防的
なマネジメント方略を立案し
ている。

（4）教師による過剰な指導

　「過剰」とは，子どもが理解するうえで必要なレベルをはるかに超えた指導の頻度やその時間量を意味する。教師は，学習活動を分断するような介入（学習指導）を避けねばならない。教師が何度も子どもたちを集合させ，学習指導を行わなければならないということは，学習課題が複雑であるか，情報が過多となっていることが多い。よって，教師は学習課題やマネジメント課題を適切な範囲で選択し，子どもに伝えるように努める必要がある。具体的には，1授業時間で2〜3までの課題が妥当といわれている。また，資料や図表を用いて短い時間で必要な情報が確実に伝達されるよう，簡潔に提示するとよい。

（5）マネジメントゲーム

　これはマネジメント課題を達成するための外発的動機づけのゲームである。ある集団の達成に基づいて報酬を与えるゲームであるが，集団をクラス，班，チームのいずれかで規定するとよい。もしその集団の1人でもルールの条件を満たさなければ，その集団は報酬が得られない。報酬は，随伴法と同様である。

〈福ヶ迫善彦〉

〈引用・参考文献〉
福ヶ迫善彦ほか（2003）体育授業における「授業の勢い」に関する検討．体育学研究48（3）：281-297．
福ヶ迫善彦ほか（2005）小学校体育授業における教師のマネジメント方略に関する検討．スポーツ教育学研究25（1）：27-42．
Luke, D. (1989) Research on Class Management and Organization: Review with Implications for Current Practice. QUEST 41: 55-67.
シーデントップ，D.：髙橋健夫ほか訳（1988）体育の教授技術．大修館書店．〈Siedentop, D. (1983) Developing Teaching Skills in Physical Education (2nd ed.). Mayfield Publishing Company.〉
髙橋健夫（1989）新しい体育の授業研究．大修館書店．
髙橋健夫（2000）子どもが評価する体育授業過程の特徴―授業過程の学習行動及び指導行動と子どもによる授業評価との関係を中心にして―．体育学研究45（1）：147-162．

〈体育の指導技術〉
③インストラクション方略

概要

授業中に教師が行う指導行動は，マネジメント，インストラクション，モニタリング，相互作用の4つに大別できる（4大教師行動）。すぐれた体育授業では，それぞれに効果的な指導方略と指導技術が適用されている。本節では，体育の多様な目標を達成するために必要なインストラクション方略とインストラクション技術を紹介する。

1.インストラクションとは

「構造化されたマネジメント」（前節）によって無駄な時間が削減され，運動学習時間が十分確保されていれば，自ずと学習成果が上がるわけではない。どんなに周到な計画が用意され，子どもと教師の肯定的な関係が構築されていたとしても，それだけでよい授業が展開されるとは限らない。学習の課題を提示したり，学習を総括したりする教師のインストラクション（学習指導）が不適切であれば，効果的な体育学習は実現をみない。頻繁な説明や長々とした説明は間違いなく子どもたちの学習活動の質の低下を招き授業評価を下げるのである。

これに関連して，「教師のインストラクションによって，子どもが効果的な学習に従事する状況を創りだすことができる。そして効果的な学習に従事することは，課題の達成や学習態度の確立に関係している」ことが示されてきている（Siedentop & Tannehill, 2000, p.258）。また，インストラクション場面は，典型的には授業のはじめ，なか，まとめの3回に集約できる。よい体育授業では「はじめの場面」や「まとめの場面」において，次のようなインストラクションの特徴がみられる（高橋，2008）。

○「はじめの場面」では通常，課題提示が行われる。課題提示とは，学習課題に関する情報を学習者に伝えるプロセスを意味し，課題を実行するうえで何が必要なのか，どのように実行するのかについて学習者に理解させる機能をもつ。よい体育授業では概ね次のような特徴がみられる。
・学習者の注目を集め，維持している。
・明確で具体的な情報を提示している。
・正しい運動モデルの全体像を提示している。

・言葉と視覚による情報を同時に適用している。

○「まとめの場面」では，学習者が学習した内容や重要なポイントを再確認したり，問題を発見したり，問題の解決に導いたり，学習者が感じたり，理解したことがらを総括・評価したりする機能をもっている。特に個々の学習者及び個々のチームのすぐれた問題解決の方法やすぐれたパフォーマンスを学習集団全体に紹介したり，分析したりして，知識の共有化を図っている。学習者の主体的学習や個別的学習を進めている場合には，このような「学習の総括」「評価」「知識の共有化」は重要な意義をもっている。

(高橋，2008)

　これらの効果的なインストラクションを授業で実行するためには，実際の授業に先立って，どのように課題を学習者に提示していくのか，いかにして学習を総括していくのかといったことについての基本的な考え方や方針を打ち立てておく必要がある。これを「インストラクション方略」という。教師が明確な方略をもたないまま場当たり的に振る舞うような授業であれば，効果的な学習が生み出されることはないだろう。

2.「はじめ」の場面におけるインストラクション

　授業の「はじめ」の場面においてとりわけ重要なインストラクションは，その授業で学習する課題の提示である。課題提示は，学習者の学習を方向づけ，学習意欲を喚起し，学習成果を最も保障できるものである必要がある。

　課題の提示は，学習者に必要な情報を効率よく適切に伝達しなければならないが，一般に体育教師は，これに必要以上の時間をかけてしまうことが多い。くわえて，学習者の理解する能力を超える量の情報を提供してしまう傾向にある。提供された課題を十分に理解できていなければ，学習者はその授業で十分な学習成果を得ることができないだろう。であるならば，効果的な学習活動を生み出し課題の達成を保障するために，どのような課題提示の方略や技術が求められるのであろうか。

（1）学習者の注目を集め，維持させる

　まずは学習者の注目を集め，維持させることが重要になる。

　教師が周到に準備した課題を丁寧に伝えようとしても，子どもたちがざわつき教師の話に耳を傾けることができない状況では，課題が正しく伝わることはない。学習者が授業の準備をし，教師からの情報を受け取る用意ができた状態にしておかなければならない。そのためには，課題提示の場面での子どもの望ましい態度や効率的な集合形態などを授業のルールとして設け，あらかじめ約束事を取り決めておくといったインストラクション

①学習者の注目を集め，維持させる教授技術として次のことが提案されている（Metzler, 2017, pp.111-112）。
・話の途中に質問する。
・課題提示の最中や，終わった後にどの程度理解したか確認する。
・頻繁にアイコンタクトをとる。
・同じ情報を頻繁に繰り返さない。
・教師の話に注意を払っていない学習者の近くに移動する。
・興味深く軽快な話をする。

方略や技術を設定し，実際のインストラクション場面では効果的な技術[①]を適用する必要がある。

（2）明確でわかりやすい課題の提示

　学習者の授業に対する準備が整えば，次はどのようにして課題を提示するのかが問題になる。

　課題は，明確で具体的な情報として提示しなければ学習者に正しく伝わらないため，どのような提示の仕方をするのか前もって周到に計画しておかねばならない。その際教師には，課題として伝達する情報の内容をよく理解することと，子どもに説明したり演示したりするうえで何が重要で何が重要でないのかをきちんと把握しておくことが求められる。

　実際の授業で課題を提示する際には，学習者の年齢や学習経験を考慮し，彼らが理解できる言葉を用いたり，動画や写真といった映像資料や技の分解図などの視覚的な情報を用いたりして説明する。くわえて，これまで学習してきた内容と比較したり，比喩やたとえ話を使ったりして，学習者の経験に近い情報として具体的に理解させるように工夫する指導技術も必要である。

　また，スポーツや運動に関する専門用語をわかりやすく指導すれば，子どもはその用語を適切に使用できるようになるだろう。これにより，たとえ複雑で高度な内容を伝達せねばならなかったとしても，その専門用語を使って効率的な課題提示を行うことができるようになる。専門用語の意味内容の指導では易しい言い方に変えて説明し，学習者が理解しやすく，簡単に使用できるような方法で伝える教師の指導技術が重要となる（Siedentop & Tannehill, 2000, pp.265-266）。

（3）運動課題の全体像を伝える

　課題を無理なく解決させるために，スモールステップ化された課題を準備しておく必要がある。このこと自体はとても大切であるが，課題の小さな一部分だけが提示されても，その課題の全体像が十分に示され，学習者自身の課題解決状況との比較ができなければ，学習者は課題解決の目的を見失ってしまう。それゆえ，運動課題の全体像（運動モデル）と学習者の現在の課題解決状況を正しく伝える必要がある。課題の全体像が伝わらなければ，間違った方法で課題を解決しようとしても気付くことはないし，先のみえない課題の連続に学習意欲を削がれることもある。特に，スモールステップ化された運動課題は，最終的な課題解決に向けた系統的な積み上げが重要になってくるため，学習者が解決するべき運動モデルの正しい全体像を示す指導方略が必要になる。

　このような運動モデルの正しい全体像やスモールステップ化された運動課題，学習者自身の課題解決の状況を学習者に提示する際には，口頭での説明だけでなく，言葉と映像や分解図といった視覚による情報を同時に提

供できる教師の指導技術が必要である。

（4）視覚を伴う課題の提示

　「演示」はそのような指導技術の１つである。演示では，学習者全体の前で教師が実際に動いて運動モデルを示したり，ある学習者に全体の前で運動を行わせて教師が口頭で情報を伝達したりする。演示を行う際には，取り扱う運動課題が実際に適用される場面にできる限り近い状況で行うとよい。また，学習者が客観的に運動課題をみることが重要な場合は，運動観察の視点も提供する。教師が周到な準備を行って明快な演示を行えば，口頭だけの説明よりもわかりやすいものになるだろう（Graham, 2008, p.86）。

　さらに演示は，技術課題や戦術課題だけでなく，課題解決の方法まで示す必要がある。つまり，習得すべき技術や戦術の学習方法まで演示するのである。そして，運動課題が首尾よく遂行されたかどうかを確認する方法についても示す必要がある（Siedentop & Tannehill, 2000, pp.265-266）。このような方法が提供されることにより，学習者は自らの課題解決の方法の良し悪しを常に振り返り，修正しながら正しい方法で学習することができるようになる。

（5）課題の理解度の確認

　課題提示が終了し，学習者が課題解決の活動に入る前に，彼らが課題提示でみたり聞いたりした内容を十分に理解しているかどうか確認することも忘れてはならない。そのためには，学習者の課題に対する理解度をどのように確認するのかという方略を立てておく必要がある。課題提示をどれだけ覚えているか，あるいは理解したかを測定する短い一連の質問をあらかじめ用意しておく。質問は「みなさんわかりましたか？」や「何か質問は？」といったように形式的なものにすべきではなく，学習者に与えた最も重要な情報を彼らに思い出させるよう，意図的な質問[2]を発すべきである。

3.「なか」の場面におけるインストラクション

　体育の授業は一般に，２つ以上の学習活動で構成されることが多い。

　メインとなる学習課題の解決に必要な運動スキルや運動感覚の習得，認識学習の内容に焦点化した学習は授業の前半に行われる。器械運動でいえば，運動感覚の習得や基本となる動きつくりのコツやポイントの習得など，既習の内容を洗練する活動である。ボールゲームでは，課題となるメインゲームに必要な運動スキルや戦術に関する知識と動きを習得するドリルゲームやタスクゲーム，チームの作戦会議やそれを基にしたチーム練習な

[2]課題の理解度を確認する質問として次のような具体例が示されている。
「ボールを打つときに覚えておかなければならない３つの大事なことについて，先生に話せますか？」「仲間の近くで練習するとき，バットを振ってはいけないのはなぜでしょう？」「練習で失敗が続いた場合，何をしなければならないのでしょうか？」等である（Metzler, 2017, p.86）。

どである。学習者はこれらの学習で身に付けたこと，発見したことを用いて後半のメインとなる学習課題の解決に挑戦していく。

　このように，体育の授業では，前半の学習から後半の学習へ移行する場面が生じるが，その際に行われる「なか」の場面におけるインストラクションが，効果的な学習を実現するうえで重要な鍵を握る。「なか」の場面におけるインストラクションのおもな役割は，前半の学習で学んだことをクラス全体で共有化したり，後半の学習で行うメイン課題につなげたりすることである。

（1）学習成果の共有化

　前半の学習で得た成果をクラス全体で共有化するためには，前半の学習で気付いたことや生じた問題を学習者に発表させたり，クラス全体で話し合わせたりするとよい。その際，教師は前半の学習活動をモニタリング[③]し，どのような学習成果や問題が生じているかを確実に把握していなければ，効果的なインストラクションを行うことができない。教師には学習活動を分析評価するモニタリングの力が必要となる。

③モニタリング
詳細は，第Ⅱ部第7章①を参照のこと。

（2）前半の学習成果と後半の学習課題をつなげる

　前半の学習を後半の学習につなげるためには，前半の学習成果と後半の学習課題との関連について教師は確実に理解しておかなければならない。両者の関連について教師が十分に理解して課題を設定していなければ，前半の学習と後半の学習は分断されてしまうからである。前後の学習が分断されてしまうと，学習者はその授業を通して一定の学習成果を得られなくなってしまうであろう。メインとなる学習がボール運動や球技のゲームといった複雑な課題解決を要求する場合，前半の学習で学んだ内容が，後半の学習で求められる課題解決のどの部分に必要なのか，そしてその結果どのような成果や問題が予想されるのかを教師は把握しておく必要がある。教師には，課題の系統的連続性を保障できる学習内容に関する知識や後半の学習を分析し予測する力が必要となる。

4.「まとめ」の場面におけるインストラクション

　運動学習が中心の体育授業では，運動量の確保を口実にして授業のまとめが不十分になってしまうことがある。授業の振り返り（評価）には，授業で行った学習を整理してまとめる役割があるため，授業で学んだ内容を学習者に深く理解させるために効果的である。

（1）低・中学年段階のインストラクション

　学習者が小学校低学年や中学年であれば，自ら振り返る活動が十分にできるわけではないため，教師の質問に答えながら整理していく方法が有効である。「今日の授業でできるようになったこと，新しく発見したことは何ですか？」「どうしてできるようになったのですか？」「どうして発見することができたのですか？」。このような問いかけなどの具体的な手立てについて，教師は授業前に準備しておかねばならい。その際，授業で学んだ重要な学習ポイントを中心に振り返らせることができるよう，授業の内容を整理しておく必要がある。

（2）高学年以上のインストラクション

　また，学習者が小学校高学年や中学生，高校生のように自ら学習の反省ができる段階であれば，反省に必要な情報として学習カードや学習資料，授業の記録カードなどを準備しておくことで，学習者自身が自ら取り組むことができる。さらに，学習者同士が振り返りで考えたことについて互いに話し合う機会を提供することよって，効率的で効果的な授業のまとめを行うことができる。

（3）学習の成果をクラスで共有するインストラクション

　授業のまとめは，学んだ成果をクラス全体で共有化するチャンスでもある。個々の学習者やチームのすぐれた問題解決の方法やすぐれたパフォーマンスをみんなに紹介したり，分析したりして，知識の共有化を図りたい。
　学習者の主体的な学習や個別的な学習で授業を行っている場合，学習活動は，個人やグループによって異なり，そこで学ぶ内容も異なってくる。しかしながら，そこで得られた学習成果は学習者全体にとって有益な情報となるので，クラス全体で学習を総括したり，学んだ内容を相互に評価することを通して，学習成果の共有化を図ることは，効果的な体育授業に重要な意義をもつ。

5.効果的なインストラクションに必要な教師の力量

　効果的なインストラクションを体育授業で行うためには，すぐれたインストラクションを理解しただけでは不十分である。
　課題提示の際には，学習内容に対する教師自身の十分な知識と理解が問われる。学習内容を十分理解していないと課題の体系的スモールステップ化は有効なものになりにくく，学習者の学習そのものを低下させてしまうおそれがある。教師が子どものパフォーマンスやゲームを分析する力を備えていなければ，学習者の技能や認識のレベルを適切に把握することがで

きず，学習者に有効な課題を提示したり選択したりすることができない。

　教師が学習内容について深く理解し，効果的なインストラクションの知識を身に付けること，そして学習者の学習状況を確実に把握できる力を備えることで，学習目標や学習者の状況に柔軟に対応した効果的な体育授業が実現できるのである。

〈米村耕平〉

〈引用・参考文献〉

Graham, G. (2008) Teaching Children Physical Education (3rd ed.). Human Kinetics.

Metzler, M. (2017) Instructional Models for Physical Education (3rd ed.). Routledge.

Rink, J. (2020) Teaching Physical Education for Learning (8th ed.). McGraw -Hill.

シーデントップ，D.：高橋健夫ほか訳（1988）体育の教授技術．大修館書店.〈Siedentop, D. (1983) Developing Teaching Skills in Physical Education (2nd ed.). Mayfield Publishing Company.〉

Siedentop, D. and Tannehill, D. (2000) Developing Teaching Skills in Physical Education (4th ed.). Mayfield: Mountain View.

髙橋健夫（2008）よい体育授業実践はよい体育授業のイメージから．体育科教育56(4)：18-21.

第Ⅲ部

【第Ⅲ部のねらい】
ここでは，第Ⅰ部，第Ⅱ部での学びのうえに，体育の各領域の教材づくり・授業づくりを具体的に考えていく。さらに，インクルーシブ教育やオリンピック・パラリンピック教育などの今日的な課題についても視野を広げておきたい。

授業づくりの実際

第1章

体育のカリキュラム・マネジメント

概要

体育の授業づくりは，「授業設計」，「授業実践」，「授業評価」という一連のプロセスで取り組まれる。特に，授業設計は，児童生徒の学習成果を保障するための「よい体育授業」を実現していくためには欠かすことのできない重要な手続きである。授業設計では，各学年の単元配列が明示された「年間計画」や，教科目標に対応した指導内容の有機的なまとまりを一定の時間数で編成した「単元計画」を作成する。それは，1回の授業をどのように展開していくかを時系列に示した「単位時間計画」の拠り所にもなる。本章では，教育目標の実現に向けて，組織的かつ計画的に教育活動の質の向上を図るカリキュラム・マネジメントと，授業設計の段階における年間計画並びに単元計画の作成の手順について解説していく。

1.学習指導計画を作成することの意義

①単元
効果的な学習指導を行うために，学習内容あるいは学習活動をひとまとまりにしたもの。指導内容を断片的にではなく，有機的なまとまりをもったものとして組織し，子どもに教えるという考えから生まれた概念とされている（高橋，1992b，p.94）。

②学習指導案
古藤（2000，p.98）は学習指導案について，学習目標を学習者が習得しやすいように工夫した計画案であり，学習内容・方法・形態などの諸要素を指導の意図に基づいて整理し，それを時系列で明記した指針書であると述べている。この学習指導案には，単元計画並びに単位時間計画の双方が含まれる。

「授業は生きもの」といわれることがある。教師がどんなにすぐれた教授技能を備えていても，時には教師が予期しない方向へと授業が展開し，児童生徒の学習活動が停滞してしまうことがある。

このようなトラブルをできる限り回避するための手立てとして，学習目標を達成するための授業の進め方について検討し，学習指導計画（年間計画，単元①計画並びに単位時間計画）を作成することが挙げられる。「登山者に地図があるように，授業者には学習指導案②を欠かすことができない」（高田，1990，p.86）といわれるように，教師は学習指導計画を作成することで，児童生徒が学習目標を達成するためのみちすじをしっかりと押さえることができ，授業にも余裕をもって臨むことができる。授業中に発生するトラブルに対しても，その因果関係がある程度想定できるため，迅速な対応が可能になる。

また，学習指導計画を作成することそれ自体には，授業を改善していくための資料提供という意義もある。事前に学習指導計画を作成することなく，場当たり的に授業を展開してしまった場合，結果として導かれる成功や失敗を偶発的なものとして処理せざるを得ない。そのため，授業の改善が図られることなく，児童生徒も教師もストレスを抱えたまま単元が終わることになってしまう。しかし，事前に作成される学習指導計画は；授業

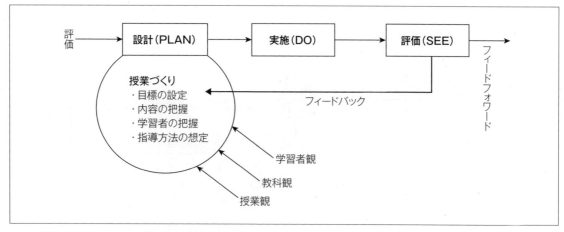

図1　授業づくりのサイクル（西森，1999, p.18）

の進行度や学習目標の達成度等を評価③するための重要な手がかりとなる。もし学習目標が十分に達成されていない場合は，評価によって得られるフィードバック情報に基づいて計画と授業との齟齬を検討し，必要であれば課題の難易度や学習指導過程に修正をくわえていく（図1）。

　このような作業を繰り返すことで，児童生徒の学習目標が達成され，よい体育の授業が実現されていく。また，それは同時に，教師自身の力量を高めていくことにもつながる。

2. カリキュラム・マネジメントとは何か

　カリキュラム・マネジメントとは，「各学校が設定する教育目標の実現を目指して，教育の内容と方法のまとまりである教育課程（カリキュラム）を編成，実施，評価，改善するための考え方の総体」（赤沢，2018, p.184）といわれる。2017年に改訂された学習指導要領では，組織的かつ計画的に各学校の教育活動の質の向上を図っていくカリキュラム・マネジメントの推進が基本方針として示された。同要領の総則の第1章では，カリキュラム・マネジメントについて，「生徒や学校，地域の実態を適切に把握し，教育の目的や目標の実現に必要な教育の内容等を教科等横断的な視点で組み立てていくこと，教育課程の実施状況を評価し，その改善を図っていくこと，教育課程の実施に必要な人的又は物的な体制を確保するとともにその改善を図っていくこと」（文部科学省，2018a, p.20）と述べられている。

　カリキュラム・マネジメントには，①教科内マネジメント，②学校教育活動全体のマネジメント，③学校外の資源活用のためのマネジメントの視点が挙げられる（佐藤，2017, pp.46-47）。ここでは，教科内マネジメントに着目し，体育科・保健体育科を中心としたカリキュラム・マネジメントのポイントについて述べていく。

　まず1点目は，6年間（中学校並びに高等学校の場合は3年間）の見通しをもった年間指導計画の作成である（文部科学省，2018b, 2018c）。

③評価
評価を行うことで教師は，学習者の励みになる情報を提供するとともに，自らの教育活動を反省し，次の計画に向けての資料を得る（藤岡, 2001, pp.184-185）。教育評価のなかでも授業評価は，授業の効率化や問題点の改善を図るうえで有効である。体育授業で用いられる授業評価には，1単元を評価する「（診断的）総括的授業評価」や1授業を評価する「形成的授業評価」などが挙げられる。

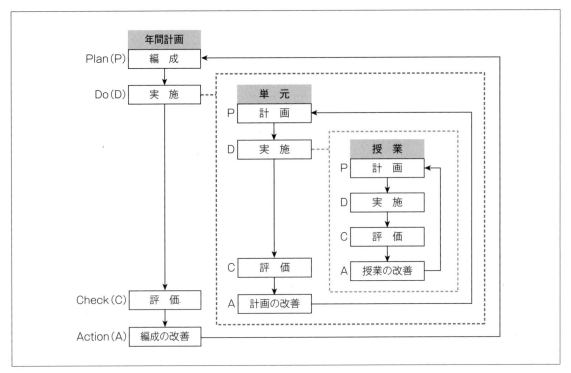

図2　カリキュラム・マネジメントのサイクル（古川，2009，p.92より筆者一部修正のうえ作成）

体育科・保健体育科で育成を目指す資質・能力の確実な定着を図るためには，複数学年による指導内容の提示はもちろんのこと，それらを系統的に配当することが重要となる。また，体育と保健の指導内容を関連づけたり，特別活動の体育的行事（たとえば，球技大会やマラソン大会）とつなげたりする等の工夫により，教科横断的な視点に立った学習も可能となる。

　2点目は，児童生徒の実態に基づいた指導計画の作成・実施・評価・改善である（文部科学省，2018b，2018c）。教育の目的や目標を実現していくためには，各学校で編成されたカリキュラムがどのように実施され，何が学ばれたのかを評価し，その改善を図ることが重要な手続きとなる。そのため，体育科・保健体育科において育成を目指す資質・能力に関する指導内容を計画的に配当するとともに，その計画に基づいた授業の実施と評価及び計画の改善を一体のもの（図2）として推進していくことが求められる。

　3点目は，地域の人的・物的資源等の活用である。体育の授業で学んだことを実生活に生かす（言い換えれば，学習の成果を確認する）機会が保障されることによって，児童生徒の学びが深い学びへとつながっていく。小学校のベースボール型の授業でティーボールの学習に取り組んだ子どもたちが，仲間同士でチームをつくり，地域で開催されるティーボール大会に参加し，より深いベースボール型の魅力に触れたりすることなどは，その一例として挙げられる。

3.年間計画作成の手順

　年間計画は，一般に，学習指導要領に示された各運動領域の内容（運動種目）を単元として組織し，これを1年間の時系列にしたものである（高橋，1992b，p.91）。計画の作成にあたっては，学習指導要領に示された体育科・保健体育科の目標や内容に準拠しながら，児童生徒の実態を踏まえたり，地域の特色を生かしたりする工夫が求められる。また，事前に，運動領域の編成や単元の配列，単元に配当する授業時間数等の基礎的な条件についても検討しておく必要がある（池田，1995，p.50）。図3は，中学校の保健体育科における年間計画の作成例を示したものである。

　先述したカリキュラム・マネジメントの充実を図るためのポイントを踏まえると，まず，学校種間の接続を踏まえつつ，（中学校の）3年間の見通しをもって計画を立案することが挙げられる。体育分野に関しては，資質・能力を効果的に育成することができるよう，第1学年並びに第2学年においてすべての領域を必修として位置づけ，第3学年では，それらの学習を基盤に生徒の能力や興味・関心等に応じて内容を配当する。その際，それぞれの領域の配当時間（単元の授業時数）については，小学校から引き続き学習する領域か，中学校で初めて取り上げる領域かを十分考慮しながら決定することが求められる（文部科学省，2018b，p.232）。たとえば，武道については，中学校で初めて学習する領域であることから，基本動作や基本的な技を身に付けたり，それらを用いて相手の動きの変化に対応した攻防が展開できるようになることを保障するためにも，ある程度長い時間を配当するのが適切といえる。

　また，保健体育科のカリキュラムは体育分野と保健分野で構成されることから，それらの内容を関連づけることもカリキュラム・マネジメントとして重要である。具体例として，体育分野の水泳領域の内容（水泳の事故防止に関する心得）と保健分野の傷害の防止の内容（応急手当）を関連づけることが挙げられる（図3のC）。水泳の学習では，泳ぐことができるようになる（「知識及び技能」に関する内容）だけでなく，溺れている人をみつけたときの対処の仕方を確認するなどの健康・安全についての心得（「学びに向かう力，人間性等」に関する内容）を身に付けることも大切である。他方で，傷害の防止に関する学習では，傷害の悪化を防止するために，応急手当の意義を理解し，実際の方法（胸骨圧迫やAED使用等による心肺蘇生法等）を身に付けることが求められる。これらの学習を関連づけながら指導することによって，運動やスポーツと健康との関わりを深く理解したり，身に付けた知識や技能を実生活にも生かしたりすることができるようになることが期待される。

　この他に，体育分野における運動に関する領域と体育理論の内容を関連づけた指導（図3のB）なども教科内におけるカリキュラム・マネジメントの工夫として挙げられる。

　さらに，特別活動の体育的行事等との関連でいえば，以下のような例が

学年	月 週	4 1 2 3	5 4 5 6	6 7 8 9 10	7 11 12 13 14	9 15 16 17 18 19	10 20 21 22 23 24 25	11 26 27	12 28 29 30 31	1 32 33	2 34 35	3

図3の表（中学校の保健体育科における年間計画の作成例）

第1学年
- オリエンテーション／理①
- 体つくり運動④
- 陸上競技 短距離走 リレー ハードル⑩
- 球技（ネット型）バレーボール⑩
- 保健（生活習慣と健康等）④／理①
- 水泳 クロール，平泳ぎ⑩
- 球技（ベースボール型）ソフトボール⑩
- 保健（心身の機能の発達）⑥
- 体つくり運動④ **A**
- ダンス 現代的リズムのダンス⑨
- 保健（心の健康）⑥ ※ストレスへの対処
- 陸上 長距離走⑥
- 器械運動 マット運動⑥ 跳び箱運動⑤／理①
- 球技（ゴール型）バスケットボール⑩

第2学年
- 体つくり運動④
- 陸上競技 走り幅跳び・走り高跳び⑧
- 理①／保健（生活習慣病などの予防，喫煙，飲酒，薬物乱用）⑧
- 球技（ネット型）バドミントン⑨
- 水泳 クロール，平泳ぎ 背泳ぎ，バタフライ⑩／理①
- 保健（傷害の防止）⑧ ※応急手当 **C**
- 球技（ゴール型）ハンドボール⑫
- 体つくり運動④／理① **B**
- ダンス 創作ダンス⑨
- 陸上 長距離走⑥
- 武道（柔道・剣道のいずれかを選択）⑫
- 球技（ゴール型）サッカー⑫

第3学年
- 体つくり運動④
- 陸上競技 短距離走・リレー，ハードル走及び走り幅跳び，高跳びから選択⑧
- 理①／保健（感染症の予防，個人の健康を守る社会の取組）⑧
- 器械運動 マット運動，跳び箱運動から選択⑩
- 水泳 クロール，平泳ぎ，背泳ぎ，バタフライ，複数の泳法又はリレーから選択⑩／理①
- 球技⑫ ネット型のバレーボール，卓球，テニス，バドミントン，又はベースボール型のソフトボールから選択／保健（健康と環境）⑧
- 体つくり運動④／理①
- ダンス 現代的なリズムのダンス，フォークダンス，創作ダンスから選択⑨
- 陸上 長距離走⑥
- 武道 柔道，剣道から選択⑫
- 球技 ゴール型のバスケットボール，ハンドボール，サッカーから選択⑫

体育的行事等
- 新体力テスト
- 体育祭
- 食育講演会
- オリパラ講演会
- 文化祭
- マラソン大会
- クラスマッチ

※「理」は体育理論のことを示している。
○Aは，体つくり運動の「体ほぐしの運動」において，心と体の状態を軽やかにし，ストレスの軽減に役立つことを学習し，保健の「心身の機能の発達と心の健康」において，ストレスによる心身の負担を軽くするような対処の方法を学習する。
○Bは，体育理論の「安全な運動やスポーツの行い方」において，共に活動する仲間の安全に配慮することを学習し，武道の「柔道（または剣道）」において，禁じ技を用いないなど健康・安全に気を配ることを学習する。
○Cは，保健の「応急手当」において，応急手当の意義や実際（胸骨圧迫や AED 使用による心肺蘇生法など）を学習し，水泳の「事故防止に関する心得」において，溺れている人をみつけたときの対処の仕方を学習する。

図3　中学校の保健体育科における年間計画の作成例

（国立教育政策研究所教育課程研究センター，2020，p.70より筆者一部修正のうえ作成）

挙げられる。
- ・体つくり運動（「体の動きを高める運動」または「実生活に生かす運動の計画」）の学習と新体力テスト（4月）
- ・陸上競技の学習と体育祭（5月）
- ・(第1学年の) 保健における「生活習慣と健康（健康な生活と疾病の予防）」についての学習と食育講演会（6月）
- ・(第3学年の) 体育理論における「国際的なスポーツ大会等が果たす文化的な意義や役割（文化としてのスポーツ）」についての学習とオリンピック・パラリンピック講演会（7月）
- ・ダンス（「創作ダンス」または「現代的なリズムのダンス」）の学習と文化祭での発表（11月）
- ・陸上競技（長距離走）の学習とマラソン大会（12月）
- ・球技（ゴール型）の学習とクラスマッチ（3月）

　特別活動における体育的活動等との関連を考慮するだけでも，このような保健体育科を中心としたカリキュラム・マネジメントを構想することが可能である。また，他教科や道徳，総合的な学習の時間との関係についての検討も必要になる。さらに，共生社会の実現に向けたインクルーシブ教育推進の観点から，障害の有無にかかわらず，仲間とともに運動やスポーツの多様な楽しみ方を共有することを可能にするようなカリキュラムの工夫も求められる。このような取り組みは，日常生活と運動やスポーツとの関わりを深く理解させることにつながることから，保健体育科の目標でもある豊かなスポーツライフを実現するための資質・能力の育成にも効果的

であるといえよう。

4.単元計画作成の手順

　単元計画は，年間計画に配列された個々の運動に関する領域や内容を，実際の授業としてどのように展開していくかを具体的に示すものである。言い換えれば，児童生徒を授業の目標に到達させるための，単元レベルでの学習指導のみちすじということになる。単元計画は一般的に，「単元目標」「学習指導過程」「単元の評価規準」によって構成される。以下，単元計画作成の手順について紹介する。

（1）レディネスを把握し，明確な単元目標を設定する

　学習指導を計画する際に教師は，「学習指導を終えたときに，生徒が何をできるようになっているか」ということを最初に考えなければならない（シーデントップ，1988, p.183）。そのため，単元計画作成の最初のステップとして，成果を踏まえた単元目標を設定することが挙げられる。単元全体を通した指導の目標を，教科全体の目標や前後の学年における同系統の単元の目標と関連づけながら，「知識及び技能」「思考力，判断力，表現力等」「学びに向かう力，人間性等」の目標領域[4]ごとに設定する。また，設定する単元目標は抽象的に記述されたものではなく，授業者が観察評価できるような具体的な行動目標として記述されなければならない。表1は，中学校第1学年及び第2学年を対象とした陸上競技（ハードル走）の単元目標の一例である。
　また，単元目標を設定する際の留意事項として，学習の対象者である児童生徒のレディネス[5]を適切に把握することが挙げられる。単元計画を作成するにあたって，児童生徒の発達段階や既習事項，技能の現状を事前ア

④目標領域
2008年改訂の学習指導要領では，「技能」，「態度」，「知識，思考・判断」という3つの目標領域が示されていたが，2017年改訂の学習指導要領では，「知識及び技能」，「思考力，判断力，表現力等」，「学びに向かう力，人間性等」へと変更された。なお，体つくり運動領域では，「技能」ではなく，「運動」という名称が用いられている。

⑤レディネス
ある学習が効果的に習得されるために必要な条件が，学習者に準備されている状態のこと。一定のレディネスが成立すると，学習者は学習に対して興味をもつようになり，積極的に取り組もうとするため学習効果が高くなるとされている（岡澤ほか，1992, p.22）。

表1　中学校第1学年及び第2学年の陸上競技領域の「ハードル走」の単元目標の例
（文部科学省，2018b）

（1）知識及び技能
　次の運動について，記録の向上や競争の楽しさや喜びを味わい，陸上競技の特性や成り立ち，技術の名称や行い方，その運動に関連して高まる体力などを理解するとともに，基本的な動きや効率のよい動きを身に付けることができるようにする。
ア　ハードル走では，リズミカルな走りから滑らかにハードルを超すことができるようにする。
（2）思考力，判断力，表現力等
　動きなどの自己の課題を発見し，合理的な解決に向けて運動の取り組み方を工夫するとともに，自己の考えたことを他者に伝えることができるようにする。
（3）学びに向かう力，人間性等
　陸上競技に積極的に取り組むとともに，勝敗などを認め，ルールやマナーを守ろうとすること，分担した役割を果たそうとすること，一人一人の違いに応じた課題や挑戦をみとめようとすることなどや，健康・安全に気を配ることができるようにする。

ンケート等によって検討する必要がある。このように児童生徒のレディネスを把握することは，授業の成否を左右することにもなる。教育実習生が計画の作成に十分な時間を費やして授業に臨んだ場合でも，児童生徒が実習生の意図通りには学習活動を行わないことが少なくない。これは，わずか数週間という限られた期間しか当該クラスの授業を担当することができないために，児童生徒のレディネスを十分に把握することが難しいことが原因の1つになっている。

(2)単元目標に対応した具体的な指導内容を設定し，教材を構成する

　単元目標を設定した後は，その目標に対応した指導内容を明確に設定し，それを具体化する教材構成を行う。たとえば，小学校高学年のゴール型のサッカー単元において，「ボールを持たないときの動きを身に付け，それらを活かしてゲームをすることができるようにする」を技能目標として設定する場合，その目標を達成していくために，「適切な角度と距離を意識したサポート⑥を身に付け，それをゲームで活用する」ということが具体的な指導内容として想定される。表2は，小学校高学年並びに中学校の水泳のクロールに関する目標と内容の一覧を示したものである。

　学習指導要領では，カリキュラム・マネジメントの観点より，小学校，中学校，高等学校の12年間を通じて系統的な指導ができるよう，児童生徒の発達の段階を踏まえて内容が示されている。学校教育に対するアカウンタビリティ⑦が問われ，（保健）体育科においても，すべての児童生徒に対して何を身に付けさせようとしているのかを説明することが求められる。そのような意味でも，体育の授業づくりでは，指導内容を明確にした単元計画の作成が重要であるといえよう。

⑥サポート
味方チームがボールを保持しているときに，パスをもらうことのできるポジションに移動する動きのこと。ボールを持たない動きの1つ。

⑦アカウンタビリティ
学校教育などの公共性が高い事業において，納税者から委託された使命や目的に基づいて，できる限りの最大の成果を生み出す責任のことを意味する。児童生徒や保護者との対話，情報公開，学校評価，授業評価などの手法により，責任を果たし，教育活動が説明される（小松，2006, p.2）。

表2　小学校高学年並びに中学校の水泳のクロールに関する目標と指導内容

（文部科学省，2018b，2018cより筆者作成）

小学校高学年	目標	手や足の動きに呼吸を合わせて続けて長く泳ぐこと。
	指導内容	○手を左右交互に前方に伸ばして水に入れ，水を大きくかくこと。 ○柔らかく足を交互に曲げたり伸ばしたりして，リズミカルなばた足をすること。 ○肩のローリングを用い，体を左右に傾けながら顔を横に上げて呼吸をすること。
中学校1・2年	目標	手と足の動き，呼吸のバランスをとり速く泳ぐこと。
	指導内容	○一定のリズムで強いキックを打つこと。 ○水中で肘を曲げて腕全体で水をキャッチし，S字やI字を描くようにして水をかくこと。 ○プルとキック，ローリングの動作に合わせて横向きで呼吸をすること。
中学校3年	目標	手と足の動き，呼吸のバランスを保ち，安定したペースで長く泳いだり速く泳いだりすること。
	指導内容	○水面上の腕は，ローリングの動きに合わせてリラックスして前方へ動かすこと。 ○泳ぎの速さに応じて，顔を横に向ける大きさを調節して呼吸動作を行うこと。

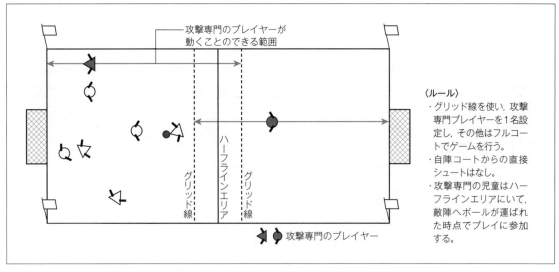

図4　サポートの習得を企図した小学校高学年のゴール型（サッカー）の教材例（吉永・馬場，2009，p.17）

　単元目標に対応した指導内容を設定した後は，それを児童生徒に教えるための教材の構成を考えなければならない。教材とは，指導内容を習得するための手段であり，その指導内容の習得をめぐる教授＝学習活動の直接の対象となるものである（岩田，1994，p.28）。したがって，提供する教材の良し悪しが，児童生徒による指導内容の習得，さらには単元目標の達成を大きく左右することになる。図4は，サポートの習得を企図した小学校高学年のゴール型（サッカー）の教材例である。

　これは，先述した「適切な角度と距離を意識したサポートを身に付け，それをゲームで活用する」という指導内容を含んだ単元教材[8]である。攻撃側への数的優位を保障することでサポートの動きを出現しやすくするという点で，児童による指導内容の効果的な習得を促しているといえる。

（3）有機的な教材配列を踏まえ,学習指導のみちすじをつくる

　指導内容を含み込んだ教材を構成した後は，それらの教材をどのような順序や系列で教え学ばせるのかといった教材の配列を検討することになる。その際，配列の原理として，①指導内容の系統性（基本的なものから），②課題の難易性（容易なものから），③学習者の興味・関心の発展性や能力の段階性（動機づけや学習のレディネス）を考慮しなければならない（岩田，2006，p.211）。発展的な学習を保障していくためには，単元展開のなかで各教材が無意図的に配列されるのではなく，それぞれが有機的に結びつくように配列することが重要になる。

　また，教材の配列と同時に，単元における学習指導のみちすじも検討しなければならない。学習指導過程は一般的に，「導入」「展開」「まとめ」の3つの段階で構成される。図5は，小学校高学年を対象としたベースボール型（ティーボールを基に簡易化されたゲーム[9]）の単元計画例を示した

⑧単元教材
教材には，単元全体を通して提示される教材もあれば，単元展開のなかで部分的に用いられる，あるいは個々の技術的・戦術的内容に対応した下位レベルの教材もある。前者のような大きな教材を「単元教材」，後者のような下位に位置づく教材を「単位教材」と呼んでいる（岩田，1994，p.32）。

⑨簡易化されたゲーム
ルールや形式が一般化されたゲームを児童の発達の段階を踏まえ，プレイヤーの数，コートの広さ，プレイ上の制限，ボールその他の運動用具や設備など，ゲームのルールや様式を修正し，学習課題を追究しやすいように工夫したゲームのこと（文部科学省，2018c，pp.140-141）。

【単元の目標】
（1）知識及び技能
　ベースボール型（ティーボール）の行い方を理解するとともに，その技能を身に付け，簡易化されたゲームをすることができるようにする。
（2）思考力，判断力，表現力等
　ルールを工夫したり，自己やチームの特徴に応じた作戦を選んだりするとともに，自己や仲間の考えたことを他者に伝えることができるようにする。
（3）学び向かう力，人間性等
　運動に積極的に取り組み，ルールを守り助け合って運動をしたり，勝敗を受け入れたり，仲間の考えや取り組みを認めたり，場や用具の安全に気を配ったりすることができるようにする。

【学習指導過程】

学習段階		導入	展開1			展開2			まとめ
ねらい		単元のねらいや学習の進め方を知る。	ボールを打つ動作を中心に基本的な技能を身に付け，ゲームを楽しむ。			チームの特徴に応じた作戦や課題の解決に向けた練習に取り組み，ゲームに活用する。			ティーボール大会を開催し，単元のまとめを行う。
時間		1時間目	2時間目	3時間目	4時間目	5時間目	6時間目	7時間目	8時間目
学習活動		挨拶，健康観察，本時の流れの確認，用具の準備							ティーボール大会
		○単元のねらい ○学習の進め方 ○チーム分け ○準備運動 ○キャッチボール ○ゲームのルールの説明 ○試しのゲーム ・5対4のティーボール（1イニング制）	○チームで準備運動（「ボール慣れ」の運動を含む） ・キャッチボール（※2人組で行う） ・対面キャッチボール（※チーム対抗で実施し，制限時間内に何回キャッチできるかを競い合う）						
			○本時の学習課題の確認						
			○課題練習 ・ホームラン競争 （どこまでボールを飛ばせるかをチーム内で競い合いながら，打つ動作を身に付ける）			○チーム練習 ・チームの特徴に応じた作戦を選ぶ。 ・作戦を実行するための練習を行う。 （ホームラン競争や隊形をとった守備練習など）			
			○ゲーム ・ティーボール（リーグ戦Ⅰ） （5対4，2イニング制，打者一巡交代制）			○ゲーム ・ティーボール（リーグ戦Ⅱ） （5対4，2イニング制，打者一巡交代制）			
			用具の片付け，チームで整理運動，学習カードの記入，チームでの振り返り						
			学習のまとめ（成果の発表，次時の課題についての確認），挨拶						
評価の重点	知		①（カード）	②（観察，ICT）					
	思		①（観察，カード）	③（観察）		②（観察，カード）			
	態	⑥（観察）			②（観察，カード）	①（観察，カード）	⑤（カード）	③（観察）	④（観察）

※「知」は知識・技能，「思」は思考・判断・表現，「態」は主体的に学習に取り組む態度を示している。

【単元の評価規準】
（1）知識・技能
　①ティーボールの行い方について，言ったり書いたりしている。
　②止まったボールをバットでフェアグラウンド内に打つことができる。
（2）思考・判断・表現
　①誰もが楽しくゲームに参加できるようにするなどのルールを選んでいる。
　②チームの特徴に応じた作戦を選んでいる。
　③自己や仲間が行っていた動き方の工夫を他者に伝えている。
（3）主体的に学習に取り組む態度
　①ゲームや練習に積極的に取り組もうとしている。
　②ルールやマナーを守り，仲間と助け合おうとしている。
　③場の設定や用具の片付けなどで，分担された役割を果たそうとしている。
　④ゲームの勝敗を受け入れようとしている。
　⑤仲間の考えや取り組みを認めようとしている。
　⑥用具などを片付けたり場の整備をしたりするとともに，用具の安全に気を配っている。

図5　小学校高学年のベースボール型（ティーボール）の単元計画例

ものである。
　「導入」では，単元のオリエンテーションを位置づける。ここでは，単元目標や指導内容を理解させ，学習の見通しをもたせるとともに，児童生徒の学習意欲を高めさせることが重要になる。また，学習の規律を保つための「約束事」を決定して，効果的な学習が展開できるように方向づけることも大切である（高橋，1992a，pp.86-87）。導入の段階でこれらの学習が適切に行われることで，それ以降の学習指導過程において勢いのある授業が展開されていく。
　「展開」は，単元目標の達成に向けて具体的な学習指導が展開される段階である。すべての児童生徒が指導内容を習得できるように，有効な教材を配列したり，説明や発問等の効果的な教授行為を位置づけたりする。また，個人やグループによる課題の選択とその課題の解決を図る学習を保障

する場合には，個人による課題の設定，グループによる作戦タイムやゲームの振り返り等といった認知的な学習活動を位置づける。図5に示したベースボール型の単元計画例では，単元の前半（展開1）に，ベースボール型の基本的な技能を身に付ける学習を位置づけ，単元の後半（展開2）には，身に付けた技能を生かして作戦を実行したり，グループの課題の解決を図ったりする学習を位置づけている。

「まとめ」の段階は，それまでに学習してきた内容を整理して，最終的な学習成果を確認する。単元計画の作成段階で設定した（あるいは単元中に児童生徒の学習状況に応じて修正した）単元目標がどの程度達成されたかについて評価することで，次の単元に向けたフィードバック情報を得ることができる。また，スポーツ教育モデル[10]（シーデントップ，2003）を活用して，クライマックスのイベント（たとえば，クラス対抗のティーボール大会等）を位置づけることで，真のスポーツの楽しさを児童生徒に享受させることも可能になる。

(4) 児童生徒の学習状況を確認し，改善を図るための学習評価を計画する

単元目標を達成するためには，単元の過程で児童生徒の学習状況を評価し，その結果を児童生徒の学習や教師による指導の改善に生かしていくことが求められる。設定した指導内容がどの程度身に付いているかを確認することは，単元の途中で指導の修正（たとえば，課題の難易度を下げるために教材を工夫したり，新たな課題の解決方法を提示したりする等）を図るうえで重要となる。2017年に改訂された学習指導要領では，すべての教科の目標及び内容が「知識及び技能」，「思考力，判断力，表現力等」，「学びに向かう力，人間性等」の3つの柱で整理されたことを踏まえ，観点別学習状況の評価についても，「知識・技能」，「思考・判断・表現」，「主体的に学習に取り組む態度」の3観点で整理された（国立教育政策研究所教育課程研究センター，2020，p.6）。

学習評価の手続きに関しては，指導と評価の一体化の観点より，単元目標を達成するために設定された指導内容に対応するよう，単元の評価規準を作成する必要がある。そして，1回の授業で3観点のすべての項目を評価することは現実的でないことから，単元計画を作成する際には，どの時期に（単元の前半か，それとも後半か），どの観点並びに項目を評価するかを十分に検討することも重要である。また，単元の目標を設定する際に，それらを評価するための方法（観察や学習カード）を具体的に検討したり，評価の方法を児童生徒に伝えたりする手続きなども挙げられる。そうすることによって，児童生徒と教師が学習の成果を共有しやすくなり，児童生徒の学習や教師による指導の改善が効果的に図られていく。

〈吉永武史〉

⑩スポーツ教育モデル
このモデルは，スポーツの特性に基づいたスポーツの多様な楽しさを児童生徒に保障することを意図したプログラムである。アメリカのシーデントップによって提唱され，現在では英語圏で広く採用されている。このモデルの特徴は，「シーズン制」「チームへの所属」「公式試合」「クライマックスのイベント」「記録の保持」「祭典性」などである。シーズン（単元）では公式試合（対抗戦やリーグ戦など）を位置づけたり，シーズンの終わりにはクライマックスのイベントとなる大会を企画したりすることで，児童生徒が真のスポーツの楽しさを味わうことができるとされる（シーデントップ，2003）。

〈引用・参考文献〉

赤沢早人（2018）カリキュラム・マネジメント．原清治ほか監修，細尾萌子・田中耕治編，教育課程・教育評価．ミネルヴァ書房，pp.183-197.

藤岡完治（2001）教育評価．日本カリキュラム学会編，現代カリキュラム事典．ぎょうせい，pp.184-185.

古川善久（2009）授業評価を起点としたカリキュラム評価．田中統治・根津朋実編，カリキュラム評価入門．勁草書房，pp.91-112.

池田延行（1995）年間計画．宇土正彦監修，阪田尚彦ほか編，学校体育授業事典．大修館書店，p.50.

岩田靖（1994）教材づくりの意義と方法．高橋健夫編，体育の授業を創る．大修館書店，pp.26-34.

岩田靖（2006）教材配列．日本体育学会監修，最新スポーツ科学事典．平凡社，p.211.

国立教育政策研究所教育課程研究センター（2020）「指導と評価の一体化」のための学習評価に関する参考資料 中学校保健体育．東洋館出版社．

小松郁夫（2006）アカウンタビリティ．岩内亮一ほか編，教育学用語辞典．学文社，p.2.

古藤泰弘編（2000）授業の方法と心理．学文社．

文部科学省（2018a）中学校学習指導要領（平成29年告示）．東山書房．

文部科学省（2018b）中学校学習指導要領（平成29年告示）解説保健体育編．東山書房．

文部科学省（2018c）小学校学習指導要領（平成29年告示）解説体育編．東洋館出版社．

西森章子（1999）カリキュラムと授業の理解．多鹿秀継編，認知心理学からみた授業過程の理解．北大路書房，pp.7-32.

岡澤祥訓・高橋健夫（1992）体育の立場からみた子ども．宇土正彦ほか編，体育科教育法講義．大修館書店，pp.18-24.

佐藤豊（2017）体育・保健体育を中核としたカリキュラム・マネジメントを構想する．体育科教育65（4）：46-49.

シーデントップ，D.：高橋健夫ほか訳（1988）体育の教授技術．大修館書店．

シーデントップ，D.：高橋健夫監訳（2003）新しい体育授業の創造 スポーツ教育の実践モデル．大修館書店．

高田喜久司（1990）学習指導案の作成．大浦猛編，教育の方法・技術．山文社，pp.86-89.

高橋健夫（1992a）体育の学習過程．宇土正彦ほか編，体育科教育法講義．大修館書店，pp.78-88.

高橋健夫（1992b）体育の指導計画．宇土正彦ほか編，体育科教育法講義．大修館書店，pp.89-99.

吉永武史・馬場智哉（2009）サポート学習による小学校5年生のサッカーの授業実践とその成果．体育科教育57（11）：16-19.

第2章 授業計画の作成

概要

本章では授業計画を「単元計画に基づいた1単位時間の計画のことである」ととらえる。そのうえで、授業計画を立てることの意義を「教師の思考の整理」「他者との共有」「記録による教育財産の蓄積」の3点から理解し、その授業計画の作成にあたっては、①本時の位置づけを確認する、②本時の目標を定める、③本時の学習過程を定める、④学習形態を定める、⑤評価を定めるといった5つの視点について事例を基に解説する。

1. 授業計画の定義とその意義

授業計画という言葉は、使用される場面によってさまざまな解釈が可能である。たとえば大学において授業計画といえば、シラバスのことを指す。また、学校現場では、年間計画のことを指す場合もある。さらに、もう少し短い単位であれば、単元計画や1単位時間の計画を指す場合もある。このように多様な解釈は可能であるが、それを回避するため、ここでは授業計画を「単元計画に基づいた1単位時間の計画のこと」(清水, 2010, p.127)としてとらえておきたい[①]。

ところで、授業計画を作成することの意義はどこにあるのだろうか。かつてある経験豊富な教師が研究会の席で次のように発言しているのを聞いたことがある。

「授業は教師と子どもとの関わり合いのなかで、新たな知識を創造していくものであり、偶発性こそ授業の本質である。緻密な授業計画を事前に立てても、その通りにはならないし、仮になったとしても予定調和的に授業が展開するだけでダイナミックなものとはいえない。そのため、計画づくりに時間を割くことは重要ではない」

この考えには一理あり、緻密な授業計画を立てたとしても、子どもの状況や授業の雰囲気によって計画通りには進まないことはよくある。むしろ、授業計画に縛られて目の前の子どもの実態と乖離してしまうことさえある。また、この発言のように経験豊富な教師の場合、授業計画をほとんど立てずに授業を展開していくこともあるであろう。それでは、授業計画を立てることの意義はどこにあるのであろうか。これについて以下の3つを掲げ

[①]清水（2010）によると、授業計画を表す言葉はさまざまあり、たとえば「単位時間計画」「指導案」「指導略案（略案）」「時案」等である。

ておきたい。

1つ目は，教師の思考の整理である。漠然としていた教師自身の考え方を文字や図として書き出してみることで，子どもに何をどのように伝えたいのかが可視化される。授業の目標，内容，方法，評価などの視点にしたがって教師の思考を整理していくことで，教師自身がそれまで意識していなかったことに気付いたり，教える内容の優先順位が決まったりする。このように授業計画を作成することで思考の整理ができ，意図的な教育活動を展開できるようになる。

2つ目は，他者との共有である。教師が自身の考え方を文字や図として書き出すことで，授業参観者との間で，授業像の共有化が可能となる。結果的に，授業について他者からさまざまな意見や質問を受けることができ，そうした他者からの指摘が授業改善への手がかりとなる。

3つ目は，記録による教育財産の蓄積である。授業計画は概ね学習指導案という形式で文字化されるため，教育上の大切な記録となる。この記録は個人にとどまらず，学年や学校内，そして学校外へと共有化されていく可能性をもっており，授業計画が，さまざまな人に参照されることで時間的にも空間的にも広がりをみせていくようになる。

このように授業計画を立てることの意義は，「教師の思考の整理」「他者との共有」「記録による教育財産の蓄積」の3つである。

2.授業計画作成の手順と形式

授業計画は，前述の通り学習指導案という形式となり，そのなかでも「本時案」として示される。ここでは，授業計画作成の5つの手順と形式について事例とともに解説する。

(1)本時の位置づけを確認する

前章でも触れているが，授業は一定の連続性をもつものである。そのため，単元計画のなかで本時はどういった位置づけになるかが大切になる。

(2)本時の目標を定める

本時の目標は，原則，学習指導要領の定める3つの資質・能力となっている「知識及び技能」「思考力，判断力，表現力等」「学びに向かう力，人間性等」の項目にしたがって記載していく。

(3)本時の学習過程を定める

本時の学習過程は概ね2つの列から示される。左列には子どもの「学習内容・学習活動」を，右列には「教師の指導・支援」を記述する。文言も，

左列は子どもの側に立った表現をし，右列は教師の側に立った表現をする。地方自治体や各学校の指定する様式によっては，「評価」の列が設定される場合もある。設定されない場合には「教師の指導・支援」の列のなかにそれを挿入していく。また，学習過程は，1単位時間の授業の流れを意味しており，「導入（はじめ）―展開（なか）―整理（まとめ）」といった順に記述する。

（4）学習形態を定める

　学習形態を定めるには，2つの視点を考慮する必要がある。1つ目は子どもが学習するうえでの人数と技能差をどうするかという点である。2つ目は，子どもが指導内容の習得に向けてどのように学習を進めていくのかという点である。

　1つ目の視点では，子どもが1人で学習するのか，ペアなのか，グループなのかなど，人数をどのようにしていくかが問題となる。また，グループといっても学級における生活班のままか，内容にあわせて教師が編成し直すのかも問題となる。編成をするにしても技能が同じようなグループ（等質集団，同質集団）か，異なるグループ（異質集団）かにより，授業の雰囲気は大きく変わってくる。

　2つ目の視点では，子ども主体の課題解決的な形式なのか，教師が主体となる直接指導の形式か，あるいは誘導発見学習や協同学習など，子どもが指導内容の獲得に向けてどのような方法を教師が採用していくかが問題になる。さらに，取り上げる領域の特性を踏まえ，競争を重視するのか，記録を重視するのか，表現を重視するのかなど，子どもがどのように運動の特性を経験するかを検討することが大切である。

（5）評価を定める

　子どもの学習や授業改善のための有益な評価としていくためにも，子どもの学習成果をどう評価していくかについて検討をしていく。いつ，何を，どのように評価するかを定めておくことが大切である。

　上記を踏まえ，以下では中学校1年の「器械運動（マット運動）」の単元前半（表1）と単元後半（表2）の授業計画を記す。

　単元前半に生徒は，技の特性や「基本的な技」の行い方を学び，単元後半には「はじめ―なか―おわり」といった一連の技の「組合せ方」を学ぶ。各時間の目標は学習指導要領に示された3つの資質・能力を踏まえて示しており，「指導と評価の一体化」の考え方に則して，目標と評価が対応するようにしている。

　学習過程として単元前半は，「基本動作→基本的な動き（回転系）→基本的な動き（巧技系）」の構成とし，単元後半は，「基本動作→自己の課題にあった技→技の組合せ」の構成としている。

表1 単元前半の授業計画の例（器械運動〈マット運動〉，8時間単元の2時間目）

【本時の目標】
・回転系接転技群「前転」「後転」や巧技系「補助倒立」といった基本的な技の行い方を理解するとともに，その技を滑らかに行うことができる。また，マット運動の特性や成り立ちについて理解をする。（知識及び技能）
・基本的な技について自己の課題を発見し，技の取り組み方を工夫する。（思考力，判断力，表現力等）
・安全に気を配りながら積極的に取り組んでいる。（学びに向かう力，人間性等）

時間	学習内容・活動	教師の指導・支援 ■評価
導入 15分	1．集合，整列，挨拶，準備運動をする。 2．本時のめあてを確認する。 　めあて：基本的な技の行い方を理解し，滑らかに技ができるようになろう。 3．「基本動作」の練習を行う。 　ゆりかご，大きなゆりかご，背支持倒立，カエルの足打ち，手押し車	・すばやく集合することを促す。 ・怪我のないようストレッチを中心とした準備運動をしっかりとするよう促す。 ・本時のめあてを示す。 ・「基本動作」の行い方について説明をし，安全に運動をするように促す。ゆりかご，大きなゆりかご，背支持倒立では順次接触について，カエルの足打ちと手押し車では目線や腕支持について注意を促す。 ■「基本動作」に積極的に取り組んでいる。（主・態）〈観察〉
展開 15分	4．回転系接転技群の「前転」「後転」を滑らかに行えるように練習をする。また，自己の課題を発見しつつ，技を滑らかにするためにどのような工夫をすればよいか考える。	・回転系接点群の特性や行い方について説明をし，前転や後転を滑らかに行うよう促す。 ■滑らかに技を行うためのポイントを理解し，滑らかに技を行うことができる。（知・技）〈観察〉 ・途中で生徒を集めて発問をする。 「Aさんの動きと先生の動きはどこが違うだろう？」 見本となるような動きを生徒にさせ，不十分な動きを教師が行い，2つの動きの比較を通して生徒に技を滑らかにするための工夫について考えさせる。 ■技を滑らかにする工夫や発見した自己の課題について学習カードに書いている。（思・判・表）〈学習カード〉 ※小学生のときにうまくできていた技でも体の成長に伴いぎこちなくなったり，できなくなったりする場合がある。また運動の苦手な生徒もいる。その場合，「基本動作」に戻ることを促したり，傾斜のある場を用意したりして，生徒の実態に応じた指導を行う。
展開 15分	5．巧技系の「補助倒立」を滑らかに行えるように練習する。また，安全な補助を行う。さらに自己の課題を発見しつつ，技を滑らかにするためにどのような工夫をすればよいか考える。	・巧技系の特性や行い方について説明をし，補助倒立を滑らかに行うよう促す。また，安全な補助の行い方についても説明をする。 ■滑らかに技を行うためのポイントや安全な補助の行い方を理解し，滑らかに技を行うことができる。（知・技）〈観察〉 ・途中で生徒を集めて発問をする。 「Bさんは補助倒立を滑らかにできているが，どこがポイントかな？」「前転や後転と補助倒立の目線や体の使い方はどこが違うかな？」 見本となるような動きを生徒にさせ，技を滑らかにするための工夫を考えさせたり，技の特性の違いについて考えさせたりする。 ■技を滑らかにする工夫や発見した自己の課題について学習カードに書いている。（思・判・表）〈学習カード〉 ※足が振り上げられない生徒や目線をずらしてしまう生徒には「基本動作」を繰り返させたり，壁逆立ちや壁登り逆立ちなどの場を用意したりして，生徒の実態に応じた指導を行う。
整理 5分	6．集合，学習の振り返り，学習カードの記入をする。また，学習の内容について発表を行う。	・本時のねらいに沿って基本的な技の行い方を理解し，滑らかにできている生徒を紹介し，賞賛する。また，自己の課題や滑らかに行うためのポイントを発見している生徒に学習カードの内容を発表させる。

表2　単元後半の授業計画の例（器械運動〈マット運動〉，8時間単元の7時間目）

【本時の目標】
・「技の組合せ方」を理解し，自己にあった技で「はじめ―なか―おわり」と組み合わせることができる。（知識及び技能）
・「技の組合せ方」を工夫し，考えたことを仲間にわかりやすく伝えている。（思考力，判断力，表現力等）
・一人ひとりの違いに応じた課題や挑戦を認めようとしている。また，仲間の学習を援助しようとしている。（学びに向かう力，人間性等）

時間	学習内容・活動	教師の指導・支援　■評価
導入 10分	1．集合，整列，挨拶，準備運動をする。 2．本時のめあてを確認する。 　めあて:「技の組合せ方」を理解し，自己にあった技を組み合わせてみよう。 3．「基本動作」の練習を行う。 　大きなゆりかご，背支持倒立，前転，後転，カエルの足打ち，壁倒立	・すばやく集合することを促す。 ・怪我のないようストレッチを中心とした準備運動をしっかりとするよう促す。 ・本時のめあてを示す。 ・安全に「基本動作」をするように促す。 ■「基本動作」に積極的に取り組んでいる。（主・態）〈観察〉 ※単元の後半になると技能差が大きくなるため，生徒の実態に応じた「基本動作」を選択する必要がある。
展開 15分	4．自己の課題にあった技の練習を行う。その際，1つ1つの技を滑らかにできるようにする。	・学習カードを確認しながら，基本的な技，条件を変えた技，発展技のなかから自己の課題にあった技を滑らかにできるよう促す。 ■学んできた技のポイントを理解し，滑らかに技を行うことができる。（知・技）〈観察〉
展開 20分	5．「はじめ―なか―おわり」と技を組み合わせて行う。また，組み合わせた技をタブレットで撮影し，できばえをグループで確認する。	・学習した技を組み合わせるように伝える。その際，滑らかな動きになるようにするには，どのような組合せ方にすればよいか，あるいは，技同士のつなぎ動作をどうすればよいかを考えさせる。また，タブレットを使ってグループの仲間の動きを撮影させたりしながら課題を仲間に伝えるよう促す。 ■「組合せ方」を工夫したり，タブレットで撮影をしたりしながら，仲間に「組合せ方」や課題を伝えている。（思・判・表）〈学習カード〉 ■仲間の課題や挑戦を認めている。また，仲間の学習を援助しようとしている。（主・態）〈観察〉
整理 5分	6．集合，学習の振り返り，学習カードの記入をする。また，学習カードに記入した内容について発表を行う。	・本時のねらいに沿ってできている生徒を紹介し，賞賛する。

　学習形態として単元前半は，1人やペアといった少人数で実施できる活動とし，おもに教師主導で行う。単元後半は，グループ活動を中心とした活動とし，生徒主体で行う。

3.留意すべき点

　最後に授業計画の作成に関わり3つの留意点を挙げる。
　1つ目は，単元計画，目標，学習過程，評価を一貫したものにすることである。一貫性を確保することにより，教師が何を教え評価したかったのかを明確にすることができる。
　2つ目は，授業計画を記述する過程のなかで，子どもの実態や教師の力

量と乖離しないようにすることである。無理のない計画を作成していくことが大切である。

　3つ目は，文言を記す際には主体を意識して書くことである。子どもの学習活動を示す場所に教師の指導行動の内容が書かれている場合がみられる。また「運動を学び，安全性について指導する」といったように主体が混在した文をしばしば目にする。「運動を学ぶ」のは子どもであるが，「安全性について指導する」のは教師である。

　授業計画を作成することの意義は，冒頭でも述べた通りであるが，形式それ自体に合わせることが目的化したり，計画を作成することによって授業が硬直化したりしないことが重要である。

〈近藤智靖〉

〈文献〉
国立教育政策研究所教育課程研究センター（2020）「指導と評価の一体化」のための学習評価に関する参考資料 小学校体育. 東洋館出版社.
国立教育政策研究所教育課程研究センター（2020）「指導と評価の一体化」のための学習評価に関する参考資料 中学校保健体育. 東洋館出版社.
文部科学省（2015）学校体育実技指導資料第10集「器械運動指導の手引」. 東洋館出版社.
清水将（2010）授業計画（デイリープラン）の作成. 髙橋健夫ほか編著，新版 体育科教育学入門. 大修館書店，pp.127-133.

第3章 体ほぐしの運動の教材づくり・授業づくり

概要

体ほぐしの運動（遊び）は，1998年に改訂された学習指導要領において導入されて以降，現在も小学校低学年から高等学校まで12年間を通して学習することが位置づけられている。誰もが楽しめる手軽な運動（遊び）に取り組むなかで，「心と体の関係や心身の状態に気付くこと」「仲間と関わり合うこと」の2つのねらいをもって取り組まれるものである。本章では，学習指導要領における体ほぐしの運動の発達段階に対応した内容を整理しつつ，授業づくりの事例を紹介する。

1.体ほぐしの運動の内容構成

（1）学習指導要領における位置づけ

　小学校学習指導要領解説体育編・中学校及び高等学校学習指導要領解説保健体育編（文部科学省，2018a，2018b，2019）によると，体つくり運動領域は，小学校低学年の「体つくりの運動遊び」，それ以降の「体つくり運動」で構成されている。また，体つくり運動領域の下位の内容に位置づく「体ほぐしの運動」は，小学校低学年の「体ほぐしの運動遊び」，それ以降の「体ほぐしの運動」で構成されている。

　体つくり運動領域については，小学校低学年から高等学校まで12年間を通して取り扱う唯一の領域であり，毎年取り扱う内容となっている。体ほぐしの運動についても同様である。この背景には，児童生徒の心と身体をめぐるさまざまな問題に対して，誰もが楽しめる手軽な運動を通してアプローチし，すべての子どもたちに運動の楽しさや心地よさを体験させようとする意図がある。

（2）体ほぐしの運動（遊び）の内容

　体ほぐしの運動（遊び）は，小学校低学年から高等学校まで「自己や他者の心と体との関係や心身の状態に気付くこと」及び「仲間と関わり合うこと」の2つをねらいとして行われる運動であり，全学年にこの2つのねらいが共通した内容として示されている。各学年の内容は，表1に示した

表1　学習指導要領にみられる体ほぐしの運動（遊び）の内容

学　　年	領域名	内　　容	解　　説
小学校1・2年	体つくりの運動遊び	ア　体ほぐしの運動遊び	その行い方を知るとともに，手軽な運動遊びを行い，体を動かす楽しさや心地よさを味わうことを通して，自己の心と体の変化に気付いたり，みんなで関わり合ったりする。
小学校3・4年	体つくり運動	ア　体ほぐしの運動	その行い方を知るとともに，手軽な運動を行い，体を動かす楽しさや心地よさを味わうことを通して，自己や友達の心と体の状態に気付いたり，みんなで豊かに関わり合ったりする。
小学校5・6年	体つくり運動	ア　体ほぐしの運動	その行い方を理解するとともに，手軽な運動を行い，体を動かす楽しさや心地よさを味わうことを通して，自己や仲間の心と体の状態に気付いたり，仲間と豊かに関わり合ったりする。
中学校1・2年	体つくり運動	ア　体ほぐしの運動	手軽な運動を行い，自己や他者の心と体が互いに関係していることや心身の状態に気付いたり，仲間と積極的に関わり合ったりする。
中学校3年・高等学校入学年次	体つくり運動	ア　体ほぐしの運動	手軽な運動を行い，自己や他者の心と体が互いに影響し合い，関わり合いながら変化することや心身の状態に気付いたり，仲間と自主的に関わり合ったりする。
高等学校入学年次の次の年次以降	体つくり運動	ア　体ほぐしの運動	手軽な運動を行い，体を動かす楽しさや心地よさを味わうことを通して，自己や仲間の心と体の状態に気付いたり，仲間と豊かに関わり合ったりする。

通りである。2008年に改訂された学習指導要領では，体ほぐしの運動は「気付き」「調整」「交流」の3つの内容が示されていたが，「体の調子を整えること」に関わる「調整」については，他の2つの内容と密接に関連していることを踏まえて，2017年の改訂において改善が図られた。また，「仲間との交流」についても「仲間と関わり合うこと」といった変更がみられた。

　なお，体ほぐしの運動（遊び）については，心と体の変化や関係に気付いたり，仲間と関わり合ったりすることがおもなねらいであり，特定の技能的な向上を期待するものではないことから，従前より指導内容の項目の表記は「技能」ではなく「運動」として示されている。さらに，体ほぐしの運動（遊び）については，他の領域においても関連を図って指導できることにくわえて，保健領域（分野・科目）との関連を図って指導することが求められている。

2.体ほぐしの運動の本質的な課題と面白さ

　体ほぐしの運動（遊び）は，誰もが楽しめる手軽な運動（遊び）に取り組むなかで，運動の楽しさや心地よさを味わい，心と体をほぐすことができる領域である。

　また，技能を高めることをねらって行うものではなく，自己や他者の心と体との関係や心身の状態に気付いたり，仲間と関わり合ったりすることをねらいとして行う運動である。

　1998年に改訂された学習指導要領において，はじめて体ほぐしの運動

が導入されて以降，さまざまな教材や活動が提案されてきたが，概ね次の4つに整理することができる（近藤，2010, p.144；松本，2015）。

（1）ダンス教育の視点からの活動

ダンス教育の導入活動として行われる律動的な運動や簡単な動きづくりを行う活動を体ほぐしの運動として応用したものである。具体的には，リズミカルな音楽にあわせた活動，仲間の動きの模倣やコミュニケーションを伴う集団での活動等が挙げられる。

（2）体操の視点からの活動

体操教育として行われてきた縄，布，棒，Ｇボール等の用具を用いた活動やストレッチング等の活動を体ほぐしの運動として応用し，集団的な達成を伴う活動として構成されている。それらは「多様な動きをつくる運動（遊び）」「体の動きを高める運動」や「実生活に生かす運動の計画」との関連も図られている。

（3）からだ気付きやボディアウェアネスの視点からの活動

学習者自身が身体に向き合い身体感覚への気付きを中心とした活動である。具体的には，ブラインドウォークや静的な活動，身体接触や仲間との関わりを伴う簡易な運動遊びや伝承遊び等が挙げられる。

（4）レクリエーションや野外活動の視点からの活動

野外教育として行われる集団での課題達成を中心としたチャレンジ運動等を応用した活動が挙げられる。

2010年代以降は，こうしたさまざまな活動を単元のねらいに応じて位置づけた実践や保健領域（分野・科目）の内容との関連をもった実践が多く報告されている（たとえば，松本，2019；七澤，2018）。

とりわけ，保健との関連は，今回の学習指導要領改訂においても強調されている点であり，心と体が深く関わっていることを体ほぐしの運動などの具体的な活動を通して体得できるようにしていくことが大切である。

また，体ほぐしの運動の実践による成果として，集団的な達成や肯定的・協力的な人間関係の構築，情緒的開放等に対する効果が多く報告されている（中村・岩田，2001；松本，2019；川村ほか，2019）ことから，こうしたねらいを明確にした授業展開が求められるであろう。

3.各学年段階における教材づくり・授業づくりの視点

　前述の通り，体ほぐしの運動は，技能を高めることをねらって行うものではなく，自己や他者の心と体との関係や心身の状態に気付いたり，仲間と関わり合ったりすることをねらいとして行う運動である。そのため，進んで運動に取り組む気持ちや運動有能感を高めること，自己の心身の状態に応じた運動やスポーツとの多様な関わり方を見出すことができるようにすること等が求められる。

　また，体ほぐしの運動は，保健領域（分野・科目）との関連にくわえて，他の運動領域とも関連を図って指導することができる。各運動領域の導入として位置づける場合には，ねらいをもった指導にくわえて，主運動の内容と関連性をもった教材選択の重要性が指摘されている（大塚，2006）。そのため，準備運動との棲み分けを明確にすることも大切である。

　これらのことを念頭に置き，各学年段階における教材づくり・授業づくりのポイントを検討してみたい。まず，小学校段階では，体つくり運動で学んだことを授業以外でも行うことをねらいとした学習を展開していくことが大切になる。中学校では，これらの学習を受けて，より具体的なねらいをもった運動を行い，学校の教育活動全体や実生活で生かすことが求められる。さらに，高等学校では，これまでの学習を踏まえて，「体を動かす楽しさや心地よさを味わい，自己の体力や生活に応じた継続的な運動の計画を立て，実生活に役立てること」などが求められる。

（1）小学校低学年

　小学校低学年は，具体的な運動として，のびのびとした動作で用具などを用いた運動遊び，リズムに乗って心が弾むような動作での運動遊び，動作や人数などの条件を変えて歩いたり走ったりする運動遊び，伝承遊びや集団での運動遊び等が挙げられる。こうした運動をみんなで関わり合いながら行い，体を動かすことの楽しさや心地よさを味わうことができるようにすることが大切である。

　また，低学年では「心と体の変化」に気付くことができるよう指導することが求められる。そのため，楽しく運動するなかで気付きを引き出していくような教師の働きかけが必要である。くわえて，低学年では「友達と一緒に体を動かすと楽しさが増すこと」を体験できるような授業づくりが求められる。

（2）小学校中学年

　小学校中学年は，低学年同様に，みんなで関わり合いながら行い，体を動かすことの楽しさや心地よさを味わうことができるようにすることが大切である。

また，中学年においても「心と体の変化」に気付くことができるよう指導することが求められる。「体を動かすと心も弾み，体の動きが軽快になることや，体の力を抜くと気持ちがよいこと，汗をかいたあとは気分もすっきりする」ことなど，運動することと心や体の変化が結びついていることに気付くことができるよう指導することが必要となる。さらに中学年では，「友達とともに体を動かすと心のつながりを感じ，体を動かすことへの不安が解消されることなど」を体験できるような授業づくりが求められる。

(3) 小学校高学年

　小学校高学年は，具体的な運動として，低・中学年でも示された運動にくわえて，ペアで互いの心や体の状態に気付き合いながら行う運動，グループや学級の仲間と力をあわせて挑戦する運動等が挙げられる。こうした運動を仲間と関わり合いながら行い，体を動かすことの楽しさや心地よさを味わうとともに，「心と体が関係し合っていること」に気付くことができるようにすることが大切である。さらに，高学年ではねらいに応じた運動の課題や行い方を選ぶことができるようにしていくこと，自己の心身にくわえ，仲間の心や体の状態にも気付きを広げていくことが求められる。

(4) 中学校第 1 学年及び第 2 学年

　中学校第1学年及び第2学年は，手軽な運動を通して「自己や他者の心と体の関係や心身の状態に気付く」「仲間と積極的に関わり合う」というねらいに応じた運動の行い方があることを理解できるようにする必要がある。その際に取り上げる運動は，誰もが簡単に取り組むことができる運動，仲間と協力して楽しくできる運動，心や体が弾むような軽快な運動であることが求められる。こうした運動を通して「自己の心と体が互いに関係していること」，並びに「他者の心と体も関わり合っていること」に気付くことができるようにすることが大切である。さらに，小学校段階では示されていない「心身の状態」に気付くことができるようにすることが求められる。また，共に運動する仲間と進んで協力したり助け合ったりすることで，楽しさや心地よさが増すような関わりをもつことが求められる。

　これらのねらいを関連させながら，運動を経験するだけでなく，自他の心と体の関係や心身の状態を確かめながら学ぶことができるように留意する。

(5) 中学校第 3 学年・高等学校入学年次

　中学校第3学年及び高等学校入学年次では，手軽な運動を通して「自己や他者の心と体は互いに影響し変化することや心身の状態に気付く」「仲間と自主的に関わり合う」というねらいに応じた運動の行い方があることを理解できるようにする必要がある。その際に取り上げる具体的な運動は，

中学校第1学年及び第2学年までの学習と大きく変わらないが，これまでに学習した運動を組み合わせ，ねらいにあうように構成して取り組み，実生活にも生かすことができるように指導することが大切である。

（6）高等学校入学年次の次の年次以降

高等学校入学年次の次の年次以降の大きな変化としては「仲間と主体的に関わり合う」点が挙げられる。具体的には，「仲間が安心して活動できるように緊張をほぐしたりして，お互いに失敗を恐れず積極的に運動課題に挑戦することによって，仲間を大切に感じたり信頼で結ばれたりするように関わりを持つこと」が求められ，スポーツを多様に楽しむための気付きを促していくことが大切である。

4.体ほぐしの運動の単元及び授業の展開例

これまで述べてきたことを踏まえて，実際の単元及び授業の展開について，ここでは小学校高学年を想定して考えてみたい。

（1）学習内容の設定

小学校高学年の体ほぐしの運動は，前述の通り，ペアやグループ，仲間との運動を通して，自他の違いを理解したり，仲間の心と体の状態に配慮したりしながら活動していくことが求められる。また，こうした活動を通して，心と体の関係に気付くことができるようすることが大切である。特に，第5学年では，保健領域「不安や悩みへの対処」との相互の関連を図って指導することが，学習指導要領の内容の取扱いに示された（文部科学省，2018a）。そのため，個人，ペア，グループといった条件をさまざまに変えながら，自身の心と体の状態や変化に直接的に意識が向くような学習が想定される。また，体ほぐしの運動の単元に多く指摘される「教材の羅列」にならないように，単元としてのねらいを明確にしたうえで授業を展開していくことに留意する必要がある。

（2）教材づくり

具体的にどのような教材をもって，こうしたねらいに迫っていけばよいのか。体ほぐしの運動においては，誰もが楽しめる手軽な運動に取り組むなかで，運動の楽しさや心地よさを味わい，心と体をほぐすことやその関係に気付くことを可能とする教材でなければならない。また，体ほぐしの運動の教材は，そのねらいに応じてダンス教育や体操，野外教育などのさまざまな視点から取り入れられてきていることからも，子どもの実態に応じてねらいを明確にしたうえで，体つくり運動領域の体の動きを高める運

動等の教材を参考にしながら選択・修正していくことも可能であろう。

(3)学習形態の工夫

　体ほぐしの運動では，個人として心と体に向き合い気付きを促すことにくわえて，自己と他者の違いに気付くことや仲間との関わりといったことが直接的な学習内容となる。そのため，1つの活動においても個人・ペア・グループのように人数や条件を変化・発展させ，活動の行い方を工夫させながら取り組むことが大切である。さらに，活動を通して気付いたことをペアやグループで共有する時間も確保していく必要があるため，1時間のなかで運動の強弱をつけながら，気付いたことを表現する時間を確保することも大切である。他方，体への気付きを促そうとした場合には，子ども同士の身体的な距離が近くなるため，男女の関係など子どもの実態を踏まえながら課題を設定していくことにも留意する必要がある。

(4)単元計画の作成

　体ほぐしの運動は，①単独の単元として行う，②「体の動きを高める運動」と組み合わせて行う，③各運動領域の導入段階に位置づけて行う，といった単元の構成や配置の柔軟な取扱いが可能である。ここでは，体ほぐしの運動のねらいにあわせて，「体の動きを高める運動」のなかでも「運動を持続する能力を高めるための運動」と組み合わせて行う学習として位置づけ，単元の目標を以下のように設定し，単元計画（表2）を作成した。

❶単元の目標

・体ほぐしの運動及び運動を持続する能力を高めるため運動の行い方を理解し，仲間と関わり合いながら運動を行うことを通して心と体が関係し合っていることに気付くことができる。（知識及び運動）
・自己の体の状態に応じた運動の行い方を工夫できるとともに，自己や仲間の気付いたことを伝えることができる。（思考力，判断力，表現力等）
・体つくり運動に積極的に取り組み，仲間の気付きや考え，取り組みのよさを認めたり，安全に気を配って活動したりすることができる。（学びに向かう力，人間性等）

❷単元計画

　本単元は，全8時間で計画し，単元序盤に体ほぐしの運動を中心に活動を行い，単元中盤から終盤にかけて体ほぐしの運動と動きを持続する能力を高めるための運動を位置づけた。単元序盤の体ほぐしの運動では，個・ペアでの動きにくわえ，グループでの活動を通して仲間との関わりや自身の体の変化に焦点化した。単元中盤には，運動による体の変化をとらえるために，条件の違う動きを取り入れ，脈拍や心音などの体の変化への気付き，体の状態に応じた課題の選択等を設定した。単元終盤には，脈拍を上げるような律動の動き，

表2　単元計画（全8時間）

	1	2	3	4	5	6	7	8
	集合して挨拶。準備運動。本時の学習の確認。							
10	オリエンテーション ・学習の流れ ・ルール	今日の心と体の観察TIME						
20		体ほぐしの運動		体ほぐしの運動 ・指バランス　・心音を聞こう　・リズムW-up　・ペアストレッチ ・新聞紙チャレンジ ・ブラインドウォーク				
30	心と体の観察TIME 体ほぐしの運動	・ネコとネズミ ・数集まり ・フープ通し ・人間知恵の輪		体の動きを高める運動 動きを持続する能力を高めるための運動① ・チャレンジ・ペースシャトルウォーク		体の動きを高める運動 動きを持続する能力を高めるための運動② ・チャレンジ・ペースシャトルラン		
40	・数集まり ・風船ラリー							
	本時の学習の振り返り。まとめ。挨拶。							

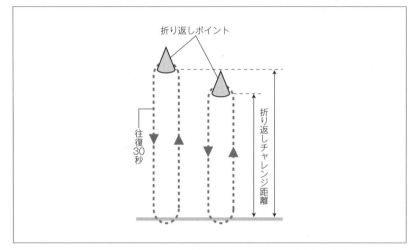

図1　チャレンジ・ペースシャトルラン（岩田，2012によって開発された「チャレンジ・ペースシャトルラン」）

脈拍を落ち着けるようなペアストレッチを取り入れ，自身の心と体の変化への気付き，体の状態に応じた課題の選択と運動後の心と体の変化への気付きを促す学習を設定した。単元終盤には岩田らによって開発された「チャレンジ・ペースシャトルラン」（岩田，2012，pp.55-61）（図1）を位置づけた。また，体ほぐしの運動のねらいである「条件の違う運動による心と体の変化」への気付きを促すために，本教材をウォーキングで行う「チャレンジ・ペースシャトルウォーク」を単元中盤に挿入した。

(5) 学習指導案の作成

　本学習指導案（表3）は，8時間中の5時間目を想定したものである。導入時には，今日の心と体の状態を観察する時間をとり，さまざまな条件で運動を行うことによってどのように変化するのか一人ひとりが気付きを得られるようにしたい。また，展開の後半ではペアでの活動を行うため，前半に友達の心音

を聞く活動やブラインドウォークを設定し，友達の変化にも気付きを得られる
ように設定した。

表3　学習指導案の例（5/8時間目）

■本時のねらい
・さまざまな条件の運動の行い方を理解し，運動によって変化する自分や友達の心と体の様子に気付くことができる。（知識及び運動）
・自分の体の状態に応じた目標設定ができるとともに，運動による心や体の変化について伝えることができる。（思考力，判断力，表現力等）
・運動に積極的に取り組み，仲間の気付きや考えを認めることができる。（学びに向かう力，人間性等）

段階	学習内容・活動	指導上の留意点○，評価◆	備考
導入	1．集合，整列，挨拶，健康観察を行う 2．本時の学習のねらいと流れを確認する 「いろいろな条件で歩いたときの自分や友達の心と体の様子を観察しよう」 3．今日の心と体の状態を観察する ・脈拍を計る ・今の気分を学習カードに記入する 4．準備運動を行う	○元気のよい態度で臨めるように指導する。児童の体調や様子を確認する。 ○本時の学習のねらいと見通しをもたせる。授業の約束事，マナーを再度確認し，友達や仲間と協力した学習を促す。 ○前時の気付きを振り返り，学習のつながりをもたせるようにする。 ○今の自分の心と体の状態を観察し，運動を行った後の変化に気付くことができるように指導する。	
展開	5．自分の体の音を聞く ・自分の心音に耳を傾ける ・ペアの背中から心音に耳を傾ける 6．ブラインドウォークを行う ・ペアのリードで直線やジグザグに歩く ・ペアのリードで少し速く歩く 7．運動後の心音を聞く ・脈拍を計る ・自分の心音，ペアの心音に耳を傾ける 8．チャレンジ・ペースシャトルウォークを行う ・前時の学習から各自が決めた折り返し距離を確認する ・1人がチャレンジし，ペアは記録をとる ・運動後の脈拍を計る	○うつ伏せや仰向け，友達と背中合わせになる等の体勢になり，自分の心音に耳を傾け，次に友達の心音に耳を傾けるように指導する。 ○自分と友達の心音のペースや大きさの違い等に意識を向けるような言葉かけをする。 ○気付いたことをペアやグループで共有できるようにする。 ○無理に引っ張る等がないよう安全面に注意する。 ○視覚情報がない条件で歩くことやスピード・方向が変わることによって，どのような気分になるか等に意識を向けるような言葉かけをする。 ○本時のはじめの脈拍との変化，心音の変化，心の変化に意識を向けるよう言葉かけをする。 ◆自分や友達の心と体の変化について気付いたことを友達に伝えようとしている【思・判・表（観察）】 ○チャレンジ・ペースシャトルウォークの行い方を確認する。折り返しながらペアに自分の状態を伝える活動を行うことを説明する。 ○前時の学習や本時の体の様子を踏まえて各自の折り返し距離を設定するように助言する。	
まとめ	9．本時のまとめを行う 10．整理運動を行う 11．挨拶をする	○ブラインドウォーク，シャトルウォークといった条件を変えたことで脈拍，心や体の状態にどんな違いがあったか等の気付きを学習カードに記入させる。 ◆運動の条件による自分や友達の心や体の変化に気付くことができている【知・運（学習カード）】 ○本時の気付きをグループや全体で共有し，次時の学習につなげる。 ○ゆったりとした気持ちで整理運動を行うことで，脈拍や心音が落ち着いていくことを感じさせるよう指導する。	

（6）運動が苦手な子ども・意欲的でない子どもへの配慮

　体ほぐしの運動において取り上げる運動は「手軽な運動」であることが大切である。誰もが簡単に取り組むことができる運動，仲間と協力して楽しくできる運動，心や体が弾むような軽快な運動を，子どもの実態に応じて選択し，「できる」「できない」ではなく，「気付き」「関わり合い」を中心としたねらいを全体で共有しておく必要がある。そのうえで，気付くことが苦手な子どもには，ペアでの活動のなかに感じたことを確かめ合う場面をつくったり，気付いたことに対する肯定的な言葉かけをしたりするなどの配慮が考えられる。

〈宮尾夏姫〉

〈引用・参考文献〉
岩田靖（2012）体育の教材を創る―運動の面白さに誘い込む授業づくりを求めて．大修館書店．
川村幸久・井上功一・衣笠暢将（2019）年度当初の体ほぐし運動が児童の学級適応感に与える影響―高学年児童を対象として．大阪教育大学紀要　総合教育科学67：25-32.
近藤智靖（2010）体ほぐしの運動の教材づくり・授業づくり．髙橋健夫・岡出美則・友添秀則・岩田靖編著，新版 体育科教育学入門．大修館書店，pp.142-148.
松本奈緒（2015）中学校段階の体ほぐしの運動における学習者の概念形成―ふきだし法による自由記述とインタビューの分析を通して．体育科教育学研究31（2）：1-16.
松本奈緒（2019）体ほぐしの運動における情緒・体の解放，気づきと仲間との関係について―小学校6年生を対象としたアンケート調査から．秋田大学教育文化学部研究紀要　教育科学部門74：115-128.
文部科学省（2018a）小学校学習指導要領（平成29年告示）解説体育編．東洋館出版社．
文部科学省（2018b）中学校学習指導要領（平成29年告示）解説保健体育編．東山書房．
文部科学省（2019）高等学校学習指導要領（平成30年告示）解説保健体育編 体育編．東山書房．
中村恭之・岩田靖（2001）小学校における「体ほぐしの運動」の実践事例―「仲間との交流」を中心にしたチャレンジ運動の発想を基軸に．信州大学教育学部附属教育実践総合センター紀要　教育実践研究2：133-142.
七澤朱音（2018）心と体の関係性と調和のあり方に着目した授業実践―運動のねらいに着目した自己評価を元に―．千葉大学教育学部研究紀要66（2）：169-174.
大塚隆（2016）各運動領域の導入として位置付く「体ほぐしの運動」に関する一考察―スポーツ運動学的視点からの考察―．東海大学紀要　体育学部（36）：31-38.
白旗和也（2018）体つくり運動系領域．岩田靖・吉野聡・日野克博・近藤智靖編著，初等体育授業づくり入門．大修館書店，pp.94-101.
髙橋健夫・小澤治夫・松本格之祐・長谷川聖修（2009）新学習指導要領準拠　新しい体つくり運動の授業づくり．体育科教育別冊57（13）.

体の動きを高める運動の教材づくり・授業づくり

概要

体の動きを高める運動は，「体ほぐしの運動（遊び）」とともに体つくり運動系領域の下位領域の1つである。小学校低学年では「多様な動きをつくる運動遊び」，小学校中学年では「多様な動きをつくる運動」，小学校高学年から中学校第2学年では「体の動きを高める運動」，それ以降は「実生活に生かす運動の計画」として扱われ，各学年段階に応じたねらいが系統的に示されている。本章では，体を動かす楽しさや心地よさを味わいながら体の動きを高めていくための教材づくり・授業づくりの提案を行う。

1.体の動きを高めるとは

（1）「体力を高める」から「体の動きを高める」へ

　2008年告示の学習指導要領では，運動する子どもとそうでない子どもの二極化現象や，子どもの体力低下という喫緊の課題に対して，体つくり運動は小学校から高等学校までのすべての学年で必修とされ，「体力を高める運動」において子どもたちの体力の向上が目指された。未だに1985（昭和60）年頃の体力には及ばず，また運動する子どもとそうでない子どもの二極化傾向は認められるものの，体力の低下傾向には歯止めがかかっているとされている。体つくり運動の授業の充実が，この傾向を支えているものと思いたい。

　しかし一方で，「体力を高める」という名称のイメージから，柔軟性・巧緻性・筋力・持久力といった体力要素を高めるトレーニングとしてとらえられたり，体力測定の数値向上だけが目指されたりという問題も指摘されていた。

　2017年告示の学習指導要領では，「体力を高める運動」は「体の動きを高める運動」へと名称変更された。体の柔らかさ，巧みな動き，力強い動き，動きを持続する能力という「体の動き」を高めることで，調和のとれた体力の向上が図られることになった。いわゆる「動きづくり」が求められたともいえるであろう。

　また，子どもたちの基本的な動きの未習得の問題を指摘した日本学術会

議（2017年）は，子どもの動きの健全な育成を目指して，小学校での体育の質の向上などを含む教育制度整備の提言をしている。

学習指導要領における体の動きを高める運動の授業には，子どもたちが積極的に授業に取り組み，体を動かす楽しさや心地よさを味わいながら，調和のとれた体力の向上が図られるような展開を期待したい。

(2) 学習指導要領における位置づけ

体の動きを高める運動は，「体ほぐしの運動（遊び）」とともに体つくり運動系領域の下位領域として位置づけられている。その名称は，小学校低学年では「多様な動きをつくる運動遊び」，小学校中学年では「多様な動きをつくる運動」，小学校高学年から中学校第2学年では「体の動きを高める運動」，それ以降は「実生活に生かす運動の計画」である。

体の動きを高める運動の内容を整理してみると，小学校低学年では体のバランス，体の移動，用具の操作，力試しの動きを運動遊びとして行い，小学校中学年ではさらにそれらを組み合わせること，小学校高学年では体の柔らかさ，巧みな動き，力強い動き，動きを持続する能力を高めるための運動を行うこと，中学校第1・第2学年では，さらにそれらを組み合わせること，中学校第3学年以降はこれまでの学習成果を生かして実生活に生かす運動の計画を立てて取り組むことがねらいとされている。学年に応じた系統性が示されていることがわかる（表1）。

(3) 単元としての指導計画の作成

体つくり運動（遊び）は，小学校から高等学校の各学年において，必修として位置づけられている。授業時数については，小学校では特に規定されていないが，中学校では各学年で7単位時間以上，高等学校では各年次で7〜10単位時間程度を配当すると定められている。したがって，指導計画の作成にあたって，「体ほぐしの運動（遊び）」及び「多様な動きをつ

表1　体の動きを高める運動の内容の系統性

内容	小学校低学年	小学校中学年	小学校高学年	中学校第1・第2学年	中学校第3学年高等学校入学学年次	高等学校入学年次の次の年次以降
運動	多様な動きをつくる運動遊び ・体のバランスをとる動き，体を移動する動き，用具を操作する動き，力試しの動きをすること	多様な動きをつくる運動 ・体のバランスをとる動き，体を移動する動き，用具を操作する動き，力試しの動きをすること ・それらを組み合わせること	体の動きを高める運動 ・ねらいに応じて，体の柔らかさ，巧みな動き，力強い動き，動きを持続する能力を高めるための運動をすること	体の動きを高める運動 ・ねらいに応じて，体の柔らかさ，巧みな動き，力強い動き，動きを持続する能力を高めるための運動をすること ・それらを組み合わせること	実生活に生かす運動の計画 ・ねらいに応じて，健康の保持増進や調和のとれた体力の向上を図るための運動の計画を立て取り組むこと	実生活に生かす運動の計画 ・自己のねらいに応じて，健康の保持増進や調和のとれた体力の向上を図るための継続的な運動の計画を立てて取り組むこと

くる運動（遊び）」「体の動きを高める運動」「実生活に生かす運動の計画」を含む「体つくり運動」の授業は，他の領域と同様に単独単元として配置し，各学年において指導計画を作成しなければならない。

2.体の動きを高める運動の本質的な課題と面白さ

(1)特定の運動や様式がない難しさと面白さ

　「体ほぐしの運動（遊び）」と同様，体の動きを高める運動においても「ねらい」は設定されるものの，特定の運動や様式があるわけではない。したがって，何をどのように教えるのかなど，教材・授業づくりにおいて創意工夫が求められることから，教師にとっては難しい領域といえるかもしれない。一方，子どもの興味・関心や体力に応じて動きを工夫することで，楽しく創造的な教材や授業をつくることも可能である。

　また，体の動きを高めたり，体力の向上が目指されたりする運動ではあるが，その運動の楽しさや面白さは否定されるものではない。単調な動きの繰り返しや単なるトレーニングにするのではなく，子どもたちの興味・関心を引き出す教材づくりの工夫や，仲間とともに楽しく動ける授業づくりによって，動くことの楽しさや心地よさを味わえる授業の展開が可能である。

(2)特定の技能が問われない

　さまざまな体の動きを身に付け高めたり，運動の計画を立てて取り組んだりすることがおもなねらいであることから，特定の「技能」は設定されていない。学習指導要領及びその解説では「運動」と表記され，運動の「例示」や「行い方の例」が示されているに過ぎない。体育や運動に苦手意識をもっている子どもたちにとっては，特定の運動が「できる」「できない」を問われることがないことから，自分の体力や能力に応じて運動そのものを安心して楽しめる授業にすることができる。

　一方で，運動を行うための技能の習得は否定されるものではない。練習すればできそうな気がする，もっとチャレンジしたい，上手になりたいと思わせる魅力的な教材づくりによって，子どもたちが意欲的に取り組める授業づくりをしていきたい。

　このように，体力や技能の程度，年齢や性別，障害の有無にかかわらず，仲間と協働しながら，運動の多様な楽しみ方を学び，豊かなスポーツライフを継続するという共生の視点を踏まえた授業づくりが十分可能な領域でもある。

3. 各学年段階に応じた教材づくり・授業づくりの視点

（1）教材づくりの視点

❶易しい運動から難しい運動へ

　子どもたちにとって易しい運動を提示し，まずはやってみたいという気持ちを引き出したい。運動を体験した後に，「もっとやってみたい」「こんな工夫もできる」「こうするともっと難しくなる」という声が子どもたちから上がり，挑戦的に取り組める教材づくりをしたい。

❷2人組やグループでの運動へ

　1人で行う運動だけではなく，2人組やグループなど実施人数を変えていくことで，運動のバリエーションはより広がり，仲間との協働的な場を設定することもできる。この場合，体ほぐしの運動（遊び）と同じ運動になることもある。たとえば，2人組で行う「地蔵倒し」（図1）は，体を締めたり支えたりという力強い動きを高めることをねらいとした運動であるが，体ほぐしの運動（遊び）として行われることもある。大切なのは，その運動のねらいは何かを明確にしておくことである。体の動きを高める運動の教材づくりにおいても，体ほぐしの観点を取り入れ，楽しく運動するための工夫を積極的に行いたい。

❸用具を用いる

　用具を用いることで，運動の課題がより明確で具体的になったり，用具が体の動きの高まりを示してくれたりする。ボールやなわとびなど，身近にある用具を効果的に活用し（図2, 3），実生活でも生かせる運動に発展させたい。

図1　地蔵倒し（力強い動き）

図2　ボール渡し（体の柔らかさ）

図3　うつ伏せボールパスキャッチ（力強い・巧みな動き）

❹ねらいを複合化させる

「ねらいに応じた運動」を選択しようとする場合，ねらいと運動の関係は一対一であるととらえがちになる。しかし，1つの運動に複数のねらいを設定することが可能である。動き方や用具の創意工夫によって，ねらいを複合化させるなど，運動を多様化させる教材づくりをしていきたい。

（2）授業づくりの視点

❶一人ひとりのアイデアをグループに生かす

1人で複数の運動を考案・選択することは子どもにとって難しい課題となりうるが，グループメンバーで1人1つの運動を考えると，複数の運動が提案されることになる。グループ内でその運動を見直したり，組み合わせる順序を工夫したりすることで，授業を活性化することもできる。高等学校においても，同じねらいや体力をもつ仲間とグループを構成することで，自己のねらいに応じて運動の計画を立てて取り組む授業づくりは可能である。

❷音楽を活用する

一般的に運動は8呼間を基本単位として1運動がカウントされる。同様に音楽も8呼間1小節としてリズムが刻まれるものが多い。動きのタイミングをあわせたり，リズミカルな動きへと高めたりするために，授業づくりにおいて音楽はぜひとも活用したい。音楽のフレーズに動きの1つ1つをあわせることは難しいが，BGMとして活用するだけでも音楽の効果は充分に期待できる。また，演奏時間を把握しておくことで，運動時間の目安にすることもできる。

弾んだり跳んだりする動きであればテンポ140拍/分程度，ストレッチであればゆっくりで静かな音楽，ランニングであれば速いテンポで明るい曲想が適している。使用する音楽は子どもに選ばせてもよい。

（3）各学年段階における授業づくり

❶多様な動きをつくる運動（遊び）（小学校低・中学年）

　小学校低・中学年の多様な動きをつくる運動（遊び）においては，子どもたちが運動を楽しみ，夢中になって動いた結果として，さまざまな体の動きが身に付くという指導をしたい。運動の例示として，体のバランス，体の移動，用具の操作，力試しの4つの運動（遊び）が示されている。中学年においては，その運動を「○○をしたらすぐに□□をする」，あるいは「○○しながら□□する」という組合せによって，さらなる動きづくりにつなげたい。

❷体の動きを高める運動（小学校高学年）

　小学校高学年では，中学年までに経験した多様な動きをさらに発展させ，体の柔らかさ，巧みな動き，力強い動き，動きを持続する能力を高めるというねらいに応じた運動を行うことになる。中学年までと同様に楽しく運動を行い，その振り返りから運動のねらいを学ぶという授業づくりを期待したい。子どもたちの発達段階を考慮して，体の柔らかさや巧みな動きに重点を置くことができる。

❸体の動きを高める運動（中学校第1・第2学年）

　中学校入学までに経験した「体の動きを高める運動」は，各小学校によって異なっていることが予想される。中学校第1学年では体の動きを高める運動について復習し，具体的な運動について再確認した後に，運動の組合せを学ぶことが必要であろう。中学校第1・第2学年の2年間を通して，「効率のよい組合せ」[①]と「バランスのよい組合せ」[②]の両方を学習する機会をつくりたい。また，組み合わせた運動を連続して実施することで，動きを持続する能力を高めることにもつなげたい。

❹実生活に生かす運動の計画（中学校第3学年以降）

　中学校第3学年の「実生活に生かす運動の計画」では，これまでに学んだ運動の組合せを踏まえて，ねらいに応じた運動の計画を立て，その成果を教育活動全体や実生活で生かすことが求められている。この「運動」は，体力要素を鍛えるためのトレーニングではなく，これまで学習してきた「体の動きを高める運動」を意味していることを忘れてはならない。

　運動の計画を学校の教育活動全体や実生活で生かす場としては，部活動や体育の授業，休み時間や家庭が想定される。たとえば，「バスケットボールのコンディショニング」「バレーボールの基本の動き」として計画し，部活動や体育授業の準備運動として活用することが考えられる。「リフレッシュ体操」として，家庭や勉強の合間にできる運動の計画でもよい。

①効率のよい組合せ
高めたい体の動きのねらいを1つ決めてそれらの運動を組み合わせること。

②バランスのよい組合せ
ねらいが異なる運動を組み合わせること。

4.体の動きを高める運動の単元及び授業の展開例

これまで述べてきたことを踏まえ，中学校第1学年を例として単元及び授業計画を紹介したい。

(1)単元計画の作成

表2には，中学校第1学年の体つくり運動の単元計画の例を示した。毎回の授業のはじめに「体ほぐしの運動」を行う単元計画とした。各ねらいに応じた運動を行った後，それらの運動を組み合わせるという「効率のよい組合せ」を学ぶ授業構成である。

単元の目標は以下のように設定した。

・体の動きを高める運動には，ねらいに応じて，安全で合理的に高める行い方があることを理解し，高めたい体の動きを1つ決め，それを高めるための運動を効率よく組み合わせることができる。（知識及び運動）

・ねらいや体力の程度に応じて，合理的な解決に向けて運動の取り組み方を工夫するとともに，自己の考えたことを他者に伝えることができる。（思考力，判断力，表現力等）

・健康・安全に留意しながら，体の動きを高める運動に積極的に取り組むとともに，一人ひとりの違いに応じた動きなどを認めたり，話し合いに参加したりすることができる。（学びに向かう力，人間性等）

(2)学習指導案の作成

表3は，単元計画に基づいて作成した学習指導案の例である。体つくり運動単元7時間中の4時間目とした。導入としての「体ほぐしの運動」において，巧みな動きが求められる運動を取り入れ，本時のねらいが効率よ

表2　単元計画：中学校第1学年の例（全7時間）

		1	2	3	4	5	6	7
学習の流れ	10	集合して挨拶，体調及び出席の確認，本時の学習内容の説明						
		○オリエンテーション ○知識の学習 ・運動の意義	○体ほぐしの運動	○体ほぐしの運動				
	20			○知識の学習 ・運動の組合せ方	○体の動きを高める運動			
					○巧みな動き ・運動の実践と選択	○巧みな動き ・2人でのなわとびの実践と選択	○力強い動き ・力強い動きの実践と選択	○動きを持続 ・ステップやジャンプなどの運動の実践と選択
	30	○体ほぐしの運動 ○体の動きを高める運動 ・各ねらいと運動の確認	○体の動きを高める運動	○体の動きを高める運動				
			○体の柔らかさ ・静的／動的な柔らかさ	○体の柔らかさ ・運動の実践と選択				
	40				○運動の組合せ ・実践・選択した運動を効率よく組み合わせる			
	50	本時の振り返り，まとめ，体調等の確認，次回授業の予告						

表3　学習指導案の例（4/7時間目）

■本時のねらい
・巧みな動きを高めるための運動を理解し，それを組み合わせる（知識及び運動）
・巧みな動きを高めるための運動を選択し，運動の取り組み方を工夫し，仲間に伝える（思考力，判断力，表現力等）
・積極的に取り組み，健康・安全に気を配る（学びに向かう力，人間性等）

段階	学習内容・活動	指導上の留意点○，評価◆
導入	1．集合，挨拶を行う 2．本時の学習内容を確認する。 　「巧みな動きを高める運動とその効率のよい組合せ」 3．体ほぐしの運動を行う（準備運動） 　1）音楽にあわせてストレッチやジャンプ系の運動 　2）「バランス崩し」（2人組） 　　・50cm程度離れて立ち，お互いに手のひらを押し合う。 　3）「背中合わせでスタンダップ」（2人組） 　　・座った状態でお互いに背中を押し合いながら立つ。	○班ごとに集合させ，健康観察及び出席の確認を行う。 ○本時の運動には「巧みな動きを高める」ねらいがあることを確認する。 ○安全に注意して運動することを強調する。 ○テンポ140拍/分程度の明るい音楽を用意する。 ○できる限り同じ身長・体重の生徒での2人組にさせる。 ○バランスが崩れると倒れるという気付きを誘発させる。 ○パートナーと力をあわせて協力することで立てることに気付かせる。
展開	1．巧みな動きを高める運動の実践（2人組での運動） ①腕の前・横（下）・前・下（横）の運動 ・腕が下のときには膝に手を置いて小さくしゃがむ。 ②パーグージャンプ ・グーとパーのジャンプを交互に行う。 ③背中合わせジャンプスクワット ・背中合わせで，両足を離して立ち，「いち，に，さーん」のリズムでジャンプスクワットをする。 2．巧みな動きを高める運動の選択と実践 ・2人組でできる「巧みな動きを高める運動」を1つ考案・選択し，実践する。運動に名前をつける（＝④の運動）。 3．効率のよい運動の組合せ（音楽にあわせる） ・①〜④の運動を順番に組み合わせ，音楽にあわせながら，32呼間ずつ動き続ける。2回繰り返す。	○充分に動けるスペースを確保する。 ○2人の役割分担（右側，左側）を確認させる。 ○各動きの確認を行わせる。 ○動きが理解できたら，2人近づいて動きの練習をする。 ○2人の役割分担（右側，左側）を確認させる。 ○各動きの確認を行わせる。 ○動きが理解できたら，2人近づいて動きの練習をする。 ○生徒全員各自で「いち，に，さーん」のリズムでジャンプスクワットをして，リズムを確認させる。 ○向かい合わせで手をつないでジャンプし，タイミングとリズムを確認させる。 ○背中合わせでお互いが寄りかかり，バランスが取れたところからジャンプをさせる。 ○「タイミングよく跳ぶ」「素早く動く」「バランスをとる」などのヒントを出し，運動を考えさせる。 ◆ねらいに適した運動を選択しているかを評価する（思考・判断・表現）。 ○考えが浮かばない生徒には，運動の例を示す。 ○テンポ140拍/分程度の明るい音楽を流す。 ○生徒には8呼間をカウントしながら動くよう促す。 ○一運動が終了したら，次の運動の確認をさせる。
まとめ	1．学習カードに，2人組で選択した運動とそのねらいを書き出す。 2．整列，挨拶を行う。	○運動を繰り返しているうちに，動きが高まってくることを気付かせる。 ◆「巧みな動きを高める運動」を選択しているかどうかを学習カードから評価する（思考・判断・表現）。

く展開できる内容とした。

2人組で行う「巧みな動き」の運動教材を3種類提示し，それを参考に一運動を考案・選択・実践した後に，それらを組み合わせて「効率のよい運動の組合せ」を学ぶ展開である。

(3) 評価の取扱い

「多様な動きをつくる運動（遊び）」「体の動きを高める運動」「実生活に生かす運動の計画」においても，子どもの学習状況を分析的にとらえる観点別学習状況の評価が行われる。

小学校の「多様な動きをつくる運動（遊び）」及び「体の動きを高める運動」では，基本的な動きを身に付けること，体の動きを高めることがねらいとされている。評価の際には，回数や時間などの数値による量的な評価ではなく，動きがスムーズにできるなどの運動観察による質的な評価が求められる。

中学校の「体の動きを高める運動」では目的に適した運動を行ったり組み合わせたりすること，また「実生活に生かす運動の計画」では目的に適した運動の計画を立てて取り組むことなどがおもなねらいであることから，運動の技能は設定されていない。「運動」については「思考・判断・表現」で評価することになる。

評価の際には，観察，子どもとの会話，ワークシート，学習カード，運動の計画など，さまざまな方法を活用して，学習状況を的確に評価することが大切である。効果的・効率的な評価を行うためには，1単位時間では1～2回の評価機会に絞り込んで，評価に追われることなく十分な指導ができる授業展開が必要である。

指導と評価の一体化を図り，次の授業の改善を行うなど，子どもが体を動かす楽しさや心地よさを味わえる授業づくりを期待したい。

5.運動が苦手な子ども・意欲的でない子どもへの配慮

体つくり運動系領域は，運動を通して体を動かす楽しさや心地よさを味わうことがねらいとされている。また，体の動きを高める運動においては，体のさまざまな動きを身に付けたり高めたりすることがおもなねらいであり，それぞれが特定の技能を示すものではないことから，技能ではなく運動として示されている。したがって，仲間との比較や競争ではなく，自己の課題や体力の程度にあわせて体の動きを高めるための運動に取り組めるような配慮が求められる。教材づくりの視点で示したように，易しい運動から難しい運動へと発展させる，2人組やグループ活動など仲間との協働的な場を設ける，用具を用いる，ねらいを複合化させる，音楽にあわせて運動するなど，この領域の特性を活かし，運動が苦手だったり意欲的でなかったりする子どもも含めて，すべての子どもたちが楽しく安心して運動

できる場を設定する配慮が必要である。

〈大塚　隆〉

〈引用・参考文献〉
国立教育政策研究所（2011）評価規準の作成，評価方法の工夫改善のための参考資料
　　【小学校　体育】．
文部科学省（2013）学校体育実技指導資料 第7集 体つくり運動─授業の考え方と進
　　め方．東洋館出版社．
文部科学省（2018）小学校学習指導要領（平成29年告示）解説体育編．東洋館出版社．
文部科学省（2018）中学校学習指導要領（平成29年告示）解説保健体育編．東山書房．
文部科学省（2019）高等学校学習指導要領（平成30年告示）解説保健体育編 体育編．
　　東山書房．
文部科学省（2019）新学習指導要領下における学習評価及び指導要録の改善について．
日本学術会議（2017）子どもの動きの健全な育成を目指して─基本的動作が危ない─．
髙橋健夫ほか編著（2009）新学習指導要領準拠 新しい体つくり運動の授業づくり．体
　　育科教育別冊57（13）．

第5章 器械運動の教材づくり・授業づくり

概要

器械運動は，できる・できないが明確であるだけに，技能の向上を保障する教材づくりや学習指導が重要になる。技の学習を行うにあたっては，事前に身に付けておきたい基礎的な感覚や段階的な達成課題，易しい場づくりについて十分な教材研究を行いたい。本章では，器械運動の授業のなかで，どのような内容を扱うのか，授業づくりや教材づくりはどのような点に留意して行えばよいのか，学習指導要領の内容を踏まえて解説する。

1. 器械運動の内容構成

　小学校学習指導要領解説体育編・中学校及び高等学校学習指導要領解説保健体育編（文部科学省，2018a，2018b，2019）によると器械運動領域は，小学校低学年の「器械・器具を使っての運動遊び」，それ以降の「器械運動」で構成されている。それぞれの内容は，表1に示した通りである。

　「器械・器具を使っての運動遊び」では，「固定施設を使った運動遊び」「マットを使った運動遊び」「鉄棒を使った運動遊び」及び「跳び箱を使った運動遊び」で内容が構成されている。ここでは，それぞれの器械・器具の条件のもとで，自分の体を支持する，逆さ姿勢になる，回転するなど基本的な動きを身に付けられるように学習する。また，できるようになった動きを使って，遊び方を工夫したり，動きや遊び方を友達に伝えたりすることを通して，器械運動に親しみやすくする指導が基本となる。

　小学校第3学年以降の「器械運動」は，「マット運動」「鉄棒運動」及び「跳び箱運動」で構成されている。「マット運動」は，回転系と巧技系の技を，「鉄棒運動」は，支持系の技を，「跳び箱運動」は，切り返し系と回転系の技を取り上げている。それぞれの技は，発達の段階と中学校，高等学校との連携を考慮し，子どもが学びやすくなるように配置されている。また，運動を楽しく行うために，自己やグループの課題をみつけ，その解決に向けて活動を工夫するとともに，約束を守り助け合って運動をしたり，仲間の考えや取り組みを認めたり，場や器械・器具の安全に気を配ったりすることなどができるように指導することが基本となる。

　中学校・高校の「器械運動」は，「マット運動」「鉄棒運動」「跳び箱運動」

表1　器械運動の内容構成

学年	領域名	内容	解説
小学校1・2年	器械・器具を使っての運動遊び	ア　固定施設を使った運動遊び	ジャングルジムや雲梯，登り棒，肋木，平均台などで，いろいろな登り下りやぶら下がりをしたり，懸垂移行をしたり，渡り歩きや跳び下りをしたり，逆さの姿勢をとったりするなどして遊ぶ。
		イ　マットを使った運動遊び	マットに背中や腹などをつけていろいろな方向に転がったり，手や背中で支えて逆立ちをしたり，体を反らせたりするなどして遊ぶ。
		ウ　鉄棒を使った運動遊び	鉄棒を使って，手や腹，膝で支持したり，ぶら下がったり，揺れたり，跳び上がったり，跳び下りたり，易しい回転をしたりするなどして遊ぶ。
		エ　跳び箱を使った運動遊び	跳び箱を使って跳び乗りや跳び下りをしたり，馬跳びやタイヤ跳びをしたりするなどして遊ぶ。
小学校3・4年	器械運動	ア　マット運動	自己の能力に適した回転系（前転など）や巧技系（壁倒立など）の基本的な技をする。また，基本的な技に十分に取り組んだうえで，それらの発展技に取り組んだり，技を繰り返したり組み合わせたりする。
		イ　鉄棒運動	自己の能力に適した支持系の基本的な技をする。また，基本的な技に十分取り組んだうえで，それらの発展技に取り組んだり，技を繰り返したり組み合わせたりする。
		ウ　跳び箱運動	自己の能力に適した切り返し系（開脚跳びなど）や回転系（台上前転など）の基本的な技をする。また，基本的な技に十分に取り組んだうえで，それらの発展技に取り組む。
小学校5・6年	器械運動	ア　マット運動	自己の能力に適した回転系や巧技系の基本的な技を安定して行ったり，その発展技に取り組んだりする。また，選んだ技を自己やグループで繰り返したり，組み合わせたりする。
		イ　鉄棒運動	自己の能力に適した支持系の基本的な技を安定して行ったり，その発展技に取り組んだりする。また，選んだ技を自己やグループで繰り返したり，組み合わせたりする。
		ウ　跳び箱運動	自己の能力に適した切り返し系や回転系の基本的な技を安定して行ったり，その発展技に取り組んだりする。
中学校1・2年	器械運動	ア　マット運動	回転系の接転技群，ほん転技群の基本的な技，巧技系の平均立ち技群の基本的な技を滑らかに行う，条件を変えた技や発展技を行うこと及び同じグループや異なるグループの基本的な技，条件を変えた技，発展技の中から，いくつかの技を「はじめ―なか―おわり」に組み合わせて行う。
		イ　鉄棒運動	支持系の前方支持回転技群，後方支持回転技群の基本的な技，懸垂系の懸垂技群の基本的な技を滑らかに行う，条件を変えた技や発展技を行うこと及び同じグループや異なるグループの基本的な技，条件を変えた技，発展技の中から，いくつかの技を「上がる―回る―下りる」に組み合わせて行う。
		ウ　平均台運動	体操系の歩走グループ，跳躍グループの基本的な技を滑らかに行う，バランス系のポーズグループ，ターングループの基本的な技を滑らかに行う，条件を変えた技や発展技を行うこと及び同じグループや異なるグループの基本的な技，条件を変えた技，発展技の中から，いくつかの技を「上がる―なかの技―下りる」に組み合わせて行う。
		エ　跳び箱運動	切り返し系の切り返し跳びグループの基本的な技，回転系の回転跳びグループの基本的な技を滑らかに行う，条件を変えた技や発展技を行う。
中学校3年	器械運動	ア　マット運動	回転系の接転技群，ほん転技群の基本的な技，巧技系の平均立ち技群の基本的な技を滑らかに行う，条件を変えた技や発展技を行うこと及び同じグループや異なるグループの基本的な技，条件を変えた技，発展技の中から，技の組み合わせの流れや技の静止に着目して「はじめ―なか―おわり」に構成し演技する。
		イ　鉄棒運動	支持系の前方支持回転技群，後方支持回転技群の基本的な技，懸垂系の懸垂技群の基本的な技を滑らかに行う，条件を変えた技や発展技を行うこと及び同じグループや異なるグループの基本的な技，条件を変えた技，発展技の中から，技の組み合わせの流れに着目して「上がる―回る―下りる」に構成し演技する。
		ウ　平均台運動	体操系の歩走グループ，跳躍グループの基本的な技を滑らかに行う，バランス系のポーズグループ，ターングループの基本的な技を滑らかに行う，条件を変えた技や発展技を行うこと及び同じグループや異なるグループの基本的な技，条件を変えた技，発展技の中から，技の組み合わせの流れや技の静止に着目して「上がる―なかの技―下りる」に構成し演技する。
		エ　跳び箱運動	切り返し系の切り返し跳びグループの基本的な技，回転系の回転跳びグループの基本的な技を滑らかに行う，条件を変えた技や発展技を行う。
高等学校	器械運動	ア　マット運動	回転系の接転技群，ほん転技群の基本的な技，巧技系の平均立ち技群の基本的な技を滑らかに行う，条件を変えた技や発展技を行うこと及び同じグループや異なるグループの基本的な技，条件を変えた技，発展技の中から，技の組み合わせの流れや技の静止に着目して「はじめ―なか―おわり」に構成し演技する。
		イ　鉄棒運動	支持系の前方支持回転技群，後方支持回転技群の基本的な技，懸垂系の懸垂技群の基本的な技を滑らかに行う，条件を変えた技や発展技を行うこと及び同じグループや異なるグループの基本的な技，条件を変えた技，発展技の中から，技の組み合わせの流れに着目して「上がる―回る―下りる」に構成し演技する。
		ウ　平均台運動	体操系の歩走グループ，跳躍グループの基本的な技を滑らかに行う，バランス系のポーズグループ，ターングループの基本的な技を滑らかに行う，条件を変えた技や発展技を行うこと及び同じグループや異なるグループの基本的な技，条件を変えた技，発展技の中から，技の組み合わせの流れや技の静止に着目して「上がる―なかの技―下りる」に構成し演技する。
		エ　跳び箱運動	切り返し系の切り返し跳びグループの基本的な技，回転系の回転跳びグループの基本的な技を滑らかに行う，条件を変えた技や発展技を行う。

にくわえ，「平均台運動」で構成されている。「平均台運動」では，体操系とバランス系の技を取り上げている。中学校の内容では，小学校で学習される技を基本に，技がよりよくできることや自己に適した技で演技すること，高校の内容では，技がよりよくできたり自己や仲間の課題を解決したりするなどの多様な楽しさや喜びを味わい，自己に適した技で演技することなどが求められている。

　なお，指導に際しては，知識の理解を基に運動の技能を身に付けたり，運動の技能を身に付けることでいっそう知識を深めたりするなど，知識と技能を関連させて学習させることや，「知識及び技能」「思考力，判断力，表現力等」「学びに向かう力，人間性等」の内容をバランスよく学習させるようにすることが大切である。

2.器械運動の本質的な課題と面白さ

　器械運動は，マットや鉄棒，平均台，跳び箱などの器械を使って，さまざまな技に取り組み，技の達成や技能の向上を目指す運動領域である。また，できるようになった技を連続したり，組み合わせたり，演技の発表をしたりすることを通して，楽しさや喜びを味わうことができる。倒立やいろいろな回転動作を伴う技は，その多くが日常生活からかけ離れた非有用性の運動であるが，日常生活で経験できない複雑な姿勢の変化やそれに伴う運動感覚を体験させるものであり，このことが器械運動の楽しさとなっている（野々宮ほか，1992a，p.11）。

　器械運動の技は，「回転」「支持」「懸垂」等の運動で構成されている。たとえば，マット運動では，マット上で前方や側方に回転したり，腕や背中で体を支えたりといった技があり，鉄棒運動では，鉄棒に懸垂したり，鉄棒の上に腕支持でバランスを取ったり，鉄棒を踏み越えて跳び下りたりする技がある。こうしたさまざまな動きを学習することが課題である。

　器械運動は，個人で行われる動きが中心となり，1つ1つの技の達成も明確である。そのため，技を達成したときの喜びは，大きいものであるが，その一方で技が達成できないときの意欲の低下も大きくなる。器械運動の技能差は，学年の進行や技が高度になるほど大きくなるため，早い段階から体育授業のなかで動きの学習を十分に行い，上達を保障することが大変重要になる。

　技の達成を保障するために，小学校低学年からの運動感覚づくりで器械運動の素地となる基礎的な感覚を養わせること，類似の運動感覚を味わうことのできる運動に取り組ませることが重要とされる。また，器械運動の技は，1つの技がいくつかの技に発展するようにその運動構造に基づいて，以下に示す系，技群及びグループの視点によって系統化されて示されている。

系	各種の特性を踏まえて技の課題の視点から大きく分類したもの
技群	類似の課題や技術の視点から分類したもの
グループ	類似の課題や技術にくわえて，運動の方向や運動の経過の視点から分類したもの

　そこで，達成が容易な技から難しい技へと技を段階的に示すことのできる学習資料を提示できるように準備してほしい。また，技を学習するうえで想定される落下に対する恐怖心や器械・器具に体がこすれる痛みによる抵抗感が少なくなるように場や教具の工夫も重要である。

3.各学年段階に応じた教材づくり・授業づくりの視点

（1）小学校低学年

❶基礎的な感覚を養う動きを取り入れた学習

　低学年では，器械・器具を使っての運動遊びの楽しさに触れ，回転，支持，逆さの姿勢，ぶら下がり，振動，手足での移動などの基本的な動きや技能を身に付けるようにし，中学年の器械運動の学習につなげていくことが求められる。

　学習のなかでは，子どもが「やってみたい」と思うような易しい運動やチャレンジ性の高い遊びを通して，器械運動の学習に必要な「基礎となる力や感覚」が習得されるように意味のある運動遊びを経験させることが大切である。たとえば，鉄棒を使った運動遊びでは，図1のような動きを取

ぶたのまるやき

鉄棒を片逆手で握り，片足を振り上げた後，胴体と頭部を後傾させ両足を鉄棒にかけて懸垂する。
〈必要な感覚〉支持，懸垂，締め

鉄棒に足をかけてぶらさがることが達成されたら，肘を曲げて，鉄棒に体を引きつけられるように指導したい。

つばめ

鉄棒に跳び上がり，身体を前傾させる。頭から足先まで一直線になるようにし，姿勢を保持する。
〈必要な感覚〉支持，締め，バランス

つばめ姿勢のとき，肘を伸ばして体を支えることができるように指導したい。

ふとんほし

鉄棒に跳び上がり，上体を前方に回転させる。腰骨（足の付け根）を鉄棒にかけて，逆位姿勢になり懸垂する。
〈必要な感覚〉腕支持，逆さ

腰骨（足の付け根）を鉄棒にかけて，背中がまっすぐに伸びるように指導したい。

こうもり

両手で鉄棒を握り，手と手の間に両足を通し，鉄棒に両膝をかける。両手をゆっくりと鉄棒から離し，逆さ姿勢になり懸垂する。
〈必要な感覚〉懸垂，逆さ

両膝をかけて懸垂したとき，背中や腰の力を抜いて，体がまっすぐに伸びるように指導したい。

図1　鉄棒運動を使った運動遊びの例

り上げたい。

❷休み時間の運動遊びに注目／動きの日常化・生活化

子どもの休み時間の様子を観察すると，ジャングルジムに登ったり，雲梯を渡ったり，鉄棒に座ったり，逆さまになってぶら下がったりして遊んでいる様子がみられる。児童の遊びのなかから器械運動に関連したいろいろな技術性を見出し，それらの運動を幅広く取り上げていきたい。

また，器械・器具を使っての運動遊びは，体育授業が行われた後の休み時間に子どもが固定施設や鉄棒に集まり，大ブームが起きることがある。体育授業だけに限定せず，動きを日常化・生活化する工夫が大切である。

（2）小学校中・高学年

❶基本的な技の技術を大切にした学習

中学年では，基本的な動きや技を身に付けるようにすることが求められる。また，高学年では，基本的な技を安定して行ったり，発展技に取り組んだり，組み合わせたりして技を身に付けるようにし，中学校の器械運動の学習につなげていくことが大切になる。

中・高学年で例示されている基本技は，各グループに共通する技術的な課題を含んでいる。たとえば，マット運動の前転は，「順次接触①」と「回転加速②」の２つの技術がある。これらの技術を十分に習得させておくと，より発展した技の習得につながりやすい。子どもが楽しみながら挑戦できるように，さまざまな条件をつけた前転（図2）に取り組ませたい。

①順次接触
転がるときに頭からお尻へと身体の後ろ部分が順にマットにつくこと。

②回転加速
転がりながら回転のスピードを高めること。

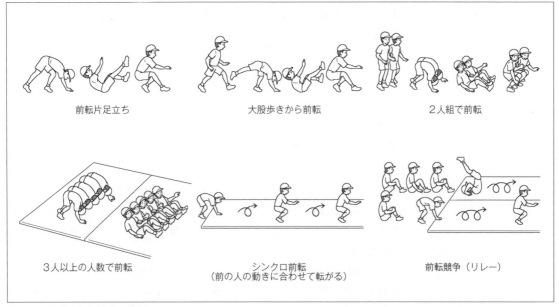

前転片足立ち

大股歩きから前転

2人組で前転

3人以上の人数で前転

シンクロ前転
（前の人の動きに合わせて転がる）

前転競争（リレー）

図2　さまざまな条件での前転

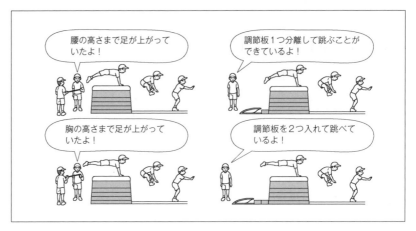

図3　開脚跳びのできばえがわかる学習装置

❷できばえがわかる学習装置の活用

　技の学習では，ただ単に「できる・できない」を課題にするだけではなく，子どもに「合理的な動き，運動の雄大さ，美しさ」などのできばえについて理解させ，それらに挑戦させていく指導を考えたい（野々宮ほか，1992b, p.15）。たとえば，跳び箱運動の「開脚跳び」は，リズムよく跳び越えることで腕を支点とした切り返しの感覚が身に付き，これがかかえ込み跳びや大きな開脚跳びにつながる。そのため，「開脚跳びが跳べた」ではなく「跳べたときのできばえはどうか」について指導することが求められる。

　このとき，課題をできるだけ具体化し，子どもがはっきりと評価できるような基準を提示する工夫が必要である。たとえば，開脚跳びの第一飛躍局面の雄大さに着目すると，「踏切板をどれほど離して跳ぶことができるか」や「どれほどの高さのゴムひもを越して跳ぶことができるか」といった具体的なめあてを与え，子ども同士で判断できるようにする必要がある（図3）。

(3)中学校・高等学校

❶知識と技能を融合させた学習

　中学校，高等学校では，「技がよりよくできること」や「自己に適した技で演技する」ことが求められている。動きの獲得を通して，いっそう知識の大切さを実感できるようにすることや知識を活用し，課題を発見・解決するなどの知識を基盤とした学習の充実を図ることが求められている（神家，2017）。

　技の名称は，運動の構造と関連して，懸垂・支持・上がり・回転などの運動の基本形態を示す名称と，運動の経過における，方向・姿勢・運動などの課題を示す名称によって成り立っていることを理解できるように指導

前転―足交差―後転	前転―伸身跳びひねり―後転
前転の足が着く直前に足をクロスさせる。クロスさせた足を解くように1/2ひねり，後転する。	前転の着地後，伸身跳びひねりで向きを変え，後転する。うまくひねるためには，首や腕の使い方が重要になる。

図4　技の組み合わせ例

したい。たとえば，マット運動の「前方倒立回転跳び」では，前方（方向課題）・倒立回転（運動の基本形態）・跳び（運動の課題）が示されている。動きの学習とともに，こうした知識が，技の課題を解決するための合理的な動き方のポイントとなることを理解できるように指導することが大切である。

❷基本的な技のできばえを高める学習

　難易度の高い技のみに興味をもつのではなく，基本的な技のできばえを高めることも大切である。中学校，高等学校で取り上げられる基本技は，小学校（高等学校の場合は，中学校）までに学習した技が示されている。こうした基本技を滑らかに，そしていつでも安定してできるように指導していきたい。

　また，いくつかの技を組み合わせたり，構成したりして演技をする活動では，技の静止や組み合わせの流れに着目できるように指導したい。たとえば，マット運動の組み合わせ技として「倒立前転→後転」を同じ進行方向に行うとすると方向を転換する動きが必要になる。このとき向きを変える動作として，「前転の起き上がりで足を交差する」「伸身跳びひねりを入れる」などがあることに気付かせ，より変化に富んだ組み合わせを考えたり取り組んだりさせることが大切である（図4）。

4.器械運動の単元及び授業の展開例

　ここまで述べてきたことを踏まえて，小学校3年生を対象とした鉄棒運動の授業づくりを取り上げる。

（1）学習内容の設定

　授業の実践例として「かかえ込み前回り」に着目した教材づくりを行う

こととした。子どもの学習状況の実態として，前方に回転する勢いをつけられないというつまずきが考えられる。そこで，以下の2点に重点を置くこととした。

❶運動感覚づくりを繰り返し行う

鉄棒運動は，「回転」「逆さ姿勢」「支持」の感覚が身に付いていないと，技に対する恐怖心が強くなり，児童の意欲を低下させてしまう可能性がある。そこで，運動感覚づくりの動きを取り入れ，毎回の授業の最初に繰り返し取り組ませることとした。

❷単技の連続回転（連続技）に挑戦させる

単元のなかで取り上げる前回り下りやかかえ込み前回りは，前方回転の勢いを生み出す技術が含まれているため，繰り返し学習させたい。このため，単技を達成した児童には，連続で回転させることに挑戦させ，基本技に含まれる技術を十分に定着させる。

（2）教材づくり

○運動感覚づくり
・ぶたのまるやき（体を締める感覚，懸垂感覚）
・つばめ〜後ろ振り下り（体を締める感覚，バランス感覚，振動感覚，着地の感覚）
・ふとんほし振り（逆さになる感覚，懸垂感覚，振動感覚）
・こうもり振り（逆さになる感覚，懸垂感覚，振動感覚）
○足抜き回り，足抜き回り連続
○前回り下り，前回り下り連続
○かかえ込み前回り，かかえ込み前回り連続

（3）学習形態の工夫──ペア学習,トリオ学習で役割の明確化

限られた体育授業のなかで，児童が繰り返し取り組むことができるようにグループでの活動を中心とした。6人のグループのなかでさらに3人組（トリオ）をつくり，「練習する人」と「動きを観察する人」「回数を数える人」という役割を与え，自分が練習している以外の時間も学習に積極的に参加させるように工夫した。

（4）場や教具の工夫

❶鉄棒の高さ

複数の高さの鉄棒の準備が可能であれば，児童の身長や取り組む技によって適した高さの鉄棒が準備できることが望ましい。たとえば，腕支持

図5　鉄棒の下にマットを敷いた場　　　　　図6　技の学習を助けるための補助具

から開始されるつばめ，前回り下り，かかえ込み前回りといった技は，無理なく跳び上がりができるような児童の胸の高さ程度の鉄棒が適している。一方で，こうもりは，児童の肩程度の鉄棒が適している。

❷安全のための場及び教具

　鉄棒では，落ちることへの恐怖心や体の部位がこすれる痛みから積極的に学習に参加できない子どもがしばしばみられる。そのため，鉄棒の下へ安全用のマットを敷いたり（図5），鉄棒用のパッドを準備したりといった工夫（図6）が必要である。

(5)単元計画の作成

　単元の目標を以下のように設定し，単元計画（表2）を作成した。
・支持系の基本的な技の行い方を理解するとともに，その技を安定して行うことができる。（知識及び技能）
・自己の能力に適した課題の解決の仕方を工夫できるようにする。（思考力，判断力，表現力等）
・グループのなかで互いの役割を決めて観察し合い，つまずいていた技のコツやわかったことを仲間に伝えることができるようにする。（思考力，判断力，表現力等）
・基本的な技に積極的に取り組み，約束を守り，助け合って運動することができるようにする。（学びに向かう力，人間性等）
・器械・器具の準備や片付けなどで，分担された役割を果たせるようにする。（学びに向かう力，人間性等）

(6)学習指導案の作成

　表3は表2に示した単元の第4時の学習指導案である。

表2 単元計画（全6時間）

	1	2	3	4	5	6
10	集合して挨拶，準備運動，学習内容の理解					
	○単元の概要	○運動感覚づくり ・ぶたのまるやき，つばめ〜後ろ振り下り，ふとんほし振り，こうもり振り				
20	・グループの確認 6名×6グループ ・運動感覚づくり の説明とチャレ ンジ ・技能調査	○運動感覚づくり	○基本技Ⅰ ・足抜き回り ・前回り下り	○基本技Ⅰ ・足抜き回り（連続） ・前回り下り（連続）		○自己の課題への 挑戦
30			○基本技Ⅱ ・かかえ込み前回り		○基本技Ⅱ ・かかえ込み前回 り（連続）	発表会
40		○基本技Ⅰ ・足抜き回り ・前回り下り	○自己の課題への挑戦 （足抜き回り，前回り下り，かかえ込み前回り）			
	振り返り，まとめ，次時の確認					

表3 本時の授業展開（4/6時間目）

■**本時のねらい**
・基本的な技の行い方を知るとともに，技に取り組み，身に付けることができるようにする。（知識及び技能）
・自分の能力に適した技や場を選び，練習することができる。（思考力，判断力，表現力等）
・技のできばえを振り返り，動き方を修正したり，新たな課題をみつけたりすることができるようにする。（思考力，判断力，表現力等）
・学習の仕方や約束を守り，仲間と助け合うことができるようにする。（学びに向かう力，人間性等）

段階	学習内容・活動	指導上の留意点○，評価◆
導入	1. 集合・整列・挨拶 2. 学習の流れの確認 3. 準備運動 4. 場の設定	○本時の学習のめあてや流れを確認する。 ○体の各部位（肩，手首，腰，膝，足首など）をほぐすようにする。 ○鉄棒の下に安全マットを準備する。
展開	5. 感覚づくりの動きに取り組む ・ぶたのまるやき，つばめ〜後ろ振り下り，ふとんほし振り，こうもり振り	○体を締める感覚，支持する感覚，逆さの感覚を養う。 ○ぶたのまるやきは，体を鉄棒にしっかり引きつけて静止できるように指導する。 ○つばめ〜後ろ振り下りは，腕でしっかりと支持し，下りでは，安全に着地するように指導する。 ○ふとんほし振り，こうもり振りは，体の力を抜いてぶら下がるように指導する。振りでは，腕や頭を前後に動かして大きく振るように指導する。 ◆感覚づくりの動きの行い方を知るとともに，それらができる。（知識・技能）
	6. 前回り下り，足抜き回りの連続の学習 ・技能ポイントを確認する。 ・技の練習	○前回り下り，足抜き回りのポイントに関わる声かけを行う。 ○連続で何回も回転できるように指導する。 ○技のつなぎ目をできるだけスムーズに回転できるようにする。 ◆それぞれの技の動き方を知るとともに，それらができる。（知識・技能） ◆友達と協力して，数を数えたり，声をかけたりしている。（態度）
	7. かかえ込み前回りの学習 ・技能のポイントを確認する。 ・技の練習	○かかえ込み前回りのポイントに関わる声かけを行う。 ○回転の勢いがつかない児童には，ふとんほし振りで大きく前後に揺れる練習をするように指導する。 ○技を達成している児童には，連続回転に挑戦させる。 ◆自分のできばえを振り返り，動きを修正している。（思考・判断） ◆友達と教え合い，励まし合いながら，運動する喜びを味わうことができる。（態度）
まとめ	8. 本時のまとめ ・学習カードに記入する 9. 片付け	○今日の学習成果や次時に向けてのめあてなどを書くことができるように声かけをする。 ○できるようになった要因や友達との関わり合いについて振り返る。 ○安全に気をつけながら協力して片付けに取り組めるように声かけをする。

5.運動が苦手な子ども・意欲的でない子どもへの配慮

　器械運動は，できる・できないが明確であり，個人の技能が達成に直接
関わるため，運動が苦手な子どもは意欲の低下につながりやすい領域であ
る。そのため基本的にはスモールステップを用いた易しい課題からの段階
的な指導が求められるが，そのことに関わって，以下の点に配慮した授業
づくり，教材づくりを考えたい。

（1）成功体験が味わえる運動学習

　運動が苦手な子どもでも「私にもできそうだ！」「もっと挑戦してみた
い！」と感じられるような運動学習を行うことが大切である。たとえば，
低学年のジャングルジムを使った運動遊びでは，高さに対する恐怖心から，
運動に意欲的でない子どもには，低い場所に音のなる教具をつけることで，
登ることへの興味を喚起したり，低い場所を横に移動したりして高さに慣
れるなどの配慮を行う。また活動のなかで，できたことを賞賛することや，
肯定的な働きかけができるようにするなどの配慮も大切にしたい。

（2）動きを助ける教具や場の工夫

　技の学習のなかで，子どもがつまずきやすいポイントを把握し，解決を
手助けするような教具や場の工夫を行いたい。たとえば，マット運動の壁
倒立が苦手な子どもには，足を勢いよく振り上げるためにゴムを使用した
り，手をつく位置や目線の先にマークを置いたりなどの教具を用いて指導
したい。後転や開脚後転が苦手な子どもには，傾斜を利用して回転に勢い
をつけて転がりやすくするような場を準備したい。

（3）視覚教材の活用

　器械運動は，回転したり，逆さになったりしたときに自分がどのように

図7　ICT機器の活用場面

図8　視聴覚教材（技の連続図）

動いているのか，イメージがつきにくい。子どもが自己の能力に適した課題や活動を選ぶことができるように，技の連続図を示して，みつけたポイントを書かせたり，うまくできないところに印をつけたりできるような視覚的な教材の活用やICT機器を用いて，自分や仲間の動きを比較するなどの活動を取り入れたい。このとき，教師は，動きをみる視点やポイントを意識づけすることが大切である（図7，8）。

〈針谷美智子〉

〈引用・参考文献〉
岩田靖ほか編著（2018）初等体育授業づくり入門．大修館書店．
神家一成（2017）4　B器械運動．佐藤豊編著，新学習指導要領の展開 保健体育編．明治図書，pp.34-35.
文部科学省（2018a）小学校学習指導要領（平成29年告示）解説体育編．東洋館出版社．
文部科学省（2018b）中学校学習指導要領（平成29年告示）解説保健体育編．東山書房．
文部科学省（2019）高等学校学習指導要領（平成30年告示）解説保健体育編 体育編．東山書房．
野々宮徹・高橋健夫・三木四郎（1992a）1．器械運動の特性．高橋健夫・三木四郎・長野淳次郎・三上肇編著，器械運動の授業づくり．大修館書店，p.11.
野々宮徹・高橋健夫・三木四郎（1992b）2．器械運動の学習指導．高橋健夫・三木四郎・長野淳次郎・三上肇編著，器械運動の授業づくり．大修館書店，p.15.
髙橋健夫ほか編著（2010）新版 体育科教育学入門．大修館書店．
吉野聡・金川瑞希・飯島悠輔・杉江拓也・下山田克也・稲葉敬之（2018）休み時間における児童の運動遊びに繋がる体育授業の探索：経験を有する児童および教員へのインタビューを通して．体育学研究63：341-353.

第6章 陸上運動［競技］の教材づくり・授業づくり

概要

陸上運動［競技］の授業では，各学年段階に応じてどのような内容が取り上げられているのか，学習指導要領の内容を踏まえて解説する。また，陸上運動［競技］の授業では，「走る」「跳ぶ」「投げる」運動を取り上げるが，運動能力に個人差がある子どもたちがそれらの運動に意欲的に取り組みながら，技能を高めていけるような授業づくりの工夫が必要である。本章では，その工夫について紹介するとともに，具体的な授業実践例を提示する。

1.陸上運動［競技］の内容構成

　小学校の陸上運動系領域では，走る・跳ぶなどの運動に関する内容を取り上げており，低学年の走・跳の運動遊びでは，「走の運動遊び」及び「跳の運動遊び」で内容を構成し，中学年の走・跳の運動では，「かけっこ・リレー」「小型ハードル走」「幅跳び」及び「高跳び」で，また，高学年の陸上運動では，「短距離走・リレー」「ハードル走」「走り幅跳び」及び「走り高跳び」で内容が構成されている（文部科学省，2018a）。小学校の陸上運動系領域は，発達段階ごとに領域名が変わり，より系統性が重視された構成となっており，低・中学年の段階で走る・跳ぶなどの基本的な動きや技能を身に付け，高学年の陸上運動の学習につなげていくことが大切である。

　中学校の陸上競技では，小学校に引き続き，走る・跳ぶなどの運動に関する内容を取り上げており，「短距離走・リレー」「長距離走」「ハードル走」「走り幅跳び」及び「走り高跳び」で内容が構成されている（文部科学省，2018b）。中学校1，2年生の段階では，小学校の走る・跳ぶに関する運動の動きの学習を踏まえて，基本的な動きや効率のよい動きを身に付けることが学習のねらいとなり，中学校3年生の段階では，中学校1，2年生の学習を受けて，各種目特有の技能を身に付けることが学習のねらいとなる（文部科学省，2018b）。

　高等学校の陸上競技では，走る・跳ぶ・投げる運動に関する内容を取り上げており，「短距離走・リレー」「長距離走」「ハードル走」「走り幅跳び」「走り高跳び」「三段跳び」「砲丸投げ」及び「やり投げ」で内容が構成さ

表1 学習指導要領にみられる陸上運動［競技］の内容

学年	領域名	内容	解説
小学校1・2年	走・跳の運動遊び	ア 走の運動遊び	距離や方向などを決めて走ったり，手でのタッチやバトンの受渡しをする折り返しリレー遊びをしたり，段ボールや輪などの低い障害物を用いてのリレー遊びをしたりする。
		イ 跳の運動遊び	助走を付けて片足で踏み切り，前方や上方に跳んだり，片足や両足で連続して跳んだりする。
小学校3・4年	走・跳の運動	ア かけっこ・リレー	距離を決めて調子よく最後まで走ったり，走りながらバトンの受渡しをする周回リレーをしたりする。
		イ 小型ハードル走	小型ハードルを自己に合ったリズムで走り越える。
		ウ 幅跳び	短い助走から強く踏み切って遠くへ跳ぶ。
		エ 高跳び	短い助走から強く踏み切って高く跳ぶ。
小学校5・6年	陸上運動	ア 短距離走・リレー	走る距離やバトンの受渡しなどのルールを決めて競走したり，自己（チーム）の記録の伸びや目標とする記録の達成を目指したりしながら，一定の距離を全力で走ることができるようにする。
		イ ハードル走	インターバルの距離やハードルの台数などのルールを決めて競走したり，自己の記録の伸びや目標とする記録の達成を目指したりしながら，ハードルをリズミカルに走り越えることができるようにする。
		ウ 走り幅跳び	試技の回数や踏切りゾーンの設置などのルールを決めて競争したり，自己の記録の伸びや目標とする記録の達成を目指したりしながら，リズミカルな助走から力強く踏み切って跳ぶことができるようにする。
		エ 走り高跳び	試技の回数やバーの高さの決め方などのルールを決めて競争したり，自己の記録の伸びや目標とする記録の達成を目指したりしながら，リズミカルな助走から力強く踏み切って跳ぶことができるようにする。
中学校1・2年	陸上競技	ア 短距離走・リレー	自己の最大スピードを高めたり，バトンの受渡しでタイミングを合わせたりして，個人やチームのタイムを短縮したり，競走したりできるようにする。
		イ 長距離走	自己のスピードを維持できるフォームでペースを守りながら，一定の距離を走り通し，タイムを短縮したり，競走したりできるようにする。
		ウ ハードル走	ハードルを越えながらインターバルを一定のリズムで走り，タイムを短縮したり，競走したりできるようにする。
		エ 走り幅跳び	助走スピードを生かして素早く踏み切り，より遠くへ跳んだり，競争したりできるようにする。
		オ 走り高跳び	リズミカルな助走から力強く踏み切り，より高いバーを越えたり，競争したりできるようにする。
中学校3年	陸上競技	ア 短距離走・リレー	合理的なフォームを身に付けたり，バトンの受渡しで次走者のスピードを十分高めたりして，個人やリレーチームのタイムを短縮したり，競走したりできるようにする。
		イ 長距離走	自己に適したペースを維持して，一定の距離を走り通し，タイムを短縮したり，競走したりできるようにする。
		ウ ハードル走	ハードルを低く素早く越えながらインターバルをリズミカルにスピードを維持して走り，タイムを短縮したり，競走したりできるようにする。
		エ 走り幅跳び	助走のスピードとリズミカルな動きを生かして力強く踏み切り，より遠くへ跳んだり，競争したりできるようにする。
		オ 走り高跳び	リズミカルな助走から力強く踏み切り，はさみ跳びや背面跳びなどの跳び方で，より高いバーを越えたり，競争したりできるようにする。
高等学校	陸上競技	ア 短距離走・リレー	入学年次では，「中間走へのつなぎを滑らかにして速く走ることやバトンの受渡しで次走者のスピードを十分高めること」を，その次の年次以降では，「中間走の高いスピードを維持して速く走ることやバトンの受渡しで次走者と前走者の距離を長くすること」をねらいとする。
		イ 長距離走	入学年次では，「自己に適したペースを維持して走ること」を，その次の年次以降では，「ペースの変化に対応して走ること」をねらいとする。
		ウ ハードル走	入学年次では，「スピードを維持した走りからハードルを低く走り越すこと」を，その次の年次以降では，「スピードを維持した走りからハードルを低く走り越すこと」をねらいとしている。
		エ 走り幅跳び	入学年次では，「スピードに乗った助走から力強く踏み切って跳ぶこと」を，その次の年次以降では，「スピードに乗った助走と力強い踏み切りから着地までの動きを滑らかにして跳ぶこと」をねらいとしている。
		オ 走り高跳び	入学年次では，「リズミカルな助走から力強く踏み切り滑らかな空間動作で跳ぶこと」を，その次の年次以降では，「スピードのあるリズミカルな助走から力強く踏み切り，滑らかな空間動作で跳ぶこと」をねらいとしている。
		カ 三段跳び	「短い助走からリズミカルに連続して跳ぶこと」をねらいとしている。
		キ 砲丸投げ	「立ち投げなどから砲丸を突き出して投げること」をねらいとしている。
		ク やり投げ	「短い助走からやりを前方にまっすぐ投げること」をねらいとしている。

れている（文部科学省，2019）。高等学校では，中学校の学習を踏まえて，各種目特有の技能を身に付けることなどができるようにすることが学習のねらいとなり，より陸上競技の専門的な技術の習得が求められてくる。

表1は，2017・18年改訂の学習指導要領に示された小学校・中学校・高等学校の陸上運動［競技］の内容（技能のみ）をまとめたものである。なお，今回の学習指導要領では，小学校の陸上運動系領域の内容の取扱い（低・中・高学年）として，「児童の実態に応じて，投の運動（遊び）を加えて指導することができる」と示されている（文部科学省，2018a）。

2.陸上運動［競技］の本質的な課題と面白さ

陸上運動［競技］は，「走る」「跳ぶ」「投げる」などの運動で構成され，これらの運動のできばえを向上させていくところに本質的な課題と面白さがあり，自分の目標とする記録に挑戦したり，仲間と競争（走）したりする楽しさを味わうことのできる運動領域である。

陸上運動［競技］は，一見単純な運動であり，誰でも楽しめるような運動に思われがちだが，ハードル走，走り幅跳びや走り高跳びなどの種目では，「走ること」と「跳ぶこと」といった異なる運動の連続性を獲得する「運動組み合わせ」に大きな課題がある（岩田・渡辺，2009）。走り幅跳びでいえば，助走をしてそのまま走り抜けてしまう子どもをよくみかける。したがって，走る（助走），跳ぶ（踏み切り）を組み合わせた運動技術の習得を促すような教材や指導方法を取り入れることで，子どもが運動課題を達成していく面白さを味わうことができるといえよう。そのためには，それぞれの種目の動きのポイントを明確に提示することやリズムを大切にした学習指導を行うことなどが大切になってくる。

さらに，陸上運動［競技］の授業では，学習の成果や個人の運動能力の差が数値で表れてしまうことから，運動能力が低い子どもや単元のはじめの段階で記録が低い子どもにとっては，「嫌い」「苦手」な学習と認識されやすい。したがって，授業づくりに工夫がなければ，運動能力が高い子ども（記録がよい子ども）のみが活躍する授業になってしまう危険性がある。そのため，技術的に易しい活動を提供することや個に応じた目標記録や課題を設定していくこと，課題の解決に向けた練習の場（方法）の提示を行うことなど，運動能力が低い子どもも陸上運動［競技］の種目を楽しむことができる工夫が必要である。

3.各学年段階における教材づくり・授業づくりの視点

（1）小学校低学年

低学年では，意欲的に走る・跳ぶなどの運動遊びに取り組むことができ

るように楽しい活動の仕方や場を工夫することが大切である（文部科学省，2018a）。走の運動遊びでは，まっすぐなコースや曲線のコース，ジグザグのコースなどさまざまな場を設定し，いろいろな形状のコースを走ることやミニハードルや段ボールなどの低い障害物をコースに配置し，リレー遊びをするなどの活動を取り入れるとよい。跳の運動遊びでは，ロープを2本使うなどして川をつくり，その幅を片足や両足で跳び越えるなどの「川跳び遊び」や「ゴム跳び遊び」を通してさまざまな高さの場を跳び越える活動を取り入れることが大切である。

（2）小学校中学年

　中学年では，走ったり跳んだりする動き自体の面白さや心地よさを引き出す指導を基本にしながら，競争する楽しさを味わわせることが大切である（文部科学省，2018a）。たとえば「高跳び」では，3歩のリズム跳び（図1）や5歩のリズム跳び（アクセント高跳び，図2）を取り入れて，動きの指導を行うことが効果的である。また，自分の膝や腰，へその位置の高さを跳べるかなど具体的な目安を決めたり，それらの高さを得点化し，競争したりすることも検討できる。

（3）小学校高学年

　高学年では，「走る，跳ぶなどの運動で，体を巧みに操作しながら，合理的で心地よい動きを身に付けるとともに，仲間と速さや高さ，距離を競い合ったり，自己の課題の解決の仕方や記録への挑戦の仕方を工夫したりする」ことが大切である（文部科学省，2018a）。たとえば「ハードル走」では，インターバルを3歩のリズム（「1・2・3・ジャーンプ」のリズム）

図1　3歩のリズム跳び

図2　5歩のリズム跳び（アクセント高跳び）

図3 インターバルの3歩のリズム走（岩田, 2015, pp.30-35を基に作図）

で走り越えるなどの動きの指導を行い（図3），着地を起点にしたリズムを生み出すことが重要とされる（岩田, 2015）。また，40m走や50m走などのフラット走のタイムにハードリングに要する時間（1台につき約0.3秒）を足した目標設定（設定例：50m走のタイム＋ハードルの台数×0.3秒＝50mハードル走の目標記録）を通して，自分の目標とする記録への挑戦をするように指導する。くわえて，目標記録と実際の記録との差を得点化しながら，グループ（チーム）の総合得点をアップさせたり，グループ間で競争したりするなどの集団的な活動を行うことも大切である。さらに目標達成に向けて，自己の課題に応じた練習の場（方法）を選んで学習に取り組み，自己記録のさらなる向上を目指す活動も重要である。

（4）中学校・高等学校

　中学校第1学年及び第2学年では，「記録の向上や競争の楽しさや喜びを味わい，技術の名称や行い方を理解し，基本的な動きや効率のよい動きを身に付けること」，中学校第3学年以降では，「各種目特有の技能を身に付けること」などが大切である（文部科学省, 2018b, 2019）。たとえば「走り幅跳び」では，スピードに乗った助走から力強く踏み切る技術が必要とされる。そのため，助走の最後でリズムアップする教材（図4：9歩助走による「リズムアップ幅跳び」）を行うことで，スピードに乗った助走から踏み切りにつなげる技術を身に付けることが大切である。

　また，中学校や高等学校段階になると，運動能力の個人差が大きくなることから，たとえば，新体力テストで行われる「立ち幅跳び」の記録を活用して個に応じた目標設定（表2）をするなどの工夫ができる。表2は，立ち幅跳びの記録が100cmで，走り幅跳びで110cm跳べば1.1倍（1点），120cm跳べば1.2倍（2点）などと，「立ち幅跳びの何倍跳べたか」「何点を獲得できたか」を一目で確認することができる得点表である。実際の授業では，立ち幅跳び記録の2倍（10点）を目標に学習に取り組むよう指導するとよい。2倍を跳べた生徒は，11点，12点と自分の得点を伸ばしていくようにする。

図4　9歩助走による「リズムアップ幅跳び」

最後の5歩はリズムアップ！

表2　立ち幅跳び記録に応じた走り幅跳び得点表（陳，2018，p.113）

(cm)

立幅跳	1点	2点	3点	4点	5点	6点	7点	8点	9点	10点	11点	12点	13点	14点	15点
100	110	120	130	140	150	160	170	180	190	200	210	220	230	240	250
101	111	121	131	141	152	162	172	182	192	202	212	222	232	242	253
102	112	122	133	143	153	163	173	184	194	204	214	224	235	245	255
103	113	124	134	144	155	165	175	185	196	206	216	227	237	247	258
104	114	125	135	146	156	166	177	187	198	208	218	229	239	250	260
105	116	126	137	147	158	168	179	189	200	210	221	231	242	252	263
⋮	⋮	⋮	⋮	⋮	⋮	⋮	⋮	⋮	⋮	⋮	⋮	⋮	⋮	⋮	⋮

4.陸上運動［競技］の単元及び授業の展開例

　ここまで教材づくり・授業づくりの視点について述べてきたが，実際に単元及び授業を展開するにはどうすればよいのだろうか。以下では，小学校高学年の走り高跳びを想定して考えてみたい。

（1）学習内容の設定

　小学校高学年の走り高跳びの「知識及び技能」の内容として，「走り高跳びの行い方を理解するとともに，リズミカルな助走から踏み切って跳ぶこと」が示されている。そこで，本実践では，3歩，5歩など歩数を決めたリズミカルな助走から力強く跳ぶことをおもな内容として取り上げる。

（2）教材づくり

　リズミカルな助走を身に付けるために，前述の5歩のリズム跳び（p.186，図2）を中心的な教材として取り入れる。また，大きい動作での空中フォームを身に付ける場として，「2本バーを使った練習」（図5），ゴムひもを使っての「クロスバーを使った練習」（図6）も取り入れ，自己の課題に応じた場を選び，練習に取り組ませる。また，ノモグラム（図7）

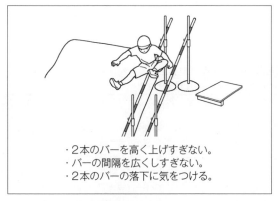

・2本のバーを高く上げすぎない。
・バーの間隔を広くしすぎない。
・2本のバーの落下に気をつける。

図5　2本バーを使った練習
　　　（池田，2015，pp.42-47を基に作図）

図6　クロスバーを使った練習
　　　（池田，2015，pp.42-47を基に作図）

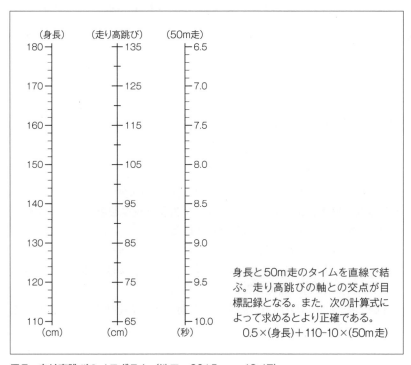

（身長）	（走り高跳び）	（50m走）
180 — —180	135 — —135	6.5
170	125	7.0
160	115	7.5
150	105	8.0
140	95	8.5
130	85	9.0
120	75	9.5
110	65	10.0
(cm)	(cm)	(秒)

身長と50m走のタイムを直線で結ぶ。走り高跳びの軸との交点が目標記録となる。また，次の計算式によって求めるとより正確である。
　0.5×（身長）＋110−10×（50m走）

図7　走り高跳びのノモグラム（池田，2015，pp.42-47）

を活用して個に応じた目標記録を設定し，自分の目標記録へ挑戦する活動
も取り入れる。

（3）学習形態の工夫

　6班編成（各グループ4～5名程度）で，それぞれの場に分かれ，練習
に取り組むようにする。50m走の記録を参考に，各グループの運動能力
が均等になるように配慮した。

表3　単元計画（全6時間）

	1	2	3	4	5	6
	集合・整列・挨拶・学習内容の確認					
10	オリエンテーション ・学習のねらい，進め方を知る ・準備運動 ・多様な跳躍運動	・準備運動（多様な跳躍運動，関節の動的柔軟性を高めるストレッチ） ・バスケットボールのリング（ネット）への片足ジャンプ				
20		・3歩のリズム跳び（イチ，ニ，サン！のリズムで跳ぶ）の練習	・3歩，5歩のリズム跳びの練習	・5歩のリズム跳びの練習	自分の課題に応じた練習を行う（練習の場を選んで活動） ・5歩のリズム跳び（リズミカルな助走） ・7歩のリズム跳び（リズミカルな助走） ・2本バー（抜き足の動きづくり） ・クロスバー（大きな空間動作）	
30	・踏み切り足を決める ・ゴムバーで跳ぶ ・跳び方のお手本をみる	・5歩のリズム跳び（イチ，ニ，イチ，ニ，サン！のリズムで跳ぶ）の練習	・抜き足の動きづくり（踏み切ったら抜き足を横に大きく開く）			
40		各場所のバーの高さを変えて（70，80，90cmで）高めのバーに挑戦	各グループで記録測定（自分の目標記録への挑戦／グループで合計得点を高める）※バーの上げ下げを工夫し，1人が跳ぶ回数を決めて全員が均等に記録へ挑戦できるようにする。			
	・学習の振り返り	振り返り・本時のまとめと次時の予告・挨拶				単元のまとめ

（4）単元計画の作成

単元の目標を以下のように設定し，単元計画（表3）を作成した。

・走り高跳びの行い方を理解するとともに，試技の回数やバーの高さの決め方などのルールを決めて競争したり，自己の記録の伸びや目標とする記録の達成を目指したりしながら，リズミカルな助走から力強く踏み切って跳ぶことができる。（知識及び技能）

・自己の能力に適した課題の解決の仕方，競争や記録への挑戦の仕方を工夫するとともに，自己や仲間の考えたことを他者に伝えることができる。（思考力，判断力，表現力等）

・運動に積極的に取り組み，約束を守り助け合って運動をしたり，勝敗を受け入れたり，仲間の考えや取り組みを認めたり，場や用具の安全に気を配ったりすることができるようにする。（学びに向かう力，人間性等）

（5）学習指導案の作成

表4は単元第5時の学習指導案を示している。

5.運動が苦手な子ども・意欲的でない子どもへの配慮

陸上運動［競技］の種目では，さまざまな技術ポイントがあるが，それらをいかに子どもが理解し，実践できるようにわかりやすく伝えるかが重要である。各種目の動きのポイントを絞って明確にし，子どもに提示する必要がある。また，本章で紹介した運動技能の習得に向けた「リズム」を

表4　学習指導案の例（5/6時間目）

■本時のねらい
・リズミカルな助走から力強く踏み切って跳ぶことができる。（知識及び技能）
・自分の課題に応じた練習の場を選ぶことができる。（思考力，判断力，表現力等）
・仲間と協力しながら，走り高跳びの学習に積極的に取り組むことができる。（学びに向かう力，人間性等）

段階	学習内容・活動	指導上の留意点○，評価◆	備考
導入	1.　集合・整列・挨拶・健康観察を行う 2.　本時の学習の流れを知る 3.　準備運動 ・動的ストレッチ ・バスケットボールのリングへのジャンプ	○元気よく，規律ある態度で臨めるよう指導する。 ○すばやく整列させるよう指導する。 ○本時の学習内容を明確にさせる。 ○怪我を予防するためしっかりと行わせる。 ○元気よく，体を大きく動かしながら行うように指導する。 ○片足で力いっぱい踏み切るように指導する。	
展開	4.　本時のめあてを確認する 5.　さらに記録や得点を伸ばすための練習方法を知る ・7歩のリズム跳び（リズミカルな助走） ・2本バー（抜き足） ・クロスバー（空間動作） 6.　自分の課題に応じた場で練習する 7.　記録測定（1人3回跳躍） ※バーの上げ下げは随時交代する。	○7歩助走を紹介するが，前時までの5歩助走を生かして記録に挑戦してもよいことを伝える。 ○2本バーのコーナーでは，よりダイナミックに抜き足を横に大きく開くように指導する。 ○クロスバーのコーナーでは，振り上げ足や抜き足をしっかり上げることを意識するように指導する。 ◆自分の課題に応じた練習の場を選ぶことができる。（思考・判断・表現） ○同じ場にいる人が助走のリズムをしっかりと口伴奏（リズムを声に出す）してあげるように指導する。 ◆リズミカルな助走から力強く踏み切って跳ぶことができる。（知識・技能） ○各グループで全体的に高い記録に挑戦する人が，はじめにバーの上げ下げを行い，記録測定を円滑に行えるように指導する。 ◆仲間と協力しながら，走り高跳びの学習に積極的に取り組むことができる。（主体的態度）	
まとめ	8.　本時の振り返り 9.　次時の予告を聞く 10.　整理運動 11.　挨拶	○学習カードで個人の目標が達成できたか，チームで得点表を用いて何点取れたか振り返るようにする。 ○本時の努力を認め，次時の意欲づけを行う。 ○ゆったりとした気持ちで行わせる。 ○大きい声で元気よく挨拶させる。	

活用した指導を行うことで「走る」「跳ぶ」「投げる」技能をより定着させることが可能である。くわえて，ICT機器の活用により自分の動きを可視化することで課題をみつけ，運動のできばえを向上させていくことも適宜必要であろう。

　一方で，陸上運動［競技］で使用する用具（走り高跳びのバーやハードルなど）に対する恐怖心を抱く子どもは多い。そこで，走り高跳びでは，低い高さのバーから跳ばせることやゴムバーを使用することなどの配慮が必要である。ハードル走では，実際のハードルをいきなり跳ぶのではなく，低い高さの障害物（ミニハードルや段ボール箱など）を使って動きづくりをするなどの配慮が必要である。

　さらには，本章で紹介したさまざまな個に応じた目標記録の設定方法を活用し，運動が苦手な子ども・意欲的でない子どもでも達成感を味わえたり競争（走）に勝ったりできるような授業づくりの工夫が求められる。

〈陳　洋明〉

〈引用・参考文献〉

陳洋明（2018）第3節　陸上運動系領域．岩田靖・吉野聡・日野克博・近藤智靖編著，
　　　初等体育授業づくり入門．大修館書店，pp.110-117.

池田延行（2015）学年段階による走り高跳びの技術指導のポイント．池田延行・岩田靖・
　　　日野克博・細越淳二編著，新しい走・跳・投の運動の授業づくり．体育科教育別
　　　冊63（7）：42-47.

池田延行・田原淳子（2013）小学校での陸上運動指導の体系化に関する研究―特に，
　　　指導の考え方と進め方について―．国士舘大学体育研究所報32：119-125.

岩田靖・渡辺誠（2009）チャレンジ・ワン・ツー・ジャンプ―「走り幅跳び」の教材
　　　づくり（その1）．体育科教育57（6）：58-63.

岩田靖（2015）学年段階によるハードル走の技術指導のポイント．池田延行・岩田靖・
　　　日野克博・細越淳二編著，新しい走・跳・投の運動の授業づくり．体育科教育別
　　　冊63（7）：30-35.

文部科学省（2018a）小学校学習指導要領（平成29年告示）解説体育編．東洋館出版社.
文部科学省（2018b）中学校学習指導要領（平成29年告示）解説保健体育編．東山書房.
文部科学省（2019）高等学校学習指導要領（平成30年告示）解説保健体育編 体育編.
　　　東山書房.

第**7**章 # 水泳運動［水泳］の 教材づくり・授業づくり

概要

水泳運動［水泳］の授業は，近代泳法の習得を軸とし，水中における運動そのものの楽しさに触れさせながら，その先に広がるさまざまな水泳・水中運動へいざなう役割を担う。本章では，各学年段階で扱われる技能の内容や指導のポイントを整理するとともに，それらの典型的な教材例をいくつか紹介しながら，子どもの発達段階を踏まえた水泳指導のあり方について考えてみたい。

1. 水泳運動［水泳］の内容構成

　水泳運動［水泳］（以下，水泳と示す）領域は，小学校低学年の「水遊び」，中・高学年の「水泳運動」，中学校以降の「水泳」で構成されている。それぞれの内容は，表1に示した通りである（文部科学省，2018a，2018b，2019）。

　小学校低学年では，水遊びを通して，水泳・水中運動の基礎となる水に対する感覚や水中での身のこなし方を身に付けることが求められる。「水の中を移動する運動遊び」や「もぐる・浮く運動遊び」では，進みたい方向と反対方向に水を押したり蹴ったりすることで体が進みやすくなる感覚や息を吸うと体が浮いてくる感覚などを味わわせることが大切である。

　小学校中学年では，水泳運動を通して，水に浮いて進んだり呼吸したり，さまざまな方法で水にもぐったり浮いたりする技能を身に付けることがねらいとされる。「浮いて進む運動」では，近代泳法の前段階となるけ伸びや初歩的な泳ぎで水中を進む感覚を養うとともに，呼吸の基本動作[①]を体得させたうえで，呼吸をしながらの初歩的な泳ぎの習得につなげていく。「もぐる・浮く運動」では，呼吸を調整しながら背浮きで浮いたり，簡単な浮き沈みをしたりすることが求められる。

　小学校高学年では「クロール」「平泳ぎ」「安全確保につながる運動」の技能の向上が目指される。「クロール」や「平泳ぎ」では続けて長く泳ぐことを目標とし，ストローク，キック，呼吸動作それぞれの技能とこれらのコンビネーションを高め，1ストロークで進む距離（以下，ストローク長と示す）を伸ばすための指導の工夫が必要となる。「安全確保につながる運動」では，水中における自己保全能力の向上をねらいとし，背浮きや

①呼吸の基本動作

「口で息を十分に吸った後，息を止め，次に吸う直前に鼻から吐く」ことなど。

表1　学習指導要領にみられる水泳運動［水泳］の内容

学年	領域名	内容		解説
小学校 1・2年	水遊び	ア	水の中を移動する運動遊び	まねっこ遊びやリレー遊びなどで，いろいろな姿勢で歩いたり，自由に方向や速さを変えて走ったりする。
		イ	もぐる・浮く運動遊び	石拾いや伏し浮きなどで，息を止めたり吐いたりしながら，いろいろな姿勢でもぐったり浮いたりする。
小学校 3・4年	水泳運動	ア	浮いて進む運動	プールの底や壁を蹴った勢いを利用して進むけ伸びをしたり，浮いて呼吸をしながら手や足を使って進む初歩的な泳ぎをしたりする。
		イ	もぐる・浮く運動	呼吸を調整しながらいろいろなもぐり方をしたり，背浮きの姿勢で浮いたり，簡単な浮き沈みをしたりする。
小学校 5・6年	水泳運動	ア	クロール	左右の手を入れ替える動きに呼吸を合わせて，続けて長く泳ぐ。
		イ	平泳ぎ	手の動きに合わせて呼吸し，キックの後には息を止めてしばらく伸びて，続けて長く泳ぐ。
		ウ	安全確保につながる運動	背浮きや浮き沈みをしながら，タイミングよく呼吸をしたり，手や足を動かしたりして，続けて長く浮く。
中学校 1・2年	水泳	ア	クロール	手と足の動き，呼吸のバランスをとり長く泳ぐ。
		イ	平泳ぎ	手と足の動き，呼吸のバランスをとり長く泳ぐ。
		ウ	背泳ぎ	手と足の動き，呼吸のバランスをとり泳ぐ。
		エ	バタフライ	手と足の動き，呼吸のバランスをとり泳ぐ。
中学校 3年・ 高校1年	水泳	ア	クロール	手と足の動き，呼吸のバランスを保ち，安定したペースで長く泳いだり速く泳いだりする。
		イ	平泳ぎ	手と足の動き，呼吸のバランスを保ち，安定したペースで長く泳いだり速く泳いだりする。
		ウ	背泳ぎ	手と足の動き，呼吸のバランスを保ち，安定したペースで泳ぐ。
		エ	バタフライ	手と足の動き，呼吸のバランスを保ち，安定したペースで泳ぐ。
		オ	複数の泳法で泳ぐこと，又はリレーをすること	クロール，平泳ぎ，背泳ぎ，バタフライの4種目から2〜4種目を選択し，続けて泳ぐ。又は競泳的なリレー種目として，単一の泳法や複数の泳法を使ってチームで競い合う。
高校 2・3年	水泳	ア	クロール	手と足の動き，呼吸のバランスを保ち，伸びのある動作と安定したペースで長く泳いだり速く泳いだりする。
		イ	平泳ぎ	手と足の動き，呼吸のバランスを保ち，伸びのある動作と安定したペースで長く泳いだり速く泳いだりする。
		ウ	背泳ぎ	手と足の動き，呼吸のバランスを保ち，安定したペースで長く泳いだり速く泳いだりする。
		エ	バタフライ	手と足の動き，呼吸のバランスを保ち，安定したペースで長く泳いだり速く泳いだりする。
		オ	複数の泳法で長く泳ぐこと，又はリレーをすること	泳ぐ種目を増やしたり，選択した泳法で長く泳いだりする。又は競泳的なリレー種目として，単一の泳法や複数の泳法を使って距離や種目を工夫してチームで競い合う。

　　浮き沈みをしながら呼吸を確保する技能を身に付けることが求められる。なお，小学校高学年では，学校の実態に応じて「背泳ぎ」をくわえて指導することもできる。
　　中学校1，2年生では，「クロール」「平泳ぎ」「背泳ぎ」「バタフライ」の4泳法が取り上げられる。続けて長く泳いだり，速く泳ぐための技能を向上させ，競い合ったりする楽しさや喜びを味わわせることがねらいである。速く泳ぐためには，ストローク長とストローク頻度を高めることが必

要であることを前提とした指導の工夫が求められるが，続けて長く泳げる技能レベルに至るまでは前者に焦点を当てた指導を優先するのが望ましい。

中学校3年生以降は，自己に適した泳法の効率をさらに高めるとともに，複数の近代泳法を組み合わせて泳いだり，リレーで競争するといった内容がくわえられる。

2.水泳の本質的な課題と面白さ

水泳領域は水中という非日常的な環境下においてさまざまな泳法の技能向上を通し，記録の向上や競争を楽しむ運動領域である。

水泳領域で取り上げられるおもな技能内容は近代泳法と呼ばれるクロール，平泳ぎ，背泳ぎ，バタフライである。クロールはうつ伏せ姿勢，背泳ぎは仰向け姿勢で泳ぐという点で違いがあるものの，腕や脚を左右交互に動かしながら推進力を生むという点では両者共通している。平泳ぎとバタフライは両腕，両脚を左右同時に動かしながら推進力を発揮する泳法である。いずれの泳法も推進を妨げる水の抵抗が小さいストリームライン[2]の姿勢をベースとしながら，効率のよいストロークやキックで大きな推進力を生み出すことがキーポイントとなる。また，肺に空気をためた状態をキープし浮力を増大させることも上手に浮いたり，泳いだりするうえで非常に大切である。

さらに，水泳は寒さや呼吸が妨げられることなどによる不安や恐怖を感じさせてしまうリスクを伴う。不安や恐怖によって引き起こされる過度の筋緊張は泳法の技能向上を著しく妨げることにもつながるため，まずは水中でリラックスできるようになることをねらいとした易しい教材から取り組み，徐々に泳法の細かな指導につなげていくといったスモールステップの授業を展開したい。

なお，水泳の授業は記録の向上や競争を楽しむ競泳のほか，さまざまな水泳・水中運動へいざなう役割を担うことを念頭に置き，教師は泳法の技能向上はもとより，水中で運動することそのものの心地よさや楽しさを味わわせることを前提とした授業設計を心がけたい。

②ストリームライン
腕を頭上で伸ばしたまっすぐの姿勢。流線形の姿勢ともいう。

3.各学年段階における教材づくり・授業づくりの視点

先述の水泳の特性を踏まえ，各学年段階における水泳の教材・授業づくりのポイントを整理してみたい。

(1)小学校低学年

「水遊び」の授業で扱う遊びには必ず「水泳・水中運動の基礎となる水に対する感覚や水中での身のこなし方を身に付ける」という明確な意図が

含まれていなければならない。

　たとえば,「肺に目いっぱい空気をためる感覚」を味わわせるための水中深呼吸,「腰や膝を伸ばした一直線の姿勢になる感覚」を味わわせるために浅いプールで動物のまねをしながら歩いたりするまねっこ遊び,「手で水をかいて前に進む感覚」を味わわせるための水中鬼遊びや水中かけっこなどがその教材として考えられる。

(2)小学校中学年

　「浮いて進む運動」では呼吸しながらのばた足泳ぎやかえる足泳ぎ,背浮きばた足,ドルフィン平泳ぎ(学校体育研究同志会,2012),呼吸動作を省いた面かぶりのクロールや平泳ぎなどの初歩的な泳ぎやけ伸びを用いて,体を浮かせながら進む技能の向上を目指す。ここで扱う初歩的な泳ぎでは,近代泳法の泳形にこだわる必要はなく,肺の大きな浮力を用いて体を浮かすこと,進行方向に対する体の面積を小さくすることにより推進力を妨げる水の抵抗を軽減させられること,手や足で後方に水を送ると体が前進することなどを体験的に認識できるような簡単な泳ぎを取り上げることが大切である。一直線の姿勢で行う浮き身(伏し浮きや背浮きなど)と簡単なプル(左右交互に動かす犬かきのようなプルや両手同時に動かす平泳ぎのようなプルなど)やキック(ばた足,ドルフィンキック,かえる足など)を自由に組み合わせて泳ぐことにチャレンジさせる教材などが考えられる。

　「もぐる・浮く運動」では背浮きや簡単な浮き沈みを中心に取り上げ,肺に空気をため込むように息を止めることで体が浮きやすくなること,逆に息を吐いたり頭や腕などを水面上に出すと沈みやすくなること,手や足で水を下方に送ると一時的に口や鼻を水面上に出すことができるようになることなどを学ばせたい。浮力は体が押しのけた水の質量に比例するため,背浮きの際などに怖がって顔を上げたがる子どもにはビート板やペットボトル等を抱えさせたりして,安心して頭部を水面下に沈ませられるような指導の工夫が求められる。

(3)小学校高学年,中学校,高校

　ここでは小学校高学年以降で取り上げられる「安全確保につながる運動」「クロール」「平泳ぎ」「背泳ぎ」「バタフライ」の教材・授業づくりの視点について整理する。

❶安全確保につながる運動

　今回の学習指導要領の改訂に伴い,新たな技能内容として追加された「安全確保につながる運動」は水難事故等に遭った際の自己保全能力の向上をおもなねらいとして扱われる。背浮きや浮き沈みをしながら呼吸を確保し続けて長く浮くことが具体的な指導内容である。

背浮きは肺の浮力を最大限に生かし，仰向けで呼吸を確保する方法である。目いっぱい息を吸い込んだ状態を保持することで胸を中心とする上半身を浮かすことができる。呼吸する際には息を一度に吐き出しすぐさま吸うことで上半身を安定して浮かせ続けることができる。下半身を沈ませずに保持することが難しい場合には，膝を曲げたり腕を水中でばんざいのように伸ばしたりして重心を肺に近づける工夫をしたり，浮き具を足に挟んだり，小さなばた足，巻き足③，かえる足などを使って浮力を生む方法などを用いるとよい。

　浮き沈みは，手や足を使って顔を水面上に浮上させて息を吸い，再度沈むという動作を繰り返しながら呼吸を確保する方法である。続けて長く浮くためには，なるべくゆっくりとした動作を継続することが重要である。また，顔を必要以上に高く浮上させると直後の沈み込みが強くなり過ぎるため，口がぎりぎり水面上に出るくらいの高さにとどめることにも留意したい。

❷クロール

　クロールは左右交互のストロークとばた足を用いる泳法である。キックにより下半身の下降を止めてフラットな姿勢を保持し，S字またはI字を描くようなプルで大きな推進力を発揮しながら体を推進させる。ローリングと連動させた横向きの呼吸動作を用いながら泳ぐクロールは推進力を妨げる水の抵抗が小さく泳速度が出やすい。しかし，まずはストローク長を伸ばすことを念頭に置いた指導からスタートし，中学校以降の泳ぎが安定してきた段階でストローク頻度を高めて速く泳ぐことにも挑戦させるとよい。また，泳ぎが安定しない段階では，呼吸動作の習得を図る前に，まずは面かぶりクロールでスムーズに泳げるようになることを目指したい。

　ストロークは肩幅に腕を伸ばした姿勢から手首を固定し肘を徐々に曲げながら腕全体で腹部の下の水をとらえていくとよい。リカバリー（かき終わった手を前方に戻す動作）は推進力に寄与しないため，なるべくリラックスさせて行いたい。肘が曲がったリカバリーは腕をリラックスさせた結果として起きる現象であるため，随意的な筋収縮で肘を曲げようとしないことにも留意したい。

　ばた足のポイントは足首を伸ばし足の甲で水をとらえること，膝を曲げ過ぎず股関節から脚全体を動かすこと，ジャグジーのような泡が出る高さで鞭のようにしなやかに打つこと，細かくリズムよく左右交互に動かし続けることである。最初は，ばた足の動きを自身の目でみて確認できるようにプールサイドに腰かけて行うキック練習や，壁をつかんで行うキック練習などからスタートし，その後，け伸びと組み合わせて泳ぐキック練習などに移行するとよい。なお，水面で安定した姿勢を保持できない子どもに対しては浮き具の使用によりそれが補正されるケースもあるが，用いた浮き具の浮力が大きければ大きいほど，外した際の身体感覚のギャップが大きくなることも考慮したい。

③巻き足
膝を中心に下腿を左右交互に回旋させながら水を下方に送り続ける方法。

❸平泳ぎ

　平泳ぎは左右対称のストロークとかえる足を用いる泳法である。前向きに呼吸しながら泳ぐため，前方の状況を確認しながらゆったりと泳ぐ際に適した泳法ともいえる。

　ストロークは頭上で親指同士が触れるように腕を伸ばしたストリームラインの姿勢から逆ハート型を描くように水をかく。プルは顎の下に手部がくる位置で完了させ，リカバリーにスムーズに移行することを意識させたい。

　かえる足は近代泳法の中で唯一，足首を曲げた状態から足の内側（あるいは裏側）で水をとらえるキックである。足首を曲げるために前脛骨筋を収縮する感覚は日常的に味わいにくい感覚であるため，足首が曲がり切らず，あおり足④になってしまうつまずきが頻繁にみられる。

　また，一見あおり足を矯正できたようにみえても，いざストロークと連動させて泳ぐとまたあおり足に逆戻りしてしまうケースも少なくない。この点を考慮すると，ストロークとキックのコンビネーションを先に高めた後にかえる足の練習に移行するという指導順序が有効にはたらく可能性も考えられる。

❹背泳ぎ

　背泳ぎは仰向けで左右交互のストロークとばた足を用いる泳法である。仰向けで泳ぐ背泳ぎは肺の浮力を生かして上半身を浮かすことさえできれば，特別な動作なしで呼吸しながら泳ぎ続けることができる。その点では，泳力の低い子どもたちにとっても習得しやすい泳法ともいえる。

　ばた足は推進力の発揮の他に脚の下降を防ぐ役割も担う。仰向けでばた足をする背泳ぎは水をとらえにくい足の裏で蹴り下げることになるため，クロールに比べキックによる浮力が得られにくい。ダウンキックの際には膝を曲げず脚の裏側全体で水を押さえるように打つことに留意したい。

　ストロークは気をつけ姿勢の背浮きばた足に易しいストローク動作を少しずつ追加していく段階的な指導が有効である。両手同時にプッシュ（水を大腿方向へ押し切る動作）し水中で水を切るようにゆっくり手を前方に戻すちょうちょう背泳ぎ（鈴木，1985），同様のストロークを左右交互に行うクリオネ背泳ぎ（浜上，2016），小さく腕を回す小さな背泳ぎなどから始め，徐々に横からみてS字を描くような大きなストロークに移行させるとよい。

❺バタフライ

　バタフライは水上からのリカバリーを伴う左右対称のストロークに2回のドルフィンキックを連動させて推進力を得る泳法である。また，全身のうねりを用いることで無駄な力を使わずに泳ぎ続けることができる。

　キックは両脚をそろえた状態から足の甲で水をとらえるドルフィンキックを用いる。蹴り下げ（ダウンキック）から蹴り上げ（アップキック）へ

の素早い切り返しにより大きな推進力が生み出されるため，蹴り下げ完了時に足を止めないことが重要となる。また，下まで蹴り込むことで臀部を浮上させ，うねりを生み出すきっかけをつくり出すことにもつながる。そのため，蹴り下げの際は水平のラインよりも下まで蹴り込んで跳ね返す意識をもたせるとよい。

ストロークは「ハ」の字を描くように水を外側にプッシュし，腕（最初は指先や前腕だけでもよい）を水上に出して戻す小さなバタフライから始めるとよい。その後，キーホールを描くようなイメージで，両腕を前方に伸ばした姿勢から腕を斜め下に広げながら水を下方に押さえて上体を浮上させつつ，へその下まで手のひらを戻してくるように水を引っ張り，大腿方向への力強いプッシュにつなげるロングアームプルのバタフライに少しずつ移行させるとよい。

また，1回目のキックとエントリー（前方に戻してきた手を入水させる動作），2回目のキックとプッシュをあわせるようにストロークとキックのコンビネーションを高めていくこともバタフライを習得するうえで極めて重要である。

4. 水泳運動［水泳］の単元及び授業の展開例

これまで述べてきたことを踏まえ，以下では中学校1，2年生の水泳領域を想定した授業の展開例を考えてみたい。

(1) 学習内容の設定

中学校1，2年生では小学校で学んだクロールと平泳ぎにくわえ，背泳ぎとバタフライも取り上げられる。単元序盤では安全確保につながる運動の復習を兼ねた背浮きと簡単な背泳ぎを取り上げ，中盤にかけてクロール，平泳ぎのストローク長を伸ばすことに焦点をあて，終盤にかけてはロングアームプルのバタフライの前段階となる小さなバタフライの習得を目標に据えた。

(2) 教材づくり

先述したバタフライの特性を踏まえ，以下ではバタフライ習得のための教材をいくつか紹介したい。

❶マーメイドキック

キックと連動させた全身のうねりを誇張して味わわせるためにマーメイドのように気をつけの姿勢でドルフィンキックを打つ教材である。うねりの起点となる頭はダウンキックの蹴り始めにあわせ斜め下に沈ませ始め，ダウンキックからアップキックへの切り返しのとき（臀部が浮上したとき）

に胸を張るイメージで斜め上にすばやく方向転換させる意識をもつことが大切である。その後，腕を前方に伸ばした姿勢でのドルフィンキックに移行させるとよい。

❷「ドン・パ」のリズム

バタフライのストローク，キック，呼吸動作のコンビネーションを高める1つの指導法として「ドン・パ」（同様に「ポーン・ポン」「イチ・ニィ」）（合屋, 2019）のリズムにあわせて泳ぐ方法がある。「ドン」はエントリーと同時に打つ第1キック，「パ」はプッシュと第2キック直後の呼吸のタイミングを表している。前述した「ハ」の字で水をかく「小さなバタフライ」から「ロングアームプルバタフライ」に移行させる際も常に「ドン・パ」のリズムを意識させたい。

❸学習形態の工夫

水泳の授業では，泳力別に分かれ，それぞれの技能レベルに応じた指導内容を展開していく「班別学習」が一般的である。しかし，一人ひとりの違いに応じた課題や挑戦を大切にしようとする態度の育成や子ども同士の対話的な学びの創出を図るうえでも，さまざまな泳力の子どもが混在する異質グループで授業を進める「グループ学習」を用いる学習機会もあわせて準備しておくとよい（浜上, 2017）。

(4) 単元計画の作成

中学校2年生を対象に，初めてバタフライを取り上げる単元を想定し，

表2　単元計画（全10時間）

	1	2	3	4	5	6	7	8	9	10
		ねらいの確認		ねらいの確認	ねらいの確認					
		安全確保につながる運動（背浮き）と簡単な背泳ぎを身に付けよう		ストローク長を伸ばしたクロールと平泳ぎでゆったりと長く泳ぐ	うねりを伴うドルフィンキックと小さなバタフライを身に付けよう					〈伸びのチェック〉
10	〈オリエンテーション〉 ・これまでに学んだことの復習 ・単元の流れの確認 ・安全に学ぶための約束事の確認 ・バディシステム	1. 水慣れ ・け伸び ・腰かけキック ・さまざまな浮き身 ・ボビング　など			1. ストローク長の長いクロール／平泳ぎ ※25mを何回のストロークで泳げるかカウント					・背浮き30秒 ・ストローク長の長いクロールまたは平泳ぎ50m
25		2. 安全確保につながる運動（背浮きを中心に） ・浮き具を足に挟んだ背浮き　など		2. ストローク長の長い面かぶりクロール／リズムを意識した平泳ぎ	2. ドルフィンキック ・壁キック ・マーメイドキック ・ドルフィンキック					・（簡単な）背泳ぎ25m
40	〈レディネスチェック〉 ・クロール25m ・平泳ぎ25m ※25mを何回のストロークで泳げるかカウント	3. 背泳ぎ ・背浮きばた足 ・簡単な背泳ぎ（両手同時にプッシュを行うちょうちょう背泳ぎ，背浮きばた足に小さなストロークをあわせる小さな背泳ぎ）など		3. ストローク長の長いクロール／平泳ぎ ・グライドの姿勢を長く保つクロール／平泳ぎ　など	3. バタフライ ・小さなバタフライ ・肘を曲げたクワガタバタフライ ・面かぶりバタフライ ・ロングアームプルバタフライ					・（小さな）バタフライ25m
50	授業のまとめ，次時の予告									

単元計画（表2）を作成した。また，単元の目標を次のように設定した。
・バタフライの技術と泳法の構造を理解し，「ハ」の字を描くように外に手を抜く小さなストロークとドルフィンキックを連動させたバタフライを身に付けることができる。（知識及び技能）
・自己の課題を発見し，合理的な解決に向けて運動の取り組み方を工夫するとともに，自己の考えたことを他者に伝えることができる。（思考力，判断力，表現力等）
・ルールやマナーを守り，分担した役割を果たそうとするなど積極的に授業に取り組み，仲間の課題や挑戦を支えるための行動をとることができる。（学びに向かう力，人間性等）

(5) 学習指導案の作成

上記の単元計画の7時間目の授業を想定した学習指導案（表3）を作成

表3　学習指導案の例（7/10時間目）

■本時のねらい
・バタフライのストロークの方法を理解し，「ハ」の字で水をかく小さなバタフライを身に付ける。（知識及び技能）
・自他の課題を発見し，解決に向けて練習方法を工夫したり，それらを仲間と伝え合う。（思考力，判断力，表現力等）
・一人ひとりの課題や挑戦を認めようとし，仲間と協力して課題解決に積極的に取り組む。（学びに向かう力，人間性等）

段階	学習活動	指導上の留意点○，評価◆	備考
導入	・挨拶，出欠・体調確認，バディシステム ・本時のねらいの確認 ・陸上での感覚づくり（ストリームライン）	○返事，バディシステムは大きな声で行わせる。 ○本時のねらい（「ハ」の字プッシュの小さなバタフライをマスターしよう）をくわしく説明する。 ○側頭部で腕を組ませる。 ○胸を張るように胸椎を伸展させて指先を真上に向けさせる。	
展開	・バタフライのストロークの方法の説明 ―以下，入水― ・ドルフィンキックの復習（マーメイドキック，腕を前方に伸ばしたドルフィンキック） ・立ちストローク，歩きストローク ―以下，異質集団のグループ学習― ・小さなバタフライ ・クワガタバタフライ ・肘を伸ばしたバタフライ	○キーホール型のストロークの軌道をディスプレイに投射しながら，①へその下あたりに手のひらを戻してくること，②力強くプッシュすることの重要性を説明する。 ○足をはね返すようにダウンキックを打つこと，上手にダウンキックを打てるとお尻が浮上すること，キックにあわせて上体をうねらせることの重要性とそれらの方法を再確認させる。 ○水中で立った状態または水中を歩きながら，バタフライの「ハ」の字のプッシュとリカバリーの動きを行わせ，水を押す感覚を味わわせる。 ○「ハ」の字を描くように水を外にかき，手部のみを水上に出してリカバリーさせる。 ○前腕を水上に出してリカバリーさせる（肘はクワガタのように曲がっていてもよい）。 ○肘を伸ばした状態で前腕を水上に出してリカバリーさせる。 ◆グループの仲間同士で泳ぎを確認し合い，アドバイス等の声かけを積極的に行っている。（主体的に学習に取り組む態度）	あらかじめプールサイドにディスプレイとノートPCをセッティングしておく。
まとめ	・まとめと次回の予告	○本時のねらいの到達度を聞く。 ○次回の授業では「ロングアームプルを用いたバタフライを習得する」ことをねらいとすることを予告する。	

した。授業のおもなねらいは「ハ」の字で水をかく小さなバタフライを身に付けることとした。

5.運動が苦手な子ども・意欲的でない子どもへの配慮

　先述した通り，水中における過緊張は体を浮かせたり泳いだりするための適切な筋力の調整を妨げるほか，呼吸が浅くなり肺に空気を十分にためられず浮力が得られにくくなるという弊害も同時に引き起こしてしまう。不安や恐怖心などから水中に入るとどうしても体がこわばってしまう子どもや積極的に授業に参加できない子どもに対しては，泳法習得のための指導に偏重し過ぎず，水深の浅いエリアで水中での身のこなし方や呼吸の仕方について再確認する学習機会を設けたり，仲間と関わり合いながら協同的に学べる場を設定したり，教師や友達による補助や浮き具を活用したりしながら徐々にリラックスして運動できるようにするなどの配慮が必要となる。

〈浜上洋平〉

〈引用・参考文献〉
学校体育研究同志会編（2012）水泳の授業. 創文企画. pp.53-70.
合屋十四秋（2019）水泳水中運動のカラクリとその指導. インプレスR&D. pp.88-90.
浜上洋平（2016）背泳ぎをはじめに教える学習指導過程. 体育科教育64（7）：32-35.
浜上洋平（2017）水泳だからこそできる「主体的・対話的で深い学び」を求めて. 体育科教育65（7）：20-23.
文部科学省（2018a）小学校学習指導要領（平成29年告示）解説体育編. 東洋館出版社.
文部科学省（2018b）中学校学習指導要領（平成29年告示）解説保健体育編. 東山書房.
文部科学省（2019）高等学校学習指導要領（平成30年告示）解説保健体育編 体育編. 東山書房.
鈴木勘三（1985）だれでも泳げるようになる水泳指導. 黎明書房. p.198.

第**8**章 ゴール型ゲームの教材づくり・授業づくり

> **概要**
> ゴール型ゲームは，コート内で攻守が入り交じり，ボール操作とボールを持たないときの動きによって攻防を組み立てたり，陣地を取り合って得点しやすい空間に侵入し，一定時間内に得点を競い合うことを楽しむゲームである。本章では，ゴール型ゲームの指導内容の構成，本質的な課題と面白さ，各学年段階の教材づくり・授業づくりの視点について，これまでの授業研究の成果を踏まえて解説する。また，中学校第3学年のゴール型サッカー授業を例に，教材づくり・授業づくりについて具体的に解説する。

1.ゴール型ゲームの内容構成

2017・18年に改訂された学習指導要領では，ゲーム／ボール運動／球技領域におけるゴール型（ゲーム）の内容構成について，以下のように明記されている（文部科学省，2018a，2018b，2019）。

小学校低学年では，「簡単なボール操作と簡単な攻めや守りの動きなどのボールを持たないときの動きによって，コート内で攻守入り交じって，的やゴールに向かってボールを投げたり蹴ったりする簡単な規則で行われる易しいゲーム（ゴール型ゲームに発展）」を行うことが求められている。

小学校中学年のゲーム領域からは，種目固有の技能ではなく，攻防の特徴や「型」に共通する動きや技能を中学校以降も見通して身に付けていく視点から,型ベースの表記で指導内容が示されている。小学校中学年のゴール型ゲームでは，「基本的なボール操作とボールを持たないときの動きによって，易しいゲームをすること」が求められている。なお，小学校中学年段階のゴール型ゲームでは，ハンドボール，ポートボール，ラインサッカー，ミニサッカーなどを基にした易しいゲームである「味方チームと相手チームが入り交じって得点を取り合うゲーム」及び，タグラグビー，フラッグフットボールなどを基にした易しいゲームである「陣地を取り合うゲーム」を取り扱うことになっている。

小学校高学年の「ゴール型」では，ボール操作とボールを持たないときの動きによって，「攻撃側にとって易しい状況の中でチームの作戦に基づいた位置取りをするなどの攻守入り交じった簡易化されたゲームや陣地を

表1 ゴール型ゲームの技能に関する指導内容の系統表（文部科学省，2018a，2018b，2019を基に筆者が作成）

学年	領域 （領域の内容）		解　説
小学校 1・2年	E　ゲーム （ア　ボール ゲーム）	ボール操作	・ねらったところに緩やかにボールを転がす，投げる，蹴る，的に当てる，得点する。 ・相手コートに緩やかにボールを投げ入れたり，捕ったりする。 ・ボールを捕ったり止めたりする。
		ボールを持たない ときの動き	・ボールが飛んだり，転がったりしてくるコースへの移動。 ・ボールを操作できる位置への移動。
小学校 3・4年	E　ゲーム （ア　ゴール型 ゲーム）	ボール操作	・味方へのボールの手渡し，パス，シュート，ゴールへのボールの持ち込み。
		ボールを持たない ときの動き	・ボール保持時に体をゴールに向ける。 ・ボール保持者と自分の間に守備者がいないように移動。
小学校 5・6年	E　ボール運動 （ア　ゴール型）	ボール操作	・近くにいるフリーの味方へのパス。 ・相手に取られない位置でのドリブル。 ・パスを受けてのシュート。
		ボールを持たない ときの動き	・ボール保持者と自分の間に守備者が入らない位置への移動。 ・得点しやすい場所への移動。 ・ボール保持者とゴールの間に体を入れた守備。
中学校 1・2年	E　球技 （ア　ゴール型）	ボール操作	・ゴール方向に守備者がいない位置でのシュート。 ・マークされていない味方へのパス。 ・得点しやすい空間にいる味方へのパス。 ・パスやドリブルなどでのボールキープ。
		ボールを持たない ときの動き	・ボールとゴールが同時に見える場所での位置取り。 ・パスを受けるために，ゴール前の空いている場所への移動。 ・ボールを持っている相手のマーク。
中学校 3年・高校 入学年次		ボール操作	・ゴールの枠内にシュートをコントロールする。 ・味方が操作しやすいパスを送る。 ・守備者とボールの間に自分の体を入れてボールをキープする。
		ボールを持たない ときの動き	・ゴール前に広い空間を作りだすために，守備者を引きつけてゴールから離れる。 ・パスを出した後に次のパスを受ける動きをする。 ・ボール保持者が進行できる空間を作りだすために，進行方向から離れる。 ・ゴールとボール保持者を結んだ直線上で守る。 ・ゴール前の空いている場所をカバーする。
高校入学年次の次の年次以降		ボール操作	・防御をかわして相手陣地やゴールにボールを運ぶ。 ・味方が作り出した空間にパスを送る。 ・空いた空間に向かってボールをコントロールして運ぶ。 ・守備者とボールの間に自分の体を入れて，味方と相手の動きを見ながらボールをキープする。 ・隊形を整える時間を作るためにボールを動かす。
		ボールを持たない ときの動き	・自陣から相手陣地の侵入しやすい場所に移動する。 ・シュートやトライをしたり，パスを受けたりするために味方が作り出した空間に移動する。 ・侵入する空間を作り出すために，チームの作戦に応じた移動や動きをする。 ・得点を取るためのフォーメーションやセットプレイなどのチームの役割に応じた動きをする。 ・チームの作戦に応じた守備位置に移動し，相手のボールを奪うための動きをする。 ・味方が抜かれた際に，攻撃者を止めるためのカバーの動きをする。 ・一定のエリアから得点をしにくい空間に相手や相手のボールを追い出す守備の動きをする。

取り合う簡易化されたゲームをすること」が掲げられている。そこでは，「バスケットボール，サッカー，ハンドボールなどを基にした簡易化されたゲーム（攻守が入り交じって行うゴール型）やタグラグビーやフラッグフットボールなどを基にした簡易化されたゲーム（陣地を取り合うゴール型）」が例示されている。

中学校1・2年の球技領域「ゴール型」では，「攻撃を重視し，空間に仲間と連携して走り込み，マークをかわしてゴール前での攻防を展開できるようにする」ことが求められている。

中学校3年・高等学校入学年次では，「仲間と連携してゴール前の空間を使ったり，空間を作りだしたりして攻防を展開できるようにする」ことが求められており，「指導に際しては，仲間と連携した動きによってゴール前に空間を作りだしてゴール前へと侵入する攻防を中心に自己のチームや相手チームの特徴を踏まえた作戦を立てて，得失点の攻防を重視した練習やゲームを展開し，ボール操作とボールを持たないときの動きに着目させ，学習に取り組ませることが大切である」と明記されている。

　高等学校入学年次の次の年次以降では，「防御の状況に応じたパスやドリブル，ボールを保持したランニングなどのボール操作と仲間と連携して自陣から相手ゴール前へ侵入するなどの攻撃や，その動きに対応して空間を埋めるなどの防御の動きで攻防を展開する」ことが求められている。また，「自己のチームや相手チームの特徴を踏まえた作戦を立てて勝敗を競う楽しさや喜びを深く味わえるよう，状況に応じたボール操作とボールを持たないときの動きに着目させ，学習に取り組ませることが大切である」と示されている。

　なお，中学校では，バスケットボール，ハンドボール，サッカーのなかから，高等学校では，これらにくわえてラグビーを含めたなかから種目を適宜取り上げることとされている。

　ゴール型ゲームの技能に関する指導内容の系統性については，表1に示した通りである。ここでは，小学校低学年の「鬼遊び」については取り上げてはいないが，宝取り鬼やボール運び鬼などは，中学年以降の陣地を取り合うゲームや高等学校のラグビーといったゴールが開かれているタイプのゲームに系統的につながっていく（吉永，2018）ものであることを理解しておきたい。

2.ゴール型ゲームの本質的な課題と面白さ

　ゴール型（ゲーム）に共通する戦術的課題は，「敵と味方がコートを共有する中で，空間を生み出しながらボールをキープし，ゴールにシュートしたり，ゴールラインにボールを持ち込むこと」（岩田，2012，p.128）としてとらえられるであろう。また，これにくわえて，いかに相手の個人やチームがキープしているボールを奪うか，シュートチャンスをつくらせないか，ゴールラインにボールを持ち込ませないか等といった守備に関わる戦術的課題も内包している。

　このような戦術的課題を解決する過程において子どもたちは，「意思決定の契機の多様さ」，「空間の流動的な変化」，「行動の自由性」といったゴール型ゲーム独自の難しさに直面することになる（岩田，2016）。その意味では，これらの難しさに関わって，「子どもたちにとっての『意思決定』を促すよりわかりやすい条件を生み出していくこと，またその行動の選択をしやすくすることに向けてゲームの修正を試みていくことがポイントになる」（岩田，2016，p.36）。ゲームの修正に関わっては，小学校中学年

では「易しいゲーム」，高学年では「簡易化されたゲーム」，中学校1・2年では「工夫したゲーム」が学習指導要領解説上にも示されている（文部科学省，2018a，2018b）。また，高等学校入学年次の次の年次以降では，「学習の最終段階であることを踏まえて，卒業後も継続できるよう，生涯スポーツの場面で運用される一般的なルールを取り上げ」ることも示されているが，それにくわえて，「参加者の体力や技能の程度，年齢や性別，障害の有無等に応じてルールを工夫したりするなどしてゲームや練習を行うようにする」（文部科学省，2019，p.123）ことが示されている。したがって，たとえ，中学校3年生以降であっても，生徒の実態を踏まえて，コート・人数・ルール等の工夫といったゲームの修正をしながらゴール型で求められる戦術的課題に迫ることが必要になるといえる。

3.各学年段階における教材づくり・授業づくりの視点

(1)小学校低学年での教材例

　中学年以降のゴール型ゲームに発展させていくための易しいゲーム例として，3重の円のコートを設定し，中心の円から的，守備者，攻撃者を配置し，攻防を分離した状態で，攻撃側が1人1個のボールを持ち，守備者に取られないように外側の円を移動しながら，的にボールをあてていくボール投げゲームが考えられる。また，進んだ段階としては，攻撃側は3人あるいは4人，それに対して守備者が1人少ない状態にし，外側の円で1つのボールをパスで回しながら，中心の的にあてていくボール投げゲームも提案されている（文部科学省，2010）。なお，子どもの実態によっては，中心の円に的ではなく，攻撃側の仲間を1人配置して，その中心にいる仲間にパスが通れば得点というルールを設定することもできる。また，同様のコートを使用して，中心にいる攻撃側の子どもがボールを保持し，守備者に取られないように一番外側にいる攻撃側の子どもにパスを通したら得点というボール蹴りゲームも提案されている（庄司，2020）。これらのゲームでは，攻防が入り乱れることはないが，区切られた円のなかで，守備者と的あるいは仲間が重ならないところに動きながらパスを受けたり，シュートをねらったりすることがねらいとされている。

(2)小学校中学年での教材例

　中学年における「易しいゲーム」とは，ゲームを子どもの発達の段階を踏まえて，基本的なボール操作で行え，プレイヤーの人数，コートの広さ，プレイ上の緩和や制限，ボールその他の運動用具や設備などを修正し，児童が取り組みやすいように工夫したゲームのことである（文部科学省，2018a）。なお，中学年では，「味方チームと相手チームが入り交じって得点を取り合うゲーム」及び，「陣地を取り合うゲーム」を取り扱うことになっ

ている（文部科学省，2018a）。

　まず，「味方チームと相手チームが入り交じって得点を取り合うゲーム」におけるポートボールを基にした易しいゲーム例として，セストボールが提案されている（文部科学省，2010；鈴木，2010）。セストボールは，360度どこからでもゴールをねらうことができ，ハーフコート３対２・３対３，オールコート３対３というように，子どもの学習状況に応じて，コートや人数を発展的に設定していくことも可能である。また，ハンドボールを基にした易しいゲームとしては，「V字ゴール・ハンドボール」（岩田，2012）や「トライアングル・シュートゲーム」が提案されている（岩田，2016）。これらは，ゴールの形状の改変や攻撃側の数的優位等の付加的ルールの設定によって，子どもたちの戦術的思考を促し，課題解決の手がかりを与えることを意図している（岩田，2016）。

　次に，「陣地を取り合うゲーム」におけるフラッグフットボールは，作戦を立てて，その適否を確認しながら進めていくことのできるところにその教材価値がある。中学年段階では，手渡しパスやランプレイに限定して，進めていくとよいだろう。また，タグラグビーでは，スローフォワード（前パス）が許容されていないために，攻撃側のボール非保持者は，ボールを持った味方と相手もすべてゴールとともに同一視野のなかで認知することができることから，攻撃側の「ボールを持たないときの動き」の学習にとって１つの易しいステップを提供してくれるものとなる（岩田，2016）。

（3）小学校高学年での教材例

　高学年の「簡易化されたゲーム」とは，ルールや形式が一般化されたゲームを子どもの発達の段階を踏まえ，実態に応じたボール操作で行うことができ，プレイヤーの人数，コートの広さ，プレイ上の制限，ボールその他の運動用具や設備などを修正し，子どもが取り組みやすいように工夫したゲームのことである（文部科学省，2018a）。この段階では，バスケットボールを基にした簡易化されたゲームとして，「ハーフコート３対２アウトナンバーゲーム」（たとえば，鬼澤ほか，2008）が１つの典型教材として学校現場に浸透している。また，サッカーを基にした簡易化されたゲームとして，グリッド線を設けて攻撃専門のプレイヤーの動くことのできる範囲を限定し，常に攻撃側が数的優位（４対３）になるように設定された４対４のゲームが提案されている[1]（吉永・馬場，2009）。さらに，「得点しやすい場所への移動」という高学年段階のボールを持たないときの動きの習得を促すために，スルーパスを出しやすい位置であるコート中央に守備者が入ることのできない攻撃側専用のフリーゾーンを設ける，サッカーを基にした簡易化されたゲームの開発の視点も提示されている（須甲，2018）。

（4）中学校１・２年での教材例

　中学校１・２年では，「攻撃を重視し，空間に仲間と連携して走り込み，マー

[1] このゲームについては，第Ⅲ部第１章（141頁）でくわしく取り上げているので参照されたい。

クをかわしてゴール前での攻防を展開できるようにする」ことが求められており、「ゴール前の空間をめぐる攻防についての学習課題を追究しやすいようにプレイヤーの人数、コートの広さ、用具、プレイ上の制限を工夫したゲームを取り入れ、ボール操作とボールを持たないときの動きに着目させ、学習に取り組ませることが大切である」と示されている（文部科学省、2018b、p.123）。攻撃を重視することから、小学校高学年でも適用されるアウトナンバーゲームをタスクゲームやメインゲームとして位置づけていくことは、中学校1・2年におけるゴール型教材づくりの1つの視点である。実際、中学生を対象にした、コート内にグリッド線を入れ、パスエリアとシュートエリアにおいて常に攻撃側がアウトナンバーになるサッカーの工夫されたゲームが提案されている（堀邉、2010）。

（5）中学校3年以降での教材例

中学校3年生以降のゴール型では、攻撃において「空間を作りだすこと」等が解説の例示に明記されていることにくわえ、守備の指導内容も攻撃を重視して指導する中学校1・2年生以上に求められている。他方で、中学校3年生以降のゴール型に関する授業研究の成果は、我が国において少ないのが現状である。今後、中学校3年生以降のゴール型に関する知見が蓄積されることが望まれる。ただ、今後の教材開発や授業づくりの視点として、中学校3年生以降においても、小学校や中学校1・2年生を対象にした教材例が効果的な学習につながる可能性が大いにあるということを強調しておきたい。

4.ゴール型ゲームの単元及び授業の展開例

以下では、中学校第3学年のゴール型「サッカー」の授業の展開例を示していく。

（1）単元の目標及び評価規準

単元の目標[2]は以下の通りである。
・次の運動について、勝敗を競う楽しさや喜びを味わい、技術の名称や行い方、(体力の高め方)、(運動観察の方法)(など)を理解するとともに、作戦に応じた技能で仲間と連携しゲームを展開するこ(が)できるようにする。
　　ア　ゴール型では、安定したボール操作と空間を作りだすなどの動きによってゴール前への侵入などから攻防をすることができるようにする。(知識及び技能)
・攻防などの自己やチームの課題を発見し、合理的な解決に向けて運動の取り組み方を工夫するとともに、自己や仲間の考えたことを他者に伝えることができるようにする。(思考力、判断力、表現力等)

②単元の目標
単元の目標は、中学校学習指導要領解説（文部科学省、2018b、pp.129-137）のE　球技　第3学年の(1)知識及び技能、(2)思考力、判断力、表現力等、(3)学びに向かう力、人間性等、それぞれにおける囲い部分の内容（学習指導要領本体の内容）をそのまま抜き出して、文末を「〜できるようにする」に修正して設定している。
なお、『「指導と評価の一体化」のための学習評価に関する参考資料　中学校　保健体育』（国立教育政策研究所教育課程研究センター、2020）を参考に、中学校第3学年及び高等学校入学学年次の目標の内、球技領域における他の単元で指導し評価する部分については、（　）で示している。

表2 中学校第3学年の『球技』(ゴール型「サッカー」)の「単元の評価規準」

知識・技能		思考・判断・表現	主体的に学習に取り組む態度
〈知識〉 ①球技の各型の各種目において用いられる技術や戦術,作戦には名称があり,それらを身に付けるためのポイントがあることについて,学習した具体例を挙げている。 ②戦術や作戦に応じて,技能をゲーム中に適切に発揮することが攻防のポイントであることについて,学習した具体例を挙げている。	〈技能〉 ①ゴール前に広い空間を作りだすために,守備者を引きつけてゴールから離れることができる。 ②パスを出した後に次のパスを受ける動きをすることができる。	①選択した運動について,合理的な動きと自己や仲間の動きを比較して,成果や改善すべきポイントとその理由を仲間に伝えている。 ②自己や仲間の技術的な課題やチームの作戦・戦術についての課題や課題解決に有効な練習方法の選択について,自己の考えを伝えている。	①一人一人の違いに応じた課題や挑戦及び修正などを大切にしようとしている。 ②健康・安全を確保している。

・(球技に自主的に取り組むとともに,)フェアなプレイを大切にしようとすること,(作戦などについての話合いに貢献しようとすること),(一人一人の違いに応じたプレイなどを大切にしようとすること),(互いに助け合い教え合おうとすること)(など)や,健康・安全を確保することができるようにする。(学び向かう力,人間性等)

　また,単元の評価規準(表2)は,中学校学習指導要領解説(文部科学省,2018b)における(1)知識及び技能,(2)思考力,判断力,表現力等,(3)学びに向かう力,人間性等のそれぞれにおける例示から,当該単元で特に重点を置いて指導・評価したい目標に対応させている。

(2)単元の計画

　表3は,単元の計画である。ここでは,単元10時間を1次から4次のまとまりで構成している。第1次が単元1時間目,第2次が単元2〜4時間目,第3次が単元5〜7時間目,第4次が単元8〜10時間目である。このまとまりのなかで同様の課題解決に取り組むことで,教師も生徒も無理なく教授・学習活動を進めることができる。

(3)おもな指導内容の設定と教材の作成

　図1は,単元を通して実施していくメインゲームの概要を示している。コート中央にフリーゾーンを設定した理由は,フリーゾーン内のボール保持者が得点につながるスルーパスを余裕をもって出すことができるようにするためである。また,攻撃側のボール非保持者にとっては,ボール保持者が守備者に邪魔されないことで,自身のタイミングでゴール前に動くあるいは,ゴール前から離れるという意思決定を行うことが可能となる。これは,「意思決定の契機の多様さ」(岩田,2016)というゴール型ゲームの難しさを軽減することにつながる。フリーゾーンがセンターラインを底辺とした五角形になっている理由は,守備者はフリーゾーン内を移動することができないので,フリーゾーン内のボール保持者が体を向き変えてパスコースを変えたときに,守備者は遠回りしてボール保持者の前に向かうことになるため,ボール保持者にとっては,時間的余裕が生まれ,パスコー

表3 中学校第3学年『球技』（ゴール型「サッカー」）の単元計画（指導と評価の計画）

	時間	1	2	3	4	5	6	7	⑧（本時）	9	10
学習過程	0	オリエンテーション	1. ウォーミングアップ，ドリルゲーム（ボール操作技能に焦点化した下位教材）①：2人組対面パスゲーム（40秒×2セット），ドリルゲーム②：2人組移動パスゲーム（40秒×2セット），ドリルゲーム③：スルーパスからシュートゲーム（左右から走り込んでスルーパスを受けてシュートする：左右2分ずつ）								
	10	1. チームの決定とチーム内における役割の確認	2. おもな指導内容の確認「パスを出した後に次のパスを受ける動きをしよう」		2. おもな指導内容の確認「広い空間を作りだすための動きをしよう」			2. おもな指導内容の確認「チームの作戦に関する課題解決に有効な練習方法を考えて実践し，試合で活かしていこう」		
	20	2. 学習の進め方の確認	3. タスクゲーム（戦術的課題に焦点化した下位教材）①「3対1のパス回しゲーム」（1分半×6セット）（図2）		3. タスクゲーム（戦術的課題に焦点化した下位教材）②「3対2（ハーフコート・攻守交替制）」（3分×3セット）			3. チーム練習の選択・実施と作戦の確認（チームの課題や作戦に応じて，練習方法を選択して実施する）		
	30	3. メインゲーム4対4の試しの実践								
	40	4. ゲーム内で解決するべき課題の確認	4. メインゲーム4対4（オールコート）『リーグⅠ』（図1）（2時間目は5分×1ゲーム，3・4時間目は5分×2ゲーム）		4. メインゲーム4対4（オールコート）『リーグⅡ』（図1）（5時間目は5分×1ゲーム，6・7時間目は5分×2ゲーム）			4. メインゲーム4対4（オールコート）『リーグⅢ』（図1）（8時間目は5分×1ゲーム，9・10時間目は5分×2ゲーム）		
	50	5. 本時のまとめ，片付け，整理運動，学習カードの記入，チームごとの反省等								
評価計画及び評価方法	知	①（学習カード）	②（学習カード）				②（学習カード）	②（学習カード）			総括的な評価
	技		②（観察）		②（観察）	①（観察・学習カード）		①（観察）	①（観察）		
	思			①（観察・学習カード）	①（観察・学習カード）				②（観察・学習カード）	②（観察・学習カード）	
	態			②（観察）			①（観察）			①（観察）	

※1 知：「知識・技能」の「知識」，技：「知識・技能」の「技能」，思：「思考・判断・表現」，態：「主体的に学習に取り組む態度」
2 「評価計画及び評価方法」における丸数字は単元の評価規準，（ ）内は評価方法を示す。

③ゴール型ゲームでは，子どもの実態に応じたボールの工夫・選定は，学習成果に大きな影響を及ぼすといえる。たとえば，ハンドボールを素材にした授業においては，片手でボールを扱えることにその教材価値があるため，1号球と2号球の2種類を準備し，ドリルゲーム，タスクゲーム，メインゲームの各段階において，個々の子どもの実態，対戦相手同士の実態等に応じて，ボールの大きさを使い分けることができるようにするという方法をとることも可能である。

スの複数選択やボール操作を正確に行うことが可能になると考えたためである（須甲・金沢，2016）。

教具の工夫として，弾みにくく重いフットサルボールを若干空気を抜いた状態で使用し，パス・トラップ・シュート等のボール操作を行いやすくする③。

さて，このメインゲームの課題解決が単元の中心的な活動になるが，表3に示すように，第2次において「パスを出した後に次のパスを受ける動きをすることができる（表2における技能②）」をおもな指導内容として設定する。この指導内容を習得させるために，吉永・馬場（2009）を参考に，図2に示すようなタスクゲーム①（3対1のパス回しゲーム）を位置づける。なお，ここでは，パスを出した後に，とどまるのではなく，次のパスを受けるための連続的なサポートの動きを言葉かけ等によって指導していくことになる。

次に，第3次において，「ゴール前に広い空間を作りだすために，守備者を引きつけてゴールから離れることができる（表2における技能①）」をおもな指導内容とする。この指導内容を習得させるために，メインゲームで使用するハーフコートを用いて，タスクゲーム②（3対2：攻守交替制）を実施していく。

最後に，第4次では，「自己や仲間の技術的な課題やチームの作戦・戦

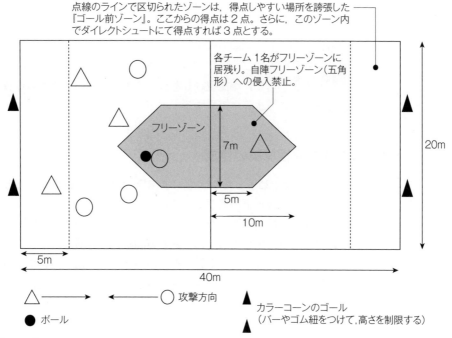

点線のラインで区切られたゾーンは，得点しやすい場所を誇張した『ゴール前ゾーン』。ここからの得点は2点。さらに，このゾーン内でダイレクトシュートにて得点すれば3点とする。

各チーム1名がフリーゾーンに居残り。自陣フリーゾーン（五角形）への侵入禁止。

フリーゾーン

7m

5m

10m

20m

5m

40m

△ ⟶　⟵ ○ 攻撃方向

● ボール

▲ カラーコーンのゴール
（バーやゴム紐をつけて，高さを制限する）

【ルール】
・4対4オールコートの5分間ゲーム。
・ハーフラインを底辺とした攻撃方向側の五角形のみをフリーゾーンとして使用でき，フリーゾーン内の生徒は固定で，攻撃時のみ参加できる。フリーゾーンからのシュートは可とする。キーパーはなしとする。守備のチームはフリーゾーンに入ることができない。
・相手側のハーフコートに入ってから，必ず一度は味方にパスを通さないと，シュートはできない。
・外にボールが出たら，出た場所からキックインか，ドリブルで再開する（相手チームは2m離れる）。
・ゴールの幅はカラーコーンの間（7m），高さはカラーコーンの高さで判定する。
・ゴールが決まると，決められたチームのフリーゾーンにいる生徒がボールを持った状態からゲームを再開する。
・攻撃側ゴール前ゾーン（ゴールラインから点線までの間）で点を決めれば2点，また，ゴール前ゾーンにおいてダイレクトシュートでゴールが決まれば3点とする。
・ボールは，フットサルボールを使用し，空気を若干抜いた状態で使用する。

図1　中学校第3学年におけるゴール型サッカーメインゲーム（4対4）の概要（須甲・金沢，2016を参考に筆者が作成）

【ルール】
・6m×6mのグリッドの中で1分半，攻撃者3人はパスを回す。
・守備者はボールをパスカットをすると，1点ポイントが入る。
・生徒の実態によっては，まずは，ハンドリングで実施してもよい。また，2対1や4対1にすることも可能。
・チーム全員が守備者を行えるようにローテーションをする。

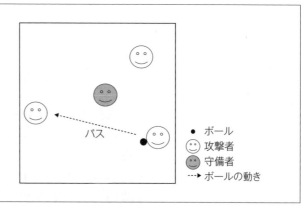

パス

● ボール
☺ 攻撃者
☻ 守備者
‑‑‑▶ ボールの動き

図2　タスクゲーム①（3対1のパス回しゲーム）（吉永・馬場，2009を基に筆者が作成）

術についての課題や課題解決に有効な練習方法の選択について，自己の考えを伝えている（表2における思考・判断・表現②）」をおもな指導内容とする。ここまでの学習を踏まえて，チームの作戦の課題に基づいて，練習方法を選択し，課題を解決していくことを目指す。なお，課題を焦点化させて対話的な学びを促すために，各チームには，作戦例や練習例（タスクゲーム①②含む）が記載された資料を提供して，そこから作戦や練習方法を選択できるように工夫する。

（4）学習指導案の作成

　表4は，表3に示した10時間中の8時間目の学習指導案である。本時の中心的な目標は以下の通りである。
・ゴール前に広い空間を作りだすために，守備者を引きつけてゴールから離れることができるようにする。（知識及び技能）
・自己や仲間の技術的な課題やチームの作戦・戦術についての課題や課題解決に有効な練習方法の選択について，自己の考えを伝えることができるようにする。（思考力，判断力，表現力等）

5. 運動が苦手な子ども・意欲的でない子どもへの配慮

　先にも示したように，ゴール型ゲームは，「意思決定の契機の多様さ」，「空間の流動的な変化」，「行動の自由性」という難しさを有する（岩田，2016）。運動が苦手・意欲的でない子どもへの配慮には，これらのゴール型ゲームの難しさの要因を軽減するような教材の工夫が求められる。たとえば，守備者が入ることのできない攻撃側専用のフリーゾーンを設定する，コートをグリッドで区切り動くことのできる範囲を限定する，攻撃の人数を守備の人数より多くすること等はその例である。
　また，単元を構成するうえで，1単位時間ごとに子どもが取り組む教材や習得すべき指導内容を変えていくのではなく，ある程度の時間のまとまりのなかで，同じ教材に取り組んでいくことも必要である。運動が苦手・意欲的でない子どもにとって，1つの教材に慣れ，その教材を通して習得することが期待される指導内容を身に付けるためには複数時間を要する。したがって，ある程度の単元のまとまりのなかで，下位教材や単元教材の配置を検討することが，運動が苦手・意欲的でない子どもへの対応にとっても重要になる。
　さらに，「ボールを持たないときの動き」は，たとえ，ドリブル・パス・シュート等といったボール操作技能が未熟な段階の子どもでも，教師の具体的な言葉かけによって，成果を実感することが可能となりうる内容となる。そのため，「ボールを持たないときの動き」に関わる指導内容を確実に設定し，その指導内容に焦点化した教師の具体的な言葉かけを行うことも重要である。

表4　本時の学習活動・指導展開（8/10時間目）

段階	学習内容・活動	○教師の指導・支援，◆評価規準及び方法
導入 12分	1．ウォーミングアップ ＆ ドリルゲーム 1) ドリブル走（メインゲームのコート1往復） 2) 準備運動（各チーム） 3) ドリルゲーム （ボール操作技能に関わる練習） ①2人組対面パスゲーム（40秒×2セット） ②2人組移動パスゲーム（40秒×2セット） ③スルーパスからシュートゲーム（左右から走り込んでスルーパスを受けてシュートする：左右2分ずつ） 2．集合，6列縦隊（チームごと）に整列，挨拶，出席確認 3．本時のねらいの確認 　①ゴール前に仲間が走り込むための広い空間を作りだす動きを工夫しよう。 　②チームで立てた作戦の課題をみつけよう。	○グラウンドに出てきたら，各チームトレーナー係を中心として，ストレッチやボール慣れを丁寧かつ，正確に行うように指示する。 ○教師がドリルゲーム開始の合図を行い，ドリルゲーム実施中には巡視をしながら，ボール操作技能に関わった言葉かけを積極的に個別に行っていく。 ○ドリルゲーム終了後は，記録係を中心に，チーム内における各ペアのドリルゲームの結果を記録させ，前時までの記録と比較するよう助言する。 ○出欠と見学者の確認は，各チームのリーダーに報告させ，見学者には，見学者カードを渡し，本時の目標に即して，自身が所属するチームの課題等を記録するよう指示する。 ○前時の学習を振り返りながら，どのような反省点があったのかを発問を通して引き出していく。その後，本時の目標について，デモンストレーションを用いて説明する。
展開 30分	4．チーム練習の選択・実施と作戦の確認 1) 単元2～4時間目で実施したタスクゲーム①（2対1のパス回しゲーム），5～7時間目で実施したタスクゲーム②（3対2（ハーフコート・攻守交替制））を含め，練習方法の例が記載された資料に基づいて，リーダーを中心にチームの課題に即した練習方法を選択して実施する。 2) アナリストを中心に作戦例が記載された資料を参考に，本時のゲームで実施する作戦を確認する。 ・6人1組（各チーム）で行う。 ・メインゲームで使用するコートの半分を利用して，各チームで実施する。 ・チーム練習では，励まし係を中心に，絶えず，互いに具体的な助言をする。 5．メインゲーム4対4 （オールコート，図2参照） ・男女きょうだいチームを組み，前半男子同士，後半女子同士で対戦し，その合計得点を相手チームと競う。なお，フリーマンは毎時間交代し，全員が均等に担当する。 ・ゲームに参加していない生徒が得点や審判，励まし（助言）役を担う。	○本時（単元8時間目）は，第4次（8～10時間目）の第1時であり，練習方法・作戦例の資料に基づきながら「チーム練習の選択・実施と作戦の確認」の学習活動を実施するはじめての時間であるため，この活動の時間を長め（20分）に確保する。 ○教師は巡視をしながら各チームにアドバイスをしていく。その際，話し合いに終始し，練習を開始していないチームがあれば，教師から問いかけながら当該チームの課題を焦点化させて，速やかに練習を選択・実施するよう促していく。 　◆自己や仲間の技術的な課題やチームの作戦・戦術についての課題や課題解決に有効な練習方法の選択について，自己の考えを伝えている。【思考・判断・表現】（観察） ○本時の【知識及び技能】の目標に即した観察と肯定的・矯正的かつ具体的な言葉かけを行う。具体的には，ゴール前ゾーンに走り込むためには，そのゾーンにとどまり続けるのではなく，そのゾーンからタイミングよく離れて，守備者を引きつけることができるようにすることが大切であるということを個別に言葉かけしていく。また，ゲームを観察している生徒に対して，問いかけながら課題を焦点化させ，チームの仲間に具体的な助言ができるよう促していく。 ○フリーゾーンにいるフリーマンを有効に利用して，攻撃を組み立てられているか，観察しながら助言していく。 　◆ゴール前に広い空間を作りだすために，守備者を引きつけてゴールから離れることができる。【知識・技能】（観察）
整理 8分	6．本時のまとめと次回の予告 ・個人で学習カードを記入し，書き終えたら，チーム内で伝え合う。 ・全体の前で教師から指名された数名が学習カードの記述内容を発表する。	○学習カードを記入する活動場面では，巡視をしながら，学習カードに本時の【思考力，判断力，表現力等】の目標に即した記述ができているか確認する。学習カードへの記述が進まない生徒には，発問をしたり，ヒントを与えたりしながら，思考・判断を促していく。 ○巡視をしながら，学習カードの記述内容が本時の目標と合致している生徒を数名ピックアップしておき，本時のまとめの段階で全体の前で発表してもらい，情報を共有する。 　◆自己や仲間の技術的な課題やチームの作戦・戦術についての課題や課題解決に有効な練習方法の選択について，自己の考えを伝えている。【思考・判断・表現】（観察・学習カード）

上記の視点にくわえて，ボール等の教具の工夫，男女を同じチームで構成する「きょうだいチーム制」の導入等，「共生の視点」，「男女共習」の視点を授業に具現化する方法はこれまでにも報告されてきている。今後，体力や技能の程度，年齢や性別，障害の有無等を超えて，誰もがともにゴール型ゲームの本質的な面白さを追求していくことのできるという視点からの授業研究がますます求められると考えられる。

〈須甲理生〉

〈引用・参考文献〉
堀邉英明（2010）ゴール型ゲーム．サッカー．体育科教育別冊58（3）：80-85.
岩田靖（2012）体育の教材を創る：運動の面白さに誘い込む授業づくりを求めて．大修館書店.
岩田靖（2016）ボール運動の教材を創る．大修館書店.
国立教育政策研究所教育課程センター（2020）「指導と評価の一体化」のための学習評価に関する参考資料 中学校 保健体育．東洋館出版社.
文部科学省（2010）学校体育実技指導資料 第8集ゲーム及びボール運動．東洋館出版社.
文部科学省（2018a）小学校学習指導要領（平成29年告示）解説体育編．東洋館出版社.
文部科学省（2018b）中学校学習指導要領（平成29年告示）解説保健体育編．東山書房.
文部科学省（2019）高等学校学習指導要領（平成30年告示）解説保健体育編 体育編．東山書房.
鬼澤陽子・小松崎敏・吉永武史・岡出美則・高橋健夫（2008）小学校6年生のバスケットボール授業における3対2アウトナンバーゲームと3対3イーブンナンバーゲームの比較—ゲーム中の状況判断力及びサポート行動に着目して—．体育学研究53：439-462.
庄司佳世（2020）新学習指導要領でつくる　今月の単元計画 低学年 蹴って，止めて，ボール蹴りゲーム．楽しい体育の授業33（8）：40-41.
須甲理生・金沢翔一（2016）体育授業における苦手な生徒の運動有能感を高めるための指導の在り方—中学校2・3年生女子の「球技」領域における「ゴール型：サッカー」の授業を対象とした実践例—．研究代表者友添秀則「学校体育活動における指導の在り方調査研究—体育科，保健体育科の授業における運動の苦手嫌いな傾向の児童生徒の関係・意欲を高め，運動習慣の確立につながる指導の在り方—」平成27年度体育活動における課題対策事業研究成果報告書，pp.211-232.
須甲理生（2018）第11章 初等体育科教育の実践⑤—ボール運動系（ゴール型）—．岡出美則編著，初等体育科教育．ミネルヴァ書房，pp.126-138.
鈴木聡（2010）ゴール型ゲーム セストボール．体育科教育別冊58（3）：32-37.
吉永武史・馬場智哉（2009）サポート学習による小学校5年生のサッカーの授業実践とその成果．体育科教育57（11）：16-19.
吉永武史（2018）学習指導要領の改訂でゴール型ゲームはどう変わろうとしているのか．体育科教育66（6）：12-16.

第9章 ネット型ゲームの教材づくり・授業づくり

概要

ネット型ゲームは連携プレイ型と攻守一体プレイ型に分類されるが，2017年改訂の学習指導要領では小学校段階において前者にくわえ後者も例示された。小学校段階では，ラリーを続けたりボールをつないだりすることや，チームで連携して攻防すること，中学校段階では，ボールや用具を操作する技能と，定位置に戻る動きによって空いた場所をめぐる攻防を展開することが求められている。本章では，連携プレイ型ゲームに着目し，ボール操作の緩和とルール条件の改変を通した学習指導のあり方を紹介する。

1.ネット型ゲームの内容構成

改訂された学習指導要領のボール運動・球技系におけるネット型ゲームの内容は，小学校から高等学校まで次のように表記されている（文部科学省，2018a，2018b，2019）。

小学校の低学年では「相手コートにボールを投げ入れる簡単な規則で行われる易しいゲーム」が，中学年では，「軽量のボールを片手，両手もしくは用具を使って，自陣の味方にパスをしたり，相手コートに返球したり，弾むボールを床や地面に打ち付けて相手コートに返球したりして，ラリーの続く易しいゲーム」が提示され，ソフトバレーボール，プレルボール，バドミントンやテニス等が例示されている。高学年では，「軽くて柔らかいボールを片手，両手もしくは用具を使って操作したり相手が捕りにくいボールを返球したりするチームの連携プレイによる簡易化されたゲームや，自陣から相手コートに向かって相手が捕りにくいボールを返球する手や用具などを使った簡易化されたゲーム」が提示され，中学年と同様の種目を基にした簡易化されたゲームが例示されている。

中学校の第1，2学年では「ラリーを続けることを重視し，ボールや用具の操作と定位置に戻るなどの動きによって空いた場所を巡る攻防を展開できるようにする」，第3学年では「ポジションの役割に応じたボールや用具の操作によって，仲間と連携した『拾う，つなぐ，打つ』などの一連の流れで攻撃を組み立てたりして，相手側のコートの空いた場所を巡る攻防を展開できるようにする」とされている。

高等学校の入学年次は中学校の第3学年と同様であり，入学年次の次の年次以降では「空間を作り出すなどの攻防をする」ことをねらいに，「味方や相手の状況に応じてボールに緩急や高低，回転などの変化をつけて前後左右の空いた場所に打ち分けたり，リズムを変えたりして，得点しやすい空間を作り出すなどの攻撃をしかけ，その攻撃に対応して仲間と連携して守るなどの攻防を展開する」ことが目指されている。高等学校では学習の最終段階になるため，生涯スポーツの場面で運用されるルールを取り上げること，参加者に応じたルールの工夫をしてゲームや練習を行うことが求められている。

2.ネット型ゲームの本質的な課題と面白さ

ネット型ゲームは，コート上でネットをはさんで相対し，体や用具を操作してボールを空いている場所に返球し，一定の得点に早く到達することを競い合うゲームであり，その共通する戦術的課題は，「分離されたコートの向こうにいる相手に対し，ボールをコントロールさせないように攻撃すること，及び自陣の空間を守ること」といえる（岩田，2005）。そして，1回の触球で相手コートに攻撃するバドミントンや卓球などの攻守一体プレイ型と，自陣で攻撃を組み立てるバレーボールなどの連携プレイ型に分類できる（高橋，1994）。

なかでも，バレーボールに代表される連携プレイ型は，比較的人数が多いクラスでもゲームが実施でき，仲間と連携する協力的な場面が必要なことから授業の中心的な素材となっている。ただし，技術の習得が難しく，コート内の人数が多いため触球機会が少ない等の問題も抱えている。そのため，レシーブ技術の緩和のためにボールを片手や両手で打ちつける（プレル），ワンバウンドを取り入れる，セッターがボールをキャッチしてトスアップする，ゲームの人数を少なくするなど，期待する学習成果に即した工夫が報告されている。

また，新たに小学校中学年から導入された攻守一体プレイ型のゲームについても，今後その実践研究が増えてくるであろう。

3.各学年段階における教材づくり・授業づくりの視点

ここで連携プレイ型に焦点をあてれば，その学習指導の中心的な課題は「『意図的なセットからの攻撃』を軸にした役割行動と技能的発展」（岩田，2009）になるであろう。連携プレイ型は，一般に移動してくるボールをコントロールする技能が難しいとされ，ボールをキャッチさせたり，転がさせたりしてボール操作の条件を緩和することで，自陣で攻撃を組み立てる連携プレイを成立させることが大いに期待できる。また，連携プレイを成立させるためには，レシーブ─トス(セット)─アタックの「役割行動」

が必要であり，それをいつ，誰が行うのかをゲームの状況に応じて「判断」することが重要な課題になる。以下では，このような視点からの学習内容の抽出とその教材化について紹介したい。

(1)小学校低学年での教材例

　低学年ではねらったところに緩やかにボールを転がしたり，投げたりすることやボールを捕ったりすること，またボールを操作できる位置に動くことが求められる。ボールを操作する機会を多くし，ボールを投げたり捕ったりすることを重視したい。そのため，教材例は攻守一体型のゲームになるだろう。たとえば，相手コートにボールを投げ入れるボンバーゲーム(西村，2015)，レジボール投げゲーム（森本・日野，2017）がある。いずれの教材も，レジ袋に新聞紙を入れてガムテープで補強したボールを教具とし，2人対2人で相手が投げ入れたボールを爆弾のように見立て，落とさないようにキャッチし，相手コートの空いている場所に投げて落とすゲームである。

(2)小学校中学年での教材例

　中学年段階の連携プレイ型ゲームでは，ボール操作をできる限り易しくし，連携プレイに必要な役割行動の学習がねらいとなる。レシーブ―トス（セット）―アタックの役割を決めてゲームをすることで，子どもたちにとってその判断がしやすくなるだろう。教材例としては，ネットの下をくぐらせてボールをアタックする「フロアーボール」（岩田・竹内・両角，2009）などが提案されている。

　なお，新しく導入された攻守一体型では，ラケットなどを使用しないハンドテニス（木下，2008）や，ダンボールラケットを使用したテニピン（今井，2013）等の教材が開発されている。

(3)小学校高学年での教材例

　高学年の連携プレイ型の教材としては，意図的なセットからの攻撃を生み出すゲームの発展系として，「アタック・プレルボール」（岩田・竹内・平川，2009）や「ワンキャッチ・ファウストボール」（芳賀，2009）が提案されている。「アタック・プレルボール」は，バレーボールのようにネット際でトス（セット）し，セッターが床面にボールを打ちつけて跳ね上がったボールを直接相手コートにアタックするゲームである。また，「ワンキャッチ・ファウストボール」はソフトバレーボールにおけるトス（セット）アップの難しさを緩和し，セッターがキャッチしてボールを手で投げ上げることでレシーブ―キャッチトス―アタックの連携プレイの実現可能性を高める教材である。ここでは，ワンキャッチの他にも相手コートから打ち込まれたボールをワンバウンドレシーブとし，連携プレイが出現しや

すいように技能の緩和をしている。このように，いずれのゲームにおいてもトス（セット）アップの難しさを緩和した教材を用いている。

また，攻守一体プレイ型の教材としては，井浦ほか（2015）のソフトテニスを素材としたダブルバウンドテニスがある。ここでは，前衛プレイヤーのみが手づくりラケットを使ってボレーできるルールを用いた教材が提案されている。

(4)中学校 1・2 年での教材例

中学1・2年生では，小学校高学年での学習を踏まえてセッターのトスを学習させていく必要がある。そのためには，レシーブされたボールをアタッカーの方へ方向転換してトスする必要があり，セッターの体の向き変え動作が必須になるが，それが非常に難しい課題であることは容易に想像できる。この点を緩和した教材として，「レシーブ―予備セット―トス（セット）―アタック」の4回触球制を取り入れた「ダブルセット・アタックプレルボール」がある（岩田・北原ほか，2009）。これは，より安定したトスを実現するために，セッター役へ易しいボールを送る予備セットを取り入れ，その次にオーバーハンドパスを用いたトスアップからのアタックを取り入れている。

(5)中学校 3 年以降での教材例

この段階の教材として，3人対3人で1人1回ずつ必ずボールを触るよう役割を決めてゲームを行うスリータッチゲーム（西山，2009）などがある。ここでは，すべてのプレイでキャッチやワンバウンドを認めず，ゲームを行う。さらに，ゲーム人数を4人から5人に増やしたり，コートを広くしたりすることによって役割行動の判断の難度を高めていくことも可能である。

4.ネット型ゲームの単元及び授業の展開例

前述の小学校での教材を踏まえ，中学校導入段階（1年生）の授業計画を紹介したい。そこでは，どんな学習内容を課題に据えた単元教材（メインゲーム）を設定すればよいのだろうか。さらに，その学習成果を期待するためにはいかなる手立て（ドリルやタスクゲームなど）があるのだろうか。ここでは1本目の触球をキャッチレシーブとし，セッターのトスアップの学習に焦点をあてた「ファーストキャッチバレー」を提示する（荻原ほか，2009）。

（1）学習内容の設定

　ここでは中学校3年間を見通した学習目標を「意図的な3段攻撃と守備ができるようになる」こととする。小学校段階でキャッチトスを許容したルールでの連携プレイを習得していることを前提として，中学校ではおもにセッターの技術や動き方を習得することをねらいとした。また，ゲーム状況による役割行動の転換とその判断が重要な課題になる。ボールを持たないときの動きとしては，セッターの体の向き変え動作やベースポジション（定位置）に戻る動きを習得させたい。

　特に1年生では「オーバーハンドパス（トス）からのアタックができるようになる」ことをねらいとし，オーバーハンドパスの技術習得及びセッターのトスアップを中心とした学習内容を設定した。そのため，3段攻撃における1本目のレシーブをキャッチ可とし，安定したボールがセッターへ返球されるようにルールを修正した。

（2）教材，教具作成の意図

　公式のバレーボールは，ボールを直接腕や手で扱うため，突き指しそう，ボールがあたると痛いなどのイメージがもたれている。そこで近年では，レクリエーションバレーボール（モルテン）やキッズバレーボール（ミカサ）が多くの学校現場で取り入れられている（図1）。

　また，ゲームにおいては，ゲームパフォーマンスの向上，練習回数の保障を考えると，少人数でのゲームが有効である。つまり，3人対3人などの少人数で，かつ，バドミントンコート等の小さいコートでゲームを行う。メインゲーム（単元教材）の「ファーストキャッチバレー」では，キャッチレシーブ→トス→アタックの3段攻撃を意図的に実行できることをねら

図1　多くの学校現場で取り
　　入れられているボール

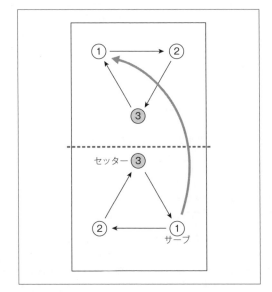

図2　メインゲーム（ファーストキャッチバレー）

いとするため，できるだけその場面がゲーム中に数多く出現するように，サーブを決められた人（対角のレシーバー等）に下手から投げ入れさせる。また，1人1回必ずボールに触ることを条件とし，チーム全員に各ポジション（レシーバー，セッター，アタッカー）の学習機会を与える（図1）。バレーボールの授業では，セッターの役割を部活動経験者が行ったり，上手な子どもが行ったりするケースが珍しくない。また，レシーブやアタックも得意な子どもが中心になってしまうこともしばしばみられる。これらを避けるため，初期段階ではすべての子どもに等しく学習機会を与えることを重視した。

（3）単元計画の設計

単元の主要な目標を以下のように考えた。表1は単元計画の例である。
・ポジションにおける役割と技能について理解し，チーム内で3段攻撃ができる。（知識及び技能）
・空いた場所をめぐる攻防を展開するためのボールの操作ができる。（知識及び技能）
・ベースポジション（定位置）に戻る動きができる。（知識及び技能）
・ゲームの結果から，チームの課題をみつけられる。（思考力・判断力・表現力等）
・提供された練習方法から，自己やチームの課題に応じた練習方法を選んでいる。（思考力・判断力・表現力等）
・チームの課題を的確に指摘したり，仲間にわかりやすく伝えたりしている。（思考力・判断力・表現力等）
・球技の学習に積極的に取り組み，分担した役割を果たそうとしている。（学びに向かう力，人間性等）
・審判の判定を受け入れ，常に公正・公平な態度で試合をしようとする。（学びに向かう力，人間性等）

表1　単元計画の例

	1	2	3	4	5	6	7	8	9	10
0	集合・挨拶・健康観察・本時の確認・準備運動									
10	オリエンテーション 学習内容の説明 グルーピング ○ドリルの説明 ・ドリルサーキット ・ドリルゲーム ○メインゲームの説明 ・ファーストキャッチバレー 学習のまとめ	○ドリルサーキット（オーバーハンドパス，アタック）								ファーストキャッチバレー大会
20		○ドリルゲーム「オーバーハンドパスを使ってスパイクしよう」 ・セッターの体の向き変え ・アタックが打ちやすいオーバーハンドパス ・オーバーハンドパスの高さ，向きに注意する					チーム練習と作戦			
30		○ファーストキャッチバレー （リーグⅠ） 「ベースポジションに戻る」		○ファーストキャッチバレー （リーグⅡ） 「サーブレシーブ時の作戦実行」			○ファーストキャッチバレー （リーグⅢ）			
40										
50										学習のまとめ
	整理運動・本時の反省・次時の確認									

単元を計画する際には，授業を効果的に実施するためのマネジメントや単元経過に即した教材の配置が重要になる。教材配列については，ゲームパフォーマンスの向上を意図し，ゲーム経験を豊かにすることを重視した。そのため，毎時間ゲームを組み込み，単元終盤にはイベントマッチを設定した。くわえて，各時間の授業のはじめに取り組むドリルサーキットは，単元全体を通してその進歩が継続的に確認できるようにした。できれば2～3時間で1つの課題を追求するという余裕をもちたい。

　以下に単元に挿入したドリルサーキットとドリルゲームについて説明をくわえる。

❶ドリルサーキット（オーバーハンドパス，アタック）

　図3のように，①②の場ではおもにオーバーハンドパス（トス）を中心とした練習，③④ではアタック練習を位置づけている。①②については，単元前半では個人のスキルを高める練習（直上トス，壁トス），単元後半ではペア，もしくは3人という複数での練習（三角パス，2人組パス）を行う。これによって相手の動きにあわせた動きや，方向を変える動きの習得を期待した。また，③では2人組になってアタック時のミート練習を，④では新聞紙を丸めてソフトボール大にし，ガムテープでぐるぐる巻きにしたボールを使って，アタック時のステップと腕の振り上げ，スナップの使い方を繰り返し練習する場とした。

❷ドリルゲーム「オーバーハンドパスを使ってスパイクしよう」

　技能の学習にゲーム性をもたせ，図4のようなドリルゲームをチーム対

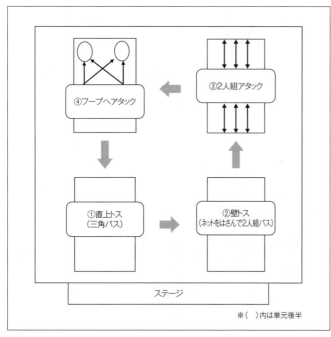

図3　ドリルサーキット

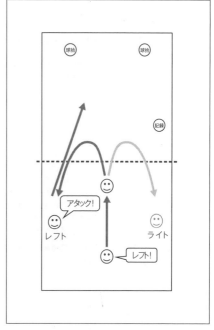

図4　ドリルゲーム

表2　学習指導案

■本時の目標：(4/10時間目)
1. ベースポジション（定位置）に戻る動きをしよう。（技能）
2. 仲間にオーバーハンドパスのポイントを伝えよう。（思考力，判断力，表現力等）

段階	学習内容・活動		指導上の留意点と評価（○指導上の留意点，◆評価）	備考（準備物）
は じ め	1. 集合・挨拶 　前時の確認		○ゼッケンをつけて，チームごとにすばやく集合・整列させる。 ○全員の健康観察を行う。	
	2. 準備運動 　ドリルサーキット	各ステーション1分（移動30秒） ①直上オーバーハンドパス ・ボールを頭上高さ1m以上上げることができる。 ②壁オーバーハンドパス ・壁にある高さ（ネットの2mより1～1.5m以上）の高さを設定し，それ以上高く上げることができる。 ③2人組アタック ・チーム内でペアをつくり，ジャンプなしでアタックのミートの場所をつかむ練習（手のひらにあててスイング）。 ④フープへアタック ・ジャンプして相手コートのねらったところ（フープ内）へ返すことができる。	○前時で行ったポイントの確認を行う。 ○使う部位を十分に動かすように声かけをする。 ○各グループの記録係に学習カードをもたせ，回数を記録させる。 ○ドリルに入る前に，オーバーハンドパスとアタックのポイントを確認する。 ○オーバーハンドパスのポイントを確認する。 　①手の形は三角形，②ボールの落下点に入る，③おでこの前でとらえる，④引きつける，⑤肘の曲げ伸ばし，⑥膝の曲げ伸ばし。 ○アタックの技術的ポイントを確認する。 ・手はしっかり開く（ミート）。 ・肘を高く上げる。	グループ学習カード ボール フラフープ ガムテープ ボール
な か	3. ドリルゲーム	**オーバーハンドパスからアタック** ・キャッチレシーブからのオーバーハンドパス練習（セットアップ）・レシーバーからアタッカーへ，体の向き変えができるようになる。 〈ルール〉 時間：1チーム3分×2回（きょうだいチームで交代制）。 記録：きょうだいチームのペアがポイントチェックシートで動作を観察。 アドバイスタイム：ドリルゲーム終了後に，ペアごとにアドバイスを送り合う。	○学習カードの説明（オーバーハンドパスの前半ポイント）①手の形，②落下点，③引きつけの3つのポイントを観察することを伝える。終了後，ペア同士でアドバイスをさせる。 ◆仲間にオーバーハンドパスのポイントをアドバイスできているか。（思考・判断・表現）	ボール 個人学習カード（ポイントチェック）
	4. 学習内容の確認	ゲーム中にベースポジション（定位置）に戻る動きをしよう！		
	5. メインゲーム	**ファーストキャッチバレー** ねらい：(ワンバウンド)キャッチ→トス→アタックの3段攻撃ができる。 時間：1ゲーム4分（×前後半） 記録：セッターからのアタックを相手コート内にどれだけ返すことができたか。 　※コート外で待っている人が記録をつける。 〈ルール〉 ・1本目のみワンバウンドあり。 ・1人1回必ず触る。 ・ローテーションはサーブとサーブレシーブの両方をやったら回る。 ・得点は，ラリーポイント制。ただし，3段攻撃が成功したらラリー中でもボーナス点が入る。 ・アウトかネットにかけてしまうか，もしくは2バウンドしたときに，どちらかの得点となる。	★シナリオ発問（ベースポジション） ○ドリルゲームで練習した内容を意識させ，助言する。 ○適切な動きをした生徒を賞賛する。 ○セッターへのボールは，セッターの頭上へふんわり高く上げることに注意させる。 ○トスからのアタックがたくさんできるようになるために，ボールを落とさないよう3人でカバーすることを伝える。 本日の対戦相手（リーグ戦I） 　1班 vs 4班　　2班 vs 3班 ◆ベースポジション（定位置）に戻ることができているか。（技能）	グループ学習カード 掲示物（ベースポジション） ボール 得点板 タイマー ホイッスル
ま と め	6. 本時のまとめ	片付け，整理運動，学習カードの記入，まとめ，挨拶	★本時の学習の振り返り ○チームや友達のプレイをみて気付いたことを発表させる。 ○よい動きや声かけをしていた生徒やチームを賞賛し，次時の学習につなげる。 ○学習カードに本時の反省を記入させる。 ○怪我等がなかったか確認し，健康観察を行う。 ○元気よく挨拶し，用具を片付ける。	個人学習カード

表3　シナリオ案

段階	学習内容・活動	授業の進め方	留意点
は じ め	前時の確認 準備運動・ドリルサーキット	前回までの学習を確認する。 前回までのポイントを意識しながら，準備運動とドリルサーキットを行う。 ドリルサーキットについては，前回までの記録を上回れるようにすることを伝える。	
な か	★メインゲーム ベースポジション（定位置）に戻る動きをしよう。 	Q：ゲームのときには，どこにいればいいだろうか？ A：コートの後ろの方！サーブは右後ろの人のところにしかこないし，アタックを打つ人が決まってるから。 Q：そうだね。でも，相手チームからアタックがくるときもそのままでいいのかな？ 　（ゲームではアタックを打った人がそのままネット際に残っていることが多いことを指摘する） A：（アタッカーが前に残ったままだと）1人でキャッチレシーブするのは大変。 Q：そうだよね，じゃあ，セッター以外の2人でコートを守ろうか。つまり，「アタックを打った人は，ベースポジション（定位置）に戻ってコートを守る」ということが，コートを守る，カバーするという意味で大切です。この三角形を「ベースポジション」といいます。	掲示物を使用して，動き方をわかりやすく説明する。 実際に，ベースポジションに戻って守備をしているか巡視して確認する。
ま と め	★本時の学習のふり返り	今日は，ゲーム中のベースポジションについて学びました。 Q：実践してみてゲーム中に何か変化はありましたか？ A：守備のときに，ボールがつながるようになった。 A：レシーバーが2人になったからカバーしやすくなった。 ベースポジション（定位置）に戻ることで，守備が2人になるので，カバーしやすくなってラリーが続くようになりますね。 それでは，今日学習したことを，次の時間にも活かせるようにしましょう。	

抗で行う。ここでは安定したボールをセッターに返球するため，レシーバーはセッターの頭上に放物線を描くボールを投げ上げることを大切にする。単元前半はレフト方向，単元後半はライト方向にトスを上げ，最終的に両方向にトスを上げることができるようにする。

（4）学習指導案の作成

　表2・3に10時間単元の4時間目の学習指導案とそのシナリオ案を示した。

5.運動が苦手な子ども・意欲的でない子どもへの配慮

　ボール運動・球技の領域においても，運動が苦手な子ども，運動に意欲的でない子どもが必ず存在し，そのような子どもはゲーム中に一度もボールに触れることなくゲームが終わってしまう姿が多々みられる。そのような場合は，ツーバウンドを許可する，短時間キャッチを許可する，サービスは手でサーブを投げ入れる等のルールを工夫することで，運動が苦手な

子どもでもゲームを楽しめるようになる。また，連携プレイにおいて全員がボールに触ることができるように，1人1回触球制（たとえば，3人で1回ずつ触球して3回で返球する）でゲームを行うことも可能である。くわえて，ネットの高さを低くする，コートの広さを工夫する等の教具の工夫も必要である。

〈荻原朋子〉

〈引用・参考文献〉
芳賀修一（2009）ネット型ゲーム　小学校／高学年　ファウストボール．高橋健夫ほか編著，新しいボールゲームの授業づくり．体育科教育別冊58（3）：106-111.
今井茂樹（2013）小学校に攻守一体タイプのネット型ゲームを一個が輝くショートテニス＆テニピンの教材創り．体育科教育61（5）：28-32.
井浦徹・中塚洋介・山岸真大・岩田靖（2015）「ダブルバウンド・テニス」の教材づくり．体育科教育63（10）：36-39.
岩田靖（2005）技術指導からみた体育—体育における技術・技能・戦術の意味．友添秀則・岡出美則編著，教養としての体育原理．大修館書店，pp.70-77.
岩田靖（2009）改訂学習指導要領で求められる体育授業づくり．スポーツ教育学研究28（2）：59-63.
岩田靖・竹内隆司・平川達也（2009）学びを深める教材づくり．もっと楽しいボール運動④アタック・プレルボールの教材づくり-1．体育科教育57（2）：58-63.
岩田靖・北原裕樹・中村恭之・佐々木優（2009）学びを深める教材づくり．もっと楽しいボール運動⑧ダブルセット・バレーボールの教材づくり．体育科教育57（12）：60-65.
岩田靖・竹内隆司・両角竜平（2009）学びを深める教材づくり．もっと楽しいボール運動⑨フロアーボールの教材づくり．体育科教育57（14）：66-71.
木下光正（2008）「プレルボールを基にした易しいゲーム」をこうつくる—ハンドテニス・4年生—．体育科教育56（13）：29-33.
文部科学省（2018a）小学校学習指導要領（平成29年告示）解説体育編．東洋館出版社.
文部科学省（2018b）中学校学習指導要領（平成29年告示）解説保健体育編．東山書房.
文部科学省（2019）高等学校学習指導要領（平成30年告示）解説保健体育編 体育編．東山書房.
森本淳・日野克博（2017）「レジボール」で豊富なボール操作の経験を．体育科教育65（2）：43-47.
西村正之（2015）小学校低学年で取り組むボンバーゲーム．体育科教育63（10）：26-29.
西山正弘（2009）ネット型ゲーム　中学校　バレーボール．高橋健夫ほか編著，新しいボールゲームの授業づくり．体育科教育別冊58（3）：112-117.
荻原朋子・西山正弘・木塚範昭（2009）中学校におけるネット型ゲームの授業モデル—オーバーハンドパスの学習を中心に—．体育科教育57（4）：52-55.
高橋健夫（1994）ゲームの授業．体育科教育別冊42（2）：12-18.

第10章 ベースボール型ゲームの教材づくり・授業づくり

概要

ベースボール型ゲームにおいて，ゲーム中の意思決定（判断）の難しさが存在するのは，主として守備側である。守備側のプレイヤーは，攻撃側の打球状況や進塁状況に応じて「どこでアウトにするのか」を判断し，役割行動を選択することが中心的な学習内容となる。本章では，ゲームのなかで求められる守備側のプレイ状況の判断をクローズアップした教材づくり・授業づくりの視点について概説する。

1.ベースボール型ゲームの内容構成

　学習指導要領解説体育編・保健体育編（文部科学省，2018a，2018b，2019）では，ベースボール型ゲームは，小学校低・中学年の「ゲーム」領域，小学校高学年の「ボール運動」領域，中学校以降の「球技」領域に属している。各学年段階で示されている内容は，表1に示した通りである。

表1　学習指導要領にみられるベースボール型ゲームの内容

学　年	解　　説
小学校1・2年	攻めと守りを交代しながら，ボールを手などで打ったり，蹴ったりする簡単な規則で行われる易しいゲームなどをすること。
小学校3・4年	蹴る，打つ，捕る，投げるなどのボール操作と得点をとったり防いだりする動きによって，易しいゲームをすること。
小学校5・6年	ボールを打つ攻撃と隊形をとった守備によって，簡易化されたゲームをすること。
中学校1・2年	基本的なバット操作と走塁での攻撃，ボール操作と定位置での守備などによって攻防をすること。
中学校3年 高校入学年次	安定したバット操作と走塁での攻撃，ボール操作と連携した守備などによって攻防をすること。
それ以降	状況に応じたバット操作と走塁での攻撃，安定したボール操作と状況に応じた守備などによって攻防をすること。

2.ベースボール型ゲームの本質的な課題と面白さ

(1)本質的な課題と面白さ

　ベースボール型ゲームは，攻守を規則的に交代し，一定の回数内で得点を競い合うところにゴール型ゲームやネット型ゲームとの相違点がある。攻撃と守備が時間的に分離されるため，子どもたちにとって課題を認識しやすいタイプのゲームである。また，具体的なゲーム場面に目を向けてみると，ベースボール型ゲームの構造は，打者（走塁）が早いか守備側の協同的なフィールディングが早いかを特定の塁上で競い合うことと表現することができる（竹内・岩田，2006）。ベースボール型ゲームの本質的な課題や面白さは，ここに存在しているといえるだろう。

　一方で，対象物（ボール）を道具（バット）で操作するタイプの運動には，「打つ」という運動課題自体に「身体的な面白さ」が存在しているといえる。ベースボール型ゲームでは，守備者がいないところへねらって打ったり，外野の頭上を越える打球を飛ばしたりする面白さや心地よさをぜひとも多くの子どもたちに味わってほしいものである。

(2)ベースボール型ゲームの難しさ

　さて，上述した攻撃側と守備側の競い合いが成立するには，双方の戦術的課題に着目する必要がある。ここで確認しておきたいのは，ゲーム中の意思決定（判断）の難しさが問題となるのは，主として守備側であるということである。

　野球やソフトボールといった「既存の種目」におけるゲームを想定してみよう。たとえば，走者なしの場面で外野の頭上を越える打球が飛んだとする。すると，守備側のプレイヤーは，打者走者を少しでも前の塁でアウトにするための役割行動を担うことになる。ここでいう役割行動とは，捕球・送球，中継，ベースカバー，バックアップなどを指すが，守備側のプレイヤーは，打者走者を先回りした塁にボールを送り込むといった共通認識のもと，これらの役割行動を選択・判断するのである。くわえて，このようなプレイ状況の判断は，打球状況や進塁状況によって異なってくる。

　ここでは，アウトにする塁や担うべき役割行動は判断の「対象」として，打球状況や進塁状況は判断の「契機」として整理することができる（岩田，2011）。ベースボール型ゲームでは，この「対象」と「契機」がプレイ状況を判断するプロセスに複雑に関連してくるため，守備は難しいとされるのである。しかしこの難しさこそ，ベースボール型ゲームの本質的な課題そのものを示しているともいえるだろう。

3.各学年段階における教材づくり・授業づくりの視点

　ボールが飛んできたのに，「何を・どうすればよいか」がわからず，実質的にプレイに関与することができない。このような子どもたちに課題を鮮明に認識させ，ゲームの本質的な面白さを味わわせたい。このような視点をこそ，教材づくり・授業づくりの出発点にしたいものである。

　先述したように，ベースボール型ゲームでは，主として守備側の意思決定（判断）に難しさが存在する。ここでは，戦術的な複雑さを生み出している判断の「対象」と「契機」における要素を段階的にゲームに組み込むことによって課題性を発展させていく視点から，学年段階に応じた教材づくり・授業づくりについて考えてみたい。

(1)小学校低学年

　小学校学習指導要領解説において，低学年の「ゲーム」領域の下位領域に位置づく「ボールゲーム」では，「攻めと守りを交代しながら，ボールを手などで打ったり，蹴ったりする簡単な規則で行われる易しいゲームなどをすること」と示されている。この学年段階では，ベースボール型ゲームが例示として示されてはいないが，中学年以降の学習への発展を見通して，ベースボール型ゲームの本質的な面白さに触れる経験を豊かに提供したい。

　低学年向けのゲーム教材として，「あつまりっこベースボール」（井浦ほか，2009）が挙げられる。このゲームは，フィールドに3つ設置されたアウトゾーンから1つを選択して守備者全員が集まることと，打者走者がベースランニングによって得点を重ねることを競い合うゲームである。守備側は捕球した位置に応じてより早く集まることができるアウトゾーンを判断することが課題となる。このゲームでは，守備側が走者を先回りしてアウトにするといったルールを採用していないため，判断の「契機」は打球状況（打球の方向や飛んだ距離）に限定されることになる。

　なお，発達段階を考慮すると，バットなどの道具でボールを打つことは課題性が高いため，ボールを投げたり蹴ったりすることで攻撃をスタートさせる工夫が有効である。

(2)小学校中・高学年

　プレイ状況の判断に子どもたち全員が関与することを前提としながら，判断の「契機」の側面から課題性を発展させたゲームとして「修正版・並びっこベースボール」（岩田ほか，2009）がある。このゲームでは，4つのベースに対応したアウトゾーンがフィールド内に設置されており，打者走者を先回りしたアウトゾーンに守備者全員が集まることでアウトが取れるルールとなっている。「どこでアウトにするのか」といった判断の「対象」が1つに限定されていることは「あつまりっこベースボール」と同じであ

るが，打球状況にくわえて打者走者の進塁状況が判断の「契機」に追加されている。「あつまりっこベースボール」からの発展を考えれば，中学年に位置づけたいゲームである。

　また，小学校学習指導要領解説において，高学年では「ボールを打つ攻撃と隊形をとった守備によって，簡易化されたゲームをすること」と示されている。この「隊形をとった守備」という記述からは，守備側のプレイをより組織的なものへと発展させていくことがイメージできる。たとえば，中継やベースカバーといった役割行動へと協同的プレイの様相を分化させていくことが挙げられる。

　なお，ボール操作の技能も低学年から発展させていくことを視野に入れたい。たとえば，攻撃側ではティーバッティングや味方がトスする打ちやすいボールを打撃する形式で攻撃をスタートすること，守備側ではアウトにするベースに直接または中継プレイを経て送球するといったことがこの段階からは可能となるだろう。

(3)中学校・高等学校

　ここまでに紹介した2つのゲームは，判断の「対象」が「どこでアウトにするのか」に限定されたものであった。ここでは，判断の「対象」となる選択肢を増やした「ブレイク・ベースボール」（石井ほか，2009）を紹介する。

　このゲームは，アウトの取り方を変更する（アウトゾーンに集まる人数を全員ではなくする）ことで，他の役割を担うプレイヤーが生み出されるルール形式となっている。つまり，走者を先回りした塁にボールを送り込むための捕球・送球，中継，ベースカバー，バックアップといった役割行動が判断の「対象」にくわわり，それを選択的に判断することが課題となるのである。さらに，このゲームでは塁上に走者がいる状況から攻撃をスタートするルールを採用しているため，打者走者と塁上の走者のどちらをアウトにするのかといったことも判断の「対象」にくわえられている。小学校からのゲームの発展を考えれば，おおよそ中学校必修段階に位置づけるゲーム教材である。

　なお，高等学校では，これらのゲームを土台としながら，既存のゲーム形式に近づけていくことが工夫の視点となる。たとえば，ゲームに参加する人数を増やしたり，攻守交代の仕方を3アウト制にしたりすることで，場面や状況に応じた守備側の協同的プレイが強調されることになる。また，打球状況や守備側のプレイ状況を「契機」とした走者の判断（進塁するか，ベースにとどまるか）を学習内容として設定すれば，より発展的な守備側の学習が展開できるであろう。

4.ベースボール型ゲームの単元及び授業の展開例

　ここでは，ベースボール型ゲームの単元及び授業展開例について考えて

みたい。対象は，小学校高学年である。

（1）学習内容の設定

　先に示したように，小学校高学年段階のゲームでは，守備側の協同的プレイの様相を中継やベースカバーといった役割行動へと分化させていくことを視野に入れたい。ここでは，打球状況や進塁状況を「契機」として「どこでアウトにするのか」を判断することにくわえて，役割行動を選択・判断することを中心的な学習内容として設定する。

（2）教材づくり

　このような学習内容を含みもったゲーム教材として，「ネオ・フィルダー・ベースボール[①]」（岩田，2016）を単元教材として位置づけることとする。ルールは図1に示した通りである。このゲームでは，外野（内野ラインよりも後方）で捕球した場合のアウトサークルに集まる人数を2人とすることで，異なる役割を担うプレイヤーが生み出される仕組みとなっている。なお，このゲームにおいて核となる学習内容である役割行動の判断を強調するために，内野ラインより前（内野）に2人，後ろ（外野）に2人といった守備位置を制限するルールを設定している。このことによって，外野で捕球した場合，外野を守っている2人のうちの1人が捕球・送球役を担い，もう1人が中継またはバックアップ役を担うというように，役割行動の判断が明瞭化されるのである。

①このゲームは文部科学省（2010）『学校体育実技指導資料 第8章 ゲーム及びボール運動』のなかで，「ティーボールを基にしたゲーム」として紹介され，ゲームのDVD映像も添付されている。

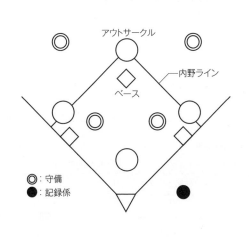

■ルール
・1チーム5人（攻撃側5人，守備側4人）。守備の際は，チームの1人が守備に関する記録係となる。
・守備位置は，内野ラインより前に2人，後ろに2人。
■攻撃側
・打撃をしたらベースランニング。アウトになるまで進塁できたところが得点となる。
・アウトにならなければ2周目，3周目と続く。
■守備側：内野ラインより前で捕球したとき
・攻撃側のランナー（打者）よりも先回りした塁のアウトサークルに守備側のプレイヤー全員が集まり，「アウト〜！」といってしゃがんでアウトにする。
■守備側：内野ラインより後ろで捕球したとき
・捕球した地点から，アウトにする塁のサークルにボールを送球してよい。
・ランナーよりも先回りした塁のアウトサークルに守備側のプレイヤー2人（2人以上）が集まり，「アウト〜！」と言ってしゃがんでアウトにする。

図1　ネオ・フィルダー・ベースボールのルール

(3)学習形態の工夫

　1チームは5人構成である。このゲームで守備に就く人数は4人であるため，残りの1人は，守備に関するゲーム記録を記入する役割を担う。ベースボール型ゲームに限らずボール運動系のゲームでは，自分たちのチームのゲームパフォーマンスの実態を認識し，課題解決に向けた工夫やアイデアを創出していく認識的な学習（わかること）を大事にしたい。このような認識学習を活性化するためには，ゲーム記録を用いたり，ICT機器で撮影した映像を活用したりするとよいであろう。なお，子どもたち同士の豊かな教え合いを促すために，チームのメンバーは異質集団で構成するのが望ましい。

(4)単元計画の作成

　この単元における目標を以下のように設定し，単元計画（表2）を作成した。
・ゲームの行い方を理解するとともに，静止したボールを打つことや捕球・送球などのボール操作と，チームで守備隊形をとるボールを持たないときの動きによって，ゲームを行うことができる。（知識及び技能）
・守り方に関する課題をみつけ，その解決に向けた工夫やアイデアを考え出すとともに，それを言葉や動作などで他者に伝えることができる。（思考力，判断力，表現力等）
・ルールやマナーを守り，チームメイトと助け合いながら，練習・話し合い・ゲームに進んで取り組むことができる。（学びに向かう力，人間性等）

(5)学習指導案の作成

　先に示した単元計画に基づく1単位時間の授業展開例を表3に示した。

表2　単元計画

		1	2	3	4	5	6	7	8
10	挨拶	挨拶	フィールド設営・挨拶・健康観察・チームごとに準備運動						
	健康観察	健康観察	ドリル練習					チームごとの課題練習	
20	準備運動	準備運動	学習課題の確認 役割行動の分担を考えよう		学習課題の確認 外野を越えた打球を中継プレイでスムーズにアウトにしよう			学習課題の確認 ゲーム記録を分析し守り方の工夫を考えよう	
	フィールド設営	フィールド設営							
	単元目標の確認	単元目標の確認	チームミーティング（作戦タイム）						
30	試しのゲーム	試しのゲーム	ゲーム①					リーグ戦	
	振り返り	振り返り	ゲーム②						
40	学習のまとめ	学習のまとめ	ゲームの振り返り					ゲームの振り返り	
	後片付け	後片付け	学習のまとめ・後片付け						

表3　1単位時間の授業展開例

■本時のねらい（6/8時間目）
・打球状況や進塁状況からアウトにできる塁を判断し，中継プレイでそこにボールを送り込むことができる。（知識及び技能）
・ゲーム記録からチームの課題を分析し，守り方の工夫やアイデアを考え出すことができる。（思考力，判断力，表現力等）
・チームメイトと協力して，練習・話し合い・ゲームに積極的に取り組むことができる。（学びに向かう力，人間性等）

段階	学習内容・活動	指導上の留意点○，評価◆	備　考
導入	1. フィールド設営 2. 挨拶・健康観察 3. チームごとに準備運動 4. バッティングドリル	○校庭に出てきた児童に対してフィールドを設営するように促す。 ○チームごとにゼッケンをつけて整列させ，健康観察を行う。 ○チームで声を出し合うように声かけをする。 ○よい動きがみられる児童を賞賛し，つまずきがみられる児童に助言する。	コーン ゼッケン ホース
展開	5. 学習課題の確認 6. チームミーティング 7. ゲーム	本時の学習課題：外野を越えた打球を中継プレイでスムーズにアウトにしよう ○前時に課題となったプレイに対する解決方法について助言する。 ◆話し合いに積極的に参加しようとしている。（主体的に学習に取り組む態度） ○アウトにする塁の判断を適切に行っているチームを賞賛する。 ○打球状況に応じて中継プレイを試みているチームを賞賛する。 ◆状況に応じた役割行動で適切な塁にボールを送り込もうとしている。（知識・技能） ◆仲間と協力して，進んでゲームに取り組もうとしている。（主体的に学習に取り組む態度）	ゲーム記録 ボール バット ティー台
まとめ	8. ゲームの振り返り 9. 学習のまとめ 10. 後片付け，挨拶	○ゲーム記録を活用して，チームの課題を明確にさせる。 ○課題を解決するにはどうすればいいか，発問を通して児童に思考させる。 ◆ゲーム記録から，チームの課題を分析している。（思考・判断・表現） ○自チームや相手チームのプレイから気がついたことを発表させる。 ○守備の工夫したプレイがみられたチームを紹介し，次時の課題につなげる。 ○協力して，後片付けに取り組ませる。	ゲーム記録

（6）運動が苦手な子ども・意欲的でない子どもへの配慮

　昨今の実態として，打撃動作やそれに類似した運動経験が乏しい子どもの存在は珍しくない。そのため，打撃動作につまずきを抱える子どもが多くいるのが実情であろう。ここではまず，バットスウィングが苦手な子どもを対象とした下位教材を紹介する。

　また，先述した通り，ゲーム中に「何を・どうすればよいか」がわからないために実質的にプレイに関与することができないで，意欲を低下させてしまっている子どもも少なくないであろう。このような子どもに「何を・どうすればよいか」といった戦術的気づきを促すには，ゲーム記録を活用することが有効な手立てとなる。

❶バットスウィングの下位教材

　メインゲームにおける限られた学習機会で打撃技能を向上させていくことは，実質的に不可能である。そこで，この単元では授業冒頭に打撃技能の向上に焦点をあてた下位教材を挿入している。

　運動が苦手な子どものバットスウィングを観察すると，バットをボールにあてるだけの「撫でるようなスウィング動作」がしばしば確認できる。スウィング中にバットの加速がみられず，「鞭運動」のようにスウィングできないのが特徴である。このような子どものスウィング動作の改善に向

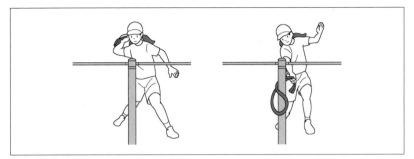

図2　鉄棒ホース

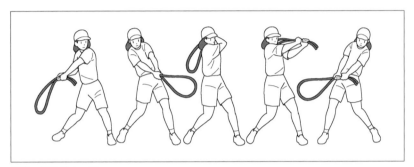

図3　振り子ホース

けて，身近な道具（長さ1m程度の水道用ホース）で実施できる下位教材を紹介したい（今尾・藤田，2019）。

ア）鉄棒ホース（図2）

　ホースを片手（右打者であれば右手）で握り，鉄棒の支柱を力強くたたく運動である。利き腕でバットを引き出す動きやそれに伴ったスナップの感覚育成をおもに意図している。

イ）振り子ホース（図3）

　ホースを振り子のように左右対称にスウィングする運動である。体幹部で発生させた回転運動を順次遠い部分（腕，手，ホース）へと伝導させる「鞭運動」ようなスウィング感覚の育成がねらいである。

❷認識の共有を生み出すゲーム記録

　このゲームでは，打者走者を先回りした塁にボールを送り込むといった共通認識のもと，守備側のプレイヤーが分化した役割行動を担うことが課題となる。このような協同的プレイを成立させるには，「どこでアウトにするのか」「どのような役割行動を担うのか」といった認識を守備側のプレイヤーが共有することが必要となる。

　図4は，ベースボール型のゲーム記録の一例である（藤田・宮田，2018）。打球状況に応じたアウトにする塁や役割行動の成否を確認することができるため，「～～に打球が飛んだら，～～でアウトをねらったらどうかな？」といった戦術的気づきや役割行動についての対話が生まれることが期待できる。ゲームに対する理解が不十分である子どもには，このようなゲーム記録を活用することでチームメイトとの認識の共有を図り，意

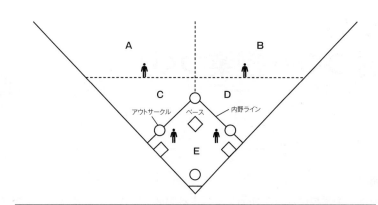

		1人目	2人目	3人目	4人目	5人目
①ボールを捕った場所		E	B	A	B	D
②アウトにできそうだったベース		2塁	1塁 (2周目)	ホーム	ホーム	3塁
③アウトにしようとしたベース		2塁	ホーム	3塁	ホーム	3塁
④アウトにできたベース		2塁	3塁 (2周目)	1塁 (2周目)	ホーム	1塁 (2周目)

図4　ゲーム記録の例

欲的にゲームに取り組むことを促したい。

〈藤田育郎〉

〈引用・参考文献〉
藤田育郎・宮田真央（2018）子どもの思考力・判断力・表現力等を活性化させる授業の実現に向けて．体育科教育66（4）：44-47．
今尾優人・藤田育郎（2019）バットスイングの技能習得に向けた教材・教具の開発．信州大学教育学部附属次世代型学び研究開発センター紀要・教育実践研究18：129-138．
石井克之・大野高志・竹内隆司・岩田靖・土屋健太（2009）小学校体育におけるベースボール型教材の開発とその実践的検討．信州大学教育学部附属教育実践総合センター紀要・教育実践研究10：71-80．
井浦徹・岩田靖・竹内隆司（2009）小学校体育におけるボールゲームの教材開発．信州大学教育学部附属教育実践総合センター紀要・教育実践研究10：61-70．
岩田靖（2016）ボール運動の教材を創る．大修館書店，pp.214-224．
岩田靖・竹内隆司・大野高志・宮内孝（2009）もっと楽しいボール運動⑥修正版「並びっこベースボール」の教材づくり．体育科教育57（10）：66-71．
岩田靖（2011）ベースボール型ゲームの教材の系統性を探る．体育科教育59（5）：10-14．
文部科学省（2010）学校体育実技資料 第8章 ゲーム及びボール運動．東洋館出版社．
文部科学省（2018a）小学校学習指導要領（平成29年告示）解説体育編．東洋館出版社．
文部科学省（2018b）中学校学習指導要領（平成29年告示）解説保健体育編．東山書房．
文部科学省（2019）高等学校学習指導要領（平成30年告示）解説保健体育編 体育編．東山書房．
竹内隆司・岩田靖（2006）小学校体育における守備・走塁型ゲームの教材づくりとその検討．信州大学教育学部附属教育実践総合センター紀要・教育実践研究7：81-90．

第**11**章 武道の教材づくり・授業づくり

概要

武道は，中学校になって初めて学習する領域である。それゆえに，武道各種の学習のゴールイメージや各取り組みの目的を明確にしつつ，基本動作や基本となる技に取り組ませていく必要がある。また，我が国固有の文化である武道の伝統的な考え方や行動の仕方を，その意味の理解とともに学習させていくことが重要となる。本章では剣道と柔道を例に，教材・授業づくりの視点や授業の展開例を紹介する。

1.武道の内容構成

　学習指導要領解説保健体育編（文部科学省，2018，2019）によると，武道領域は，中学校で「柔道」「剣道」「相撲」，高等学校で「柔道」「剣道」で構成されている。それぞれの技能の指導内容は表1に示す通りである。
　各学習指導要領解説に示された記述をみていくと，中学校1・2年では「簡易な攻防」，中学校3年及び高等学校入学年次では「簡易な試合での攻防」，

表1　武道の技能の指導内容

学　　年	指導内容		解　　説
中学校1・2年			・相手の動きに応じた基本動作や基本となる技を用いて簡易な攻防を展開できるようにする。
中学校3年	ア	柔道	・相手の動きの変化に応じた基本動作，既習技，新たな基本となる技及び連絡技の技能の上達を踏まえて，投げ技や固め技及び連絡技を用いた自由練習や簡易な試合で攻防を展開することができるようにする。
	イ	剣道	・相手の動きの変化に応じた基本動作，既習技や新たな基本となる技の技能の上達を踏まえて，しかけ技や応じ技を用いた自由練習や簡易な試合で攻防を展開することができるようにする。
	ウ	相撲	・相手の動きの変化に応じた基本動作，既習技及び新たな基本となる技の技能の上達を踏まえて，投げ技や前さばきを用いた自由練習や簡易な試合で攻防を展開することできるようにする。
高等学校入学年次	ア	柔道	・相手の動きの変化に応じた基本動作，既習技，新たな基本となる技及び連絡技の技能の上達を踏まえて，投げ技や固め技，また投げ技から固め技への連絡を用いた自由練習や簡易な試合で攻防を展開することができるようにする。 ・相手の動きの変化に応じた基本動作，既習技や基本となる技の技能の上達を踏まえて，仕かけ技や応じ技を用いた自由練習や簡易な試合で攻防を展開することができるようにする。
高等学校入学年次の次の年次以降	イ	剣道	・相手の動きの変化に応じた基本動作から，得意技や連絡技・変化技を用いて，素早く相手を崩して投げたり，抑えたり，返したりするなどの攻防を展開できるようにする。 ・相手の動きの変化に応じた基本動作から，得意技を用いて，相手の構えを崩し，素早くしかけたり応じたりするなどの攻防を展開することができるようにする。

入学年次の次の年次以降では「攻防」を展開できるようにするといった流れがみてとれる。また，技能の学習段階の例においては，柔道では，投げ技の小内刈りや固め技の上四方固め，剣道では，しかけ技である引き技の引き面，応じ技である抜き技の小手抜き面など，従前，中学校1・2年の学習の例として示されていたものが，中学校3年以降の例として示されるようになった。さらに，中学校3年以降に記載されていた「得意技」に関する記述においても，高等学校入学年次の次の年次以降になって示されるようになった。このように，攻防や試合の簡易化及び発展の段階が示されているとともに，学習する技の精選がなされている。

2.武道の本質的な課題と面白さ

　武道は，武技，武術などから発生した我が国固有の文化であり，1対1の対人状況下において，「技」を用いて相手を攻撃したり，相手の技を防御したりして勝敗を競い合い，互いに高め合う楽しさや喜びを味わうことのできる運動領域である。

　学習指導要領解説保健体育編（文部科学省，2018，2019）では，柔道，剣道並びに相撲の技能の指導内容が表2のように示されている。

　柔道衣を着て相手と「投げる・抑える↔そうさせない」ための攻防を行うのが柔道であり，剣道具を身に着け竹刀を介して相手と「打つ↔そうさせない」ための攻防を行うのが剣道であり，まわしを締めて相手と「押す・寄る↔そうさせない」ための攻防を行うのが相撲である。このように，武道は「したい↔させたくない」攻撃と防御のやりとりが同時進行で行われ，そこでのやりとりでいかに優位に立ち，攻撃を成功させるかを運動課題とする。また，それを追求して取り組み，試し合うところに面白さがある（本多，2016）。

　上記を踏まえ，以下では剣道と柔道を取り上げ，中学校1・2年とそれ以降といったように分けて教材づくり・授業づくりの視点について述べていくことにする。

表2　柔道，剣道並びに相撲の技能の指導内容

校種・学年	指導内容	技能の指導内容	
中学校1・2年	柔道	投げたり抑えたり	するなどの簡易な攻防・攻防をする
	剣道	打ったり受けたり	
	相撲	押したり寄ったり	
中学校3年及び高等学校入学年次（相撲は中学校3年のみ）	柔道	相手を崩して投げたり抑えたり	
	剣道	相手の構えを崩し，しかけたり応じたり	
	相撲	相手を崩し，投げたりいなしたり	
高等学校入学年次の次の年次以降	柔道	素早く相手を崩して投げたり，抑えたり，返したり	
	剣道	相手の構えを崩し，素早くしかけたり応じたり	

3.剣道の各学年段階における教材づくり・授業づくりの視点

（1）中学校 1・2 年

❶導入段階

　武道は中学校で初めて学習する領域であり，剣道においても生徒のほとんどが初めての経験となる。ゆえに，剣道とはどのような競技特性，運動特性をもち，各学年における学習のゴールはどのようなものかを学習者が導入の段階でイメージできるようにする必要がある。このイメージなくして基本動作の習得に取り組ませることは，ゴルフにおいてグリーンやホールがどこにあり，どのようなコースになっているのかわからないままクラブの振り方を学ぶのと同じことになる。対人的技能を中核とする剣道の競技特性，運動特性について生徒が「なるほど！」と実感し，基本動作の学習の意味を明確に理解し，実際の取り組みにつなげていく授業内容，展開の工夫が求められる。その際，剣道の動画の視聴や剣道部員の演武を観察させることももちろん有効であるが，身体を使って安全に楽しく行うことのできる教材の活用もまた効果的なものとなる（詳細は後述する）。

❷礼・礼法の意味の理解と実践

　武道には，技能の向上を追求する過程を通して人間形成を図るという伝統的な考え方がある。「したい↔させたくない」関係における相手の存在は，「倒すべき敵」ではなく，「助け合い，高め合う仲間」である（本多，2017）。相手を尊重する礼の考え方や，自分を律し，相手を尊重した態度をとることなどについては，基本動作や基本となる技の習得と関連させながら適切な状況やタイミングでの指導を通して理解と実践を図っていくことが大切となる。また，最初から専門的なやり方での礼法を行わせようとしたり，かたちにこだわるあまり指導や注意が多くなったりすると，生徒が技術的課題への取り組みに集中できなくなったり，授業の雰囲気が暗くなったりする。1 年では立礼のみ，2 年では立礼→蹲踞といったように，簡易的なやり方から少しずつ専門的なやり方へと進んでいくのが望ましい。

❸知識の活用

　学習指導要領の改訂に伴い，知識を基盤とした学習の充実を図ることが大切とされている。基本動作の学習においては，面打ち，小手打ち，胴打ちに共通するポイントを発見させ（例：打つのと右足で踏み込むのを一致させる，打撃後は相手に反撃されない位置に移動して残心を示す等），その共通ポイントの理解を基に各基本打ちの練習に取り組むといった展開が考えられる。また，基本となる技の学習においては，面―胴，小手―面といった二段の技に共通する隙の生じ方を発見させ（例：1 つの部位を防御すれば別の部位に隙ができる），その知識を活用して攻撃づくりに取り組

むような授業を展開させていくことができる。

　このように，個別の知識を結びつけて構造化させ，その知識を基に，ペアやグループで協力しながら自己の課題を発見したり，合理的な解決に向けて運動の取り組み方を工夫したりすることで，協働的で，深い学びを促す学習プロセスが図られる。教師は具体的な資料とともにこのような活動を導き，支援していく必要がある。

(2)中学校3年以降

　中学校3年以降では，「技を高め勝敗を競う楽しさや喜びを味わう」（中学校3年及び高等学校入学年次），「勝敗を競ったり自己や仲間の課題を解決したりするなどの多様な楽しさや喜びを味わう」（入学年次の次の年次以降）といった内容が示されている。ここでは表3に示した簡易な攻防，簡易な試合の例を基に，生徒の学習段階にあわせて「勝敗を競う楽しさや喜びを味わう」教材づくり・授業づくりについて考えてみたい。

　先述した礼法の実践と同様に，攻防や試合，さらには運営や審判のやり方についても，簡易的なやり方から少しずつ専門的なやり方へと進んでいくのが望ましい。たとえば，中学校3年〜高等学校1年ではこれまでの学

表3　授業で活用できる攻防・試合の例

対象学年	攻防形式（おもなルール）	おもな目的及び授業展開
中 1	・攻防分離型の簡易な攻防①（30秒で交代） ・攻防分離型の簡易な攻防②（攻撃は3回まで） ・攻防分離型のごく簡易な試合①（攻撃は3回まで，打たれたと思ったら頭を下げる→試合を再開）	基本動作や二段の技（面―胴，小手―面）の活用，知識の活用による隙づくり・攻撃方法づくりへの取り組み↔取り組みの見直し・工夫，有効打突の条件の理解
中 2	・攻防分離型の簡易な攻防③（30〜60秒で交代，防御側は胴へ1回だけ攻撃をしてもよい） ・攻防分離型のごく簡易な試合②（30〜60秒で交代，防御側は胴へ1回だけ攻撃をしてもよい，打ったと思ったら構えを解いて「どうだ！」とアピールする，もう一方は打たれたと思ったら頭を下げる，打たれていないと思ったら首を横に振る→試合を再開）	上記にくわえて引き技（引き胴），抜き技（面抜き胴）への気付き・学習
	・攻防分離型の自分たちで考案したルールで行う試合	全員が楽しんだり達成感を味わったりするための工夫や調整
中3〜高1	・攻防分離型の簡易な攻防④（30〜60秒で交代，防御側は胴と面へ1回ずつ攻撃をしてもよい） ・攻防一体型の簡易な試合①（60秒，打たれたと思ったら頭を下げる→試合を再開） ・攻防一体型の簡易な試合②（60秒，打ったと思ったら構えを解いて「どうだ！」とアピールする。もう一方は打たれたと思ったら頭を下げる。打たれていないと思ったら首を横に振る→試合を再開）	上記にくわえて出ばな技（出ばな面），抜き技（小手抜き面）への気付き・学習
高2〜高3	・攻防一体型の試合①（60秒，3本勝負，1人が審判，審判はまず自分で判定し，その後試合者に意見を聞いて最終決定をする→試合を再開） ・攻防一体型の試合②（60秒，3本勝負，3人で審判）	上記にくわえて得意技を中心とした攻撃方法の工夫
中3〜高3	・攻防一体型の自分たちで考案したルールで行う試合	全員が楽しんだり達成感を味わったりするための工夫や調整

習段階を踏まえたうえで，攻防分離型の簡易な攻防としながらも防御側は攻撃側に対して胴と面へ1回ずつ攻撃をしてもよいこととしている。このような攻防形式及びルールとすることで，攻撃側の面への攻撃に対する出ばな面や，小手への攻撃に対する小手抜き面といった技への気付きや，その技術習得の必要性を認識させたうえでの学習に取り組ませていくことができる。攻防一体型の簡易な試合①・②では，第三者を審判として立てるのではなく，試合者自身が打たれたか，打ったかを判断するようにすることで，限られた授業時間のなかで多くの「試し合い」ができ，攻防に関する取り組みの見直しや工夫が十分に図られる。その過程において教師は，相手への攻撃を逆手にとって反撃するための共通ポイントを発見させ（例：相手を誘って自分が意図したところに相手を攻撃させる），その理解を基に，具体的な誘い方や正確な打撃動作の習得のための練習に取り組ませるといった展開を仕組んでいくことができる。

　表3に示した対象学年はあくまで目安であり，各攻防や試合形式（ルール）は生徒の学習段階にあわせて柔軟に変更することができる。生徒の発想も大事にしつつ生徒全員の安全でのびのびとした活動を促していきたい。

4.剣道の単元及び授業の展開例

　ここまで述べてきたことを踏まえて，以下に中学校1年を対象とした具体的な単元及び授業展開例を示すことにする。

（1）学習内容の設定

　本単元では，基本動作や基本となる技（二段の技）に共通する技術的なポイントの理解及び活用，礼の意味の理解及び実践を図るとともに，仲間と協力して表3に示した簡易な攻防（①・②）及びごく簡易な試合（①）に関する課題発見・解決に積極的に取り組んでいけるようにした。

（2）教材づくり

❶タッチゲーム・胴タッチゲーム

ねらい：武道に共通する競技特性として「したい↔させたくない」なかでの対人的攻防（弓道は除く）があること，剣道では竹刀を介してこの関係での攻防を行うものであり，そのための技術を習得する必要があることを理解させる。

方　法：ペアで剣道場や体育館にあるラインを挟んで向かい合い，距離（間合い）やタイミング（間）を見計らいながら，ラインを越えないようにして互いに体（首から下）あるいは胴をタッチする／されまいとする。

❷新聞紙斬り

ねらい：竹刀の弦の反対側で刃筋正しく打つ，振り切らず「打ち止める」といった剣道の技術的特性について理解する。

方　法：①3人1組で，2人が新聞紙見開き1枚を斬る人の目の高さにあわせてもつ。斬る人は新聞紙の折り目に沿って刃筋正しく上下に斬る。②半分に斬られた新聞紙（真ん中に小さく切り目を入れておくとよい）を横長になるようにもち，斬り終えたところで竹刀を「ピタッ」と止めるようにする。

❸新聞紙ボール打ち

ねらい：「打ち止める」ための竹刀操作を身に付ける。また楽しく，安全に活動を行っていくうえでは，この技術を身に付けていくことが重要であることについても理解させる。

方　法：❷と同じ3人1組で行う。❷で使った新聞紙を丸めてボールにする。トスを上げる人とボールを打つ人，ボールを拾って集める人に分かれて行う。打つ人は打った瞬間，竹刀を止めるようにする。

(3)学習形態の工夫

　本単元では，基本動作の学習にあたってはペア，相互評価及び自己の課題に応じた基本打ち，二段の技への取り組みの際はペア×2，簡易な攻防やごく簡易な試合に関する取り組みの際は5人1組のチームとして活動するように設定した。ペア×2の活動では，打つ側だけでなく，打たせる側の動きをよく観察し，できばえや課題を伝えることができるように計画している。また，チーム内での簡易な攻防の際は，ペア×2＋1の学習形態となり，1人がペア同士の衝突や他のチームの活動場所への侵入を防ぐ役割を果たせるように工夫している。

(4)単元計画の作成

　単元の目標を以下のように設定し，単元計画（表4）を作成した。
・剣道の特性や成り立ち，伝統的な考え方，技の名称や行い方などを理解し，相手の動きに応じた基本動作や基本となる技を基にした簡易な攻防を展開することができるようにする。（知識及び技能）
・攻防などの自己の課題を発見し，合理的な解決に向けて運動の取り組み方を工夫することができるようにする。（思考力，判断力，表現力等）
・武道に積極的に取り組むとともに，相手を尊重し，伝統的な行動の仕方を守ろうとすることや，禁じ技を用いないなど健康・安全に気を配ることができるようにする。（学びに向かう力，人間性等）

表4　単元計画（全9時間）

		1	2	3	4	5	6	7	8	9
学習の流れ	10	単元を通しての目標　学習の進め方　成り立ちや特性	垂れと胴のつけ方　準備運動・胴タッチゲーム（ペア）　本時の内容確認	垂れと胴の装着，準備運動，スキルウォームアップ，本時の内容確認						
	20			手拭い・面のつけ方　面の打ち方・打たせ方（ペア）　相互評価（ペア×2）	小手の打ち方・打たせ方（ペア）	面つけ　基本打ちと防御の仕方（ペア）	面つけ　基本打ちと防御の仕方（ペア）　防御する相手にどうするか　二段の技（面—胴，小手—面）の打ち方・打たせ方（ペア）	面つけ　二段の技の打ち方・打たせ方（ペア）　二段の技の共通ポイントの発見　自己の課題に応じた二段の技への取り組み（ペア×2）	面つけ　簡易な攻防②を通しての攻撃方法づくり（チーム）　ごく簡易な試合①（チーム対抗）　簡易な攻防②を通しての攻撃方法づくり（チーム）	面つけ　チーム練習　ごく簡易な試合①（チーム対抗）
	30	準備運動・タッチゲーム（ペア）　新聞紙斬り（3人1組）	胴の打ち方・打たせ方（ペア）　相互評価（ペア×2）		基本打ちの共通ポイントの発見　自己の課題に応じた基本打ち・打たせ方（ペア×2）					
	40	新聞紙ボール打ち（3人1組）				簡易な攻防①（5人1組のチーム）	簡易な攻防①（チーム）	簡易な攻防②を通しての攻撃方法づくり（チーム）		
	50	整理運動，学習の振り返り，次時の課題の確認，片付け								学習のまとめ

表5　学習指導案の例（7/9時間目）

■本時のねらい
・二段の技に共通する隙の生じ方を理解し，それを踏まえた打ち方ができる。（知識及び技能）
・攻防における自己の課題を発見し，解決に向けた取り組みを工夫できる。（思考力，判断力，表現力等）
・礼法を正しく行い，安全に気を配りながら攻防に取り組むことができる。（学びに向かう力，人間性等）

段階	学習内容・活動	指導上の留意点
導入	1.　垂れと胴の装着 2.　準備運動・スキルアップゲーム ・2人組ストレッチ ・送り足鬼ごっこ（2人が最初に鬼になり，手拭いをかぶった残りの生徒にタッチしにいく。タッチをされた生徒は手拭いを外して鬼にくわわる。移動はすべて送り足で行う） 3.　本時の内容確認 隙のつくり方を工夫し，仲間と試し合いながら簡易な攻防に取り組もう	・生徒の健康観察を行う。 ・後ろ足（左足）で前足（右足）を押し出すようにするとスムーズに移動できることを伝える。
展開	4.　面つけ 5.　面—胴，小手—面の打ち方・打たせ方（ペア） ・面を打ちにいき，防御されたらすかさず胴を打って下がる／面を防御し，そのままの体勢で胴を打たれる。 ・小手を打ちにいき，防御されたらすかさず面を打って下がる／小手を防御し，そのままの体勢で面を打たれる。 6.　二段の技の共通ポイントの発見 ・面—胴，小手—面に共通する隙の生じ方について考え，気付いたことを発表する。 ・「相手が1つの部位を防御すれば，別の部位に隙ができる」ことを理解する。 7.　自己の課題に応じた二段の技への取り組み（ペア×2） ・6で発見したことを踏まえて，二段の技の練習に取り組む。 ・仲間のできばえを伝え合ったり，助言をし合ったりする。 8.　簡易な攻防②を通しての攻撃方法づくり（チーム） ・6で発見したことを踏まえて，5人1組のチームで簡易な攻防②（攻撃3回まで）に取り組む。 ・ペア×2は攻防，1人はペア同士がぶつかったり，他のチームの活動エリアに侵入したりするのを防ぐ。 ・攻防を通して，どうすればどこに隙が生じ，どう打つか自分なりの攻撃方法をみつけたり，選んだりする。	・ペアでお互いにつけ合うようにさせる。 ・立礼→中段の構え→打ち方・打たせ方（5本で交代）→中段の構え→立礼で行わせる。 ・最初の部位への攻撃・防御をしっかりと行うことで，次の部位への攻撃が行いやすくなることを意識させて取り組ませる。 ・面—胴，小手—面の動きをゆっくり再現したり，ヒントを出したり，話し合わせたりしながら発見につなげていく。 ・ペア×2で交互に取り組み，観察シートやモデルとなる動画資料を活用しながら相互に観察し，できばえを伝え合うようにさせる。 ・攻防を通して気付いたことなどを記録したり，チーム内で共有したりできるように，各チームにホワイトボードを用意し，各攻防の合間に短時間で記入させたり，参考にさせたりする。 【評価】二段の技に共通する隙の生じ方についての知識を活用したり，応用したりして自分なりの攻撃方法をみつけたり，選んだりしている。（ホワイトボード，学習ノートへの記述）
まとめ	9.　整理運動 10.　学習の振り返り，次時の課題の確認 11.　片付け	・生徒の健康観察を行う。

（5）学習指導案の作成

　9時間単元における7時間目を対象に作成した学習指導案を表5に示した。

〈本多壮太郎〉

5.柔道の各学年段階における教材づくり・授業づくりの視点

　柔道は剣道や相撲及びその他の武道と同様に中学校で初めて学習する領域であることから，その運動特性を十分理解したうえで，生徒の発達段階や技能の習熟の程度に応じて学習内容や学習指導の工夫改善を図り，安全に留意して展開していくことが重要である。

（1）指導の要点

　柔道は，相手と直接組み合って，基本動作や基本となる技，連絡技を用いて相手と攻防しながら，互いに「一本」を目指して勝敗を競い合うことが楽しい運動である。

　中学校第1学年及び第2学年では，相手の動きに応じた基本動作や基本となる技を用いて簡易な攻防を展開できるようにする。そのためには，相手の動きに応じる姿勢や自然体での組み方，すり足，継ぎ足等による進退動作，相手の姿勢を不安定にさせる崩しや技をかけやすい状態にする体さばきを学習させることが大切である。また，受け身では相手の投げ技と結びつけて，横受け身や後ろ受け身を中心に，あらゆる場面に対応して受け身がとれるように習熟させるよう指導する。

　固め技では，けさ固めや横四方固めなどを中心に，簡単な入り方，返し方ができるように指導する。そのためには，相手が仰向けになった状態で技をかけ，その後相手の動きに応じて相手が動きにくい抑え方を身に付けさせるようにする。また，仰向けで抑えられた状態から，左右に相手を振り動かしながら，どのようなタイミングで自分の力を有効に使えば相手を体側や頭方向に返しやすいかを身に付けさせるようにする。

　それ以降の学年では，相手の動きの変化に応じた基本動作，既習技，新たな基本となる技及び連絡技の技能の上達を踏まえて，投げ技や固め技及び連絡技を用いた自由練習や簡易な試合で攻防を展開することができるようにする。

　この段階では，相手の動きが速くなるため，変化に応じやすい自然体で組みながら，崩して技をかけやすい状態をつくるように指導することが大切である。使用する技は既習技にくわえて，刈り技系やまわし技系の技が中心となる。これらの技が上達すると，相手の防御に応じて，いっそう効率よく相手を投げたり抑えたりするために連絡技を指導することが有効である。その際，2つの技を同じ方向にかける技の連絡，2つの技を違う方向にかける技の連絡など系統別にまとめて指導することが大切である。

固め技では，既習技にくわえ上四方固めを指導し，それぞれの技を上達させながら，相手の動きの変化に応じて，けさ固め→横四方固め→上四方固めの連絡ができるようになることが大切である。

(2)中学校第1学年及び第2学年

　柔道を含む武道領域は，第1学年及び第2学年においてすべての生徒に履修させることになっている一方で，生徒にとっては初めて学習する内容であることから，基本動作や基本となる技を確実に身に付け，それらを用いて相手の動きの変化に対応した攻防ができるようになることが求められる。特に基本動作を身に付けることは，その後の技の習得に大きく影響を与えることからICT機器の活用や相互評価の場面を取り入れるなど，生徒が確実に習得できるように学習活動を工夫することが必要である。また，各学年とも技能の習熟を図ることができるよう適切な授業時数を配当し，安全でかつ楽しさや喜びを味わうことができる学習指導を展開することが大切である。安全に十分配慮した授業を展開するには，安全点検や安全指導及び段階的な指導を心がけることが重要である（表6）。

(3)中学校第3学年以降の学年

　中学校第3学年以降においては，球技及び武道のまとまりのなかから1領域以上を選択して履修できるようになっている。そのため中学校第1学年及び第2学年において柔道を履修していても，第3学年では履修していない場合も考えられる。また，中学校で選択した武道が柔道ではなかった場合も考えられることから，高校では生徒集団のレディネスを把握したうえで単元計画を立案することが大切である。学習指導要領解説保健体育編では系統的に指導する内容が示されているが，実態に応じて基本動作や基本となる技を取り入れたり，投げ技や固め技の攻防の際には生徒の技能の程度や安全を十分に配慮して，ルールを簡易化したり自由練習の時間を工夫するなど臨機応変な対応が求められる。

表6　授業における安全指導・安全点検及び段階的な指導の例

学習活動前	学習活動中		学習活動後
安全点検	安全指導	段階的な指導	安全点検
【活動場所】 ・畳のズレはないか ・畳の破損はないか ・障害物はないか（柱などがある場合は防護カバーを取りつける） 【生徒】 ・健康状態のチェック ・眼鏡やヘアピン ・爪のチェック ・柔道衣のチェック	・周囲の安全に気を配る指導 ・禁じ技や危険な技を用いない指導 ・組み手は全員右組みの指導 ・投げ技で投げた際に，取は引き手を離さない指導 ・固め技で「まいった」の指導 ・投げ技や抑え技の攻防の際は相手を思いやる指導 ・相手を選ぶ際，体格差や体力差，技能差を配慮する指導	・易しい動き→難しい動き ・低い姿勢→高い姿勢 ・遅い動き→早い動き ・弱い力→強い力 ・基本の動き→応用の動き ・単純な動き→複雑な動き ・1人の動き→相対の動きなど ※生徒の実態に応じて取り扱う内容を精選する	【活動場所】 ・畳のズレをなおす ・畳の破損があった場合は修復する ・清掃をする 【生徒】 ・健康状態のチェック ・ケガのチェック（特に頭部損傷が発覚した場合は迅速に対応する） ・柔道衣のチェック

6.柔道の単元及び授業の展開例

(1)中学校第 1 学年及び第 2 学年の単元計画例

　武道必修化以降に実施された全国調査の結果によると，柔道の授業時数は8～9時間程度で実施されている。そこで9時間の単元計画例を示す(表7，8)。

(2)教材づくり

❶基本動作を用いたゲーム

ア）礼法のゲーム

　礼法には，座礼と立礼がある。また座った状態から立ち上がるときは右足から立ち上がり，立った状態から座るときは左足から座る所作がある。この所作を取り入れながら，座礼→立ち方→立礼→座り方など一連の流れを決めて，正しく美しい礼法を競う。

イ）姿勢のミラーゲーム

　姿勢には，自然本体，左右の自然体，自護体，左右の自護体がある。2人組でペアを組んで取と受を決めて，取は自由に姿勢を変え，受が瞬時に同じ姿勢になるようにする。ポイントは鏡に写った場面をイメージしながら動作を繰り返すようにすることである。

❷固め技（抑え技）のゲームや攻防

ア）頭タッチゲーム

　けさ固めや横四方固めなどの抑え技が決まるまでの過程ではさまざまな攻防が展開されるが，その初歩段階として巧みな動きやすばやさを身に付けるために，片方が仰向けの寝姿勢で構え，もう一方が立ち姿勢で仰向けの相手の頭をタッチしにいく。仰向けの生徒は自分の頭をタッチされないように動き，立ち姿勢の生徒は仰向けの生徒の頭をタッチすることを競う攻防である。

イ）抑え技の攻防

　抑え技の攻防には次のような段階がある。①取がけさ固めや横四方固めなどで受を抑え込んだ状態から約10秒程度の時間を設定して，取は時間まで抑え込みを継続できるか，受は逃れることができるかを競う。②お互いに正対して膝を畳につけて膝立ちで組み合った状態から，相手を崩して抑え込むことができるかを競う。③お互いに長座で背中合わせの状態から，合図に素早く反応して相手をより早く攻めて抑え込むことができるかを競う。

表7　中学校第1学年の単元計画例（9時間）

時		1	2	3	4	5	6	7	8	9
ねらい		学習計画を確認する	基本動作と受け身を習得する		相手の動きに応じた基本動作と受け身を習得する		投げ技を習得し，動きのなかで学習した技ができる楽しさを味わう			学習のまとめをする
ねらい					固め技（抑え技）の抑え方，応じ方を習得する		学習した固め技（抑え技）を使用して相手との攻防を楽しむ			
学習の流れ	0	オリエンテーション	・用具，柔道衣等の確認　・挨拶　・健康観察　・伝統的な行動の仕方　・本時の学習の見通し							・挨拶，健康観察等
学習の流れ	10	○学習の進め方を知る ・特性や成り立ち ・伝統的な考え方と行動の仕方（礼法等） ・学習計画と評価の説明 ・ルールと約束事項 ・グループ編成 ・柔道衣の扱い方 ・柔道の動きを体験 ・本時の振り返り	○準備運動 ストレッチ／補助運動（前転，後転等）		○準備運動 ストレッチ／補助運動（前転，後転等） ○基本動作と受け身					・準備運動
学習の流れ	20		○基本動作 礼法／姿勢と組み方（全員右組み）／進退動作／基本動作を用いたゲーム（礼法，姿勢）		基本動作を用いたダンス＆プッシングゲーム，組み合って動く，組み合って押し出す，組み合って崩し合うなど		○投げ技の習得：膝車（支え釣り込み足），体落とし，大腰 崩し，体さばきと関連づけた受け身／技のかけ方，受け身のとり方／かかり練習と約束練習			・基本動作と受け身
学習の流れ	30				○崩し，体さばきと関連づけた受け身					・技の発表
学習の流れ	40		○受け身 後ろ受け身／横受け身 ○固め技（抑え技）：けさ固め，横四方固め 抑え込みの条件／固め技の発見／固め技のゲーム（頭タッチ）		○固め技（抑え方）：けさ固め，横四方固め 抑え方，応じ方／約束練習／固め技の簡易な攻防		○固め技（抑え技）のごく簡単な試合 条件を設定した自由練習／10秒から15秒程度で抑える簡易な試合 ※技能の上達の程度に応じてルールを工夫する			・整理運動
学習の流れ	50	・次時の連絡	・整理運動　・健康観察　・本時の振り返り　・次時の連絡　・挨拶							・学習のまとめ

表8　中学校第2学年の単元計画例（9時間）

時		1	2	3	4	5	6	7	8	9
ねらい		学習計画を確認する	基本動作と受け身，既習技の復習をする		新しい技を習得し，動きのなかで技ができる楽しさを味わう		学習した技を使用して相手との攻防を楽しむ			学習のまとめをする
学習の流れ	0	オリエンテーション	・用具，柔道衣等の確認　・挨拶　・健康観察　・伝統的な行動の仕方　・本時の学習の見通し							・挨拶，健康観察等
学習の流れ	10	○学習の進め方を知る 〈前年の復習〉 ・特性や成り立ち ・伝統的な考え方 ・柔道衣の扱い方	○準備運動 ストレッチ／補助運動	○準備運動 ○基本動作と受け身（後ろ受け身，横受け身，前回り受け身）						・準備運動
学習の流れ	20	・高まる体力 ・学習計画と評価の説明 ・ルールと約束事項 ・グループ編成	○基本動作を用いた投げ技のゲームや簡易な攻防 組み合って動く，組み合って押し出す，組み合って崩し合うなど		○投げ技の選択練習 ・既習技の復習 ・各系統のなかから技を選択して練習 ・課題に応じた練習方法の選択					・基本動作と受け身
学習の流れ	30		○基本動作と受け身〈前年の復習〉後ろ受け身／横受け身	○投げ技〈前年の復習〉膝車（支え釣り込み足）／体落とし／大腰／かかり練習／約束練習	○投げ技の習得：支えつり込み足（膝車），大外刈り 崩し，体さばきと関連づけた受け身／技のかけ方，受け身のとり方／かかり練習と約束練習 ※大外刈りの取扱いについては，慎重に判断する（禁止している自治体等が存在する。生徒の技能の習熟の程度等も十分配慮する）		○基本動作の攻防から約束練習・自由練習へ発展（投げる攻防） ・基本動作の攻防に投げる動作を取り入れた約束練習 ・約束練習から条件をつけた自由練習に発展			・技の発表
学習の流れ	40	○準備運動 ○基本動作と受け身〈前年の復習〉 ・姿勢と組み方 ・進退動作 ・崩し，体さばき ・組み合って動く ・受け身	○固め技（抑え技）〈前年の復習〉抑え込みの条件／けさ固め／横四方固め／ゲームや簡易な攻防		○固め技（抑え技）による簡易な攻防 条件を設定した自由練習／自由練習を発展させたごく簡易な試合／試合のルールと審判法					・整理運動
学習の流れ	50	・整理運動　・健康観察　・本時の振り返り　・次時の連絡　・挨拶								・学習のまとめ

❸投げ技のゲームや攻防

ア）ダンス＆プッシングゲーム

姿勢や組み方，進退動作が身に付いた段階で柔道の動きを体験させる。ペアで組み合った状態からダンスのようにリズムをつけて楽しく自由にすり足で動く。また，畳2畳程度のスペースで組み合った状態から相手を押し出すことを競う。

イ）投げ技の攻防

投げ技の攻防には次のような段階がある。①投げたり倒したりしないで，組み合った状態からすり足（歩み足や継ぎ足）や崩しを用いて四方八方に動き，相手のバランスを崩すことを競う。②動きを約束して，崩し，体さばき，受け身を関連づけて，投げたり投げられたりの攻防をする。③約束した動きのなかで受け身や技が習熟したら，約束の動きを徐々に少なくし，自由に動いて技をかけ合う自由練習をする。

❹指導上のポイント

❶から❸のゲームや攻防を実施する場合，グループで審判や評価者などを決めてローテーションで行うことで，技能以外の知識，思考力・判断力・表現力等及び態度の育成にもつながっていく。また，❷及び❸の攻防については，安全に留意しながら展開することが大切である。その際に生徒同士の体格差や体力差，技能差などの個人差に配慮する。

なお，柔道は未経験者が多いことから，体ほぐしの運動の趣旨（気付き・関わり合い）を生かした学習と関連づけて展開することができる。基本動作の指導の際に，心と体は互いに影響し変化することや，仲間と積極的に関わり合うことを通して，心と体の関係や心身の状態を確かめながら気付きを生かした指導が展開できる。

（3）授業の展開例

❶本時の目標

本時（4/9時間目）の目標を以下のように設定した。
・崩しや体さばきに対応して安全に受け身をとることができる。（知識及び技能）
・抑え方のポイントをみつけながら練習することができる。（思考力，判断力，表現力等）
・抑え技の練習に積極的に取り組むことができる。（学びに向かう力，人間性等）

❷予想される生徒の動きと安全の留意点

・基本動作を用いたゲームでは，ふざけたり，無理な力を入れたり，転倒することがある。相手が倒れないようにすることや倒れても手をつかず

表9　本時の展開例

		学習内容・活動	指導上の留意点	評価
導入 13分		1. 挨拶，健康観察等 2. 本時の学習の見通し 3. 準備運動 4. 基本動作と受け身の練習 ・受け身の練習（単独・ペア）	○投げ技の学習では崩しと体さばき及び安全に受け身をとることが重要であることを説明する。 ○基本動作や受け身が正しく安全に行えるよう個別指導を積極的に行う。	
展開 30分		5. 基本動作を用いたダンス＆プッシングゲーム ・組み合って動く ・組み合って押し出す（畳2畳程度） ・組み合って崩し合う（畳2畳程度） 6. 崩しと体さばき ・八方向の崩し ・前さばき，後ろさばき ・前回りさばき，後ろ回りさばき 7. 崩し・体さばきと関連づけた受け身 ・前さばき，後ろさばき，前回りさばき ・「受」が膝立ちの状態から ・「受」が蹲踞の状態から 8. 抑え技の習得（けさ固め） ・抑え方と応じ方 ・約束練習 9. 抑え技の簡易な攻防 ・抑え込んだ状態から約10秒間の攻防を行う。 ・膝を畳につけて組み合った状態から行う。	○周囲の安全を確認させ，万一倒れた場合に手をつかないことを注意する。 ○正しい組み方（右組み）を確認する。 ○相手の体勢を不安定にするポイントを説明する。 ○体さばきと関連させて相手を崩すことが有効であることに気付かせる。 ○段階的な指導を行う。 ・受は低い姿勢から高い姿勢へ。 ・取は引き手を離さない。 ○抑え込みの3条件を確認する。 ○危険な行動，危険を回避する方法を確認し，禁止事項の徹底を図る。また全力でも7割程度，残り3割程度は相手への思いやりを徹底する。 ○「まいった」の方法を教える。 ・相手または畳を2回以上たたくことで危険な体勢や苦しい状態を相手に知らせる。	〈知識〉 崩しや体さばきを身に付けるための技術的なポイントについて，学習した具体例を挙げている。（学習カード） 〈技能〉 崩しと体さばきに関連づけて安全に受け身をとることができる。（観察）
終末 7分		10. 整理運動と健康観察 11. 本時の振り返り 12. 次時の連絡 13. 挨拶	○ストレッチと健康状態のチェックを行う。 ○成果と課題を確認する。 ○次時の課題や学習の見通しをもつことができるようにする。	

に受け身をとることを指導する。

・受け身の練習では，倒れる方向がバラバラだと隣の生徒と衝突することがある。そのため受け身をとる方向を統一し，常に周囲の状況を確認しながら行うように指導する。

・抑え技の簡易な攻防では，全力でも7割程度，残りの3割程度は相手への思いやりで取り組むように指導する。また，無理な体勢や強引な力がくわわらないように，常に相手の状態を確認させる。抑え込まれて苦しいときはすぐに「まいった」をさせ，攻撃を続けないことなどを指導する。

❸楽しさを引き出す工夫

・基本動作を用いたゲームでは相手と競い合う楽しさを引き出す。

・けさ固めの抑え方や応じ方を工夫することで攻防への魅力を引き出す。

・簡易な攻防を通して勝敗を競い合う楽しさを引き出す。

〈與儀幸朝〉

〈引用・参考文献〉
本多壮太郎（2016）いま，武道の授業で教え，学ばせるべきこと．体育科教育64（3）：
　　20-23.
本多壮太郎（2017）「伝統」と「文化」は「技術」とセットで学ぼう！．体育科教育
　　65（10）：28-31.
文部科学省（2018）中学校学習指導要領（平成29年告示）解説保健体育編．東山書房．
文部科学省（2019）高等学校学習指導要領（平成30年告示）解説保健体育編 体育編．
　　東山書房．

（以上，本多）

文部科学省（2013）学校体育実技資料第2集 柔道指導の手引き（三訂版）．東洋館出
　　版社．
文部科学省（2018）中学校学習指導要領（平成29年告示）解説保健体育編．東山書房．
流通経済大学（2020）「武道等指導充実・資質向上推進事業に係る武道指導に関する
　　調査」調査報告書―第五報―．
全日本柔道連盟（2019）安全で楽しい柔道授業ガイド．https://www.judo.or.jp/
　　wp-content/uploads/2019/02/h30-bukatsudo-guidebook.pdf.（2020年
　　12月23日参照）．

（以上，與儀）

第12章 表現運動［ダンス］の教材づくり・授業づくり

概要

表現運動［ダンス］領域は，表現遊び・表現・創作ダンス，フォークダンス，リズム遊び・リズムダンス・現代的なリズムのダンスの学習を通して，自己の心身を解き放ち，イメージやリズムの世界に没入することが求められる。自己表現と他者受容ができる授業の "土台づくり" を行うことにより，身体表現を通した仲間同士の豊かな交流が生まれる。本章では，表現運動・ダンスの特性を述べ，指導内容それぞれの相違点を明らかにしながら，授業のさまざまな手立てについて論じていく。

1.表現運動［ダンス］の内容構成

　小学校の表現運動系領域は，「表現リズム遊び」と「表現運動」で内容構成されている。学年別では，低学年は「表現遊び」と「リズム遊び」，中学年は「表現」と「リズムダンス」，高学年は「表現」と「フォークダンス」で構成されている。これらは，学校や地域の実態に応じて柔軟に実施することが可能であり，低学年の「リズム遊び」には，中学年の「リズムダンス」と高学年の「フォークダンス」へのつながりを考慮して，簡単なフォークダンスを軽快なリズムに乗って踊る内容が設定されている。また，中学年では，高学年との接続を考慮して「フォークダンス」を，高学年では「リズムダンス」を扱うことができるように設定されている。中学校・高等学校は領域名（分野名）が「ダンス」になり，「創作ダンス」「フォークダンス」「現代的なリズムのダンス」で構成されている。表1に，「表現運動系の小学校及び中学校の領域別系統表（知識及び技能）」をまとめたので参照されたい。

2.表現運動［ダンス］の本質的な課題と面白さ

　表現リズム遊び・表現運動は，総じて「リズミカルな運動の連続による模倣・変身欲求の充足が楽しい運動」（村田，1998）であり，子ども一人ひとりが踊りの楽しさや喜びに十分に触れていくことがねらいとなる。以下では，表現運動［ダンス］領域を，①創造型（表現系・リズム系），②

表1　表現運動系領域の内容構成（文部科学省，2018a，2018bより筆者抜粋）

		小学校第1・2学年	小学校第3・4学年	小学校第5・6学年	中学校1・2年	中学校3年
表現系	題材の例	特徴が捉えやすく多様な感じを多く含む題材／特徴が捉えやすくスピードの変化のある動きを多く含む題材	身近な生活からの題材／空想の世界からの題材	激しい感じの題材／群（集団）が生きる題材／多様な題材	身近な生活や日常動作／対極の動きの連続／多様な感じ／群の動き／ものを使う	身近な生活や日常動作／対極の動きの連続／多様な感じ／群の動き／ものを使う／はこびとストーリー
	ひと流れの動きで即興的に表現	いろいろな題材の特徴や様子を捉え，高低の差や速さの変化のある全身の動きで即興的に踊る／どこかに「大変だ！○○だ！」などの急変する場面を入れて簡単な話にして続けて踊る	題材の主な特徴を捉え，動きに差をつけて誇張したり，表したい感じを2人組で対応する動きや対立する動きで変化をつけたりして，メリハリ（緩急・強弱）のあるひと流れの動きで即興的に踊る	題材の特徴を捉えて，表したい感じやイメージを，動きに変化を付けたり繰り返したりして，メリハリ（緩急・強弱）のあるひと流れの動きにして即興的に踊る	多様なテーマからイメージを捉える／イメージを即興的に表現する／変化を付けたひと流れの動きで即興的に表現する／動きを誇張したり繰り返したりして表現する	表したいテーマにふさわしいイメージを捉える／変化を付けたひと流れの動きで即興的に表現する／主要場面を中心に表現する／個や群で，緩急強弱のある動きや空間の使い方で変化を付けて表現する
	簡単なひとまとまりの動きで表現			表したい感じやイメージを「はじめ―なか―おわり」の構成や群の動きを工夫して簡単なひとまとまりの動きで表現する	表したいイメージを変化と起伏のある「はじめ―なか―おわり」のひとまとまりの動きで表現する	表したいイメージを一層深めて表現する／変化と起伏のある「はじめ―なか―おわり」の簡単な作品にして表現する
	発表の様子	続けて踊る	感じを込めて踊る	感じを込めて通して踊る	動きを見せ合って発表する	踊り込んで仕上げて発表する
リズム系	リズムの例	弾んで踊れるようなロックやサンバなどの軽快なリズム	軽快なテンポやビートの強いロックのリズム／陽気で小刻みなビートのサンバのリズム		シンプルなビートのロックのリズム／一拍ごとにアクセントのあるヒップホップのリズム	シンプルなビートのロックのリズム／一拍ごとにアクセントのあるヒップホップのリズム
	リズムに乗って全身で即興的に踊る	へそ（体幹部）を中心に軽快なリズムの音楽に乗って即興的に踊る／友達と関わって踊る	ロックやサンバなどのリズムの特徴を捉えて踊る／おへそ（体幹部）を中心にリズムに乗って全身で即興的に踊る／動きに変化をつけて踊る／友達と関わり合って踊る	加えて指導可	ロックやヒップホップなどのリズムの特徴を捉えて踊る／リズムに乗って全身で自由に弾んで踊る／簡単な繰り返しのリズムで踊る	リズムの特徴を捉え，リズムに乗って体幹部を中心に全身で自由に弾んで踊る／ロックは全身でビートに合わせて弾んで踊る／ヒップホップは膝の上下に合わせて腕を動かしたりして踊る／仲間と関わって踊る
	発表や交流	友達と一緒に踊る	踊りで交流する		動きを見せ合って交流する	簡単な作品を見せ合う
フォークダンス	踊りと特徴	（含めて指導可）軽快なリズムと易しいステップの繰り返しで構成される簡単なフォークダンス		日本の民踊:軽快なリズムの踊り，力強い踊り	日本の民踊:小道具を操作する踊り，童歌の踊り，躍動的な動作が多い踊り	日本の民踊の中から，軽快なリズムの踊りや力強い踊りを難易度を踏まえて選び，その特徴を捉えて踊る
			加えて指導可	外国のフォークダンス:シングルサークルで踊る力強い踊り，パートナーチェンジのある軽快な踊り，特徴的な隊形と構成の踊り	外国のフォークダンス:パートナーチェンジのある踊り，隊形が変化する踊り，隊形を組む踊り	外国のフォークダンスの代表的な曲目から，曲想を捉えて，踊り方（複数のステップの組合せ，隊形，組み方など）の特徴を捉えて踊る
	発表や交流	友達と一緒に踊る		踊りで交流する	仲間と楽しく踊って交流する	仲間と楽しく踊って交流する
	踊り	ジェンカ（フィンランド）／キンダーポルカ（ドイツ）／タタロチカ（ロシア）		阿波踊り（徳島県）／春駒（岐阜県）／ソーラン節（北海道）／エイサー（沖縄県）	花笠音頭（山形県）／キンニャモニャ（島根県）／げんげんばらばら（岐阜県）／鹿児島おはら節（鹿児島県）	よさこい鳴子踊り（高知県）／越中おわら節（富山県）／こまづくり歌（神奈川県）／大漁唄い込み（宮城県）
		マイム・マイム（イスラエル）／コロブチカ（ロシア）／グスタフス・スコール（スウェーデン）		オクラホマ・ミクサー（アメリカ）／ドードレブスカ・ポルカ（旧チェコスロバキア）／リトル・マン・イン・ナ・フィックス（デンマーク）／バージニア・リール（アメリカ）	ヒンキー・ディンキー・パーリー・ブー（アメリカ）／ハーモニカ（イスラエル）／オスローワルツ（イギリス）／ラ・クカラーチャ（メキシコ）

再現型（フォークダンス）の2つに分けて，それぞれの本質的な課題と面白さについて述べていく。

（1）創造型（表現系・リズム系）の学習

「表現遊び及び表現」の本質的課題は，日常にある題材や空想のイメージ，自分の内面にある思いを自分の「身体で感じて動く」（小林ほか，2014）ところにある。ここでの技能目標は，ひと流れ[①]の動きで即興的に踊ることと簡単なひとまとまりの動きにして踊ることに置かれる（文部科学省，2018a）。中学校の「創作ダンス」になると，人間の感情といった抽象的な題材やもの（小道具）を使った見立ての表現，はこびとストーリー（中学3年生）がくわわるが，ひと流れとひとまとまりの考え方は小学校と同様である。次に，「リズム遊び・リズムダンス・現代的なリズムのダンス」の本質的課題は，既存のリズム（ロックやサンバ・ヒップホップなど）にあわせた自由な動きによって全身を弾ませ，交流を図るなかでその躍動感を感じることにある。ここでの技能目標は，リズムの特徴をとらえて（身体で感じ取って）踊ること，体幹部を中心にリズムに乗って全身で即興的に踊ること，友達と関わり合いながら踊ることに置かれる（文部科学省，2018a）。

ここから，両者に共通する本質的課題が"自由で即興的な動き"で楽しむ"創造的な活動"であることが読み取れる。この"即興的・創造的"というのは，「表現遊び・表現・創作ダンス」では，個々が思い描くイメージで変身やなりきり，ひと流れの表現を創出していくことを，「リズム遊び・リズムダンス・現代的なリズムのダンス」では，変化のあるリズムに身体を重ね，仲間とさまざまに交流しながら自由な動きを融合・創出させていくことを意味している。これらを通して心が解放され，言葉を介さない他者との豊かな交流（自己表現と他者受容）が可能になる点も共通している。

一方，両者は異なる特性ももつ。「表現遊び・表現・創作ダンス」では，題材のイメージに内在する流れを，自分や友達と息をあわせてゼロから新たに紡いでいく一方，「リズム遊び・リズムダンス・現代的なリズムのダンス」は，既存の音楽の拍やリズムに自分の身体の内的リズムを融合させていく[②]ところに面白さがあるといってよい。これらの特性から，音源の用い方にも注意が必要となる。「表現遊び・表現・創作ダンス」では音楽はあくまでも題材を支える雰囲気づくりのためのBGMとして用いられ，口伴奏やオノマトペのみでも題材の特徴を表現できる。しかし，「リズム遊び・リズムダンス・現代的なリズムのダンス」では音楽は必須であり，躍動する強い拍や変化するリズムに多様な身体運動を重なりあわせていく。そのため，授業では，教師がそれぞれの特性を認識し，その特性が活きるように音楽を用いていく必要がある。

①ひと流れ
ひと流れとは，ひと息で踊れるような"まとまり感"をもった動きの連続であり，表現的性格を出現させる最小単位である。即興的に表現する場合には「ひと流れの動き」の用語を使用し，作品を意図している場合には「はじめ・なか・おわり」の構成を伴う「ひとまとまりの動き」の用語を使用して区別している（村田，2009）。

②原田（2018）は，リズムに乗って踊ることについて「規則的に繰り返すことによって勢いづいたり，反面，生のリズムはそれらを乗り越えて沸きあがったりすること，あるいは一瞬の動と動の間の緊張を求めたりしながら延々とこれらの活動が続くこと，音楽にただ合わせるのでもなく，ただかってに沸かすのでもなく個人内での統合（内的同調）と外界（他者や音楽）への同調がうまくかみ合った（出会った）状態が『快』として感じられながら続くことを意味する」（原田，2018，p.10）といった見解を示している。

（2）再現型（フォークダンス）の学習

　フォークダンスの本質的課題は，日本各地域の民踊と外国のフォークダンスを再現して踊るなかで，自国や他国の文化や歴史に触れ，基本のステップや動きを皆で一緒に行うことで楽しく交流するところにある。ここでの技能目標は，日本の民踊や外国の踊りから，それらの踊り方の特徴をとらえ，音楽にあわせて簡単なステップや動きで踊ることに置かれる（文部科学省，2018a）。フォークダンスの本質的課題と面白さは，①各国・各地域に特有な音楽（リズム）に特定の動き（ステップ・手の動き等）をあわせその違いを感じる，②年齢・性別問わず豊かな交流が生まれる，③文化や歴史を理解し継承していく，の3点にあると考える。生活・労働・宗教などを基に，発祥した国や地域特有の動きを，特有の音楽にあわせて踊っていくなかで日本と海外の違いに触れるとなお興味深い学習になる。

　またさらに，このようなフォークダンスを通して老若男女誰とでも豊かな交流ができることにも着目したい。学級で踊るときも，徐々に全員の息や足並みがそろってくると一体感や高揚感が生まれる。そこに，フォークダンスの醍醐味を感じ取ることができる。

3.各学年段階における教材づくり・授業づくりの視点

（1）創造型の指導内容のポイント

　小学校低学年は，空想の世界に入り込み，何かになりきったり，変身に没入したりできる時期である。そのため，「表現遊び」では，具体的な資料（写真・絵など）を提示して子どもたちの想像力を刺激し，身近な動物や乗り物などいろいろな題材の特徴をとらえて，夢中になって全身の動きで楽しく踊ることができるようにする。また，「リズム遊び」では，跳躍動作を好む低学年の子どもたちがより全身で弾んで踊れるように，BPM=140前後の軽快なテンポの曲を用いる。その際，弾む・回る・ねじる・スキップするといった動きのピースを意識させ，教師のまねだけでなく，子どもたち同士が交流しながら互いに繰り返し即興的にまねし合うようにすると，技能にかかわらずどの子どももリズムに乗る楽しさを体感できる。小学校中学年になると，多様な動きが生まれ，他者のイメージや動きを認める等の協働学習ができるようになる。そのため，「表現」では，どうすればもっとよくなるのかを仲間とともに考え，高め合える機会を提供したい。また，「リズムダンス」では，低学年で身に付けた動きにアクセントをつけさせたりさまざまな動きを組み合わせたり，素早い動きやストップなどでリズムの変化を工夫させる。リズムにあわせて複数人で手をつないだりくぐったりして，互いに自由に関わり合う活動も積極的に取り入れていきたい。小学校高学年になると，個の違いを認識し，協働の活動のなかでそれを尊重し合えるようになってくる。この時期は，自他の違いを認識

③群（5〜6人集団）が集まると，初めはみんな中心を向いて同じ動きをしがちである。一人ひとりが時間差で動いたり，高低をつけたり，距離を離してみたり，個と群にしたりすると時間の変化や空間の変化が表現できる。人数は5〜6人くらいまで増やした方が群のエネルギーを活用しやすく，見合いを効果的に行うためには偶数グループにしてきょうだいグループをつくるとよい。

④中学3年生でくわわる題材「はこびとストーリー」では，ひと流れやひとまとまりの表現だけでなく，起承転結のある作品表現ができるようにしたい。大橋（2013）は，即座に動きを形づくることを「純粋即興」，1回ごとに違う動きを実現しながら作品を定着させていくことを「探索的即興」，一度成立した作品を再演することを「演舞的即興」と定義している。中学3年生では踊り込んで仕上げて発表することも目指されるため，「探索的即興」を繰り返しながら「演舞的即興」により作品の完成度を上げていくことも求められる。

⑤中学3年生では，起承転結のある4〜5分程度の作品創作ができると理想的である。

⑥近年は，無料でダウンロードできるパソコンソフトもある。題材の雰囲気をとらえた音源をいくつか編集してつなげるとよい。作品の転換時にあわせて曲を変化させると効果的だが，1つの作品に多くても3〜4つの音源までとした方がよい。あまりに多くの音源がつなげられると，音源が悪目立ちし作品進行の流れを途切れさせる。

できるようになるが，これが逆に劣等感や羞恥心の基になることがある。そのため，毎授業の導入時に個の心身や仲間関係のほぐしを十分に行う。ここでリズムダンスを用いるのも効果的である。「表現」では，いろいろな題材から表したいイメージをとらえ，変化をつけたひと流れの動きで即興的に表現したり，群（5〜6人集団）の効果③もくわえたりしてグループで「はじめ—なか—おわり」をつけた簡単なひとまとまりの動きにして表現できるようにする。題材を選ぶ際は，子どもの関心や能力の違いを考慮したり，個人やグループによって広い範囲から選んだりすると，主体性を引き出し個の違いへの対応も可能になる。

中学校1・2年生では，第二次性徴が進み性差による違いが明確になってくる。男女共習の学習では，力強い動き，柔らかい動き，それぞれのよさを認識し互いに高め合っていけるような学習の雰囲気をつくりたい。自我が芽生え，羞恥心がより強くなってくることも考えられるため，授業の導入ではしっかりと体ほぐしの運動やリズムダンスなどを取り入れて心身の緊張や仲間同士の人間関係の境界線を解き，一人ひとりの個性が認められるように声かけをしていきたい。中学校3年生は選択授業になる。よって，テーマやそれに相応しい動きの探求にこだわり④，作品のストーリー性や作品としてのボリューム⑤，音源の編集⑥などにもこだわっていきたい。

（2）再現型（フォークダンス）の指導内容のポイント

フォークダンスは，小学校高学年以上の学習内容とされているが，冒頭でも述べたように学校や地域の実態に応じて低学年・中学年でくわえて指導することができる（文部科学省，2018a）。一列や一重円など隊形もシンプルで，易しいステップを繰り返すジェンカやキンダーポルカ，タタロチカは，低中学年の子どもでも比較的短時間で覚えられ，踊る楽しみを実感できる。高学年になると，日本の民踊と外国のフォークダンスを学習する。阿波踊りや春駒，ソーラン節では力強い足さばきや手振りを習得する。マイムマイムやコロブチカ，グスタフス・スコールでは，パートナーチェンジや特徴的な構成などを学習する。踊りの意味合いやその国の歴史・背景などを併行して学ぶと，自国文化の再認識と国際理解にもつながる。中学校への接続も考え，高学年では男女隔てなく手を取り合い，息をあわせて踊ることで自然な交流を目指したい。

今回の学習指導要領改訂に伴い，中学校1・2年生の日本の民踊に新たにキンニャモニャやげんげんばらばらなどの童歌の踊りが，3年生ではこまづくり唄や大漁唄い込みがくわわった。ただ踊りを振り付けとして学習するのでなく，併行して種まきや稲刈り，漁などの日本の労働の作業動作に着目し由来を感じながら踊ると，我が国ならではの民踊のよさを体感できると考える。外国のフォークダンスには，オスローワルツなどのクローズドポジション⑦を取るものがある。性差に関係なく踊ることができるのがフォークダンスのよさではあるが，学校や生徒たちの状況によっては難しい場合も考えられる。その場合は，踊りを文化の1つとして学ぶことに

留意しつつ，技能面や心理面を考慮し，踊り方や組み方を緩和して[8]取り組んでもよい。

4.表現運動［ダンス］の単元及び授業の展開例

　小学校第3学年の単元「忍術学園」（8時間扱い）を例に挙げる。「忍者」は，中学年の指導内容である「空想の世界からの題材」の1つであり，ダイナミックで変化に富んだ多様な表現を引き出すことができる題材とされる（文部科学省，2018a，p.102）。子どもたちの関心や技能にふさわしい題材を取り上げ，おもな特徴や感じを掘り下げて，表したい感じを中心に動きを誇張したり変化をつけたりして緩急・強弱のあるメリハリのあるひと流れの即興的表現ができるように支援していく。

（1）単元目標

・「忍者」に関わるいろいろな題材からそのおもな特徴（イメージや動き）をとらえ，表したい感じを友達と関わりながらひと流れの動きで即興的に踊ることができる。（知識及び技能）
・自分の力にあった課題をみつけ，題材の特徴をとらえた踊り方を工夫し，友達のよい動きをみて取り入れたり，友達に工夫したところを伝えたりできる。（思考力，判断，表現力等）
・運動に進んで取り組み，誰とでも仲よく踊ったり，友達の動きや考えを認めたり，場の安全に気をつけたりして，運動に進んで取り組むことができる。（学びに向かう力，人間性等）

（2）単元計画（表2）

　単元序盤は子どもたちの心身をほぐすためにリズムダンスから入ってもよい。ただ，即興表現ができる心身の準備状態をつくる必要があるため，リズムダンスも即興的な要素を取り入れていきたい。
　「イメージカルタ」は，題材を「忍者」「深海」「宇宙」などとさまざまに変化させて活用できるすぐれた教材である。2名～数名のグループで体育館に伏せてあるカルタを次々にめくり，そこに書かれた題材を即興的に表現する。カルタに描かれたイメージを表現の素材とすることができるため，子どもたちもイメージから動きへとつなげやすい。忍者の表現では教師が手本となり，子どもたちの動きの種類を広げ，中盤から後半は子どもたちの自由で即興的な動きを引き出していく。中盤はグループで1枚カルタを決め，その題材の特徴を掘り下げていく。きょうだいグループで見せ合いながら互いによりよい作品になるよう助言し合えるとよい。最後は，グループで作品を発表し合い，互いの表現を交流していく。題材の特徴をとらえることが苦手な子どもには，題材の多様な場面を絵や写真，文字で

⑦**クローズドポジション**
2人が向かい合って踊るポジションのことを指す。男子の左手と女子の右手をつなぎ，男子の右手は女子の背中に，女子の左手は男子の腕に添える。

⑧クローズドポジションが難しい場合は，向かい合って両手をつなぐ方法でもよい。踊りを習う最初のうちは仲のよい友達と踊り，覚えてきたら他の友達や男女間でペアをつくって踊る方法もある。

表2　第3学年　領域「表現運動」「表現」　単元計画　（「忍者学園」8単位時間）

時間	1	2	3	4	5	6	7	8
学習内容		空想の題材から特徴のある動きをみつけてひと流れで表現しよう　　　題材の特徴を友達と伝え合おう　友達の考えも認めながら仲よく安全に行おう						
	オリエンテーション・学習のねらい・進め方の確認	(リズムダンス)にんにんパで忍者修行	(リズムダンス)にんにんパで忍者修行	(リズムダンス)にんにんパで忍者修行	(リズムダンス)にんにんパで忍者修行	(リズムダンス)にんにんパで忍者修行	(リズムダンス)にんにんパで忍者修行	(リズムダンス)にんにんパで忍者修行
		忍術カルタ(①手裏剣・水遁・煙玉 等)	忍術カルタ(①にくわえて、②水ぐも・鉤縄・鎖鎌 等)	忍者カルタ(①②にくわえ,③刀・変身・火遁 等)	忍者カルタ①②③	忍者学園（カルタなしで①②③）	忍者学園（カルタなしで①②③）	リハーサル
		2人組で「修行カルタ」	2人組で「忍術カルタ」	4人組のなかで2人ずつ敵との戦いの表現（空間の変化・対応の表現）	4人組のなかで2人ずつ敵との戦いの表現（時間の変化・対応の表現）	きょうだいグループと合流，表現の交流（違う忍術同士での戦いの表現）	「忍者修行」(はじめ・なか・おわり)	作品発表会（1チームずつ）
	忍者カルタの製作	(見せ合い)	(見せ合い)	4人組・カルタ決め（なかの表現）	4人組で「忍者修行」(はじめの表現)	4人組で「忍者修行」(おわりの表現)	他のグループ間での見せ合いと修正	観賞会
								単元のまとめ
				見せ合い	見せ合い	見せ合い	リハーサル	
		まとめ	まとめ	まとめ	まとめ	まとめ	まとめ	

補足説明したカードを用意しておくといった配慮をしていく。また，動きに誇張や変化をつけるのが難しい子どもには，それらができている他の子どもをみせて一緒に同じように動いたり，教師が介入したりしてその動きを体感できるように支援する。

(3) 単元教材の魅力

　「忍者」の魅力は2つある。1つ目は，"なりきり"からくる心理的高揚感・陶酔感である。一旦その世界に入ると，敵にみつからないように息を鎮めて物陰に隠れたり，手裏剣や刀などを用いて敵と戦ったりして，日常を忘れ没入できる。授業では，「忍者」になりきって城に忍び込んだり戦いをしたりするなかで，「跳ぶ」「転がる」「すばやく動く」「急に止まる」などの動きを引き出す。それらをさらに誇張すると表現が大きく変わり，子どもたちの身体が拓かれていく。この拓かれた身体同士が出会って行う対決の表現は見応えのあるものになるだろう。追いつ追われつなどの対応する動きは移動する表現に用いることができ，壁に沿って，屋根の上を，屋根裏を，床下を，水の中を，ムササビの術で空から降りて，と情景をくわえると，表現性が劇的に変化する。

　2つ目は，運動の種類や量を豊富に確保できることである。「忍者」は，多様かつメリハリの効いたダイナミックな動きが生まれやすい。中腰の姿勢のまま動いて止まったり跳んだりすることが多いため，体幹を維持する筋力や脚力への働きかけも期待できる。"忍者になりきる"という魔法があるため，子どもたちはいわゆる調整力を高めるような動きでも疲労を感じず夢中で動くことができる。

以上のような，心理的・身体的にもたらす効果を生かすためにも，ぜひ以下の事柄に留意して子どもたちに無我夢中で"なりきる"経験をさせたい。

(4) 単元教材と指導の手立て

❶下位教材

「にんにんパ！」は，「にんにん〜…」と教師が唱える際に走り（その場で走っても，走り回ってもよい），「パ！」のときにさまざまな忍術のポーズを繰り出す即興的な遊びである（図1〜7）。ポーズ遊びを通して，瞬間的に身体の極限を引き出すことが重要である。この"瞬間なりきり遊び"をドリルゲームのように単元を通して帯で繰り返すことで，即興的に表現する力が育っていく。

❷題材の特徴が引き立つ演出

忍者の世界観を十分に表現するためには，教師のさまざまな"しかけ"が必要となる。集合の合図を合言葉にしてみたり，静寂のなかでささやくように教師が指示を出したり，「ヤー！」などいつも以上に大きなかけ声を上げて居合いをしたりと，その世界観の演出が必要不可欠である。小道具も効果的である。はちまきに金銀のシールを貼った黒い画用紙を貼って頭に巻いたり，黒画用紙を手首に巻いたりするだけでも子どもたちのなりきり度合いが変わる。BGMがない状態で子どもたちのオノマトペだけで

図1　忍術のポーズ①　　　図2　忍術のポーズ②　　　図3　忍術のポーズ③

図4　忍術のポーズ④　　図5　忍術のポーズ⑤　　図6　忍術のポーズ⑥　　図7　忍術のポーズ⑦

表現するのも十分よいが，和太鼓などが基調となった音源を使うと表現が苦手な子どもでもなりきりやすくなる。

❸学習形態の変化

単元序盤は教師対全員の一斉学習によって，個々の表現性を拓いていく。この段階で，子どもたち全員にどこまで表現すればよいのか，どこが技能的到達目標なのかを実感させる。ここが曖昧だとその後の2人組の活動の躍動感が減少してしまうため留意したい。2人組と3人組では，指導内容が異なることにも注意したい。2人組は直線的な表現に限定され，3人組は空間が変わり三角形になったり，一列に並んだり，1人対2人といったように関係性も変化する。それに伴い表現の種類も大きく変化する。

❹対極・対応・対立の表現をより豊かにするポイント

「忍者」の題材は，忍術によって空間の使い方が変わるところが面白い。子どもたちはよく手が届く距離で手裏剣を使いたがるが，実際その距離では手裏剣を使わず刀を使った方が現実的である。発問をしながら，腕が届

図8　刀を用いた接近戦①

図9　刀を用いた接近戦②

図10　刀を用いた接近戦③

図11　刀を用いた接近戦④

図12　手裏剣を用いた戦い

くほど接近している場合は刀，近いけれど届かない場合は鎖がま，かなり遠い場合は手裏剣というように，空間の広がりと道具の関係性に気付かせながら授業を展開する。刀を用いた接近戦では，繰り返し戦ってもそれぞれの刀の動きに対応せず，延々とチャンバラをする子どもも出てくる。その場合は，刀の動きにあわせて上へ下へと身をよじったりジャンプしたりして「対応」することを共通理解したい（図8〜11）。対応の表現では，距離の遠近は関係ない。近くても遠くても相手と気持ちがつながっていることを意識させ，時間差で手裏剣が自分の頭を通過するようなイメージがもてるとなおよい（図12）。

表3　「忍術学園」の時案例（4/8時間目）

段階	学習内容・活動	指導・評価（○指導　◆評価）
導入	1．集合・整列・挨拶・健康観察 2．本時の流れを知る 3．リズムダンス（忍者編）をする 4．にんにんパで忍者修行	○元気のよい態度で臨めるように指導する。 ○本時の学習の見通しをもたせる。 ○音楽にあわせてスキップやホップをした後，教師の真似をしながらさまざまな忍者の動きを即興的に行っていく。 「にんにん〜」と唱えている間に，子どもたちにその場駆け足をさせる。「パ！」でその場でポーズをさせる。慣れてきたら，「にんにん〜」といっている間は，空間を自由に走り「パ！」でポーズをさせるように発展させる。ポーズではピタッと止まる感じを意識させるため，「息も表情も止めるよ」と緊張感をもたせるとよい。ポーズも，身体を上下左右に大きく動かしている子どもをほめ，クラス全体で共有していく。
展開	5．本時のねらいを知る 6．忍者カルタを使いながら，即興的な表現に挑戦する 「刀の術・変身の術・火遁の術」をくわえて即興表現に挑戦する。 7．4人組のなかで2人ずつ敵との戦いの即興表現を行う（空間の変化・対応の表現を学ぶ） 8．グループで協力して1枚のカルタを選ぶ 9．カルタに書かれた題材に関わる「なか」の部分をつくる 10．発表と鑑賞	○学習の見通しを立てさせる。 ○グループのなかでつくった2人組でカルタをめくりながら，即興的な表現を行わせる。カルタは2時間目と3時間目に学習したものにくわえ，刀・変身・火遁の術などをくわえ種類を増やしていく。和太鼓などのBGMをかけておくと雰囲気を演出できる。 ○戦いの表現を行う際は，緊張感のある雰囲気をつくる。発問により，2人の距離が近いか・中くらいか・遠いかによって使う忍術が異なることに気付かせる（近い場合は刀，中くらいの場合は鎖がまなど，遠い場合は手裏剣他）。気持ちがつながっていることを意識させ，距離に関係なくお互いにお互いの動きをしっかり受け止め，対応の表現を行うように支援する（対応とはどういうことか，図8〜12のように教師が示範するとわかりやすい）。 ○気に入ったカルタを1枚選ばせる。 ○題材に最も近い特徴を表現させる。高い・低い，早い・遅い，強い・柔らかいなど，その特徴がより引き立つような助言を行っていく。つくるときは座らせずに立ったまま行い，「それいいね，やってみよう！」という肯定的な雰囲気のなかで発想をすぐ動きにできるように助言する。特徴をよくとらえているグループはモデリングし，共有化を図る。 ○できているところまででよいことを伝え，発表させる。観る視点を定め，何を表現しているか，どうすればさらによいかを助言し合えるように指導する。 ◆仲間と協力してイメージを選び，題材に特徴的な"なか"の部分の表現を創ることができた。
整理	11．本時のまとめ 12．次時の予告を聞く 13．整理運動 14．挨拶	○戦いの表現ができたか，題材の"なか"の表現を協力してできたかどうか振り返らせる。 ○学習カードを記入するよう指示する。 ○本時の努力を認め，次時の意欲づけを行う。 ○ゆったりとした気持ちで行わせる。 ○大きい声で元気よく挨拶させる。

（5）1時間の授業展開例

　最後に単元の第4時の授業展開例を掲げる（表3）。この時間の中心的な目標は，2人組の戦いの表現を探求したり，仲間と協力してイメージを選び，題材に特徴的な"なか"の部分の表現をつくったりすることに置かれている。

〈七澤朱音〉

＊写真撮影にご協力いただいた習志野市立屋敷小学校の先生方に感謝申し上げます。

〈引用・参考文献〉
原田奈名子（2018）「リズムダンス」再考.京都女子大学発達教育学部紀要14：1-12.
小林真理子・岩田靖・佐々木優（2014）小学校体育における「リズム遊び」の授業づくり―「感じのある動きの探究」の視点から．信州大学教育学部附属教育実践総合センター紀要・教育実践研究15：55-64.
文部科学省（2018a）小学校学習指導要領（平成29年告示）解説体育編．東洋館出版社.
文部科学省（2018b）中学校学習指導要領（平成29年告示）解説保健体育編．東山書房.
村田芳子（1998）理論編これからの表現運動・ダンスの授業．最新楽しい表現運動・ダンス．小学館，pp.6-7.
村田芳子（2009）表現運動・ダンスの特性とその指導．女子体育7-8月号：8.
大橋奈希左（2013）ダンス教育における「即興」の発現域についての考察．舞踊教育学研究15：3-12.

第13章

体育理論の教材づくり・授業づくり

||| 概要
21世紀に生きる学習者が，生涯にわたる豊かなスポーツライフを実現するとともに，スポーツを，人生に潤いをもたらす貴重な文化的財産として未来に継承していくうえで，運動やスポーツの意義や価値，原理や法則，安全で効果的な行い方などを知的に理解することは非常に重要である。本章では，体育理論の内容構成や授業づくりの視点，授業の展開例などについて述べる。

1.体育理論の内容構成

　まず，学習指導要領にみる中学校及び高等学校の体育理論の内容を整理する。中学校学習指導要領解説保健体育編（文部科学省，2018a）並びに高等学校学習指導要領解説保健体育編（文部科学省，2019a）によると，体育理論の領域は，中学校では，第1学年で「運動やスポーツの多様性」，第2学年で「運動やスポーツの効果と学び方」，第3学年で「文化としてのスポーツの意義」を中心に構成されている。また，高等学校では，入学年次で「スポーツの文化的特性や現代のスポーツの発展」，その次の年次で「運動やスポーツの効果的な学習の仕方」，その次の年次以降で「豊かなスポーツライフの設計の仕方」を中心に構成されている。それぞれの内容は表1に示した通りである。

2.体育理論の面白さ

　今回の改訂においては，「する，みる，支える」に「知る」をくわえ，生涯にわたる豊かなスポーツライフの実現に向けては，「知る」ことも運動やスポーツとの重要な関わり方の1つであることが示された。この「知る」の中核となるのが，体育理論である。
　ところで，「技術」と「技能」の違いをうまく説明できるだろうか。また，「戦術」と「作戦」の違いはどうだろうか。いずれも，授業のなかではよく使う用語だが，「何となく」や「その場の雰囲気」などで使っている人が多いのではないだろうか。また，体育の授業においては，運動やスポー

表1　学習指導要領にみられる体育理論の内容

学年	内容			学習指導要領
中学校1・2年	運動やスポーツの多様性	ア 知識	(ア)運動やスポーツの必要性と楽しさ	運動やスポーツは，体を動かしたり健康を維持したりするなどの必要性及び競い合うことや課題を達成することなどの楽しさから生みだされ発展してきたこと。
			(イ)運動やスポーツへの多様な関わり方	運動やスポーツには，行うこと，見ること，支えること及び知ることなどの多様な関わり方があること。
			(ウ)運動やスポーツの多様な楽しみ方	世代や機会に応じて，生涯にわたって運動やスポーツを楽しむためには，自己に適した多様な楽しみ方を見付けたり，工夫したりすることが大切であること。
		イ 思考力，判断力，表現力等		運動やスポーツが多様であることについて，自己の課題を発見し，よりよい解決に向けて思考し判断するとともに，他者に伝えること。
		ウ 学びに向かう力，人間性等		運動やスポーツが多様であることについての学習に積極的に取り組むこと。
	運動やスポーツの意義や効果と学び方や安全な行い方	ア 知識	(ア)運動やスポーツが心身及び社会性に及ぼす効果	運動やスポーツは，身体の発達やその機能の維持，体力の向上などの効果や自信の獲得，ストレスの解消などの心理的効果及びルールやマナーについて合意したり，適切な人間関係を築いたりするなどの社会性を高める効果が期待できること。
			(イ)運動やスポーツの学び方	運動やスポーツには，特有の技術があり，その学び方には，運動の課題を合理的に解決するための一定の方法があること。
			(ウ)安全な運動やスポーツの行い方	運動やスポーツを行う際は，その特性や目的，発達の段階や体調などを踏まえて運動を選ぶなど，健康・安全に留意する必要があること。
		イ 思考力，判断力，表現力等		運動やスポーツの意義や効果と学び方や安全な行い方について，自己の課題を発見し，よりよい解決に向けて思考し判断するとともに，他者に伝えること。
		ウ 学びに向かう力，人間性等		運動やスポーツの意義や効果と学び方や安全な行い方についての学習に積極的に取り組むこと。
中学校3年	文化としてのスポーツの意義	ア 知識	(ア)現代社会におけるスポーツの文化的意義	スポーツは，文化的な生活を営みよりよく生きていくために重要であること。
			(イ)国際的なスポーツ大会などが果たす文化的な役割	オリンピックやパラリンピック及び国際的なスポーツ大会などは，国際親善や世界平和に大きな役割を果たしていること。
			(ウ)人々を結び付けるスポーツの文化的な働き	スポーツは，民族や国，人種や性，障害の違いなどを超えて人々を結び付けていること。
		イ 思考力，判断力，表現力等		文化としてのスポーツの意義について，自己の課題を発見し，よりよい解決に向けて思考し判断するとともに，他者に伝えること。
		ウ 学びに向かう力，人間性等		文化としてのスポーツの意義についての学習に自主的に取り組むこと。
高校入学年次	スポーツの文化的特性や現代スポーツの発展	ア 知識	(ア)スポーツの歴史的発展と多様な変化	スポーツは，人類の歴史とともに始まり，その理念が時代に応じて多様に変容してきていること。また，我が国から世界に普及し，発展しているスポーツがあること。
			(イ)現代のスポーツの意義や価値	現代のスポーツは，オリンピックやパラリンピック等の国際大会を通して，国際親善や世界平和に大きな役割を果たし，共生社会の実現にも寄与していること。また，ドーピングは，フェアプレイの精神に反するなど，能力の限界に挑戦するスポーツの文化的価値を失わせること。
			(ウ)スポーツの経済的効果と高潔さ	現代のスポーツは，経済的な波及効果があり，スポーツ産業が経済の中で大きな影響を及ぼしていること。また，現代のスポーツの経済的な波及効果が高まるにつれ，スポーツの高潔さなどが一層求められること。
			(エ)スポーツが環境や社会にもたらす影響	スポーツを行う際は，スポーツが環境や社会にもたらす影響を考慮し，多様性への理解や持続可能な社会の実現に寄与する責任ある行動が求められること。
		イ 思考力，判断力，表現力等		スポーツの文化的特性や現代のスポーツの発展について，課題を発見し，よりよい解決に向けて思考し判断するとともに，他者に伝えること。
		ウ 学びに向かう力，人間性等		スポーツの文化的特性や現代のスポーツの発展についての学習に自主的に取り組むこと。
高校その次の年次	運動やスポーツの効果的な学習の仕方	ア 知識	(ア)運動やスポーツの技能と体力及びスポーツによる障害	運動やスポーツの技能と体力は，相互に関連していること。また，期待する成果に応じた技能や体力の高め方があること。さらに，過度な負荷や長期的な酷使は，けがや疾病の原因となる可能性があること。
			(イ)スポーツの技術と技能及びその変化	運動やスポーツの技術は，学習を通して技能として発揮されるようになること。また，技術の種類に応じた学習の仕方があること。現代のスポーツの技術や戦術，ルールは，用具の改良やメディアの発達に伴い変わり続けていること。
			(ウ)運動やスポーツの技能の上達過程	運動やスポーツの技能の上達過程にはいくつかの段階があり，その学習の段階に応じた練習方法や運動観察の方法，課題の設定方法などがあること。また，これらの獲得には，一定の期間がかかること。
			(エ)運動やスポーツの活動時の健康・安全の確保の仕方	運動やスポーツを行う際は，気象条件の変化などさまざまな危険を予見し，回避することが求められること。
		イ 思考力，判断力，表現力等		運動やスポーツの効果的な学習の仕方について，課題を発見し，よりよい解決に向けて思考し判断するとともに，他者に伝えること。
		ウ 学びに向かう力，人間性等		運動やスポーツの効果的な学習の仕方についての学習に主体的に取り組むこと。
高校その次の年次以降	豊かなスポーツライフの設計の仕方	ア 知識	(ア)ライフステージにおけるスポーツの楽しみ方	スポーツは，各ライフステージにおける身体的，心理的，社会的特徴に応じた多様な楽しみ方があること。また，その楽しみ方は，個人のスポーツに対する欲求などによっても変化すること。
			(イ)ライフスタイルに応じたスポーツとの関わり方	生涯にわたってスポーツを継続するためには，ライフスタイルに応じたスポーツとの関わり方を見付けること，仕事と生活の調和を図ること，運動の機会を生み出す工夫をすることなどが必要であること。
			(ウ)スポーツ推進のための施策と諸条件	スポーツの推進は，さまざまな施策や組織，人々の支援や参画によって支えられていること。
			(エ)豊かなスポーツライフが広がる未来の社会	人生に潤いをもたらす貴重な文化的資源として，スポーツを未来に継承するためには，スポーツの可能性と問題点を踏まえて適切な「する，みる，支える，知る」などの関わりが求められること。
		イ 思考力，判断力，表現力等		豊かなスポーツライフの設計の仕方について，課題を発見し，よりよい解決に向けて思考し判断するとともに，他者に伝えること。
		ウ 学びに向かう力，人間性等		豊かなスポーツライフの設計の仕方についての学習に主体的に取り組むこと。

ツが得意な者は運動領域の学習に意欲的に取り組むが，苦手な者は逆の傾向がみられることが多い。たとえば，運動やスポーツが苦手な生徒が，運動やスポーツには「みる，支える，知る」などの多様な関わり方があることを学ぶことにより，運動実践に参加する際の精神的な障壁を和らげ，「する」ことへの興味・関心や参加を促すきっかけとなることがある。また，運動の課題を合理的に解決する学び方を学習することにより，技能の習得につながることも考えられる。さらに，「運動やスポーツの学び方」の知識の習得を通して，運動領域での戦術や作戦等を考える場面がチーム内での「活躍の場」となる可能性もある。

このように，体育理論では，運動やスポーツの基礎的・基本的な知識を含め，運動やスポーツにはどのような楽しみ方や関わり方ができるのか，技能がどのように上達していくのかなど，領域を超えて運動やスポーツに共通する内容を学ぶこととなり，体育理論の学習を充実させることで，生徒が運動領域をより楽しく効果的に学習することにつなげることができるのである。

また，運動やスポーツが健康の保持増進に深く関わっていることは誰もが理解していることであろう。しかし，運動やスポーツはそれだけにとどまらず，たとえば，2019年に日本で開催されたラグビーワールドカップでは，スポーツを通して日本全体が一体感を味わうとともに，諸外国からの観戦者との交流などを通して，スポーツが国際親善や世界平和にも大きな役割を果たしていることを知ることができたのではないだろうか。運動やスポーツが人々の生活や人生を豊かにするかけがえのない文化となっていることも体育理論で学ぶ内容であり，運動やスポーツが得意な者もそうでない者も，すべての学習者が運動やスポーツの意義や価値を学び，運動やスポーツの素晴らしさを理解する機会となるのが体育理論の学習なのである。

体育理論の学習を通して，体育学習への意欲を向上させ，運動やスポーツの楽しさや大切さを実感するとともに，「する，みる，支える，知る」などのスポーツとの多様な関わり方を実践できるようになることで，豊かなスポーツライフやスポーツを通した共生社会の実現へと結びつけることができるのではないだろうか。

3.体育理論の授業における課題

体育の授業において，運動量を確保し，できなかったことができるようになることは非常に大切なことである。しかしながら，それだけにとどまっていては，学習者が「する，みる，支える，知る」の運動やスポーツの多様な関わり方を自分のこととしてとらえ，生涯にわたって実践しようとしたり，運動やスポーツを継承しようとしたりするだろうか。

運動やスポーツが得意な者もそうでない者も含め，すべての学習者が，生涯にわたる豊かなスポーツライフを実現するためには，運動やスポーツ

を実践することを中核としつつも，「みる」楽しさや「支える」楽しさ，「知る」楽しさを実感し，自己の適性に応じて運動やスポーツとの多様な関わり方ができる力を育むことが必要なのではないだろうか。

体育理論の実践については，「実際に何をやれば良いのかがわかっていない教員も存在する」「年間指導計画上の位置付けはあるが，実際に実施しているかどうかの調査は行われていない」（佐藤，2015）という指摘がある。また，「体育理論領域に関する意欲を高め，理解を深めさせるような授業を行っていく必要があり，体育理論における専門性が必要である」（山本ほか，2015）との指摘もあるなかで，保健体育科の学習が，すべての生徒が学ぶ必修の教科として存続するためにも，体育理論の指導の充実はきわめて大切である。

なお，体育理論については，内容の取扱いにおいて，中学校では，各学年においてすべての生徒に履修させるとともに，授業時数は各学年3単位時間以上を配当することが示されている。また，高等学校では，各年次においてすべての生徒に履修させるとともに，授業時数は各年次6単位時間以上を配当することが示されている。

体育理論の授業の充実によって，すべての学習者が，卒業後のスポーツへの多様な関わり方を構想したり，設計したりすることができる力を身に付け，生涯にわたる豊かなスポーツライフを実現したり，人生に潤いをもたらす貴重な文化的財産としてスポーツを未来に継承したりできるようにしたいものである。

4.各学年段階における教材づくり・授業づくりの視点

今回の改訂においては，「主体的・対話的で深い学びの実現」に向けた授業改善が求められている。体育理論の授業においても，一方的な知識伝達型の授業に陥ることなく，生徒が興味・関心をもって自らねばり強く取り組んだり，対話等を通して自己の考えを広げたり深めたり，試行錯誤を重ねながら思考を深めよりよく解決したりすることができる授業づくりが求められる。

特に，体育理論においては，運動の実践を通した学習が中心である体育授業のなかで，教室で行う知識の学習となることから，学習効果を高めるために，生徒の興味・関心を高めたり，思考を活性化させたりしながら授業を進めることが重要となる。また，体育理論で学んだ知識を活用して，運動領域の学習に意欲的に取り組んだり，運動やスポーツとの多様な関わり方を考えたくなるなど，「生きて働く知識」の学習となるよう，教材や発問を工夫することが大切である。

（1）ICT活用の工夫

「主体的・対話的で深い学びの実現」を図り，生徒の資質・能力を育成

するためには，ICTを効果的に活用することが重要である。体育理論の授業においては次の例などが考えられる。

・動画の視聴により生徒の興味・関心を高める。
・グループ内で課題を振り分け，ICTを活用して課題解決のための情報収集を行い，グループ内で発表するなどして共有しながら課題解決を図る。
・グループ間で発表する際は，プレゼンテーションソフトを活用するなどして，より効果的に他者に伝える活動を行う。
・Web上のアンケート機能を活用して，個々の意見を即座に集計して全員にフィードバックし，新たな思考を促す。
・クラウド上のデータベース機能などを活用して，考えをまとめたシートや作成したプレゼンテーションソフトを蓄積し，思考・判断・表現の変容を確認したり，ポートフォリオとして活用したりする。

　なお，ICTの活用にあたっては，ICTを活用することが目的にならないようにすることが重要であるとともに，情報モラルの遵守についても留意することが必要である。

（2）教材等の工夫例

　図1は，スポーツイベントから派生する産業や職業，業種の連鎖図の作成例である。たとえば，中学校第1学年の「運動やスポーツの多様性　(イ)運動やスポーツへの多様な関わり方」の授業で，スポーツイベントの写真や映像をみせてこの連鎖図を作成し，「する」「みる」「支える」「知る」の関わり方に分類し，多様な関わり方を学ぶことも考えられる。また，高等学校入学年次の「スポーツの文化的特性や現代のスポーツの発展　(ウ)スポーツの経済的効果と高潔さ」の授業で，スポーツイベントの写真や映像

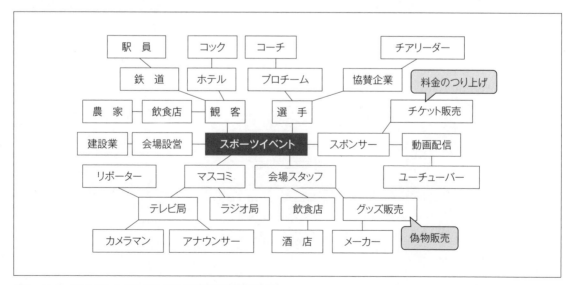

図1　スポーツイベントから派生する産業等の連鎖図の例

をみせてこの連鎖図を作成し，スポーツイベントによる経済的な波及効果について思考するとともに，波及効果に伴って起こる問題点（例では「チケット料金のつり上げ」「グッズの偽物販売」）についても考え，スポーツの価値を高めたり貶めたりする関わり方について思考し判断する学習を行うことが考えられる。

図2は，ダイヤモンド・ランキングを活用してスポーツの文化的意義について考える例である。AからIはスポーツ基本法を踏まえて作成した文化的意義の例だが，A・B・Cは「健やかな心身」関連，D・E・Fは「豊かな交流」関連，G・H・Iは「自己開発」関連としており，学習指導要領解説に沿った内容で作成している。実際の授業においては，スポーツの文化的意義の9個を生徒の話し合いで出し合うことも考えられる。

この教材は，たとえば，中学校第3学年の「文化としてのスポーツの意義　㋐現代社会におけるスポーツの文化的意義」の授業で，AからIに示したスポーツの文化的意義を，右のダイヤモンド型の番号1から5に大切と思う順番に上から並べていくというものである。一番大切と思うものを1に入れ，2番目に大切だと思うもの2つを2に入れるようにする。順番を考えたり変えたりする活動を通し，その理由を考えたり，根拠を示したりしながら，思考を深めていくことが可能となる。最初に個人で行い，その後グループで行う方法や，最初からグループで行う方法もある。なお，グループで行う場合は，「①全員の考えを最後まで聞く，②違う考えを否定しない，③多数決では決めない」などのルールを事前に決めておくとよい。これらの活動を通して，個人で行う場合は自己の考えを整理したり深めたりでき，グループで行う場合は，多様な判断の存在を知り，スポーツの文化的意義についての理解をより深めることができる。

なお，教材等の工夫例では，中学校・高等学校で活用可能な例を挙げているが，体育理論の内容構成は，中学校ではスポーツの光の部分にスポッ

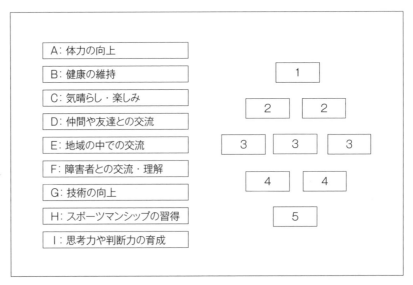

図2　現代社会におけるスポーツの文化的意義のダイヤモンド・ランキングの例

トをあててスポーツのよさや素晴らしさを学び，個人としてのスポーツの意義を中心に学習するようになっている。また，高等学校では，スポーツの光の部分にくわえ負の部分も学習し，批判的思考もくわえつつ，社会との関わり方にも視点を向けてスポーツの価値について学習するようになっており，これらの点に留意して教材を工夫する必要がある。

(3) 発問の工夫

授業づくりを構想するにあたっては，指導内容に応じて，生徒の興味・関心を高めたり，対話を促したり，思考を活発にしたりする発問を工夫することが大切である。

表2は，佐藤・友添（2011，pp.143-144）が示した発問と学習活動を連動させる例と発問レベルの分類を筆者が一部改変したものである。

指導に際しては，生徒の実情や発達の段階及び指導内容から，適切な発問を工夫することが大切である。また，予想される回答なども事前に想定し，次の活動や発問につなげることで，生徒自らが思考・判断やそれを表現しながら，より深い理解に結びつけることができるのではないだろうか。

表2　発問と学習活動を連動させる例と問いかけの意図

レベル	発　問	問いかけの意図	おもな学習活動
レベル1 興味づけ 情報の照合 情報の要約	知識，理解を促す発問	生徒の興味を促したり，学習したことを確認したりするための問いなので，答えは回答可能なものを用意し，ヒントを多く出す。	・特定の生徒への問答 ・板書による書き出し ・ワークシート記入，整理 ・ペアでの意見交換 ・全体への発表
レベル2 分散的思考を促す	思考を広げる	これまでみえなかった事象の傾向や新たな事実に気付かせるための発問レベル。	・ワークシート ・ブレインストーミング ・インターネット活用 ・連鎖図 ・1人ブレインストーミング（ワークシート）
レベル3 情報の絞り込み 取捨選択	思考を絞る 比較，分類，全体と部分	展開した情報のなかから個人やグループの意見を集約するための発問。	・データ，ケースの分析 ・話し合い活動 ・記事の比較 ・映像分析 ・インターネット活用
レベル4 情報の再考 推察 組み合わせ	結論に向けて熟考，分析する	これまで得た知識やこれまでの経験を統合し，結論を導くことに向けて批判的思考を意図的に取り入れる段階。	・ディベート ・ロールプレイ ・ジレンマトレーニング ・ネガティブ・チェック
レベル5 結論 評価	結論を出す 新たなアイデアを提案する	結論や判断を促す最終レベルの発問。	・レポート ・プレゼンテーション ・ポスターセッション

表3 単元計画（全3時間）

時数	指導事項	時間	発問や学習活動のイメージ	評価規準・評価機会		
				知識・技能	思考・判断・表現	主体的に取り組む態度
1	○運動やスポーツの必要性と楽しさ ○運動やスポーツの発展と変容 △スポーツの理念（触れる）	10 20 30 40 50	**発問**：周りの人がやっている運動やスポーツを挙げてみよう。またその人たちは何のためにスポーツをやっているのだろう？ **必要性** ・健康の維持 ・体力の向上 ・満足感・爽快感 **多様な楽しさ** スポーツの分類 ・競技で力試し ・記録の達成 ・自然と親しむ ・仲間と交流 ・感情を表現 **発問**：自分が知っているスポーツを挙げて分類してみよう（グループワークで意見交換し発表） ・運動やスポーツは必要性や多様な楽しさから生み出され発展してきている ・社会の変化とともにスポーツのとらえ方が変化してきている ➡競技スポーツから誰もが生涯にわたって楽しむスポーツへ	運動やスポーツは、体を動かしたり健康を維持したりするなどの必要性及び競い合うことや課題を達成することなどの楽しさから生み出され発展してきたことについて、言ったり書き出したりしている。		
2	○「する，みる，支える，知る」など運動やスポーツへの多様な関わり方 ○運動やスポーツを「行うこと」「みること」「支えること」「知ること」	10 20 30 40 50	**発問**：（スポーツイベントの写真などを提示して）スポーツの場面ではどんな関わり方をしている人がいるだろう？ グループワークで意見交換しながら多様な関わり方について分類するとともに発表する ・「する」運動やスポーツを直接行う関わり方 ・「みる」メディアや競技場等で観戦する関わり方 ・「支える」仲間の学習の支援や大会などを企画する関わり方 ・「知る」書物やインターネットを通して調べる関わり方 **発問**：授業場面ではどのような関わり方ができるだろう？ 運動やスポーツには，行うこと，みること，支えること，知ることなどの多様な関わり方がある	運動やスポーツには，行うこと，みること，支えること及び知ることなどの多様な関わり方があることについて，言ったり書き出したりしている。	運動やスポーツとの多様な関わり方や楽しみ方についての自己の課題を発見し，よりよい解決に向けて，思考し判断するとともに，自己の考えを言葉や記述などを通して他者に伝えている。	
3	○生涯にわたって運動を楽しむための自己に適した多様な楽しみ方をみつけたり工夫したりする ○必要性に応じて運動を実践する際の楽しむ行い方 ○競技に応じた力を試す際の運動の行い方 ○仲間と協働して楽しむ行い方 △目的などを超えて楽しむ能力を高めておくこと △継続するための行い方（必要に応じて取り上げる）	10 20 30 40 50	**発問**：（保健体育科の3年間の年間計画を提示して）1・2年生の授業で行う運動種目は，それぞれのような必要性と楽しさがあると思いますか？ これまでの学習を踏まえて分類してみよう。何か気付かない？ ・「必要性に応じて行う場合」体を動かす楽しさや体の動きを高める楽しさがある ・「競技に応じた力を試す場合」フェアに競い合うことやルールを工夫すること，健闘をたたえ合う楽しさがある ・「仲間と交流したり感情を表現する場合」仲間と協働する楽しさがある 1・2年生ですべての領域を実施することで，適性に応じて多様な関わり方をみつけたり，皆が楽しむ方法を考えたり，「もっと楽しみたい」「もっと追求したい」と思う領域を探したりするとにつながていることに気付く **発問**：必要性や楽しさで分類したそれぞれのスポーツ（種目）は，どのように行うことで仲間とともに自分自身が楽しむことができるだろう？（グループで分担するなどして，グループワークで工夫の方法などについて意見交換し発表する） 生涯にわたって運動やスポーツを楽しむためには，自己に適した多様な楽しみ方をみつけたり，工夫したりすることが大切である	世代や機会に応じて，生涯にわたって運動やスポーツを楽しむためには，自己に適した多様な楽しみ方をみつけたり，工夫したりすることが大切であることについて，言ったり書き出したりしている。		運動やスポーツが多様であることを理解することや，意見交換や学習ノートの記述などの，思考し判断する活動とともにそれらを表現する活動及び学習を振り返る活動などについての学習に積極的に取り組もうとしている。

※「指導事項」の「○」は理解すべき事項を，「△」は触れる事項や必要に応じて取り上げる事項を示している。

表4　学習指導案の例（3/3時間目）

■本時のねらい
・世代や機会に応じて，生涯にわたって運動やスポーツを楽しむためには，自己に適した多様な楽しみ方をみつけたり，工夫したりすることが大切であることについて理解することができる。
・運動やスポーツが多様であることについての学習に積極的に取り組むことができる。

段階	学習内容・活動	指導上の留意点○，評価◆	備考
導入	○本時のねらいを確認する。 ○これまでの学習を確認する。 発問：1・2年生の授業で行う運動種目は，それぞれどのような必要性と楽しさがあると思いますか？ ・個人カードで運動種目を必要性と楽しさで分類して記入する。 必要性 ・健康の維持 ・体力の向上 ・満足感・爽快感 スポーツの分類　　多様な楽しさ ・競技で力試し　・記録の達成 ・自然と親しむ　・仲間と交流 ・感情を表現	○保健体育科の3年間の年間計画を提示する。 ○1時間目で学習した必要性と楽しさを記載した個人カードを準備する。 ○1つの種目で複数の必要性や楽しさを選んでよいことを伝える。	
展開	○1・2年生の授業で多くの運動種目（すべての領域）を実践する意義を考える。 発問：必要性と楽しさで分類したものをみて，1・2年生で行う運動種目はどんな視点（意図）で計画されていると思いますか？ 多くの運動種目（すべての領域）を行うことで，たくさんの運動やスポーツがもっている特性や楽しさを味わうとともに，さらに挑戦したい種目や深めたい種目をみつけられるようにしていることに気付く。 ○運動やスポーツの多様な楽しみ方について理解する。 ・グループワークで学習カードにまとめる 発問：必要性や楽しさで分類した運動種目は，それぞれどのように行うことで仲間とともに自分自身が楽しむことができるだろう？ ○次の3つの場合に分けてまとめる ・「必要性に応じて行う場合」 ・「競技に応じた力を試す場合」 ・「仲間と交流したり感情を表現する場合」 ○グループごとに発表する 発問：たとえば幼稚園児・小学生・中学生・社会人・高齢者がそれぞれサッカーを行う場合，みんなが楽しむためにはどんな工夫が考えられますか？	想定される解答 ・記録に挑戦したり，攻防を楽しんだり，交流するスポーツを多く行っている。 ・運動やスポーツの必要性や楽しさのほとんどの種類にあてはまっている。 ○努力を要する生徒への手立て ・楽しむことができない場面を想像してみて，そこから楽しむ方法を考えてみるよう促す 〈例〉 ・相手との攻防で楽しくないと思うのは？ 　ルールを守らない人がいるとき 　得意な人だけでボールをまわすとき 　自分の失敗で負けたとき 導きたい解答例 ○楽しさの例 ・体を動かす楽しさや体の動きを高める楽しさがある ・フェアに競い合うことや健闘をたたえ合う楽しさがある ・仲間と協働する楽しさがある ○工夫する例 ・ルールを工夫する　・用具を工夫する ・時間や場所を工夫する ・みんなが楽しめる方法を考える	
まとめ	○本日のまとめ ・個人カードに，本日の学習を踏まえて「運動やスポーツを楽しむために大切なこと」をまとめる。 ・生涯にわたって運動やスポーツを楽しむためには，その運動やスポーツの特性や自己にあった楽しみ方をみつけたり，ルールや行い方などを工夫したりすることが大切である。	◆運動やスポーツの多様な楽しみ方について，言ったり書き出したりしている。（知識・技能） ◆運動やスポーツが多様であることを理解することや，意見交換や学習ノートの記述などの，思考し判断する活動とともにそれらを表現する活動及び学習を振り返る活動などについての学習に積極的に取り組もうとしている。（主体的に学習に取り組む態度） 【体育理論3時間分の態度として見取る】	

（4）体育理論の学習評価

　2017・18年改訂の学習指導要領に対応した学習評価は，観点別学習状況の評価の観点として「知識・技能」「思考・判断・表現」「主体的に学習に取り組む態度」で示された。体育理論の学習評価についても，この3つの観点で評価することが求められている。

　体育理論の内容については，技能の内容が示されていないため，「知識・技能」の観点は知識のみを評価することとなる。また，特に「主体的に学習に取り組む態度」については，それぞれの学年の単元全体で知識の学習や思考力，判断力，表現力等の学習に積極的・自主的・主体的に取り組もうとしていたかを評価することとなる。

　評価方法については，「知識・技能」の知識及び「思考・判断・表現」については，ワークシートや学習カードの記載内容を見取ることがおもな方法となる。また，「主体的に学習に取り組む態度」については，授業への参加意欲についての観察がおもな方法となるが，ワークシートや学習カードの記載への取り組みを補助的な資料として活用することも考えられる。ただし，記載の量のみをもって評価することのないよう留意する必要がある。

　各学校においては，指導内容に応じた適切な単元計画と，学習指導要領を踏まえた適切な評価規準を設定することが大切である。

5.体育理論の単元及び授業の展開例

　表3・4を参照。

〈高橋修一〉

〈引用・参考文献〉
文部科学省（2018a）中学校学習指導要領（平成29年告示）解説保健体育編．東山書房．
文部科学省（2018b）中学校学習指導要領（平成29年告示）解説総則編．東山書房．
文部科学省（2019a）高等学校学習指導要領（平成30年告示）解説保健体育編 体育編．東山書房．
文部科学省（2019b）高等学校学習指導要領（平成30年告示）解説総則編．東洋館出版社．
文部科学省（2014）学びのイノベーション事業実証研究報告書．
佐藤豊・友添秀則編著（2011）楽しい体育理論の授業をつくろう．大修館書店，pp.143-144.
佐藤豊（2015）プロジェクト研究報告 体育理論領域．体育科教育学研究31（1）：72.
山本秀太・坂本一真・蓑田修治・山田禎郎・則元志郎（2015）体育理論領域における課題の検討．熊本大学教育学部紀要64：247-252.

第**14**章 インクルーシブ体育の授業づくり

概要

2016年4月1日から障害者差別解消法（障害を理由とする差別の解消の推進に関する法律）①が施行され，「不当な差別的取扱い」と「合理的配慮の不提供」が禁止された。本章では，その法律が保健体育の授業とどのようにつながるのかについて理解し，個別の児童生徒の発育発達を保障するための基本的な視点として確認しておきたい。また，インクルーシブ体育がなぜ必要となるのかを授業づくりの視点を踏まえて概観する。

1.インクルーシブ体育が求められる社会的背景

　学習指導要領の第1章 総説「1　改訂の経緯及び基本方針」には，「厳しい挑戦の時代」という言葉がある。学校教育には，その厳しい挑戦の時代の担い手の育成が求められている。

　2006年，第61回国連総会本会で採択された障害者権利条約②を，我が国は2014年に批准した。この条約の第24条には「教育」があり，教育についての障害者の権利を認めることが述べられており，それはすなわち，「インクルーシブ教育システム」の構築を求めているといえる。

　「インクルーシブ教育システム」とは，「人間の多様性の尊重等の強化，障害者が精神的及び身体的な能力等を可能な最大限度まで発達させ，自由な社会に効果的に参加することを可能とするとの目的の下，障害のある者と障害のない者が共に学ぶ仕組みであり，障害のある者が『教育制度一般』から排除されないこと，自己の生活する地域において初等中等教育の機会が与えられること，個人に必要な『合理的配慮』が提供される等が必要」とされている。また，このシステムのなかでは，連続性のある「多様な学びの場」（図1）の必要性が述べられている。

　2015年9月の国連サミットで採択された「持続可能な開発目標」（Sustainable Developmental Goals：SDGs）には，「一人一人が持続可能な社会の担い手として，その多様性を原動力とし，質的な豊かさを伴った個人と社会の成長につながる新たな価値を生み出していくこと」が掲げられている。この目標は「誰一人取り残さない」持続可能で多様性と包摂性のある社会を実現させるためのものであり，その担い手となる"人づくりの

①障害者差別解消法
1970年に制定された障害者基本法は，概括的・抽象的に障害者差別を禁止するものであった。2006年12月に，国連で「障害者の権利に関する条約（略称：障害者権利条約）」が採択され，これらの法律の実効性を確保するという目的のもと施行された法律である。

②障害者権利条約
2006年12月13日に国連総会において採択され，2008年5月3日に発効，日本では2014年1月20日に批准され，同年2月19日に発効となっている。

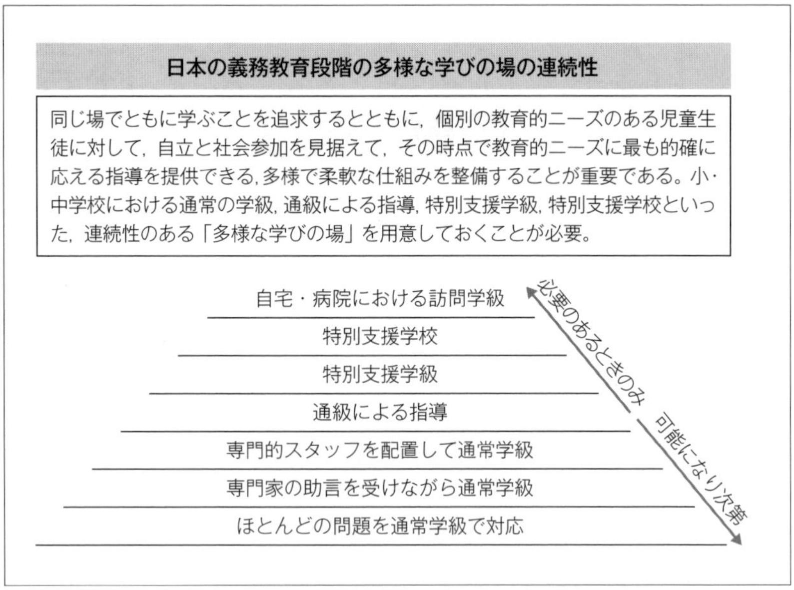

日本の義務教育段階の多様な学びの場の連続性

同じ場でともに学ぶことを追求するとともに，個別の教育的ニーズのある児童生徒に対して，自立と社会参加を見据えて，その時点で教育的ニーズに最も的確に応える指導を提供できる，多様で柔軟な仕組みを整備することが重要である。小・中学校における通常の学級，通級による指導，特別支援学級，特別支援学校といった，連続性のある「多様な学びの場」を用意しておくことが必要。

自宅・病院における訪問学級
特別支援学校
特別支援学級
通級による指導
専門的スタッフを配置して通常学級
専門家の助言を受けながら通常学級
ほとんどの問題を通常学級で対応

必要のあるときのみ
可能になり次第

図1　インクルーシブ教育システムにおける「多様な学びの場」

ポイント”として「教育」が位置づく。この教育の内容には，「強靱で包摂的な未来を創る教育」として，女性・障害者等への教育が挙げられている。

　このような教育の一環として実践されるインクルーシブ体育とは，インクルージョンを前提とした体育授業のことである。言い換えるなら，すべての人が一緒に行うことができることを常に目指す授業をしなければならないということである。そこでの中核となるインクルージョンとは，ノーマライゼーションの実践的理論であり，本来，人間の有する多様性が前提であり，障害はもちろん，人種，肌の色，性別，性的指向，言語，宗教などあらゆる面での違いを肯定し受け入れ，互いに認め合う状態を指している。しかし，我が国のインクルーシブ教育は，障害者権利条約のなかで説明されており，本章で述べるインクルーシブ体育は，インクルーシブ教育システムのなかで実践される，「障害のある人の体育」として限定されている。だが今後は，SDGsやダイバーシティ（多様性）を前提とした教育を踏まえたインクルーシブ体育へと変化し発展することが求められていくことを理解しておきたい。

　このようなインクルーシブ体育が求められる社会背景を見渡すと，障害のある人たちの教育の重要性や教育の1つとして果たす体育・スポーツの役割を考えさせられる。

　しかし我が国では，障害児が過去1年間にスポーツ・レクリエーションを行った日数を調査すると「行っていない」と答える割合が最も多く，38.6％を占めている。また，運動部活動の設置は，特別支援学校高等部で約6割であることや，障害のある児童生徒は，スポーツ生活の土台となるべき体育の授業や関係行事等の一部・全部に参加できず，他の児童生徒と同様の指導を受けることができなかったという経験があることも指摘されている。このような指摘からも，障害のある児童生徒にとって体育・ス

ポーツは，未だに身近な存在とはいい切れない状況がある。

　現在のインクルーシブ体育が求められる背景には，このような現実と目指すべき社会の"狭間"があり，インクルーシブ体育の実践が，この狭間をわずかでも埋めることができるよう，体育や保健体育授業を行う教員は意識しなければならない。

2.インクルーシブ体育を進めるうえでの留意点

（1）さまざまな困難さへの配慮

　学習指導要領では，視覚障害者，聴覚障害者，肢体不自由者又は病弱者の児童及び生徒に対する教育を行う特別支援学校について，目標や内容などは小学校，中学校，高等学校に"準ずる"とされている。すなわち，障害の状態や特性及び心身の発達段階などに配慮は必要であるが，教科として学ぶ目標や内容は，原則として，小学校，中学校，高等学校と同じであるということである。

　日本における障害者とは，「身体障害，知的障害，精神障害（発達障害を含む。）その他の心身の機能の障害（以下「障害」と総称する。）がある者であって，障害及び社会的障壁により継続的に日常生活又は社会生活に相当な制限を受ける状態にあるものをいう」。ここでいう，社会的障壁とは「障害がある者にとって日常生活又は社会生活を営む上で障壁となるような社会における事物，制度，慣行，概念その他一切のものをいう」と法的に定義されている。この障害者や社会的障壁について理解を深めるため，改正された教員免許法では，「特別の支援を必要とする幼児，児童及び生徒に対する理解」が必修となっている。

　インクルーシブ体育を進めるうえで特に理解しておきたいのは，障害や社会的障壁が，体育の授業で学ぶ内容や目標に違いをもたらしてはならないということである。そして，障害のある児童生徒本人の学習が進むように努めなければならないということである。

　このように，インクルーシブ体育を進める際に留意したいのは，障害に応じた配慮である。これまでは，学習指導要領総則で障害別に示されていたが，今次の改訂では，教科のなかでも，学習過程のなかで考えられる困難さとして示されることになった。この他にも，道具の操作の困難さ，移動上の制約，健康面や安全面での制約，発音のしにくさ，心理的な不安定，人間関係形成の困難さ，といった学習活動を行う場合に生じる困難さに配慮をする必要がある。

　この困難さに対する配慮は，障害者権利条約第2条に定義されている，合理的配慮（reasonable accommodation）の1つである。合理的配慮とは，「障害者が他の者と平等にすべての人権及び基本的自由を享有し，又は行使することを確保するための必要かつ適当な変更及び調整であって，特定の場合において必要とされるものであり，かつ，均衡を失した又は過

度の負担を課さないものをいう」と定義されている。

　たとえば，道具の操作や移動上の制約といった，身体の動きに制限がある場合には，生徒の実情に応じて仲間と積極的に活動ができるよう，用具やルールの変更を行ったり，それらの変更について仲間と話し合う活動を行ったり，必要に応じて補助用具の活用をしたりするなどの配慮をすることである。

　配慮を具現化するために必要な概念に，「アダプテッド・スポーツ」がある。アダプテッド・スポーツとは，ルールや用具を障害の種類や程度に適合（adapt）することによって，障害のある人はもちろんのこと，幼児から高齢者，体力の低い人であっても参加することができるスポーツを指している。このアダプテッド・スポーツという概念は，障害のある人がスポーツを楽しむためには，その人自身と，その人を取り巻く人々や環境を問題として取り上げ，両者を統合したシステムづくりこそが大切であるという考え方である。この考え方に基づき，困難さに応じた体育・スポーツを実践することが，インクルーシブ体育を具体的に実現する1つの手立てである。

(2)学習指導要領の目標

　これまで知的障害のある児童生徒に対する教育を行う特別支援学校小学部や中学部，高等部の学習指導要領は，目標が別途定められていた。しか

表1　小学校・中学校・特別支援学校（知的）の体育・保健体育の目標

	小学校・中学校	特別支援学校（知的）	
小学校	体育や保健の見方・考え方を働かせ，課題を見付け，その解決に向けた学習過程を通して，心と体を一体として捉え，生涯にわたって心身の健康を保持増進し豊かなスポーツライフを実現するための資質・能力を次のとおり育成することを目指す。 (1)その特性に応じた各種の運動の行い方及び身近な生活における健康・安全について理解するとともに，基本的な動きや技能を身に付けるようにする。 (2)運動や健康についての自己の課題を見付け，その解決に向けて思考し判断するとともに，他者に伝える力を養う。 (3)運動に親しむとともに健康の保持増進と体力の向上を目指し，楽しく明るい生活を営む態度を養う。	体育や保健の見方・考え方を働かせ，課題に気付き，その解決に向けた学習過程を通して，心と体を一体として捉え，生涯にわたって心身の健康を保持増進し，豊かなスポーツライフを実現するための資質・能力を次のとおり育成することを目指す。 (1)<u>遊びや基本的な運動</u>の行い方及び身近な生活における<u>健康</u>について知るとともに，基本的な動きや<u>健康な生活に必要な事柄</u>を身に付けるようにする。 (2)<u>遊びや基本的な運動</u>及び健康についての<u>自分</u>の課題に気付き，その解決に向けて<u>自ら考え行動し</u>，他者に伝える力を養う。 (3)<u>遊びや基本的な運動</u>に親しむ<u>こと</u>や健康の保持増進と体力の向上を目指し，楽しく明るい生活を営む態度を養う。	小学部
中学校	体育や保健の見方・考え方を働かせ，課題を発見し，合理的な解決に向けた学習過程を通して，心と体を一体として捉え，生涯にわたって心身の健康を保持増進し豊かなスポーツライフを実現するための資質・能力を次のとおり育成することを目指す。 (1)各種の運動の特性に応じた技能等及び個人生活における健康・安全について理解するとともに，基本的な技能を身に付けるようにする。 (2)運動や健康についての自他の課題を発見し，合理的な解決に向けて思考し判断するとともに，他者に伝える力を養う。 (3)生涯にわたって運動に親しむとともに健康の保持増進と体力の向上を目指し，明るく豊かな生活を営む態度を養う。	体育や保健の見方・考え方を働かせ，課題を<u>見付け</u>，その解決に向けた学習過程を通して，心と体を一体として捉え，生涯にわたって心身の健康を保持増進し，豊かなスポーツライフを実現するための資質・能力を次のとおり育成することを目指す。 (1)各種の運動の特性に応じた技能等及び<u>自分</u>の生活における健康・安全について理解するとともに，基本的な技能を身に付けるようにする。 (2)<u>各種の運動</u>や健康・<u>安全</u>についての<u>自分</u>の課題を<u>見付け</u>，その解決に向けて<u>自ら</u>思考し判断するとともに，他者に伝える力を養う。 (3)生涯にわたって運動に親しむ<u>こと</u>や健康の保持増進と体力の向上を目指し，明るく豊かな生活を営む態度を養う。	中学部

※下線筆者

し，今回の改訂では，小学校や中学校，高等学校の学習指導要領との間に，「目標との連続性」や「内容との連続性」という表現が用いられ，「保健体育の見方・考え方」は，学校種を超え同じものが示された。すなわち，インクルーシブ体育を進めるにあたり，学習指導要領上の「保健体育の見方・考え方」には，障害種による違いも学校種による違いもない。

しかし，同じ「保健体育の見方・考え方」が示されてはいるが，教科の目標には"違い"がある。この"違い"について理解を深めることは，障害への理解だけでなく，児童生徒の特徴や発育発達への理解，さらには，一人ひとりの児童生徒が学んできた環境や背景を踏まえたインクルーシブ体育の授業づくりを進めるうえで重要な留意点となる。表1は，それぞれの学校種の目標を左右に挙げ，"違い"を整理し，留意すべき「目標との連続性」についてまとめたものである。

この左右の表の"違い"から，インクルーシブ体育を進めるうえで必要な心がけや姿勢が読み解ける。この特別支援学校と小中学校と間にある「溝」ともいえる"児童生徒の連続性への視点"について以下で解説する。

❶緩やかな知識や技能の習得を目指す

気付かなければ，「見付ける」ことはできない。逆に，「見付け」ているということは，すでに気付いているということである。この「気付き」と「見付ける」に連続性があるように，普段の授業で，みつけることに困難さがある児童生徒に対し，カードやイラストなどを活用し構造化するなど，わかりやすく情報を提供し気付かせることが，インクルーシブ体育の授業を進めるうえで重要になる。知識を活用し健康に必要な事柄を身に付けることで技能を獲得することにつながり運動に親しむことへと連続していくことになる。この緩やかな知識や技能習得を目指す学びや，スモールステップを念頭に置いた指導を心がけることが必要である。

❷他者との配慮ある関係性を養う

コミュニケーションや対人関係などに困難さがある児童生徒に対して，安全な関わり合いのなかで，安心して他者と関わることは，社会とのつながりを構築する第一歩となる。自分のしたいことや自分にどのような考えがあるのかを明確にすることで，自分が社会のなかの一個人であることを知り，自己実現を考えることにもつながる。

また，親しく交わることが前提となる友達から，同じ仕事をするなど目的意識を共有する仲間には違いがあるように，他者との関係性は，自身を自分として認知する段階から，個人，集団，社会と連続して変化する。この関係性の変化や状況を考えた指導が必要となる。

❸意識しすぎないことで養う

運動を行うことは，どのような学齢期にあっても，豊かなスポーツライフにつながる。運動を行うことは楽しく，明るく，豊かであることが重要である。しかし，健康の保持増進や体力の向上を目指し行った運動が，児

童生徒にとって「楽しくない」ため，主体的に行わなくなれば，生涯にわたって豊かなスポーツライフを構築する糸口を見失いかねない。そこで，親しむことと健康の保持増進や体力の向上を「ともに」行うことを意識し過ぎず，それぞれが養うべき，学びに向かう力であることに留意したい。運動を合理的・計画的に実践することで，運動に親しみをもつことができたときに，健康の保持増進や体力の向上へとつなげられるように実践を行うことが大切である。

　小学校，中学校と特別支援学校の各学部の目標を概観すると，一見同じようにみえる。このことは「保健体育の見方・考え方」が同一であることに根ざしている。しかし，同じ発育発達の段階であっても，示した目標の違いが表す"児童生徒の連続性への視点"がなくなれば，インクルーシブ体育はそのまま，雑なインクルージョンとなり，配慮なき放り込み，すなわち"ダンピング"となる可能性もある。細やかな配慮が必要となることを，目標から読み取りたい。

3.インクルーシブ体育の実際

　インクルーシブ体育は，困難さへの合理的配慮が重要な鍵を握っている。そこで，ここでは，①配慮が計画的ではなく，「臨機応変に行われた例」，②単元計画などに沿って「計画的に行われた例」，さらには，③単に個人の特性のみにあわせてアダプテッド③するのではなく，課題の適切さと遂行のためにどのような環境が必要であるかを考える，「複合的にアダプテッドした例」を挙げた。

（1）臨機応変に行われた例

❶授業場面

　中学2年生の男女共習で行うサッカーの授業，人数は30名程度。そこに，特別支援学級④に在籍する生徒1名（男子）（以下，支援級生徒と記す）が参加する場面である。

　支援級生徒は，単元の最初からクラス全員とは一緒に行わず，別の課題に取り組んでいた。しかし，単元中盤となり，支援級生徒本人が，サッカーの授業当日に，交流したいと希望したことから，インクルーシブ体育となった。

　当日の内容は，単元後半のミニゲームであった。支援級生徒は，発達障害（自閉傾向）がありボール運動が苦手であった。特に授業内では，サッカーボールのトラップができず，ボールのスピードにあわせて動きを調整することに困難さがあった。ゲームには参加しているが，ボールに触れない状況であった。

③アダプテッド
アダプテッド・スポーツの考え方に基づいた，取り組みや行為。具体的には，関わり方や工夫など。

④特別支援学級
小学校，中学校等において，障害のある児童生徒に対し，障害による学習上または生活上の困難を克服するために設置される学級。

❷行った配慮や具体的な授業の工夫

グラウンドにマーカーを置き，男子エリアと女子エリアを分け，触球回数が増えるように配慮した。特にゴール前7mのペナルティエリアには，男子が入れないルールを設定した。また支援級生徒に壊れたテニスラケットをもたせ，腰の高さより上げないことを条件に，ラケットでのボールタッチを許可した。その後，ラケットを用いたトラップが可能になり，ミニゲームでは，ポストプレイの中心となるなど，積極的な参加があった。

❸授業の様子

本実践は，ラケットの使用やエリアの限定といった工夫をした。支援級生徒ができると思えるための工夫によってゲーム参加につながったインクルーシブ体育の実践であった。ポイントは，臨機応変に授業に参加する生徒の様子や意欲を細かく教師が観察し，生徒の頑張ろうとする様子をとらえ授業運営がなされていたことである。事前に十分な準備がされたインクルーシブ体育ではないが，生徒にとって「できる」ということが保証された活動であり，他の生徒にとっても支援級生徒が混ざりながら楽しめる授業となっていた。

(2)計画的に行われた例

❶授業場面

中学1年生の男女共習で行うバドミントンの授業，人数は40名程度であった。

そこに，通級⑤による指導を受けている生徒1名（女子）（以下，通級生徒と記す）が参加する場面である。授業には単元開始から参加しており，下肢に麻痺がある生徒が車椅子を利用して，バドミントンを行ったインクルーシブ体育の場面である。授業では，さまざまな球種が打てるように，相手コートから投げられたシャトルをねらったエリアに打ち返す練習を生徒全員と一緒に行った。また，練習終了後には，時間を決めてゲームが行われた。

❷行った配慮や具体的な授業の工夫

立位の生徒は，座位（車椅子使用）生徒の返球エリアとして設定されたフラフープ内に打つことが約束されている。それ以外はアウトになる。

❸授業の様子

本実践は，座位エリアを設定し行っている。コート準備などでは，支柱などの重量物の運搬は難しいが，ネットを運ぶなどできることを行おうとする様子があった。フラフープを用いたエリアに打ち込むことは，立位の生徒にとっても技能を必要とした。

⑤通級
小学校，中学校，高等学校等において，通常の学級に在籍し，通常の学級での学習に概ね参加でき，一部特別な指導を必要とする児童生徒に対して，障害に応じた特別の指導を行う指導形態のこと。

⑥発達障害
生まれつき脳の一部の機能に
障害があり，同じ人に，いく
つかのタイプの発達障害があ
ることも珍しくない。同じ障
害がある人同士でもまったく
似ていないようにみえること
がある。個人差がとても大き
い。

⑦ADHD（注意欠如・多動症）
発達年齢に見合わない多動・
衝動性，あるいは不注意，ま
たはその両方の症状が，7歳
までに現れる。学童期の子ど
もには3〜7％存在し，男性
は女性より数倍多い。

⑧LD（学習障害）
全般的な知的発達には問題が
ないが，読む，書く，計算す
るなど特定の事柄のみがとり
わけ難しい状態。有病率は，
2〜10％と見積もられてお
り，読みの困難については，
男性が女性より数倍多い。

⑨自閉症スペクトラム障害
自閉症，アスペルガー症候群，
その他の広汎性発達障害が含
まれる。症状の強さにした
がって，いくつかの診断名に
分類され，本質的には同じ1
つの障害単位だと考えられる。
スペクトラムとは「連続体」
の意味。典型的には，相互的
な対人関係の障害，コミュニ
ケーションの障害，興味や行
動の偏り（こだわり）の3つ
の特徴が現れる。自閉症スペ
クトラム障害は，最近では約
100人に1〜2人存在する
と報告されている。男性は女
性より数倍多く，一家族に何
人か存在することもある。

⑩インクルーシブ・スペクト
ラム・モデル
障害という特性ではなく，活
動の内容や個人の能力に応じ
て，授業や活動する環境を変
更するシステム。障害のある
なしに関係なく，児童生徒が
体育やスポーツを満喫できる
ような仕組み。

本実践にあたり，通級生徒は，クラス内での人間関係が構築されており，できないことはできないと伝えることや，他の生徒から頼まれて行った作業もあった。

（3）複合的にアダプテッドした例

❶授業場面

　幼児と小学生が同時に参加する体験型のイベント授業である。参加した児童は15名。内容はネット型スポーツの体験授業であった。参加している児童は全員発達障害⑥があり，診断名としては，ADHD（注意欠如・多動症）⑦，LD（学習障害）⑧，自閉症スペクトラム障害⑨であった。

❷行った配慮や具体的な授業の工夫

　児童の特徴に配慮し，ネット型スポーツの活動を，用具の操作，ボールの操作，感覚の広がり，参加体験など，活動の目標を複数設定した。特に，インクルーシブ・スペクトラム・モデル⑩を意識し，必ずしも一緒でなくてもよいという考えに立ち，活動を行うことを心がけた。

❸授業の様子

　本実践の前段階として，授業者（筆者）は，参加した児童が活動を楽しめずに途中で取りやめるという体験をしている。その段階では，上記のように複合的なアダプテッドができていなかった。そこで，児童が運動することが楽しめないような状況がないようアダプテッドすることを心がけ，実践へとつなげた。本実践はすべての児童が最後まで休むことなく活動したことが成果であった。

　ここに挙げたインクルーシブ体育の実践事例以外にも，児童生徒の障害や特徴，その背景を考えれば，工夫の仕方は無数に存在する。それは，児童生徒の喜びや楽しさが，無数にあることと同じである。また，インクルーシブ体育は，社会背景にあわせて変化し，地域の実態にあわせ変容する。
　また，インクルーシブ体育は，障害だけでなくダイバーシティ（多様性）への理解が広がることで，あらゆる面での違いを肯定し受け入れ，互いに認め合う社会へと近づき，変化する。また，特別支援学校に隣接していることや障害者スポーツ大会が開かれるといった，地域の実態も変化を生み出す可能性がある。
　このようにインクルーシブ体育の実践を考え続けることは，教師の力量が問われることであり，真に豊かなスポーツライフを構築することは障害の有無に左右されないということを肝に銘じたい。

〈内田匡輔〉

〈引用・参考文献〉

阿部崇（2019）新学習指導要領に見る共生社会を目指した生涯にわたる豊かなスポーツライフ．発達障害研究41（1）：27-37．

中央教育審議会 初等中等教育分科会 特別支援教育の在り方に関する特別委員会（2019）共生社会の形成に向けたインクルーシブ教育システム構築のための特別支援教育の推進（報告）．http://www.mext.go.jp/b_menu/shingi/chukyo/chukyo3/044/attach/1321669.htm（2020年12月14日参照）．

中央教育審議会 初等中等教育分科会 特別支援教育の在り方に関する特別委員会（2010）配付資料．http://www.mext.go.jp/b_menu/shingi/chukyo/chukyo3/044/attach/1297377.htm（2020年12月14日参照）．

中央教育審議会 教育課程部会 特別支援教育部（2016）資料4-2．http://www.mext.go.jp/b_menu/shingi/chukyo/chukyo3/058/siryo/__icsFiles/afieldfile/2016/01/15/1366027_12.pdf（2020月12月14日参照）．

外務省(2019)持続可能な開発目標について(SDGs)．https://www.mofa.go.jp/mofaj/gaiko/oda/sdgs/pdf/about_sdgs_summary.pdf（2020年12月14日参照）．

厚生労働省 知ることからはじめよう みんなのメンタルヘルス．https://www.mhlw.go.jp/kokoro/know/disease_develop.html（2021年1月8日参照）．

厚生労働省 障害の範囲．https://www.mhlw.go.jp/shingi/2008/10/dl/s1031-10e_0001.pdf（2020年12月14日参照）．

内閣府 障害者基本法．https://www8.cao.go.jp/shougai/suishin/kihonhou/s45-84.html（2021年1月8日参照）．

日本体育学会 アダプテッド・スポーツ科学専門領域．http://jspehss-ads.main.jp（2020年12月14日参照）．

齊藤まゆみ編著（2018）教養としてのアダプテッド体育・スポーツ学．大修館書店．

笹川スポーツ財団（2013）健常者と障害者のスポーツ・レクリエーション活動連携推進事業（地域における障害者のスポーツ・レクリエーション活動に関する調査研究）報告書文部科学省委託事業．http://www.mext.go.jp/a_menu/sports/suishin/1347306.htm（2020年12月14日参照）．

澤江幸則・綿引清勝・杉山文乃（2017）インクルーシブ体育の現状と課題．体育の科学67（5）335-340．

第15章 オリンピック・パラリンピックの授業づくり

概要

2020年オリンピック・パラリンピックの東京開催決定を受けて，東京都，さらに日本全国でオリンピック・パラリンピック教育が進められることとなった。それまで日本の社会や学校教育の現場では，「オリンピック・パラリンピック教育」という言葉さえ一般的であるとはいえなかったが，2020年の開催決定を機に社会及び学校現場に広がった。日本においては，これまでに1964年東京大会，1972年札幌冬季大会，1998年長野冬季大会が開催され，それらを機会に「オリンピック教育」は行われていたが，その後社会に定着したとはいえない状況であった。本章では，オリンピック・パラリンピック教育の理解を深めるために，その意義や具体的な進め方などについて述べる。

1.オリンピック・パラリンピック教育の意義

（1）オリンピック・パラリンピック教育の定義と歴史

　オリンピックの教育的意義を広める活動は1980年代頃に定着し，1990年代に盛んになったといわれる（ナウル，2016）。オリンピック教育の意味はさまざまに解釈され，その定義は難しいが，オリンピズム[①]の実現のために展開される教育活動とするのが一般的である。オリンピズムの根本原則は，オリンピック憲章[②]（IOC）に，「1.　オリンピズムは肉体と意志と精神のすべての資質を高め，バランスよく結合させる生き方の哲学である。オリンピズムはスポーツを文化，教育と融合させ，生き方の創造を探求するものである。その生き方は努力する喜び，良い模範であることの教育的価値，社会的な責任，さらに普遍的で根本的な倫理規範の尊重を基盤とする」，「4.　スポーツをすることは人権の1つである。すべての個人はいかなる種類の差別も受けることなく，オリンピック精神に基づき，スポーツをする機会を与えられなければならない。オリンピック精神においては友情，連帯，フェアプレーの精神とともに相互理解が求められる」と示されている。またその目的は，「人間の尊厳の保持に重きを置く平和な社会の推進を目指すために，人類の調和のとれた発展にスポーツを役立てること」である。この根本原則を基にIOCはオリンピックの価値を，「卓越

①オリンピズム
オリンピズムとは，近代オリンピックの創始者である，ピエール・ド・クーベルタンが提唱した，オリンピックの理念のことである。スポーツを通して心身を向上させ，さらには文化・国籍などさまざまな差異を超え，友情，連帯感，フェアプレイの精神をもって理解し合うことで，平和でよりよい世界の実現に貢献する，というもの。オリンピック憲章には，オリンピズムの根本原則が示されている。

②オリンピック憲章
オリンピック憲章は，国際オリンピック委員会（IOC）によって採択されたオリンピズムの根本原則，規則，付属細則を成文化したものである。憲章はオリンピック・ムーブメントの組織，活動，運用の基準であり，オリンピック競技大会の開催の条件を定めている。

(Excellence)」「尊重・敬意(Respect)」「友情(Friendship)」と示し,さらにその教育的テーマとして,「努力の喜び(Joy of effort)」「フェアプレー(Fair play)」「他者への尊敬(Practicing respect)」「卓越性の追求(Pursuit of excellence)」「身体・意志・知性の調和(Balance between body, will and mind)」と示している。

　一方パラリンピックは,国際パラリンピック委員会（IPC）が主催する,障がい者のための世界最高峰のスポーツの大会で,1960年にその第1回大会が行われた。オリンピックと同じ大会組織委員会がパラリンピックの開催もあわせて担うようになったのは,2004年アテネ大会からである。IPCはパラリンピックのビジョンを「パラリンピックアスリートが,スポーツにおける卓越した能力を発揮し,世界に刺激を与え興奮させることができるようにすること」とし,その価値として,「勇気(Courage)」「強い意志(Determination)」「インスピレーション(Inspiration)」「公平(Equality)」を挙げている。現在では,オリンピック・パラリンピック教育は,これらのオリンピックの3つの価値,パラリンピックの4つの価値を土台として考える必要がある。

(2) オリンピック・パラリンピック教育の意義と目的

　オリンピック・パラリンピック教育は,オリンピック・パラリンピック・ムーブメント[3]の中核として位置づけられ,その意義は「オリンピック・パラリンピックをはじめとしたスポーツの価値や効果の再認識を通じて自己や社会の在り方を向上させることにより,国際的な視野を持って世界の平和に向けて活躍できる人材を育成し,求められる社会の将来像を実現しようとする」ことである（オリンピック・パラリンピック教育に関する有識者会議,2016）。また,「初等中等教育の段階からスポーツの価値やその高潔性を守ることの意味,そしてそれらを保持していくための不断の努力の大切さについて学ぶことも重要」である。さらにオリンピック・パラリンピック教育を通じて国民のスポーツへの参画意欲が高まり,それがさらなる学びへとつながる好循環をつくり出していくことが必要である。

　オリンピック・パラリンピック教育の目的は,「オリンピック・パラリンピックを題材にして,①スポーツの意義や価値等に対する国民の理解・関心の向上,②障害者を含めた多くの国民の,幼少期から高齢期までの生涯を通じたスポーツへの主体的な参画（「する」「見る」「支える」「調べる」「創る」）の定着・拡大,③児童生徒をはじめとした若者に対する,これからの社会に求められる資質・能力等の育成を推進すること」とされている（オリンピック・パラリンピック教育に関する有識者会議,2016）。

(3) オリンピック・パラリンピック教育の具体的内容

　「オリンピック・パラリンピック教育の推進に向けて―最終報告（オリンピック・パラリンピック教育に関する有識者会議）」によれば,オリンピッ

③オリンピック・パラリンピック・ムーブメント
オリンピック憲章によれば,オリンピック・ムーブメントは,オリンピズムの価値に鼓舞された個人と団体による,協調の取れた組織的,普遍的,恒久的活動である。パラリンピック・ムーブメントは,パラスポーツを通して発信される価値やその意義を通して世の中の人に気付きを与え,よりよい社会をつくるための社会変革を起こそうとするあらゆる活動のことを指す。
オリンピック・パラリンピックムーブメントはこれらを総合して,オリンピックとパラリンピックのそれぞれの価値を通して,その理念を実現しようとする活動の総称である。

ク・パラリンピック教育の具体的な内容は，「オリンピック・パラリンピックそのものについての学び」と，「オリンピック・パラリンピックを通じた学び」から構成される。「オリンピック・パラリンピックそのものについての学び」としては，オリンピック・パラリンピックの歴史，競技種目，アスリートのパフォーマンスや努力のすごさ，オリンピック精神，パラリンピックの意義，用具の工夫・開発やクラス分け等のパラリンピックの特性等の知識の他，選手の体験・エピソード，大会を支える仕組み，などについて学ぶことが考えられる。さらに，商業主義が引き起こす歪みとIOC改革の取り組み，スポーツの公平性を蝕むドーピングの問題点とアンチ・ドーピングの取り組み等，オリンピック・パラリンピックの負の部分と改善に向けた取り組みについて学ぶことも重要である。

　「オリンピック・パラリンピックを通じた学び」としては，まず，オリンピック・パラリンピックを契機として，スポーツの価値（スポーツが個人や社会にもたらす効果）を学ぶことが考えられる。具体的には，スポーツまたはスポーツマンシップが，チャレンジや努力を尊ぶ態度，ルールの尊重やフェアプレイの精神，スポーツ・インテグリティ[4]の保持，他者の尊重や自己実現，健康増進等にもたらす効果を学び，スポーツをしようとする気運や体を動かすことへの自発的な関心の向上，生涯にわたってスポーツに積極的に参画することにつなげることが求められる。さらにこのような学習を通じて，社会の課題の発見や解決に向けて他者と協働しつつ主体的に取り組む態度や，多様性の尊重（人間としての共通性，他者への共感，思いやり等），公徳心（マナー，フェアプレイ精神，ボランティア精神，おもてなし精神等）の育成・向上を図ることが求められる。こうした力を身に付けることは，これからのグローバル化が進み，変化の激しい時代を生き抜いていくために，今後ますます重要になる。

2.オリンピック・パラリンピック教育の具体的な展開

（1）中教審答申にみるオリンピック・パラリンピックの記述

　学習指導要領の改訂に向けて，中央教育審議会が示した答申「幼稚園，小学校，中学校，高等学校及び特別支援学校の学習指導要領等の改善及び必要な方策等について具体的な改善事項，教育内容の改善・充実」（2016）では，2020年の東京オリンピック・パラリンピック競技大会の開催を契機に，子どもたちがスポーツへの関心を高め，「する，みる，支える，知る」などのスポーツとの多様な関わり方を楽しめるようにすることを期待するとともに，「スポーツを通じて，他者との関わりを学んだり，ルールを守り競い合っていく力を身に付けたりできるようにしていくこと，一つの目標を立ててそれに向かって挑戦し，やり遂げることの意義を実感すること，さらには，多様な国や地域の文化の理解を通じて，多様性の尊重や国際平和に寄与する態度を身に付けたり，ボランティア活動を通じて，他者への

④スポーツ・インテグリティ
インテグリティ（integrity）とは，高潔さ・品位・完全な状態を意味する言葉である。スポーツにおけるインテグリティとは，スポーツがさまざまな脅威によりかけるところなく，価値ある高潔な状態を示す。スポーツ・インテグリティを脅かす脅威としては，ドーピング，八百長，人種差別，暴力・ハラスメント，贈収賄，スポーツ団体の自治に対する外部圧力，ガバナンスの欠如など，さまざまな問題が存在する。

共感や思いやりを育んだりしていくことにもつながるものである」（中教審答申，2016）と示されている。また，同答申「5. 教育課程全体を通じたインクルーシブ教育システムの構築を目指す特別支援教育」においては，障害者理解や交流及び共同学習について，各教科等の特質に応じた「見方・考え方」と関連づけながら，学校の教育活動全体でのいっそうの推進を図ることが求められている。さらに，学校の教育課程上の学習活動にとどまらず，地域社会のなかでの交流及び共同学習の推進を図る必要があるとし，2020年東京オリンピック・パラリンピック競技大会を契機とする「心のバリアフリー⑤」の推進の動向も踏まえ，すべての人が，障害等の有無にかかわらず，多様性を尊重する態度を育成できるようにすることが求められる。

　さらに各教科における体育・保健体育に関する記述では，（2）具体的な改善事項の②教育内容の改善・充実として「小学校・体育」では，「オリンピック・パラリンピックに関する指導の充実については，児童の発達の段階に応じて，ルールやマナーを遵守することの大切さをはじめ，スポーツの意義や価値等に触れることができるよう指導等の在り方について改善を図る」，「中学校・保健体育」では，「スポーツの意義や価値等の理解につながるよう，内容等について改善を図る。特に，東京オリンピック・パラリンピック競技大会がもたらす成果を次世代に引き継いでいく観点から，知識に関する領域において，オリンピック・パラリンピックの意義や価値等の内容等について改善を図る」，「高等学校・保健体育」では，中学校で求められる内容にくわえ，具体的にドーピング等の内容についての改善が求められた。このように「オリンピック・パラリンピック」という言葉を直接使用して，教育における活用について具体的に示されたのである。

（2）学習指導要領及び解説における扱いと記述

　中教審答申（2016）を受けて，2017年に改訂された小学校及び中学校学習指導要領，さらに2018年に改訂された高等学校学習指導要領では「オリンピック・パラリンピック」の文言が各所にみられる。このように，学習指導要領に直接「オリンピック・パラリンピック」の文言が使用され，その学習について示されているのは世界的にも例をみない。その記述は体育・保健体育にとどまらず，他の教科においても示されている。小学校学習指導要領解説社会科編では，第6学年の歴史の学習内容として，「日中戦争や我が国に関わる第二次世界大戦，日本国憲法の制定，オリンピック・パラリンピックの開催などを手掛かりに，戦後我が国は民主的な国家として出発し，国民生活が向上し，国際社会の中で重要な役割をはたしてきたことを理解すること」と示され，さらに国際理解，グローバル化の観点からも取り上げられている。「特別の教科 道徳」においても，「道徳に生かす多様な教材の開発」において，スポーツを題材とした教材の例としてオリンピックやパラリンピックなどを取り上げ，「世界を舞台に活躍している競技者やそれを支える人々の公正な態度や礼儀，連帯責任，チャレンジ

⑤心のバリアフリー
さまざまな心身の特性や考え方をもつすべての人々が，相互に理解を深めようとコミュニケーションをとり，支え合うこと。「ユニバーサルデザイン2020行動計画」には，「心のバリアフリー」を体現するためのポイントが示されている。

精神や力強い生き方，苦悩などに触れて道徳的価値の理解やそれに基づいた自己を見つめる学習を深めることが期待できる」としている。このように体育以外の学習においてもオリンピック・パラリンピックを効果的に学習に役立てることが求められている。

　体育・保健体育においては，「小学校体育科・第3内容の取扱い（4）」において，運動領域におけるスポーツとの多様な関わり方（する，みる，支える，知る）や保健領域の指導について，具体的な体験を伴う学習を取り入れるよう工夫することを示したうえで，「指導に当たっては，パラリンピック競技などの障害者スポーツの体験やスポーツ大会の企画・運営など，スポーツとの多様な関わり方を楽しむことができるよう配慮すること」を示している。さらに，オリンピック・パラリンピックに関する指導として，「各運動領域の内容との関連を図り，ルールやマナーを遵守することやフェアなプレイを大切にすることなど，児童の発達の段階に応じて，運動を通してスポーツの意義や価値等に触れることができるようにすること」と記述されている。

　中学校では，中教審答申（2016）に示された通り，改訂の趣旨として改善の具体的内容に示すとともに，体育分野の器械運動，陸上競技，水泳，球技，武道などの各運動領域の「知識」のなかで，オリンピック競技会における位置づけや歴史的な経緯などについて学ぶこととされている。さらに体育理論については具体的な記述がある。第3学年の「文化としてのスポーツの意義」では，「オリンピックや国際的なスポーツ大会などは，国際親善や世界平和に大きな役割を果たしていること」を学習することとなっている。これを受けて高等学校では，「スポーツの文化的特性や現代のスポーツの発展」において，「現代のスポーツは，オリンピックやパラリンピック等の国際大会を通して，国際親善や世界平和に大きな役割を果たし，共生社会の実現にも寄与していること。また，ドーピングは，フェアプレイの精神に反するなど，能力の限界に挑戦するスポーツの文化的価値を失わせること」との記述がある。体育理論の内容については，これらの具体的に文言が示されている学習領域以外にも，オリンピック・パラリンピックの事例が活用できる内容があり，生きた教材として活用の可能性は大きい。

3.オリンピック・パラリンピック教育と体育

（1）体育理論における教育の可能性

　先述した通り，中学校と高等学校における体育理論について，学習指導要領上で直接「オリンピック・パラリンピック」について触れられているのは，中学校では「文化としてのスポーツの意義」，高等学校では「スポーツの文化的特性や現代のスポーツの発展」においてである。体育理論の充実を図ることを前提として，直接「オリンピック・パラリンピック」の文

言が含まれている領域以外にも，学びを深めるためにオリンピック・パラリンピックを活用することができる。たとえば中学校では，「運動やスポーツの多様性」において，運動やスポーツへの「する，みる，支える，知る」などの多様な関わり方があることを，オリンピックやパラリンピックを事例に学習することができる。また，「運動やスポーツの意義や効果と学び方や安全な行い方」においては，オリンピックやパラリンピックで活躍しているさまざまなアスリートの事例を活用することで，生徒の興味を引くことができ，各自の興味に沿って主体的に学ぶことにもつながる。高等学校では，直接の表記がある「現在のスポーツの意義や価値」だけでなく，「スポーツの歴史的発展と多様な変化」においてオリンピックやパラリンピックの発展の歴史をスポーツの発展と関連させて学ぶことができるし，「スポーツの経済的効果と高潔さ」ではオリンピック・パラリンピックが経済に及ぼす影響や，勝利至上主義やそれに関わるスポーツのインテグリティ（高潔さ）についてもオリンピック・パラリンピックを事例にすることで効果的に学ぶことができる。さらに，スポーツが環境や社会にもたらす影響については，オリンピック・パラリンピック開催に関連する環境問題や持続可能な社会の構築への配慮などが格好の教材となる。

（2）体育におけるオリンピック・パラリンピック教育

　学習指導要領では，各運動領域のなかの「知識」学習のなかでオリンピック・パラリンピックとの関わりを扱うことが示されており，体育授業において競技の特性や成り立ちとしてオリンピック競技会のなかでの位置づけなどを学習させることが，学びを深めるために効果的である。各運動領域を学ぶ際，どのような運動か，それがどのように世界的な競技会とつながっているかを知識として学ばせることが望まれる。またそのうえで，実際に体験したり技能を身に付けたりすることで，生涯にわたってスポーツの多様な楽しみ方につながるよう指導する必要がある。具体的には器械運動の技や，陸上競技の記録，球技の各領域における技能などを学習する際に世界的なレベルの技や記録を紹介したりすることで，オリンピックに出場する選手の素晴らしさを体感することができる。この際には，映像の視聴やICTなどを活用した指導も効果的である。具体的な活動内容として，「世界記録に挑戦」といったテーマで，1人ではかなわない記録にチームで協力して挑戦したりすることは，問題解決学習としても有効であろう。知識と体験を結びつけることで学びをより深めること，多様な関わりを学ぶことで生涯スポーツにもつなげることができる。

　オリンピック・パラリンピック教育は，教育活動を通して，先述したような価値を教えることが本質的なねらいであり，その内容は，体育の指導内容である「知識及び技能（スポーツの価値）」，「思考力，判断力，表現力等」，「学びに向かう力，人間性等（公正・フェアプレイ，協力や責任，参画や共生）」と重なる部分が多い。つまり，オリンピック・パラリンピック教育で求められる価値は，体育の学習のなかで培われるものであるとい

える。具体的には，先に示した各運動領域の知識として体育の授業のなか
で学習することや，技能を身に付けるために発達段階に応じて自己や仲間
の能力を客観的に判断し，自己や仲間にあった方法をみつけて努力するこ
とが効果的な学習法となる。また，学習の過程を通して，勝敗や記録に対
する公正な態度やフェアプレイ，共同して活動するなかでの協力や各自の
責任を果たすこと，活動に参画することやさまざまな背景や考え方の人た
ちと共生することを学ぶことができる。運動やスポーツの場面ではこのよ
うな学習の機会が多く出現するが，授業においてもこのような学習の場面
をつくること，また場面をとらえて指導することが重要である。

　これまでに行われたオリンピック・パラリンピック教育の事例として，
新しい運動種目を体育授業で扱うというものがある。学習指導要領に定め
られた運動領域に沿ったかたちで，障がい者スポーツを体育の授業のなか
で扱うこともできる。たとえば，シッティングバレーボールは床に腰をつ
けたままプレイするバレーボールの変化形であるし，ブラインドサッカー
やゴールボール，車いすバスケットボールなどをゴール型で学習すること
も多様な学びにつながると考えられる。学習するうえで技能を高めるだけ
でなく，上達するための工夫やお互いの支え合い，自分たちのチームにあっ
た作戦を立てるなど，思考・判断し人に伝えることで学習を深めることが
できるであろう。上記以外の障がい者スポーツとしては，身体活動として
は少ないが戦術学習には最適なボッチャや，音の出るボールを床に転がし
て行うフロアバレーなども活用できるであろう。その際，障がいのある人
のスポーツ参加や，その特徴にあったルールの工夫など，「アダプテッド・
スポーツ」の考え方を学習させることが重要である。

4. 学校全体で取り組むオリンピック・パラリンピック教育

　改訂された学習指導要領では，教育内容を教科等横断的な視点で組み立
てていくこと，つまりカリキュラム・マネジメントが求められている。オ
リンピック・パラリンピック教育は体育科・保健体育科のみならず，各教
科における教材としてだけでなく，学校行事や道徳教育の機会としても有
効に活用でき，学校全体でさまざまなかたちで取り組むことに適している。
たとえば，社会科で学んだ社会や政治の歴史とオリンピックやパラリン
ピック，またはスポーツの歴史を関連させて学ぶことができるだろう。さ
らにインクルーシブ教育や人権教育と，パラリンピック教育は共通する内
容が多く，活用が期待される。知識を身に付けるだけでなく，さまざまな
場面に応用し活用することが求められていることからも，教科間で連携し，
計画的に学習を深めることが重要である。さらに道徳教育は，学校生活を
通じて取り組むことが求められていることからも，オリンピック・パラリ
ンピック教育を価値の教育として，学校におけるさまざまな場面で活用す
ることが可能である。

　学校における運動会やスポーツ大会・球技大会などの体育的行事には，

オリンピック・パラリンピックの要素が詰まっている。チームごとにスローガンを決めて，それに向かって協力したりすることを通して多くを学ぶことが期待できる。その際，チームのシンボルや応援旗などを作成したり，開会式を工夫したり，行事までの準備についても，授業内容と関連させて，効果的な学習に結びつけることができるだろう。

　このように，教科を越えて連携することや，学校全体が関わる学校行事などを活用して，学校という組織全体で，オリンピック・パラリンピック教育を推進することが求められる。

〈宮崎明世〉

〈引用・参考文献〉
中央教育審議会答申（2016）幼稚園，小学校，中学校，高等学校及び特別支援学校の学習指導要領等の改善及び必要な方策等について具体的な改善事項，教育内容の改善・充実．p.40．https://www.mext.go.jp/b_menu/shingi/chukyo/chukyo0/toushin/__icsFiles/afieldfile/2017/01/10/1380902_0.pdf（2020年12月23日参照）．
国際オリンピック委員会（2018）オリンピック憲章．p.10．https://www.joc.or.jp/olympism/charter/pdf/olympiccharter2018.pdf（2020年12月23日参照）．
ローラント・ナウル：筑波大学オリンピック教育プラットフォーム＋つくば国際スポーツアカデミー監訳（2016）オリンピック教育．大修館書店，p.30，86．
文部科学省（2018）小学校学習指導要領（平成29年告示）解説社会科編．東洋館出版社．
文部科学省（2018）小学校学習指導要領（平成29年告示）解説体育編．東洋館出版社．
文部科学省（2018）小学校学習指導要領（平成29年告示）解説道徳編．東洋館出版社．
文部科学省（2018）中学校学習指導要領（平成29年告示）解説保健体育編．東山書房．
文部科学省（2019）高等学校学習指導要領（平成30年告示）解説保健体育編 体育編．東山書房．
日本スポーツ振興センター（online）スポーツ・インテグリティとは．https://www.jpnsport.go.jp/corp/gyoumu/tabid/516/Default.aspx（2020年12月23日参照）．
日本財団パラリンピックサポートセンター（online）パラリンピックの4つの価値．https://www.parasapo.tokyo/paralympic（2020年12月23日参照）．
オリンピック・パラリンピック教育に関する有識者会議（2016）オリンピック・パラリンピック教育の推進に向けて―最終報告．p.2，4，5．http://www.mext.go.jp/sports/b_menu/shingi/004_index/toushin/__icsFiles/afieldfile/2016/07/29/1375094_01.pdf（2020年12月23日参照）．
首相官邸（2017）ユニバーサルデザイン2020行動計画（2017年2月ユニバーサルデザイン2020関係閣僚会議決定）．https://www.kantei.go.jp/jp/singi/tokyo2020_suishin_honbu/ud2020kkkaigi/（2020年12月23日参照）．
東京オリンピック・パラリンピック組織委員会（2018）国際オリンピック委員会公認教材「オリンピック価値教育の基礎（OVEP）」．pp.17-18．https://edu-data.tokyo2020.org/data/jp/teach/texts/ovep/FOVE-section1.pdf（2020年12月23日参照）．

第16章 模擬授業の意義と効果的な進め方

概要

大学の教職課程や現職教員の研修において行われるRPDCAサイクルに基づく模擬授業は，目標―内容―方法の整合性の吟味や授業改善の視点を得るなど，受講者にとって体育学習を行ううえでのさまざまな学びの機会を保証してくれる。特に，模擬授業後の省察が重要であり，教師役，児童生徒役，観察役のそれぞれの役割に基づいた視点からのフィードバックを行い協議することによって，実践的指導力の育成につながっていく。

1.模擬授業の意義

　模擬授業とは，学校現場で行われている体育授業を，模擬的に行うものであり，教員養成及び現職教員の指導力向上を目的として行われるものである。大学の教科の指導法の授業においては，教員志望の学生が，また，教員の指導力向上研修等においては現職教員が，それぞれ教師役と児童生徒役となり，模擬的に授業者，学習者を経験することになる。近年は，教職課程を有する大学において，指導法の授業内容として取り入れている状況が多くみられる。現職教員の研修のなかでも，指導力向上の1つの手立てとして採用されている。

　一方で，模擬授業については，学生や教員である大人が児童生徒役となるため，運動の方法の理解が容易であり教師役の意図を考えて行動してしまうことで，実際の授業で派生する事象と乖離しているということから，その有効性について疑問視する声も聞かれる。ある程度の技能や知識を有した者が児童生徒役になった際に，実際の授業で起こるような児童生徒同士のトラブル，技能差における学びの困難さといったようなことを教師役の介入なしに自然と回避できてしまうことがある。現職教員においては，なおさらである。

　しかし，模擬授業を行うことで，インストラクション[①]や相互作用行動[②]をどのタイミングでどのような内容で行うか，どのような教材を取り上げればよいかといった指導内容を検討する学びにつなげることができる。また，声の大きさ，発問，示範，観察といった教授技術について実際の授業形式で試行することができる。そして，そこで行われた事実について客観的に振り返り省察[③]することで，実践的指導力を高めることにつながる，

①インストラクション
教師による学習指導のことである。典型的には，授業のはじめ，なか，まとめの3回に集約できる。

②相互作用行動
児童生徒に対する教師の働きかけのことである。発問，フィードバック，励ましなどがある。フィードバックは，肯定的，矯正的，否定的のカテゴリーに分けられ，肯定的で具体的なフィードバックが多い授業ほど学習者にとってよい授業だと評価することができる。

③省察
何が問題であるかを明らかにし，その問題を解決するためのふさわしい手段について考えをめぐらせ，実際に検証していくという探求的な試行の形式（秋田，1996）。模擬授業のなかで生じた出来事について評価した理由を記し，発展案や改善案を提案するところに授業を省察する思考が現れる（藤田，2013）。

有効な指導方法の1つである。

2.教職課程で行う模擬授業の進め方

　RPDCAサイクル④に基づき，情報収集（R），学習指導案の作成（P），模擬授業の実施（D），省察（C），修正指導案の作成，2回目の模擬授業（A）の流れで行うことが一般的である。しかしながら，授業時間数や履修人数の関係で，2回目の模擬授業に取り組めない場合もある。その際でも，省察を基に，授業改善について考え，最初に立案した指導案を修正する作業が必要である。また，模擬授業を行った際に教師役が感想を伝えたり，児童生徒役，観察役が教師役にフィードバックを行ったりすることになるが，それだけにとどまらずに，ワークシートに感想やフィードバックの内容をまとめて整理しておくことが重要である。

（1）模擬授業の設計

　模擬授業は，教師役と児童生徒役に分かれるため，受講人数によってさまざまな進め方が考えられる。受講生が少ない場合は，1人で1単位時間（小学校：45分，中学高校：50分の場合が多い）を通して行うこともできるが，受講生が多い場合は，1人10分程度のマイクロティーチング⑤を数人のリレー形式で行い，1授業を展開することも考えられる。教師役を2～3人にしてティームティーチングで行うことも1つの方法である。いずれにせよ，受講者のなかで数名のグループ編成を行い，そのなかで1つの模擬授業を計画，実施，省察，改善していくような設計が一般的である。
　また，運動領域や運動種目についても，意図的に取り扱う必要がある。通常の学校であれば，児童生徒数，教員数，施設，季節，学校行事，他教科との関連といった事項を念頭にカリキュラム・マネジメントが行われ，年間指導計画が作成されている。したがって，模擬授業の前段階において，どのような考え方で運動領域や運動種目を配置する必要があるのか，年間指導計画についてよく理解する必要がある。そのうえで，すべての領域と運動種目について模擬授業を行うことが理想であるが，授業の実施条件によりそれは難しい。したがって，授業時間数や実施場所，天候などの環境と，教育実習や教職に就いた際に役立つ点は何かといった視点で，領域や取り扱う運動種目を選択する必要がある。たとえば，小学校であれば，マネジメントや怪我防止の観点で「器械運動」は必ず行う，といったことが考えられる。中学校であれば，武道必修化に対応できるように学校現場で採用されている割合の高い「柔道」を取り扱う，高等学校であれば領域選択のカテゴリーにある「器械運動・陸上競技・水泳・ダンス」と「球技・武道」のなかからそれぞれ選んで行う，といったような，実際の学校現場とのつながりをもたせることが大切である。
　さらに，取り扱う学年についても検討する必要がある。たとえば，中学

④RPDCAサイクル
Research（実態把握），Plan（指導計画），Do（授業実践），Check（振り返り，評価），Action（授業改善）といった授業づくりのサイクルのことである。

⑤マイクロティーチング
授業方法を学ぶための実践的な練習であり，5分～10分程度の短い時間で模擬授業を行い，VTR録画や仲間や指導教員からの評価を通じて，指導力を高めようとするものである。

校であれば第3学年の選択制の授業よりも，必修ですべての領域を経験する第1学年及び第2学年の設定の方が，生徒の実態や技能差についてもイメージしやすいことが考えられる。また，高等学校であれば，さまざまな中学校から進学してくるため，入学年次の運動経験の差がある生徒をどう指導していくかといったテーマをもたせることで，模擬授業の構想がしやすいといったことも考えられる。

（2）指導案（単元計画,本時案）の作成

　取り扱う学年と運動領域，運動種目が決定したら，単元計画の作成，それに基づく本時案の作成を行う。単元計画の立案の方法としては，学習指導要領解説に記載されている事項についての確認が必要になる。学習指導要領（小学校・中学校：2017年告示，高等学校：2018年告示）解説には，体育科・保健体育科の目標及び指導内容が示されている。指導内容については，「知識及び技能（体つくり運動は知識及び運動）」「思考力，判断力，表現力等」「学びに向かう力，人間性等」の3つの柱に分けて示されている。

　単元の目標は，学習指導要領解説から引用することが考えられるが，たとえば，小学校は低・中・高の2学年のまとまりで目標が示されている。したがって，学習指導要領解説に示されている目標は上位の学年の出口の姿であると考えられるので，第1学年，第3学年，第5学年では目標の設定についても検討する必要がある。

　指導内容については，児童生徒を目標の姿に近づけるために何単位時間の学習が必要かを考え，そのうえでどの時間に何を指導の重点とするか，配置を考える必要がある。佐藤ほか（2015）による単元構造図[6]の作成は，その具体的な方法の1つとして挙げられる。

　本時案については，単元のどの時間を取り上げるかがポイントになる。初めて模擬授業に取り組む場合は，単元の前半の部分を取り上げた方が教師の指導性が明確になりやすい。また，ボール運動系や球技を取り扱う場合には，ゲームとゲームの間にグループで話し合う活動や練習を設定する想定で単元後半部分を取り上げるといった考え方もできる。単元の流れのなかで，どの時間に焦点をあてるか，明確な意図をもって決める必要がある。

　単元計画，本時案作成時及び完成時には，教員や他の学生からのフィードバックが必要である。特に，初めて模擬授業を行う際には，どうしてもこれまで自分の受けてきた体育・保健体育の授業イメージや運動部活動の練習のイメージが先行してしまう傾向がみられる。体育を専門とする学生であれば，自分や周囲の学生の運動技能等を基準に考えてしまうこともよく見受けられる。実際の学校現場の授業では，さまざまな技能レベルや経験をもった児童生徒が混在しているので，本当にこれで学校での実際の授業が可能なのかといった，クリティカルな質問を投げかけ，指導案をブラッシュアップしていく作業が重要になってくる。

[6] **単元構造図**
学習指導要領を拠り所とする指導内容の確認，学習過程の具体化，評価規準の設定を一連の流れとしてとらえる俯瞰図のことである（佐藤ほか, 2015）。

（3）模擬授業の実施

　模擬授業においては，教師役，児童生徒役，観察役の３つに役割を分担して行う。

　教師役は，本時案に沿って授業を行うことになるわけであるが，その前段階での準備が重要になってくる。授業に必要な教具等の準備はもちろんであるが，学習カードや掲示物，板書，授業の流し方のシミュレーションといった作業が必要である。特に，主体的・対話的で深い学びの実現が求められるなかで，話し合い活動を設定することが考えられるが，児童生徒役にただ漠然と話し合いを求めることにならないよう，必要となる作戦ボードや学習資料，教師としてのフィードバックの想定等の準備が重要である。授業開始後は，本時案に沿ってマネジメント，学習指導，認知学習，運動学習のそれぞれの場面を切り替えながら，指導にあたることとなる。その際，教師役がイヤホンマイクを身に付け，教員や観察役がワイヤレスマイクを使用し，即時的に教師役へフィードバックを行うことで，教師行動を変えるといったことも可能になってきている。

　児童生徒役は，模擬授業を行うねらいによって役割を考え行動する必要がある。特に，模擬授業が初めてでこれまで何も指導経験がない学生が教師役を行う際には，本時案で想定した内容をタイムマネジメントしながら行うことで精一杯という状況も考えられる。そういった場合には，児童生徒役にはより授業がスムーズに進行できるよう，協力的に行動することが求められる。しかし，教師役の意図をくみ取って行動してばかりの授業では，教師役の授業力の向上にはつながらないのも事実である。したがって，より学校現場に近い想定で行うといった目的の場合は，運動の苦手な役を意図的に設定したり，全体的に技能レベルを下げて実技を行うように共通理解を図ったりすることが必要になってくる。これらは，大学生と大学院生とで想定を変えるなど，教師役を行う学生のこれまでの指導の経験値によって決定する必要がある。

　観察役については，時系列で授業のなかで何が行われているかの事実について記録することや，相互作用，学習場面等の観察カテゴリーを設け，ワークシートへの記入やタブレットに入力する等の観察記録を行う。これについては，省察を行う際の重要な資料となる。これらの観察記録については，ある程度のトレーニングが必要となってくる。模擬授業を行う前に，これまでの模擬授業のVTRを教材として用い，どのように記録していくかを確認しておく必要がある。観察役においては，教師役の指示や児童生徒の反応，モニタリング行動等を記録するために，VTR撮影を行っておくとよい。体育授業の場合，教師役，児童生徒役ともに活動が広範囲にわたるため，教師役の発した言葉や児童生徒役の反応が記録できるように，教師役にビデオカメラと接続できるワイヤレスマイクを装着させる方法もある。また，教師行動を中心に撮影すると，児童生徒の活動全体がわかりにくいこともあることから，教師役を中心に追いながらも全体の活動が把握できるように撮影する，または，教師行動中心のカメラと授業全体のカ

メラとを分けて撮影するなどの方法が考えられる。

（4）模擬授業の省察

近年，模擬授業においては，その実践のみならず，省察の記述内容等を分析することで，さまざまな効果が認められている。たとえば，学生が教材・教具・学習課題について批判的に評価する視点を獲得したり（藤田ほか，2011），それまでもっていた保健体育科教師に対するイメージを変容させたり（須甲ほか，2017）といった報告がなされている。したがって，この省察が模擬授業を行ううえで，大変重要になってくる。

❶模擬授業終了時点での省察

授業内での模擬授業が終了した時点で，すぐに振り返りの活動を行う。教師役は，先ほどまで自分が行った授業でどのような点がうまく遂行できたのか，どのような点が困難であったかを指導案に即して述べ，児童生徒役については，学習者の視点に立って，観察役は客観的な視点に立って，同様に感想や改善点について伝える。即時的に行うことで，すべての役割の学生が，共通の事象についてそれぞれの立場から意見を伝えることができる。その際，話し合う項目を明確にし，付箋に記入し，成果と課題に分けて模造紙に貼付して伝えるなどの方法も考えられる。

❷模擬授業終了後の省察

模擬授業を行った後で，児童生徒役が記録した形成的授業評価[7]や，観察役が記録した期間記録[8]，相互作用行動についてのデータを基に，省察を行う。模擬授業終了時に行うフィードバックも有効であるが，客観的なデータを用いることでより鮮明に授業を振り返ることができる。

これにくわえ，観察役が撮影した映像を用い，模擬授業内で起こった事象について振り返ることで，さらに省察を深めることができる。こういった場合の方法として，e-learningを活用した省察が挙げられる。図1はそ

⑦形成的授業評価
おもに単元のなかの授業を評価する方法。髙橋ほか（1994）が作成した方法は4次元9項目の調査票を授業終了後に学習者へ配付し，「はい」（3点），「どちらでもない」（2点），「いいえ」（1点）で回答させ，調査票回収後クラス平均を算出し，あらかじめ明らかにされている診断基準によって，授業の良し悪しを評価できるしくみになっている。

⑧期間記録
授業場面を「インストラクション（学習指導）」「マネジメント」「認知学習」「運動学習」の4つに区分して時間を記録し，1単位時間内の割合を算出し，授業改善に役立てるものである。

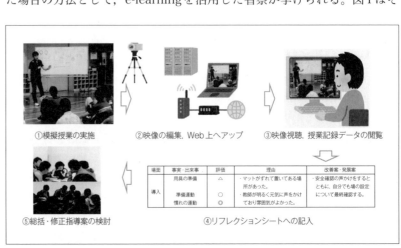

図1　e-learningを活用した省察（藤田，2013を参考に筆者作成）

事実（教師行動として、何が印象に残ったかなど）	評価（教師の○○の行動は適切であった、○○は不十分であったなど）	原因・理由（あなたの考える評価の具体的な根拠や理由）	発展至・改善案（よい点を伸ばす方策、問題点を修正する方策、参考になった方策）
😊Good!　体操のときに巡回しながら声かけができた。生徒に手伝ってもらってデモンストレーションができた。4人組のパスのときに生徒と一緒に走りながら声かけができた。しかし、いる位置が偏ってしまい、生徒全体を見ることはできなかった。	😊Good!　体操、2人組のパスにおける巡回は適切であった。技術に関する具体的な指示は不十分であった。2人組のパスを行う際のデモンストレーションが不十分であった。生徒を褒める声かけ（「いいね！」など）が多く、具体的なフィードバックは不十分だった。時間がないと焦ってしまい、移動する手間を省いてしまった。	✓Good!　タグラグビーの技術についての知識が無かったため、何が良い動きで何が悪い動きなのかわからなかった。2人組のパスデモンストレーションを行うときに、ボールを使うのを忘れてしまった。使わなくても生徒は理解できたと思うが、使ったほうが理解しやすかったと思う。また、経過時間がわかるように時計を身につけていれば、焦ることなく巡回できたのではないかと思う。	✓Good!　事前にタグラグビーを経験するか、ラグビーを専門とする友人に聞いたりして、技術に関する知識をある程度身につけておくべきであった。声かけは組織化していると、ほとんどが一般的なフィードバックで終始しましたので、具体的なフィードバックも入れられるようにする。時計を準備する。

図2　学生によるリフレクションシートの記入例
（筑波大学体育科教育学研究室，https://utpe.tsukubauniv.jp/ より）

の1つの例を示したものである。模擬授業の映像をクラウドに保存し，Web上で授業時間外に閲覧できるようにしたものである。インターネット接続が可能であればいつでも，どこでも視聴し授業評価や省察を行うことができる。

リフレクションシート（図2）には，授業を振り返るための観点を示しておく。ここで重要なのは，指導案に即して事実とともにどう改善していくか，どう発展させていくかといった振り返りの視点を設けておくことである。そうすることで，教師役から児童生徒役へ，反対に児童生徒役から教師役に役割が変わった際にも，客観的な事象から授業を改善・発展させていこうとする反省的実践家としての資質・能力の基礎を培うことにつながる。

(5) 修正指導案の作成，2回目の模擬授業の実施

模擬授業の総括として，グループ内での振り返りを行う。それぞれ，個人で行った省察の内容や，児童生徒役，観察役から示されたリフレクションの内容を基に，最初に立案した学習指導案（単元計画，本時案）と照らし合わせながら，どう改善していったらよいかを協議する。その際，目標に照らし合わせて指導内容，指導方法が適切であったか，タイムマネジメントがなされ効率的効果的に指導がなされていたか，教師行動は適切に行われていたか，場や教具，板書，学習資料等の学習環境は適切であったかといった振り返りの視点を明確にし，話し合ったことをワークシートに記録する。それを基に，学習指導案を修正し，再実践を行う。これについては，最初に行った本時案と同じ時間を取り扱う方法と，その次の時間以降の指導に反映させて行う方法とがある。また，時間数や受講者数の関係上，再実践ができない場合でも，指導案の修正を行い，模擬授業のグループメンバーや受講者同士での情報の共有ができるようにすることが重要である。

3.教師の指導力向上に向けて行われる模擬授業

模擬授業は，現職教員の研修でも取り入れられている。たとえば，ある自治体では，高等学校保健体育科の新採教諭を集め，代表者が教師役を，

その他の教員が生徒役となり模擬授業を行い協議することで，指導力向上を意図した研修を行っている。また，スポーツ庁では，47都道府県及び政令指定都市を東部地区，西部地区に分けて代表教員を集め，「体育・保健体育指導力向上研修」を開催しているが，その研修の場においても代表教員同士での模擬授業は行われている。

　現職教員においても，模擬授業は指導力向上を目指すうえで，有効な手立てである。新採教員においては，大学での模擬授業経験と実際の学校現場での指導経験のギャップに戸惑うことがある。そこで，1つの模擬授業を共通事項として協議することで，自身が日々感じている授業実践における困難さの解消へと結びつけることが可能になる。

　ある程度の年数を経験した教員にとっては，授業をどう効率よく進めるかというよりは，どのような実態の児童生徒に対して，どのような指導内容や学習方法が適切かといった内容的な側面に焦点化された深まりのある議論が期待できる。また，自身の現在の勤務校やこれまで指導し関わってきた児童生徒の実態にあてはめて，提案された模擬授業の内容について改善案を提案することなども可能になる。さらに，発問や相互作用の質的な内容に目が向けられ，より具体的な授業イメージをもつことが可能になる。

〈三田部勇〉

〈引用・参考文献〉
秋田喜代美（1996）教師教育における「省察」概念の展開―反省的実践家を育てる教師教育をめぐって―．森田尚人ほか編，教育学年報（5）　教育と市場．世織書房，pp.451-467.
藤田育郎ほか（2011）教員養成課程の体育科模擬授業における教師役経験の意義についての検討―授業の「省察」に着目して―．体育科教育学研究27（1）：19-30.
藤田育郎（2013）よい体育授業に対する認識の育成を目指した模擬授業の成果―授業映像視聴による省察の変容―．信州大学教育学部研究論集6：143-152.
長谷川悦示・高橋健夫・浦井孝夫・松本富子（1995）小学校体育授業の形成的授業評価票及び診断基準作成の試み．スポーツ教育学研究14（2）：91-101.
文部科学省（2018）小学校学習指導要領（平成29年告示）解説体育編．東洋館出版社.
文部科学省（2018）中学校学習指導要領（平成29年告示）解説保健体育編．東山書房.
文部科学省（2019）高等学校学習指導要領（平成30年告示）解説保健体育編 体育編．東山書房.
佐藤豊ほか（2015）単元構造図，模擬授業，映像視聴の連続体験による体育科教員養成授業モデルの検討―鹿屋体育大学における2013年度保健体育科教育法IVの授業実践とその省察から―．鹿屋体育大学学術研究紀要51：11-24.
須甲理生ほか（2017）保健体育科教職志望学生における保健体育教師イメージの変容―模擬授業とその省察を中核に展開した教科教育法の前後に着目して―．日本女子体育大学紀要47：49-63.
髙橋健夫ほか編著（2010）新版 体育科教育学入門．大修館書店，p.85，93，104，260，261.
髙橋健夫・長谷川悦示・刈谷三郎（1994）体育授業の「形成的評価法」作成の試み―子どもの授業評価の構造に着目して―．体育学研究39（1）：29-37.

第17章 教育実習の取り組み方

概要

教師としての資質・能力を育成するにあたり，最初に重要な役割を担うのが大学における教員養成教育である。なかでも，教育実習は教師として必要とされる指導力の基本的な内容を理解し，その実践力の基礎を形成するために行われる。本章では，おもに教育実習に行くための手続き，教育実習の事前指導と事後指導，教育実習の実際について取り上げる。意義ある教育実習にするためには，教育実習の流れをよく理解し，早い段階から教育実習に向けた準備を行うことが重要である。

1. 教育実習の意義

　教育実習は，教職を志望する学生が実際に学校現場において，生徒との関わりを通して，教師として必要なことを体得するものである。教育者としての愛情と使命感を深め，将来教員になるうえでの能力や適性を考えるとともに課題を自覚することが大切である。また，学校教育の実際を体験的・総合的に理解し，教育実践並びに教育実践研究の基礎的な能力と態度を身に付けることが期待される（教職課程コアカリキュラムの在り方に関する検討会，2017）。実習生といえども「先生」であり，当該校の教員に代わって授業を行うため，同じ質の授業保証が求められる。そのため，教師としての自覚をもって実習に臨むことが重要である。

2. 教育実習に行くための手続き

（1）教育実習の位置づけ

　教員免許状は，教職課程を設置している大学において，教育職員免許法[1]で規定された所定の単位を取得することで修得することができる。2015年12月の中央教育審議会による答申「これからの学校教育を担う教員の資質能力の向上について」での教員の養成，研修を通じた教員育成における全国的な水準の確保に向けた提言を受けて，教育職員免許法の改正

①教育職員免許法
教育職員の免許に関する基準を定め，教育職員の資質の保持と向上を図るための法律で，1949（昭和24）年に制定された。また，その規定を実施するための教育職員免許法施行規則がある。

表1　校種別にみた教員免許状取得に必要な最低修得単位数（一種免許の場合）

	小学校	中学校	高等学校
教科及び教科の指導法に関する科目	30	28	24
教育の基礎的理解に関する科目	10	10	10
道徳，総合的な学習の時間等の指導法及び生徒指導，教育相談等に関する科目	10	10	8
教育実践に関する科目	7	7	5
・教育実習（学校体験活動）	5	5	3
・教職実践演習	2	2	2
大学が独自に設定する科目	2	4	12
計	59	59	59

（2016年11月）及び同法施行規則の改正（2017年11月）がなされた。そして，2019年度から新しい教職課程[2]が開始された。

　「教育実習」は，教員免許状を修得するために必要なものであり，「教育実践に関する科目」として小・中学校の教員免許状の場合は事前事後指導を含めて5単位（学校体験活動[3]を2単位まで含む），高等学校の場合は3単位（学校体験活動を1単位まで含む）である（表1）。この他，「教育実践に関する科目」として「教職実践演習[4]（2単位）」を修得する。

（2）教育実習に行くためには

　教育実習に行くためには，各大学のカリキュラムにしたがって教職単位の修得状況（必要とされる単位の修得に問題がないか）を確認するとともに，教育実習の履修の手続きを進める。実習校の確保に関しては，大学が一括して依頼する場合（附属学校や教育実習協力校等）と，学生による依頼・調整が必要な場合（母校等）とがある。実習手続きは，実習の1年以上前から始まることも多く，また大学によっては教育実習に参加するための条件を設けているところもある。教職単位の修得を含め，早めに履修計画を立てて，教育実習に向けた準備を行うことが求められる。なお，学校は教育実習生を受け入れなければならないとの法的な義務はなく，学校等の協力に基づいて行われるものであることを理解しておかなければならない。

（3）教育実習の事前指導と事後指導

❶教育実習の事前指導

　教育実習の事前指導は，大学で行われるものと，実習校で行われるものがある。大学における事前指導のねらいは，教育実習の意義とその概要を理解することである。表2はG大学における事前指導の概要（例）を示し

②新しい教職課程
教職課程の科目区分の大くくり化，新たな教育課題などに対応するための履修内容の充実，教職課程コアカリキュラムの作成（全国の大学の教職課程で共通的に修得すべき資質能力を明確化）など教職課程で履修すべき事項が全面的に見直された。

③学校体験活動
学校体験活動とは，導入的な「教育実習」として下学年に位置づける場合や教育実習後に応用的に位置づける場合など，実施時期や活動内容は多様である。

④教職実践演習
2009年の教育職員免許法施行規則の一部改正により，2010年度入学生より必修となった。教育実習の後に行われ，「学びの軌跡の集大成」として位置づけられるものである。

表2　事前指導の概要（例）

日　時	内　容	担　当
4月22日（水） 12:40-17:00	①全体オリエンテーション ②校種別オリエンテーション（幼・小・中・特別支援）	教育実習委員長・教育実習委員 各附属学校園の副校長・副園長
5月20日（水） 12:40-15:50	事前指導（教科別）　※4年生の体験談発表を含む	各講座教員
5月27日（水） 12:40-16:00	講義①　学習指導と評価，服務と児童・生徒理解	附属教育実践センター
6月3日（水） 14:00-17:20	学習指導案作成指導（附属小・附属中学校）	附属小・中学校教諭
6月10日（水） 13:30-16:40	模擬授業用学習指導案作成指導①（教科別）	実地指導講師または各講座教員
6月17日（水） 13:30-16:40	模擬授業用学習指導案作成指導②（教科別）	
7月1日（水） 13:30-16:40	模擬授業実施	
7月8日（水） 12:40-16:00	講義②　道徳指導・学級経営・生徒指導	附属教育実践センター
7月15日（水） 14:50-17:00	①全体オリエンテーション ②実習校別オリエンテーション	教育実習委員長 附属小・中学校，実習協力校教諭
8月中旬～下旬	教育実習事前指導（各実習校にて）	

た。実習生とはどのようにあるべきか，実習校での心得等を理解するとともに，授業計画作成上の留意点等も取り上げる。

　実習校で行われる事前指導は，教育実習の約1か月前に実習予定校を訪問する。社会人としての一般的なマナーや礼儀（頭髪や服装，態度や言葉づかい等）に留意して，挨拶ができるように準備をしておく。ここでは，学校の概要（学校の沿革，学校の教育目標・教育方針，学校の規模，地域の環境や生徒の様子等）と実習の諸注意（教員としての守秘義務，勤務時間や服装，持ち物等）を理解することがおもなねらいとなる。そして，配当学年・実習指導担当教員（以下，担当教員）が決まり次第，その担当教員との打ち合わせ（指導する学年・学級，指導内容・範囲，領域・教材名等）を行う。また，担当する予定の学級に，特に配慮を必要とする生徒がいないかどうか等を，できるだけ具体的に把握しておくとよい。実習校の様子を知るために事前に学校訪問をして授業見学をしたり，担当教員に実習中の授業計画についての指導を受けたりする必要があることから，その予定等も担当教員と打ち合わせを行う。

❷教育実習の事後指導

　教育実習の事後指導では，教育実習で得られた成果を振り返り，教員としての課題を確認する。そして，いろいろな実習校の経験をもち寄り，校種や学校，学年ごとの違いや共通点を話し合い，改めて教員の仕事とは何かを考える。また，教員免許取得までに修得するべき知識や技能等について理解を深める。

　教育実習の後に行われる「教職実践演習」は，必要に応じて不足している知識や技能等を補い，その定着を図ることがねらいである。そして，教職生活をより円滑にスタートできるようになることが期待される。

3. 教育実習の実際

(1)教育実習前の準備

❶実習校の事前訪問と授業見学

まず，実習校をよく知ることが大切である。その内容は，学校の特色・環境条件，生徒の様子，日常の授業の行い方（たとえば，授業のルールや約束事，整列や準備運動）等が挙げられる。そのためには，事前に学校を訪問し，日常の授業を参観することが求められる。たとえ母校であっても，教育実習生の視点からみると気付かなかった多くのことがみえることもある。実習中の授業について担当教員とよく打ち合わせを行い，実習期間中に戸惑うことがないように準備を進める。なお，教育実習は教員としての職務の全般に渡って体験をするものであり，道徳や特別活動，生徒指導等，教科指導以外にも学ぶべき内容が多くある。

❷学習指導案の作成

学習指導案の書式には，さまざまなものがある。実習校で指定された書式を用いることになるものの，どの書式であっても記載する内容は共通である。表3は，学習指導案の一例である。ここでは，「段階」「時間」「学

表3　学習指導案の書き方（例）

保健体育科（体育科）学習指導案

1. 単元名　　　　　：単元名を記入
2. 授業者（作成者）：○○○○　　　　　　　　　　指導教員：○○○○
3. 時間数　　　　　：○○時間中○○時間目
4. 対　象　　　　　：○年○組　　○○名
5. 場　所　　　　　：授業の実施場所を記入
6. 本時の目標　　　：単元の目標に基づき本時の目標を記入
7. 準　備　　　　　：本時で使用する用具とその数，場の設定を記入
8. 本時の学習活動・指導展開

段階	時　間	学習活動の流れ	指導上の留意点及び支援，評価
導　入	時間配分をできるだけくわしく記入する	・生徒の立場で書く ・生徒が行う学習活動を具体的に記入する ・場の設定，用具の配置などを記入（必要に応じて図示）する	・教師の立場で書く ・指導するうえでの留意点及び支援を「学習活動」に対応させて書く ・表現例 「〜できるように〜（指導・支援）する」 「〜に気づくように〜（留意）させる」 ・その「学習活動」における「単元の評価規準」と「評価方法」を□で囲み，「評価観点」を示して書く
展　開			
まとめ			

習活動の流れ」「指導上の留意点及び支援，評価」の枠組みになっているが，「予想される生徒の反応・つまずき」等を記入するものもある。実際の授業を具体的に想定して，指導案を作成する。たとえば，グループで活動させる場面では，どのようなグループ分けにするのか（グループ数，1グループあたりの人数），どこで，どのような順に（全員一緒，2人ずつ，1人ずつ），何を行わせるのか（時間，回数），待っている人は何をするのか，場の設定はどのようにするのか等，詳細に決めておく必要がある。十分に教材研究をして，指導案を作成し，事前に担当教員の指導を受けるようにする。

(2) 教育実習期間中の過ごし方

　限られた期間のなかで，学校のいろいろな仕事を体験する実習生の1日は忙しいものであり，時間を上手に使うことが重要である。表4は，実習生のある1日のスケジュール（例）である。担当の授業準備はもちろん，他の実習生や教員の授業参観，ホームルーム，学校行事への参加，実習録[5]の記入等がある。授業を行ったら，担当教員・他の実習生との反省会をもち，生徒の反応や学習内容の習得状況等を踏まえて授業計画を修正する。同じ失敗を繰り返さないように心がけることが大切である。担当教員からのアドバイスやその日の出来事や反省事項等は，実習録に記録する。教育実習期間中は，普段とは異なる環境・生活で疲れがたまりやすくなるため，規則正しい生活を送り，健康管理（毎朝の検温・健康観察等）も重要である。

　また，人との関わりは教育には欠かせない。実習中は教師であることを

[5]実習録
教育実習中の講話内容，参観授業等の事実，生徒の様子や感想を記述することを通して，生徒理解を深めたり，実習中の授業づくりに役立てたりする。担当教員から求められたときに提出する。

表4　実習生の1日のスケジュール例（中学校の場合）

時　間	時間割	実　習　生　の　行　動
7:45 - 8:15		出勤・授業準備
8:20 - 8:30	朝学習	机間指導
8:30 - 8:35	朝の会	健康観察・連絡事項の伝達
8:40 - 9:30	1時間目	授業準備
9:40 - 10:30	2時間目	授業①：1年バスケットボール
10:40 - 11:30	3時間目	他の実習生の授業補助・観察
11:40 - 12:30	4時間目	授業反省会
12:30 - 12:55	昼食指導	準備や片付けの指導
12:55 - 13:20	昼休み	生徒との交流・授業準備
13:25 - 13:40	清　掃	清掃指導
13:45 - 14:35	5時間目	授業②：3年選択制バレーボール
14:45 - 15:35	6時間目	授業反省会
15:40 - 15:45	Ｈ　Ｒ	ホームルームへの参加
15:50 - 17:50	部活動	部活動への参加
17:50 - 18:00	生徒下校	下校指導（輪番制）
18:00 - 19:00		学習指導案の作成・実習録の記入
		学習指導案の指導を受ける・翌日の授業準備
19:00 -		帰宅
		学習指導案の作成

⑥生徒とのメールアドレスの交換や学校外で会う等の個人的な関係が問題になることがある。教師としてふさわしい行動をとることが求められる。

⑦実習校によっては，同じ時期に複数の教科で実習が行われることもある。他教科の実習生との交流は視野を広げることになる。また，他教科の授業における生徒の学習の様子をみることは生徒理解を深めることにつながる。このような機会を積極的に活用したい。

⑧**教育実習の3つの段階**
「観察」と「参加」を一体化して「観察参加」とみることもあるが，原則的には3構成である。これらの段階を計画的に積み重ねることが望ましい。

自覚し⑥，生徒と接するあらゆる場面（たとえば，廊下ですれ違う場面，休み時間，掃除の時間）をコミュニケーションの機会ととらえて積極的に関わるようにする。判断に困ることがあれば担当教員，または教育実習のとりまとめをしている実習担当教員に指示を仰ぐようにする。教師は公務員として，職務上知り得た秘密は，これを洩らしてはいけない（地方公務員法第34条）。したがって，実習生であってもこれと同様である。この他，同じ立場にある教育実習生同士⑦の協力，担当教員やその他の教員との関わり等を通して多くのことを学ぶことができる。教員になってからも，実習校とのつながりは大切にしたい。

(3) 教育実習の形態

　教育実習において，実習生は1人で教壇に立ち，「授業」を行う。「授業」を行ううえで大変なことは，その準備もさることながら，やり直しがきかないことである。だからこそ，実習生は担当する授業に対して万全の準備をして臨まなければならない。授業の準備は，学習指導案を作成したら終わりではない。教材・教具の準備にくわえて，自分で授業のイメージトレーニングをすることが重要である。または，実習生同士で模擬授業を行い，立てた計画に無理がないか，生徒の反応を予想しながら発問や指示の出し方，生徒の動かし方等不明瞭な点がないかを確認し，互いに指摘し合うことも有効である。

　とはいっても，教育実習初日から実習生1人で授業を行うわけではない。教育実習には3つの段階⑧がある。第1段階が「①観察実習」である。実習生が教師の視点で学校の様子，特に授業（学習指導）の実際を観察する。視点を決めて積極的に学びとることが大切である。第2段階は，さらに実践に近づけた「②参加実習」である。担当教員が行う授業等に部分的に参加させてもらい，より実践的に学ぶ。そして，第3段階が「③授業実習」である。いよいよ本格的に担当教員の指導・助言を受けながら，授業を実際に担当する。生徒一人ひとりの実態をできる限り理解・把握し，それに応じた学習指導が行えるように教材研究を行い，学習指導案をできる限りくわしく作成し，授業を行う。その結果を振り返り，指導助言を受け，学習指導案を練り直すことで授業実践の質を深める。

　教育実習の最終段階として「研究授業」を課されることが多くある。研究授業とは，実習生が実習の成果を示す場であり，それまでに実践した授業の反省を生かし，よりよい授業を目指して行う。研究授業は，他の実習生や担当教員以外の実習校の教員，大学の担当教員等多くの参観者のなかで行われる。授業後に反省会が行われ，参観者からアドバイスをもらえる貴重な機会となる。なお，実習期間中は研究授業の日程を大学の指導教員に連絡し，困ったことがあれば大学の相談窓口を利用する。

（4）教育実習を終えるにあたって

　教育実習を終えるにあたっては，出勤簿や実習手帳の整理，実習録の作成，実習全体を通しての振り返り等を行う。教育実習の成果と課題を確認し，これを今後に生かしてこそ実習の意義がある。実習校への感謝を込めて挨拶をし，実習修了後には礼状を送ることが望ましい。その後，大学において教育実習で得られた成果と課題を確認する事後指導と，不足している知識や技能等を補う教職実践演習がある。

4. 教育実習に向けて（まとめ）

　実習を終えた実習生の感想を聞いてみると，「教育実習は大変だったけど，教師という仕事のやりがいを感じた」，「子どもから『来年は教師になって，私たちの担任の先生になってね！』と言われて，嬉しくて涙がでた」など，貴重な経験をしていることがわかる。教育実習は，実習期間の前から始まっている。事前に教育実習の流れをよく知り，早い段階から教育実習に向けた準備を行いたい。

〈鬼澤陽子〉

〈引用・参考文献〉
中央教育審議会（2015）これからの学校教育を担う教員の資質能力の向上について
　　～学び合い，高め合う教員育成コミュニティの構築に向けて～（答申）．https://
　　www.mext.go.jp/component/b_menu/shingi/toushin/__icsFiles/afieldfi
　　le/2016/01/13/1365896_01.pdf（2020月12月1日参照）.
群馬大学共同教育学部教育実習委員会（2020）2020年度教育実習事前・事後学習の
　　記録.
教職課程コアカリキュラムの在り方に関する検討会（2017）教職課程コアカリキュラム.
　　https://www.mext.go.jp/component/b_menu/shingi/toushin/__icsFiles/
　　afieldfile/2017/11/27/1398442_1_3.pdf（2020年12月1日参照）.
文部科学省（2019）教員養成に関する法令改正及び教職課程の認定の概要. https://
　　www.mext.go.jp/component/a_menu/education/detail/__icsFiles/afieldfi
　　le/2019/08/09/1415122_1_1.pdf（2020年12月1日参照）.

［付録］本書に関連する文部科学省等の資料一覧

1 小学校学習指導要領（平成29年告示）

https://www.mext.go.jp/content/1413522_001.pdf

2 小学校学習指導要領（平成29年告示）解説 体育編

https://www.mext.go.jp/component/a_menu/education/micro_detail/__icsFiles/afieldfile/2019/03/18/1387017_010.pdf

3 中学校学習指導要領（平成29年告示）

https://www.mext.go.jp/content/1413522_002.pdf

4 中学校学習指導要領（平成29年告示）解説 保健体育編

https://www.mext.go.jp/content/20210113-mxt_kyoiku01-100002608_1.pdf

5 高等学校学習指導要領（平成30年告示）

https://www.mext.go.jp/content/1384661_6_1_3.pdf

6 高等学校学習指導要領（平成30年告示）解説 保健体育編 体育編

https://www.mext.go.jp/content/1407073_07_1_2.pdf

7 特別支援学校幼稚部教育要領　小学部・中学部学習指導要領（平成29年告示）

https://www.mext.go.jp/content/20200407-mxt_tokubetu01-100002983_1.pdf

8 特別支援学校学習指導要領（平成29年告示）解説　各教科等編（小学部・中学部）

https://www.mext.go.jp/content/20200407-mxt_tokubetu01-100002983_03.pdf

9 「指導と評価の一体化」のための学習評価に関する参考資料　小学校編　体育

https://www.nier.go.jp/kaihatsu/pdf/hyouka/r020326_pri_taiku.pdf

10 「指導と評価の一体化」のための学習評価に関する参考資料　中学校編　保健体育

https://www.nier.go.jp/kaihatsu/pdf/hyouka/r020326_mid_hokent.pdf

11 幼稚園，小学校，中学校，高等学校及び特別支援学校の学習指導要領等の改善及び必要な方策等について（答申）（中教審第197号）

https://www.mext.go.jp/b_menu/shingi/chukyo/chukyo0/toushin/__icsFiles/afieldfile/2017/01/10/1380902_0.pdf

12 これからの学校教育を担う教員の資質能力の向上について　～学び合い，高め合う教員育成コミュニティの構築に向けて～（答申）（中教審第184号）

https://www.mext.go.jp/component/b_menu/shingi/toushin/__icsFiles/afieldfile/2016/01/13/1365896_01.pdf

13 「児童生徒の学習評価の在り方について（報告）」（中央教育審議会初等中等教育分科会教育課程部会）

https://www.mext.go.jp/component/b_menu/shingi/toushin/__icsFiles/afieldfile/2019/04/17/1415602_1_1_1.pdf

（URL参照日＝2021年3月3日）

さくいん

体育科教育学入門　　　2002年4月15日　初版発行
新版 体育科教育学入門　2010年4月10日　初版発行

体育科教育学入門［三訂版］
©Y. Okade, H. Tomozoe, Y. Iwata, 2021　　　　　　NDC 375 / xii, 305p / 26cm

初版第1刷発行──────2021年5月1日
　第2刷発行──────2023年5月10日

編著者────────岡出美則・友添秀則・岩田　靖

発行者────────鈴木一行

発行所────────株式会社 大修館書店

　　　　　　〒113-8541　東京都文京区湯島2-1-1

　　　　　　電話 03-3868-2651（販売部）　03-3868-2299（編集部）

　　　　　　振替 00190-7-40504

　　　　　　［出版情報］https://www.taishukan.co.jp/

装丁・本文デザイン──石山智博

組　版────────加藤　智

印刷所────────横山印刷

製本所────────ブロケード

ISBN 978-4-469-26911-6　　　　　Printed in Japan

Ⓡ本書のコピー，スキャン，デジタル化等の無断複製は著作権法上での例外を除き禁じられています。本書を代行業者等の第三者に依頼してスキャンやデジタル化することは，たとえ個人や家庭内での利用であっても著作権法上認められておりません。